VIE

DE

NAPOLÉON BUONAPARTE,

EMPEREUR DES FRANÇAIS;

PRÉCÉDÉE

D'UN TABLEAU PRÉLIMINAIRE

DE LA RÉVOLUTION FRANÇAISE;

PAR

SIR WALTER SCOTT.

TOME NEUVIÈME.

PARIS

TREUTTEL ET WÜRTZ, RUE DE BOURBON, N° 17.

CHARLES GOSSELIN, RUE St-GERMAIN-DES-PRÉS, N° 9.

STRASBOURG

TREUTTEL ET WÜRTZ, RUE DES SERRURIERS.

1827.

OUVRAGES NOUVEAUX

De la Librairie TREUTTEL ET WÜRTZ, à PARIS, rue de Bourbon, n° 17

(*Mai* 1827.)

ARCHIVES DES DÉCOUVERTES ET DES INVENTIONS NOUVELLES faites dans les sciences, les arts et les manufactures, tant en France que dans les pays étrangers, pendant l'année 1826. 1 fort vol. in-8. *Paris*, 1827 ... 7 fr.

— La collection des années 1809 à 1826, 18 vol. in-8 ... 126 fr.

ANNALES DES MINES, pour l'année 1827. Prix de la Souscription pour l'année, composée de 6 cahiers in-8; pour Paris ... * 20 fr.

— De la même collection, les années antérieures de 1817 à 1826 ... * 136 fr.

BULLETIN UNIVERSEL DES SCIENCES ET DE L'INDUSTRIE, pour l'année 1827, publié sous la direction de M. le baron de Férussac, et divisé en *huit* sections principales, qu'on peut se procurer séparément, savoir :

1re Sect. *Bulletin des Sciences mathématiques, physiques et chimiques.* Prix de l'année. * 15 fr.
2e ——— *Sciences naturelles et de géologie* ... * 26 fr.
3e ——— *Sciences médicales*, etc ... * 22 fr.
4e ——— *Sciences agricoles, économiques*, etc ... * 15 fr.
5e ——— *Sciences technologiques* ... * 18 fr.
6e ——— *Sciences géographiques, économie publique, voyages* ... * 22 fr.
7e ——— *Sciences historiques, antiquités, philologie* ... * 18 fr.
8e ——— *Sciences militaires* ... * 12 fr.

Le Bulletin universel paroît tous les mois, complet, et par sections. Le Bulletin complet forme 12 forts vol. in-8. par an, lesquels, divisés par ordre des matières, forment 18 vol. in-8., petit caractère. Prix de l'année 1827 du Bulletin complet ... * 132 fr.

N. B. Cet important ouvrage périodique offre un tableau mensuel méthodiquement classé de tous les faits scientifiques, et des efforts de l'esprit humain chez tous les peuples.

CORBEILLE (la) DE FLEURS, conte dédié à l'adolescence, par l'auteur des *OEufs de Pâques*, et de l'ouvrage intitulé *Comment le jeune Henri parvint à la connoissance de Dieu*, traduit de l'allemand par Derome. Vol. in-12. 1826 ... 1 fr. 50 c.

HISTOIRE DE LA VIE ET DU RÈGNE D'ALEXANDRE Ier, EMPEREUR DE TOUTES LES RUSSIES, par M. RABBE, avec un Portrait d'Alexandre et le plan de Taganrog. 2 vol. in-8. 1826 .. 15 fr.

HISTOIRE DE FRANCE PENDANT LE DIX-HUITIÈME SIÈCLE, par M. CH. LACRETELLE (de l'Académie Française). Tomes 13 et 14, qui complètent l'ouvrage. 1826 ... 14 fr.

— L'ouvrage complet en 14 vol. in-8 ... 86 fr.

Les mêmes volumes, sous le titre de :

HISTOIRE DE LA RÉVOLUTION FRANÇAISE, par M. CH. LACRETELLE (de l'Académie Française); tomes 7 et 8, qui complètent l'ouvrage. 1826 ... 14 fr.

— L'ouvrage complet en 8 vol. in-8 ... 56 fr.

COLLECTION DE 16 GRAVURES soigneusement exécutées au burin pour *l'Histoire de la Révolution française*, par M. CH. LACRETELLE, ainsi que pour son *Histoire de France pendant le dix-huitième siècle* ... 8 fr.

— La même, avant la lettre et eaux-fortes ... 16 fr.

HISTOIRE DES FRANÇAIS, par M. SIMONDE DE SISMONDI (auteur de l'*Histoire des Républiques Italiennes du moyen âge*, de la *Littérature du Midi de l'Europe*, de *Julia Severa* etc.). tomes 7, 8 et 9, in-8. 1826 ... 24 fr.

— Du même ouvrage, les tomes 1 à 6 ... 45 fr.

HISTOIRE DES RÉPUBLIQUES ITALIENNES DU MOYEN AGE, par M. SIMONDE DE SISMONDI. Nouvelle édition, revue et corrigée. 16 vol. in-8. (Complet.) 1826 ... 112 fr.

DE IMITATIONE CHRISTI, libri quatuor, ad pervetustum exemplar, internarum Consolationum dictum, necnon ad Codices complures ex diversa regione ac editiones ævo et nota insigniores, variis nunc primum lectionibus subjunctis, recensiti, et indicibus locupletati. Studio J. B. M. GENCE. Un fort vol. in-8. avec 6 planches, sur pap. fin. *Parisiis*, 1826 ... 7 fr. 50 c.

JOURNAL GÉNÉRAL DE LA LITTÉRATURE DE FRANCE, ou Indicateur bibliographique et raisonné des livres nouveaux en tous genres, etc., etc., qui paroissent en France, classés par ordre de matières; année 1827. Un cahier in-8. par mois. Prix de l'année, franc de port. 15 fr.

— Du même Journal, la collection complète des années 1799 à 1826 ... 420 fr.

JOURNAL GÉNÉRAL DE LA LITTÉRATURE ÉTRANGÈRE, ou Indicateur bibliographique et raisonné des livres nouveaux en tous genres, etc., qui paroissent dans les divers *pays étrangers*, tous classés par ordre de matières; année 1827. Un cahier in-8. par mois. Prix de l'année, franc de port ... 15 fr.

— Du même, la collection complète des années 1801 à 1826, dont six d'un cadre plus étendu ... 420 fr.

JOURNAL DES SAVANS, pour l'année 1827. Un cahier in-4. par mois. Prix de l'année. * 36 fr.

La Législation civile, commerciale et criminelle de la France, ou Commentaire et Complément des Codes français, tirés, etc., etc.; par M. le baron Locré, ancien secrétaire général du Conseil d'Etat. In-8. Tomes 1 à 6. (Voyez le prospectus de cet important ouvrage.)

L'ouvrage formera 20 à 24 forts volumes in-8. de 500 à 600 pages d'impression, caractère neuf, interligné. Il en paroît un volume chaque mois, depuis octobre 1826.

La souscription pour les volumes publiés étant fermée depuis le 31 décembre 1826, ainsi que les prospectus l'ont annoncé, chaque volume *publié* est du prix de 9 fr. pour Paris; mais la souscription demeure toujours ouverte *pour les volumes qui n'ont pas encore paru*, et qui ne coûteront à MM. les souscripteurs que 7 fr. jusqu'à l'époque de leur publication.

En acquérant les premiers volumes, MM. les souscripteurs paient d'avance le dernier, et prennent l'engagement de retirer chaque volume au fur et à mesure qu'il en paroîtra.

Mémoires relatifs à la Famille royale de France, pendant la Révolution, publiés pour la première fois d'après le journal, les lettres et les entretiens de la princesse DE LAMBALLE, par une Dame de qualité (Madame Catherine Hyde, marquise Govion Broglio Solari) attachée au service confidentiel de cette infortunée princesse. Avec son portrait, et le Chiffre de Marie-Antoinette. 2 vol. in-8. 1826.......................... 15 fr.

— Sur papier vélin superfin satiné.................................... 30 fr.

Mémoires de M. de Falckenskiold, officier-général au service de S. M. le roi de Danemarck, à l'époque du ministère et de la catastrophe du comte de Struensée; contenant l'exposé fidèle et impartial des causes et des circonstances de cette catastrophe dans laquelle l'Auteur a été lui-même entraîné, et le Récit de sa détention pendant cinq ans dans le fort de Munckholm; publiés par M. Phil. Secretan. 1 vol. in-8. 1826.............. 7 fr.

Précis des Evénemens militaires, ou Essais historiques sur les Campagnes de 1799 à 1814, avec Cartes et Plans; par M. le lieutenant-général comte Matthieu Dumas. In-8. Campagnes de 1806 et 1807, formant les tomes 17, 18 et 19 de la Collection, avec un atlas de 22 cartes et plans in-fol. oblong. 1826.................................... 39 fr.

— Du même ouvrage, la collection des 19 volumes publiés, avec huit atlas in-fol...... 240 fr.

Rose de Tannebourg, Histoire du vieux Temps; par M. Ch. Schmid, auteur de la *Corbeille de Fleurs*, des *OEufs de Pâques*, etc. 1 vol. in-12, fig. 1826................ 1 fr. 80 c.

Le Roman du Renart, publié d'après les manuscrits de la Bibliothèque du Roi des XIIIe, XIVe et XVe siècles, par M. Méon (éditeur du *Roman de la Rose*, des *Fabliaux et Contes de Barbazan*, etc.). 4 vol. in-8., avec 4 gravures, 1826................................ 40 fr.

— Le même, sur papier grand-raisin vélin superfin, satiné, gravures avant la lettre. 108 fr.

— Le même, sur papier grand-raisin d'Hollande, gravures avant la lettre........ 120 fr.

Sous presse, pour paroître en mai 1827.

Vie de Napoléon Buonaparte (par Sir Walter Scott), 8 vol. in-8. sur papier fin, avec un beau portrait... 56 fr.

— Le même ouvrage en langue anglaise, sous le titre de: *The Life of Napoleon Buonaparte*, 8 vol. in-8. sur papier fin, pâte vélin, avec portrait........................ 60 fr.

Ouvrages nouveaux publiés par la Maison Treuttel et Würtz, *et Cie*. *à* Londres, *et qui se trouvent aussi à leur librairie à* Paris.

Yorke et Col. Leake. Les principaux Monumens égyptiens du Musée britannique, et quelques autres en Angleterre, expliqués d'après le système phonétique; vol. in-4, avec 21 planches.. 20 fr.

Hooker et Greville. Icones filicum ad eas potissimum species illustrandas delineatæ, quæ hactenus vel in herbariis delituerunt prorsus incognitæ, vel saltem nondum per icones botanicis innotuerunt. In-folio. Cum tab. æn. Fasciculus 1. — En noir.............. 30 fr.

— Le même ouvrage, planches en couleur, chaque livraison........................ 50 fr.

L'ouvrage entier formera douze livraisons de 20 planches chaque, accompagnées d'autant de feuilles de description. Tous les mois il en paroîtra une livraison. La première a paru en mars 1827. (Un prospectus de l'ouvrage se distribue gratuitement.)

Hortus siccus Londinensis, Coll. A. D. Mariano La Gasca. In-fol. Fasciculus 1 et 2. — Chaque livraison de 25 plantes sèches.. 25 fr.

L'ouvrage aura douze livraisons.

Hamilton (Gul.). Prodromus Plantarum Indiæ Occidentalis hucusque cognitarum, tam in oris Americæ Meridionalis, quam in Insulis Antillicis sponte crescentium, aut ibi diuturne hospitantium; Nova Genera et Species hactenus ignotas complectens. 1 vol. in-8. avec figure coloriée.. 6 fr. 50 c.

P. De la Llave et J. Lexarza. Novorum vegetabilium Descriptiones. In lucem prodeunt. Fasc. 1 et 2 in-8. maj. *Mexici*, 1824 et 1825............................. 6 fr. 50 c.

Catalogue de Livres nouveaux publiés en Angleterre en 1826 et 1827, et classés par ordre de matières; petit volume in-8. de 50 pages en petit caractère. *Mai* 1827..... 1 fr.

VIE

DE

NAPOLÉON BUONAPARTE.

TOME IX.

. . . . *Sed non in Cæsare tantùm*
Nomen erat, nec fama ducis; sed nescia virtus
Stare loco; solusque pudor non vincere bello.
Acer et indomitus; quò spes, quòque ira vocasset,
Ferre manum, et nunquam temerando parcere ferro;
Successus urgere suos; instare favori
Numinis; impellens quidquid sibi summa petenti,
Obstaret; gaudensque viam fecisse ruinâ.

LUCANI Pharsalia, Lib. I.

César a plus qu'un nom, plus que sa renommée:
Il n'est point de repos pour cette âme enflammée;
Attaquer et combattre, et vaincre et se venger,
Oser tout, ne rien craindre, et ne rien ménager,
Tel est César : ardent, terrible, infatigable,
De gloire et de succès toujours insatiable,
Rien ne remplit ses vœux, ne borne son essor;
Plus il obtient des dieux, plus il demande encor.
L'obstacle et le danger plaisent à son courage,
Et c'est par des débris qu'il marque son passage.

LUCAIN. *La Pharsale*, livre Ier. (*Trad. de La Harpe.*)

DE L'IMPRIMERIE DE CRAPELET,
rue de Vaugirard, n° 9.

VIE

DE

NAPOLÉON BUONAPARTE.

CHAPITRE PREMIER.

Arrivée de Buonaparte à Paris. — Les deux Chambres s'assemblent, et adoptent des mesures qui montrent qu'elles désirent l'abdication de Napoléon. — Buonaparte tient un grand conseil. — Fouché présente aux représentans l'acte d'abdication de Napoléon, qui stipule que son fils lui succédera. — Rapport exagéré de Carnot à la Chambre des Pairs, sur les moyens de défense. — Il est contredit par Ney. — Débats orageux dans la Chambre des Pairs sur l'acte d'abdication. — Les deux Chambres éludent de reconnaître formellement Napoléon II. — Nomination d'un gouvernement provisoire. — Napoléon est prié de se retirer à la Malmaison. — Il offre ses services pour la défense de Paris : ils sont rejetés. — Il est placé sous la surveillance du général Becker. — Mesures prises à Rochefort pour son départ pour les États-Unis. — Il arrive à Rochefort le 3 juillet. — Le gouvernement provisoire cherche en vain à traiter avec les Alliés, ou à exciter les Français à la résistance. — Les Alliés s'avancent sur Paris ; un armistice est conclu, et ils y entrent le 7 juillet. — La Chambre des Pairs se disperse, et les membres de l'autre Chambre sont exclus du lieu des séances. — Louis XVIII rentre dans Paris le 8 juillet. — Réflexions sur le second retour des Bourbons.

Quelque immenses que fussent assurément les conséquences directes et immédiates de la bataille de Waterloo, puisque ce n'était rien moins que la perte entière de la campagne et la destruction complète de la belle armée de Napoléon, les événemens même les plus éloignés auxquels elle donna lieu, furent d'une telle importance, qu'il est permis de douter s'il y eut jamais dans l'histoire une grande bataille suivie d'aussi nombreux et d'aussi grands résultats.

La partie de l'armée française qui avait échappé aux désastres de la bataille de Waterloo, se retira dans le plus affreux désordre vers les frontières de France. Buonaparte lui-même continua sa fuite; et de Charleroi, ville près de laquelle il s'était d'abord arrêté, il se dirigea en toute hâte sur Philippeville. De là son intention, a-t-on dit, était d'aller se mettre à la tête de l'armée de Grouchy; mais aucune troupe d'aucune espèce n'avait été ralliée; et Charleroi ayant été occupé presque aussitôt par les Prussiens, le bruit se répandit que la division était détruite, et que Grouchy lui-même était fait prisonnier. Napoléon continua donc à fuir, laissant l'ordre, qui ne fut pas exécuté, de rallier les débris de l'armée à Avesnes. Mais ce ne fut qu'à Laon que Soult réussit à rassembler quelques milliers d'hommes. Pendant ce temps, Buonaparte avait pris la poste, et était arrivé à Paris, où il apporta lui-même la nouvelle de sa défaite.

Le 19 juin, cent coups de canon avaient assourdi les habitans de la capitale pour annoncer la victoire de Ligny, et les papiers publics avaient été remplis des relations les plus emphatiques et les plus mensongères sur le passage de la Sambre, l'affaire de Charleroi et la bataille de Quatre-Bras. Les Buonapartistes étaient au comble de l'ivresse, les Républicains indécis, et les Royalistes consternés. Le 21, dans la matinée, trois jours après la fatale affaire de Waterloo, on commença à se dire d'abord à l'oreille, et bientôt ouvertement, que Napoléon était revenu seul de l'armée la veille au soir, et qu'il était alors au palais de l'Élysée-Bourbon. L'affreuse vérité ne tarda pas à transpirer. Il avait perdu une bataille rangée, une bataille terrible, décisive, et l'armée française, qui avait quitté la capitale, si fière, si déterminée, si pleine de confiance et d'espoir, était entièrement détruite.

On a allégué beaucoup de raisons pour justifier Napoléon de n'être pas resté avec son armée dans cette occasion, et de n'avoir pas tenté du moins de la réorganiser; mais le secret semble expliqué par la crainte que lui inspiraient les Républicains et les Constitutionnels de Paris. Il dut se rappeler que Fouché, et d'autres du même parti, lui avaient conseillé, même avant qu'il se mît à la tête de l'armée, de terminer les malheurs de la France, en abdiquant la couronne. Il sentait que ce qu'ils avaient osé lui suggérer à l'heure de sa puissance, ils n'hésiteraient pas à le demander, à l'exiger même au moment de sa défaite, et que la Chambre des Représentans chercherait à faire sa paix en le sacrifiant. « On sait, dit un auteur déjà cité, et partisan de Buonaparte, on sait qu'il dit, après les désastres de la campagne de Russie, qu'il confondrait les Parisiens par sa présence, et qu'il tomberait au milieu d'eux comme la foudre. Mais il est des choses qui ne réussissent que parce qu'elles n'ont jamais été faites, et qui, par cette raison, ne doivent jamais être tentées une seconde fois. Sa cinquième fuite de son armée lui fit perdre le reste de ses partisans, et détacha de sa cause tous ceux qui auraient pu lui pardonner ses malheurs, mais qui voulaient du moins qu'il fût le premier à se relever du coup qui l'avait frappé. »[1]

C'est une preuve curieuse de l'esprit public

[1] Lettres écrites de Paris pendant le dernier règne de Napoléon.

qui régnait alors à Paris, qu'à la nouvelle de cette terrible catastrophe, les fonds montèrent aussitôt après que le premier étonnement causé par cette nouvelle fut passé, c'est-à-dire dès qu'on eut le temps d'examiner les conséquences probables du succès des Alliés. On eût dit que le crédit public renaissait à la première nouvelle, quelque désastreuse qu'elle fût d'ailleurs, qui faisait espérer la fin du règne de Buonaparte.

Les conjectures de Napoléon ne l'avaient pas trompé. Il était clair que, quelque déférence que les Jacobins lui eussent témoignée dans sa puissance, ils étaient sans pitié pour lui dans ses revers. Ils sentirent que l'occasion était favorable pour se débarrasser de lui, et ils ne cherchèrent pas à cacher qu'ils étaient résolus d'en profiter.

Les deux Chambres s'assemblèrent à la hâte. La Fayette prit la parole dans celle des Représentans, et son langage fut celui d'un vieil ami de la liberté. Il parla des bruits sinistres qui circulaient, et invita tous les membres à se rallier autour de l'étendard tricolore, celui de la liberté, de l'égalité et de l'ordre public, et à déclarer : 1°. que l'indépendance de la nation était menacée; 2°. que les Chambres se constituaient en permanence, et que toute tentative pour les dissoudre serait un crime de haute trahison; 3°. que les troupes avaient bien mérité de la patrie; 4°. que la garde nationale serait convoquée; 5°. que les ministres seraient invités à se rendre sur-le-champ dans le sein de l'assemblée.

Ces propositions indiquaient assez que la Chambre des Représentans craignait d'être dissoute une seconde fois de vive force, en même temps qu'elles annonçaient qu'elle était déterminée à se mettre à la tête des affaires, sans faire plus long-temps attention à l'Empereur. Elles furent adoptées toutes, à l'exception de la quatrième, relative à la garde nationale, qui fut regardée comme prématurée. Regnault de Saint-Jean-d'Angely essaya de lire un bulletin qui contenait une relation inexacte et imparfaite de ce qui s'était passé sur les frontières; mais les Représentans l'interrompirent à grands cris, et demandèrent les ministres; enfin, après un délai de trois ou quatre heures, Carnot, Caulaincourt, Davoust et Fouché entrèrent dans la salle avec Lucien Buonaparte.

La Chambre s'étant formée en comité secret, les ministres lui firent connaître toute l'étendue du désastre, et annoncèrent que l'Empereur avait nommé Caulaincourt, Fouché et Carnot commissaires pour traiter de la paix avec les Alliés. Les membres du parti républicain, et notamment Henri Lacoste, dirent en face aux ministres, qu'on ne pouvait entamer aucune négociation au nom de l'Empereur, puisque les puissances alliées avaient déclaré la guerre à Napoléon; et plus d'un membre dit même alors en termes précis qu'il n'y avait que lui entre la paix et la nation. Des applaudissemens universels partirent de tous les coins de la salle, et Lucien ne put douter plus longtemps que les Représentans n'eussent l'intention de séparer leur cause de celle de son frère. Il employa tous les moyens de conciliation, n'omit aucun genre de prières; et, plus éloquent sans doute en prose qu'en vers, il fit un appel à leur amour de la gloire, à leur générosité, à leur fidélité et aux sermens qu'ils avaient si récemment prêtés. « Nous avons été fidèles, répondit La Fayette; nous avons suivi votre frère dans les sables de l'Égypte, dans les neiges de la Russie. Les ossemens des Français, disséminés dans tous les pays, attestent notre fidélité. » Tous semblaient n'avoir qu'un sentiment, c'était que l'abdication de Buonaparte était une mesure indispensable. Davoust, ministre de la guerre, se leva, et protesta qu'il n'entreprendrait jamais rien contre la liberté ni l'indépendance de la Chambre. C'était, par le fait, embrasser sa cause. On nomma un comité de cinq membres pour se concerter avec les ministres; ceux-ci mêmes, quoique nommés par Napoléon, ne passaient point pour lui être très attachés. Carnot et Fouché étaient les chefs naturels du parti populaire; on supposait que Caulaincourt n'était pas très bien avec Napoléon, en sorte que les ministres semblaient plus disposés à prendre les intérêts de la Chambre que les siens. Lucien vit que c'en était fait de l'autorité de son frère, s'il ne parvenait à la maintenir par la violence. Peut-être la Chambre des Pairs eût-elle été plus favorable à la cause impériale; mais telle était sa constitution qu'elle avait aussi peu de confiance en elle-même que d'influence sur l'esprit public. Elle adopta les trois premières résolutions de la Chambre basse, et nomma un comité de salut public.

La ligne de conduite que les Représentans voulaient suivre était claire alors; ils s'étaient expliqués, ils avaient dit quel était le sacrifice qu'ils exigeaient de Buonaparte, et ce n'était rien moins que son abdication. Il restait à savoir si l'Empereur tenterait de résister, ou s'il se soumettrait à cet empiétement sur son autorité. S'il pouvait y avoir un point de droit à discuter lorsque les deux partis ont si complétement tort, le droit était certainement du côté de Napoléon. Ces mêmes Représentans étaient ses sujets ; ils l'étaient volontairement, autant que des sermens et des promesses peuvent lier les hommes ; ils avaient été convoqués en son nom ; ils n'avaient d'existence politique que comme faisant partie de son nouveau gouvernement constitutionnel. Quelque grands que fussent ses torts envers le peuple français, il n'en avait pas envers ces hommes, complices de son usurpation, qui n'étaient législateurs qu'au même titre qu'il était leur empereur. Leur droit de le mettre à l'écart et de le fouler aux pieds, parce qu'il était malheureux, ne consistait que dans le pouvoir qu'ils avaient de le faire ; et l'empressement qu'ils montrèrent à exercer ce pouvoir, parlait aussi peu en faveur de leur foi aux sermens que de leur générosité. En même temps, notre commisération pour la grandeur déchue se perd dans le sentiment de cette justice qui veut que les fauteurs et les complices d'un usurpateur soient les premiers à devenir les instrumens de sa ruine.

Quand Buonaparte revint à Paris, la première personne qu'il vit, fut Carnot, auquel il demanda, du ton d'autorité qui lui était ordinaire, de l'argent à l'instant même, et une levée de trois cent mille hommes. Le ministre répondit qu'il ne pouvait avoir ni l'un ni l'autre ;

alors Napoléon fit venir Maret, duc de Bassano, et plusieurs autres de ses conseillers intimes; mais, quand ceux-ci parlèrent de défense, ce mot lui arracha cette exclamation amère : « Ah! ma vieille garde, s'ils savaient seulement se défendre comme vous ! » Faisant ainsi l'aveu pénible que le bâton de commandement, celui de tous les emblèmes de la puissance qu'il préférait, s'était brisé entre ses mains. Lucien pressa son frère de maintenir son autorité, et de dissoudre les Chambres de vive force; mais Napoléon, qui savait que la garde nationale pourrait bien prendre le parti des Représentans, refusa de recourir à une mesure si hasardeuse. On sonda néanmoins Davoust pour savoir si l'on pourrait compter sur lui au cas qu'il fallût agir contre les Chambres; mais il refusa positivement de le faire. Fouché suggéra à Napoléon l'idée de se faire nommer dictateur; mais ce n'était évidemment qu'une proposition mise en avant pour l'amuser. Ce fut dans ce moment qu'arriva la nouvelle du résultat de la séance des Représentans en comité secret.

Le sort en était jeté; il fallait que Napoléon résistât ouvertement ou lâchât pied; qu'il se déclarât souverain absolu, qu'il prononçât la dissolution des Chambres, ou bien qu'il abdiquât la couronne qu'il avait si récemment reprise. Lucien, en le voyant encore indécis, n'hésita pas à dire que la fumée de la bataille de Mont-Saint-Jean lui avait fait tourner la tête. Dans le fait, sa conduite dans ce moment de crise ne fut pas celle d'un grand homme. Il n'eut le courage, ni de hasarder les mesures désespérées qui seules auraient pu soutenir encore quelque temps sa puissance, ni de prendre le noble parti de faire une abdication qu'on eût pu croire volontaire. Il s'attachait à ce qui ne pouvait plus lui être d'aucun secours, comme le criminel qui, dans sa détresse, n'a pas assez de résolution pour s'élancer au-devant de sa destinée par un effort volontaire, et qu'il faut que la main du bourreau pousse de l'échaffaud.[1]

Dans la nuit du 21, Buonaparte tint un conseil spécial, où se trouvèrent appelés tous les ministres, le président et quatre membres de la Chambre des Pairs, le président et quatre vice-présidens de la Chambre des Représentans; ainsi que plusieurs conseillers d'État et autres personnes en place. L'Empereur exposa devant cette assemblée l'état de la nation, et

[1] Il est inutile de rappeler au lecteur que les criminels condamnés à mort sont pendus en Angleterre. (*Édit.*)

lui demanda son avis. Regnault, qui d'ordinaire était l'orateur impérial, prit alors la parole pour proposer qu'on fît une levée dehéros pour recruter l'armée héroïque, et pour secourir ce que, par une phrase heureusement choisie, il appelait *l'aigle étonné*. Il opina donc pour que les Chambres fissent un appel à la valeur française, tandis que l'Empereur traiterait de la paix, « d'une manière tout à la fois noble et ferme. » La Fayette exposa que la résistance ne ferait qu'aggraver les maux de la France. Il y avait un sacrifice particulier que les Alliés s'étaient engagés à demander au commencement de la guerre; il n'était pas probable qu'ils y renonçassent après cette victoire décisive. Il ne voyait qu'une seule mesure qui pût préserver le pays d'une lutte sanglante et ruineuse; il ne doutait pas que l'âme grande et généreuse de l'Empereur ne la lui révélât. Maret, duc de Bassano, depuis long-temps l'ami le plus intime de Buonaparte (amitié d'autant plus funeste que, meilleur courtisan qu'homme d'État, il cherchait plutôt à calmer son humeur qu'à le guider par ses conseils), Maret prit feu à cette courageuse insinuation. Il demanda des mesures sévères contre les Royalistes et les mécontens; une police et des peines comme pendant la révolution. « Si l'on y eût eu recours plus tôt, s'écria-t-il, un de ceux qui m'écoutent (voulant sans doute désigner Fouché), ne rirait pas dans ce moment des malheurs de son pays, et Wellington ne marcherait pas sur Paris. » Ce discours fut reçu avec des marques de désapprobation que la présence même de l'Empereur, pour la cause duquel Maret montrait tant de véhémence, ne put contenir; des huées et des murmures couvrirent la voix de l'orateur. Carnot, qui avait des vues plus justes sur la force militaire, ou plutôt sur la faiblesse de la France dans ce moment, désirait, tout démocrate qu'il était, conserver à son parti les talens de Napoléon. On dit qu'il versa des larmes en entendant insister sur la nécessité de l'abdication. Lanjuinais et Benjamin-Constant appuyèrent l'avis de La Fayette; mais l'Empereur avait l'air sombre, mécontent, indécis, et le conseil se sépara sans avoir pris de détermination.

Une autre nuit se passa dans la même anxiété sans que Buonaparte se fût décidé. Si la nation ou même les ministres eussent pris unanimement la résolution de se défendre, et que Napoléon eût paru vouloir soutenir la lutte, il est certain que la France eût été exposée à toutes les chances d'une guerre poussée à l'extrémité; quoique, si l'on considère dans quel court espace de temps les Alliés introduisirent sur le territoire français huit cent mille hommes de troupes effectives, il soit difficile de croire que la résistance eût pu dans aucun cas être couronnée de succès. Il serait injuste de refuser à Napoléon le sentiment naturel de compatir aux maux qu'une lutte aussi prolongée aurait imposés à la nation, et nous aimons à supposer qu'il n'eût pas voulu, pour conserver la couronne quelques instans de plus, devenir cause de la ruine du beau pays qu'il avait si long-temps gouverné. Comme la plupart des hommes qui se trouvent dans l'embarras, il reçut plus d'avis que d'offres de service. Le meilleur conseil fut, peut-être, celui d'un Américain, qui l'engagea à partir à l'instant même pour les États de l'Amérique du Nord, où il ne jouirait pas, il est vrai, des prérogatives royales et du vain cérémonial des cours, auquel il tenait plus que la philosophie ne le permet, mais où il serait l'objet du respect général que ses talens supérieurs et les vicissitudes de son étonnante carrière étaient si propres à commander. Mais alors, comme à Moscou, il hésita trop longtemps à prendre un parti; car, quoique l'importunité de ses amis et de ses adversaires lui eût arraché l'acte d'abdication qu'on demandait de tous côtés à grands cris, cependant cet acte renfermait des conditions qui n'avaient pu être dictées que par l'espoir de conserver une influence suprême dans le gouvernement qui devait succéder au sien.

Le 22 juin, quatre jours seulement après la défaite de Waterloo, la Chambre des Représentans s'assembla à neuf heures du matin, et témoigna la plus grande impatience de recevoir l'acte d'abdication. Duchesne faisait la motion qu'on le demandât péremptoirement à l'Empereur, lorsque l'arrivée du message si vivement attendu vint rendre inutile cette mesure violente. Fouché en était porteur, Fouché dont toutes les intrigues réussissaient au gré de ses désirs. L'acte était conçu dans les termes suivans :

« Français ! en commençant la guerre pour soutenir l'indépendance nationale, je comptais sur la réunion de tous les efforts, de toutes les volontés, et le concours de toutes les autorités nationales. J'étais fondé à en espérer le succès, et j'avais bravé toutes les déclarations des puissances contre moi.

« Les circonstances paraissent changées. Je m'offre en sacrifice à la haine des ennemis de la France. Puissent-ils être sincères dans leurs déclarations, et n'en avoir jamais voulu qu'à ma personne ! Ma vie politique est terminée, et je proclame mon fils sous le titre de Napoléon II, Empereur des Français.

« Les ministres actuels formeront provisoirement le conseil de gouvernement. L'intérêt que je porte à mon fils m'engage à inviter les Chambres à organiser sans délai la régence par une loi.

« Unissez-vous tous pour le salut public, et pour rester une nation indépendante.

« *Signé*, NAPOLÉON. »

Le parti républicain ayant obtenu cette victoire, proposa à l'instant même d'arrêter les bases d'une nouvelle constitution, en remplacement de celle à laquelle trois semaines auparavant ils avaient prêté serment au Champ-de-Mai. Cette proposition parut un peu prématurée; et il fut résolu qu'on se bornerait pour le moment à nommer un gouvernement provisoire, composé de cinq membres chargés d'exercer le pouvoir exécutif, et dont deux seraient pris dans la Chambre des Pairs de Buonaparte, et trois dans la Chambre des Représentans.

En même temps, pour conserver les égards dus à l'ex-Empereur, la Chambre nomma une commission chargée de lui présenter une adresse de remercîmens, dans laquelle elle évitait soigneusement de faire mention de son fils et de le reconnaître. Napoléon, pour la dernière fois, reçut la commission dans le costume impérial, et entouré de ses gardes et de ses grands-officiers. Il avait l'air pâle et pensif, mais ferme et résigné ; et il entendit avec une froide indifférence les éloges que l'on donnait à son sacrifice patriotique. Dans sa réponse, il recommanda l'union ; insista sur la nécessité de préparer promptement des moyens de défense ; mais il eut soin, en finissant, de leur rappeler que son abdication était conditionnelle, et qu'elle conservait à son fils tous ses droits.

Lanjuinais, président de la Chambre, répondit, avec un profond respect, que la Chambre ne lui avait pas donné d'instructions à ce sujet. « Je vous avais bien dit », reprit Napoléon en se tournant du côté de son frère Lucien, « qu'ils n'en feraient rien. Dites à l'Assemblée », ajouta-t-il en s'adressant au président, « que je recommande mon fils à sa justice. C'est en sa faveur que j'ai abdiqué. »

La reconnaissance de Napoléon II devint donc dès ce moment le point de discussion entre l'ex-Empereur et les Chambres. Il est certain que cette reconnaissance n'eût jamais pu être approuvée par les Alliés ; et l'influence que Buonaparte et ses partisans auraient eue probablement dans une régence, était un argument irrésistible en faveur de ceux qui repoussaient ses efforts, et qui se réunissaient pour mettre de côté sa famille et sa dynastie.

Dans cette même journée du 22 juin, une scène étrange se passa à la Chambre des Pairs. Le gouvernement avait reçu la nouvelle que le maréchal Grouchy, que nous avons laissé sur les bords de la Dyle, près de Wavres, et qui continua à soutenir le combat contre Thielman, auquel il était opposé, jusqu'au milieu de la nuit, avait, en apprenant la perte de la bataille de Waterloo, opéré habilement sa retraite par Namur, qu'il s'était défendu contre plusieurs attaques, et qu'il avait enfin réussi à gagner Laon. Encouragé par ces bonnes nouvelles, Carnot se mit à faire à la Chambre un exposé brillant de la situation des affaires : Grouchy était à la tête d'une armée intacte de plus de soixante mille hommes (tandis que Grouchy n'avait jamais eu à Wavres plus de trente-deux mille hommes); Soult rassemblait vingt mille hommes de la vieille garde à Mézières; dix mille hommes de nouvelles levées allaient être dirigés de l'intérieur sur ce point, ainsi que deux cents pièces de canon. Ney ne put entendre ces rapports exagérés sans un accès de colère; et, le cœur ulcéré de l'injustice avec laquelle il avait été traité par Napoléon dans ses bulletins, il se leva tout à coup, et parla comme s'il eût été monté sur le trépied de la sybille; dans sa manière de contredire les assertions du ministre, il régnait une sorte de désespoir qui n'admettait pas de réflexion. On eût dit qu'en le pulvérisant, il eût voulu pulvériser en même temps l'univers. « Ce rapport est faux, s'écria-t-il, faux de tous points. Grouchy ne peut avoir sous ses ordres que vingt à vingt-cinq mille hommes tout au plus. Si son corps eût été plus nombreux, il aurait pu couvrir la retraite, et l'Empereur aurait encore une armée à commander sur les frontières. Il n'y a plus un seul homme de la garde à rallier, ajouta-t-il; c'est moi qui la commandais, et je l'ai vu massacrer tout entière, avant de quitter le champ de bataille : il n'en reste rien. L'ennemi est à Nivelles avec quatre-vingt mille hommes; il peut être à Paris dans six jours. Il n'y a d'autre voie de salut pour la France que de faire à l'instant des propositions de paix. » Le général Flahault veut le contredire, mais Ney reproduit son exposé sinistre avec encore plus de véhémence; et enfin abordant tout d'un coup le sujet que tous avaient sur les lèvres, mais qu'aucun n'avait osé entamer, il dit d'une voix basse, mais distincte : « Oui, je le répète, vous n'avez d'autre voie que la négociation. Il faut que vous rappeliez les Bourbons. Quant à moi, je me retirerai aux États-Unis. »

Ces derniers mots attirèrent sur Ney les reproches les plus amers. Lavalette et Carnot surtout semblaient indignés contre lui. Ney répondit avec un morne dédain à ceux qui blâmaient sa conduite : « Je ne suis pas de ces hommes pour qui leur intérêt est tout; que gagnerai-je au retour de Louis, que d'être fusillé pour crime de désertion? Mais je dois la vérité à mon pays. » Cette scène étrange fit une profonde impression sur l'esprit des hommes qui réfléchissent, et qui dès ce moment furent portés à regarder les bruyans débats des Chambres, et toutes ces mesures qu'on faisait sonner si haut, comme un vain bruit, qui ne pouvait avoir aucun résultat puisqu'il ne restait aucune ressource à la nation.

Après cette discussion sur l'état de l'armée, il s'en éleva une autre dans la Chambre des Pairs, qui ne fut guère moins orageuse, lors de la lecture de l'acte d'abdication. Lucien Buonaparte aborda la question de la succession au trône, et insista pour qu'aux termes de la constitution, son neveu fût reconnu à l'instant. Le comte de Pontécoulant interrompit l'orateur en demandant de quel droit Lucien, un étranger, un prince romain, se permettait de donner un souverain à la France, lorsque lui-même il n'était pas naturalisé Français? Cette objection était étrange sans doute si l'on réfléchit qu'elle sortait des mêmes lèvres qui, il n'y avait encore que vingt-deux jours, avaient prêté serment à une constitution par laquelle Lucien était reconnu non seulement comme citoyen, mais même comme prince du sang royal. Lucien répondit qu'il était Français par ses sentimens et en vertu des lois. Pontécoulant présenta alors une autre objection en disant qu'il était impossible de reconnaître pour souverain un enfant qui résidait dans un royaume étranger. A ces mots, Labédoyère, remarquant de l'hésitation dans l'assemblée, se leva, et se démenant avec fureur, il montra pour Napoléon ce même dévoûment aveugle qui l'avait porté à donner l'exemple de la défection à Grenoble.

« L'Empereur, s'écria-t-il, n'avait abdiqué qu'en faveur de son fils. Son abdication était nulle, si son fils n'était pas proclamé à l'instant. Et quels étaient ceux qui s'opposaient à cette résolution généreuse? Les mêmes hommes qui étaient aux pieds de l'Empereur dans sa prospérité, et qui étaient déjà impatiens de porter le joug des étrangers. Oui », continua cet impétueux jeune homme en accompagnant ses paroles des gestes les plus violens, et couvrant par sa voix retentissante les murmures de l'assemblée, « si vous refusez de faire reconnaître Napoléon II, il faut que l'Empereur tire de nouveau l'épée ; il faut que de nouveau le sang commence à couler. A la tête des braves Français qui sont couverts de blessures qu'ils ont reçues pour le défendre, nous nous rallierons autour de lui ; et malheur aux généraux perfides qui peut-être, dans ce moment même, méditent de nouvelles trahisons ! Je demande qu'ils soient poursuivis et condamnés comme déserteurs du drapeau national ; que leurs noms soient notés d'infamie, leurs maisons rasées, leurs familles proscrites et exilées. Nous ne souffrirons pas des traîtres parmi nous. Napoléon en abdiquant la couronne pour sauver la nation, a fait ce qu'il se devait à lui-même ; mais la nation n'est pas digne de lui, puisqu'elle l'a une seconde fois forcé à l'abdication, elle qui avait juré de le défendre dans la prospérité comme dans les revers. » Les cris *à l'ordre!* partis de tous les coins de la salle, couvrirent enfin la voix de cet enthousiaste, qui, dans le fond, ne faisait qu'exprimer les sentimens d'une grande partie de l'armée française. « Jeune homme, vous vous oubliez », s'écria Masséna. « Vous vous croyez encore au corps de garde », dit Lameth.

Labédoyère voulut élever de nouveau la voix, mais elle fut étouffée par les murmures de toute l'assemblée, qui mirent enfin un terme à cette scène scandaleuse.

Les Pairs ayant éludé, comme les Représentans, de reconnaître formellement Napoléon II, les deux Chambres procédèrent à la nomination des membres du gouvernement provisoire. Ce furent Carnot, Fouché, Caulaincourt, Grenier et Quinette. Ils annoncèrent, dans leur proclamation, que Napoléon avait abdiqué, et que son fils avait été proclamé, ce qui (soit dit en passant) n'était pas vrai : ils invitaient les Français à rester unis, et à n'épargner ni efforts ni sacrifices pour le triomphe de la cause nationale, et promettaient sinon une constitution nouvelle, ce qui avait toujours été l'usage en pareil cas, du moins une révision et un remaniement complet de celle qui avait déjà trois semaines d'existence, et qu'on rendrait, sous tous les rapports, aussi bonne qu'une neuve.

Cette adresse produisit peu d'effet sur les troupes et sur les fédérés, qui pensaient, comme Labédoyère, que l'abdication de Napoléon ne pouvait être reçue qu'aux conditions qu'il y avait mises lui-même. Ces fédérés étaient armés ; ils se formaient en groupes et allaient défiler sous les fenêtres de Buonaparte, devant le palais de l'Élysée-Bourbon. On leur faisait des distributions de vin et d'argent, ce qui redoublait leurs cris de *vive Napoléon! vive l'Empereur!* Ils insultaient la garde nationale, et semblaient vouloir attaquer la maison de Fouché. D'un autre côté, les gardes nationaux, au nombre de trente mille hommes, étaient disposés en général à maintenir l'ordre, et beaucoup d'entre eux penchaient pour Louis XVIII. Une convulsion intérieure semblait inévitable, car on disait que si Napoléon II n'était pas reconnu à l'instant, Buonaparte viendrait dissoudre la Chambre à la tête de ses troupes.

Dans la séance du 24 juin, la question importante de la succession fut décidée, ou plutôt éludée de cette manière : Manuel, qui passait généralement pour être l'organe de Fouché dans la Chambre des Représentans, fit un long discours pour démontrer qu'il n'était pas nécessaire de reconnaître formellement Napoléon II, puisqu'aux termes de la constitution, il était déjà en possession du trône. Quand l'orateur eut fait ce raisonnement profond, que leur souverain ne pouvait être ni reconnu ni proclamé, uniquement parce qu'*il était* leur souverain, tous les membres se levèrent aux cris de *vive Napoléon II!* mais quand on fit la proposition de prêter serment au nouvel empereur, un cri général : *Point de serment! point de serment!* se fit entendre de toutes parts, comme si la Chambre eût senti intérieurement qu'elle n'avait été que trop prodigue de ces sermens si souvent violés, et qu'elle répugnât à s'ouvrir une nouvelle source de parjures.

Si cette reconnaissance apparente et en quelque sorte négative des droits du jeune Napoléon à la couronne ne satisfit pas les Buonapartistes, du moins la Chambre des Représentans les réduisit par là au silence, tandis qu'en même temps, en déclarant que le gouvernement provisoire était nécessaire pour la garantie des intérêts de la nation, elle empêchait que ni Napoléon, ni aucun de ses adhérens ne pût intervenir dans l'administration du pays. Cependant, malgré le peu de franchise avec lequel ils admettaient la condition spéciale que Napoléon avait mise à son abdication, la commission de gouvernement et les Chambres exigèrent de l'ex-Empereur la stricte exécution du contrat, avec autant de rigueur que si, de leur côté, ils eussent payé le prix stipulé en argent de bon aloi, et non pas en fausse monnaie. Ce fut ainsi qu'ils lui arrachèrent une proclamation adressée en son nom à l'armée, pour lui confirmer le fait de son abdication, que les troupes ne voulaient croire que s'il le leur assurait lui-même. Néanmoins il y avait dans cette adresse quelques expressions qui prouvent qu'il sentait vivement la contrainte qui lui était imposée. Après avoir exhorté les soldats à suivre toujours la carrière de l'honneur, et les avoir assurés qu'il ne cesserait jamais de s'intéresser à leurs exploits, il leur dit : « Vous et moi nous avons été calomniés ; des hommes incapables d'apprécier nos travaux, ont vu dans les marques d'attachement que vous m'avez données, un zèle dont j'étais seul l'objet. Que vos succès futurs leur apprennent que c'était la patrie avant tout que vous serviez en m'obéissant ; et que si j'avais quelque part à vos affections, je la devais à mon ardent amour pour la France, notre mère commune. »

Ces expressions déplurent vivement à la Chambre des Représentans, qui regardait en même temps la présence de Napoléon dans la capitale comme dangereuse pour la tranquillité publique, et inquiétante pour le maintien de ses prérogatives. L'agitation commençait à régner parmi les farouches habitans des faubourgs ; et des soldats, tristes débris de la bataille de Waterloo, se rassemblaient tous les jours dans les murs de Paris, furieux de leur récente défaite, et demandant à grands cris à leur Empereur de les conduire à la vengeance. Peu s'en fallut, à ce qu'il paraît, que Napoléon ne se mît encore à la tête d'une armée peu nombreuse, mais redoutable. Pour l'éloigner de cette tentative, le gouvernement provisoire l'engagea à se retirer dans le palais de la Malmaison, près de Saint-Germain-en-Laye, qui avait été si long-temps la résidence favorite de l'épouse qu'il avait répudiée, de la malheureuse Joséphine. Napoléon y était à peine depuis un jour, que déjà, entouré de la police de Fouché, il s'était aperçu que celui qui, il n'y avait pas un mois, disposait de la vie de millions d'hommes, n'était plus maître de ses démarches. On épiait, on contrôlait se moindres actions, quoique sans employer la violence; et pour la première fois alors il sentit ce que c'était que de perdre cette liberté dont, pendant tant d'années, son despotisme avait privé une si grande partie du genre humain. Cependant il semblait se soumettre à son sort, et ne témoignait de l'impatience que lorsqu'il était assiégé par ses créanciers personnels, qui, sachant qu'il n'était pas probable qu'il restât long-temps en France, s'efforçaient d'obtenir le réglement de leurs créances. Cette petite persécution était encouragée par le gouvernement; c'était un des expédiens employés pour abréger son séjour en France. Si aucun ne réussissait, il restait toujours la ressource d'employer la force.

Ce qui paraîtra incroyable, c'est que, quelque courts qu'aient été les instans que Napoléon passa à la Malmaison, il n'en était pas encore parti qu'il était déjà presque oublié à Paris. «Personne», dit un auteur bien informé, qui demeurait dans cette ville pendant ce moment de crise», personne, à l'exception des agens immédiats du gouvernement, ne paraît savoir s'il est encore à la Malmaison, ni même trouver que ce soit une chose dont on doive s'inquiéter. Samedi dernier le comte M*** l'y a vu; il était tranquille, mais tout-à-fait absorbé. Ses amis prétendent à présent que depuis son retour de l'île d'Elbe, il n'était plus tout-à-fait ce qu'il avait été précédemment; cependant, en prolongeant son séjour à la Malmaison, il pouvait céder à un motif plus honorable que cette simple répugnance qu'éprouve la nature humaine à se soumettre même à un malheur inévitable.»[1]

Les troupes anglaises et prussiennes approchaient alors rapidement de Paris. Chacune des villes sur lesquelles on avait compté pour retarder leur marche, ouvrait aussitôt ses portes

[1] Lettres écrites par un Anglais résidant à Paris, etc.; tome II.

à leur arrivée. Au moment où la capitale allait se voir entourée de nouveau d'armées ennemies, un sentiment honorable, joint à des considérations politiques, pouvait faire espérer à Napoléon que les Représentans seraient disposés à laisser de côté toute animosité personnelle, pour se servir de ses talens extraordinaires et de son influence sur l'esprit des troupes et des fédérés, qui seuls pouvaient défendre Paris, et qu'ils lui permettraient de reprendre de nouveau l'épée pour protéger la capitale. Il offrit de commander l'armée pour son fils en qualité de général en chef, ou de coopérer à la défense comme simple citoyen; mais la discorde avait fait trop de progrès dans l'intérieur. Le parti populaire, qui dominait alors, craignait encore plus le triomphe de Napoléon que celui des Alliés, qu'il espérait se concilier par un traité; car il sentait avec raison qu'il n'avait pas les moyens de leur résister. Mais si cette résistance était organisée avec succès par Napoléon, on redoutait sa suprématie comme commandant militaire, au moins autant que la domination des Alliés : ses offres de service furent donc rejetées.

Comme d'habiles pêcheurs, les membres du gouvernement provisoire avaient jeté graduellement leurs filets autour de Napoléon, et ils crurent qu'il était temps de les tirer à terre. Ils commencèrent par le mettre en quelque sorte aux arrêts, en chargeant le général Becker, officier qui avait personnellement à se plaindre de Napoléon, de surveiller, et même, au besoin, de restreindre ses mouvemens, de manière à prévenir toute possibilité d'évasion, et d'employer des mesures pour le décider à quitter la Malmaison et à partir pour Rochefort, où tout était préparé pour son départ de France. L'ordre fut donné en même temps à deux frégates de se tenir prêtes à transporter aux États-Unis l'ex-Empereur, qui devait rester sous la surveillance du général Becker et de la police, jusqu'au moment de son embarquement. Les instructions portaient qu'on devait prendre toutes les précautions possibles pour la sûreté de Napoléon. Un ordre semblable fut transmis par Davoust, qui, par un de ces compromis commodes à l'aide desquels on cherche à concilier ses sentimens avec ses devoirs ou ses intérêts, refusa de le signer, mais ordonna à son secrétaire de le faire à sa place, ce qui, dit-il, reviendrait au même. [1]

Napoléon se soumit à son sort avec résignation et avec dignité. Il reçut le général Becker

[1] *Journal de Las-Cases,* tome Ier; pages 18 et 19.

sans embarras et même avec affabilité; et celui-ci, par un sentiment qui lui faisait honneur, trouva la mission dont il était chargé d'autant plus pénible, qu'il avait éprouvé l'inimitié personnelle de l'homme qui était alors confié à sa garde. Quarante personnes environ de tout rang et de toute condition, firent l'offre généreuse d'accompagner dans ses revers celui qu'ils avaient servi pendant sa prospérité.

Cependant, au milieu de tous ces préparatifs de départ, Buonaparte conservait encore un reste d'espoir. Il entendait le bruit de la canonnade dans l'éloignement, comme le cheval de bataille entend la trompette. Il offrit de nouveau de marcher contre Blücher, comme simple volontaire, promettant qu'après avoir repoussé l'invasion, il continuerait sa route pour s'expatrier. Il espérait tellement que sa demande lui serait accordée, qu'il faisait tenir ses chevaux tout prêts, afin de pouvoir partir au premier avis pour aller rejoindre l'armée; mais le gouvernement provisoire rejeta de nouveau une offre dont l'acceptation eût en effet détruit tout espoir de traité avec les Alliés. On dit que Fouché s'écria, en entendant la proposition de Buonaparte: « Se moque-t-il de nous? » Il est certain que s'il se fût retrouvé à la tête des troupes, il eût été bientôt maître du gouvernement provisoire, quel qu'eût pu être d'ailleurs le résultat définitif de son entreprise.

Le 29 juin, Napoléon partit de la Malmaison; le 3 juillet il arriva à Rochefort. Le général Becker l'accompagna, et il n'arriva rien de remarquable pendant le voyage. Partout où il passait, les troupes le recevaient avec de grandes acclamations; les habitans respectaient les malheurs d'un homme qui s'était vu presque le maître du monde; et ne pouvant applaudir, ils gardaient le silence.

Ainsi finit à jamais le règne de l'empereur Napoléon. Mais avant de le suivre dans ses nouvelles destinées, il nous faut achever en peu de mots ce qui nous reste à dire des conséquences de son abdication, et présenter quelques remarques sur les circonstances à l'aide desquelles elle fut obtenue, ou plutôt arrachée.

Le gouvernement provisoire avait envoyé des commissaires auprès du duc de Wellington, demander des passe-ports pour Napoléon, afin qu'il pût se rendre aux États-Unis. Le duc répondit qu'il n'avait aucune autorité de son gouvernement pour en accorder. Les généraux anglais et prussien repoussèrent également toutes les ouvertures qui leur furent faites pour l'établissement ou pour la reconnaissance, soit du gouvernement provisoire actuel, soit de tout autre plan d'administration qu'on pût leur suggérer, autre que le rétablissement des Bourbons sur le trône. Les membres de la commission de gouvernement cherchèrent, avec aussi peu de succès, à réveiller l'esprit national; ils avaient perdu toute influence sur les troupes. Les idées du patriotisme étaient inséparables pour l'armée de la personne et des talens de Napoléon. En vain des députés firent-ils de pompeuses déclarations de principes; en vain appelèrent-ils à leur secours tous les vieux mots d'ordre de la révolution pour ranimer l'esprit de 1793. Les soldats et les fédérés répondaient d'un air morne : « Pourquoi nous battrions-nous encore? nous n'avons plus d'Empereur. »

Pendant ce temps, le parti royaliste reprenait courage; il se montrait en armes dans plusieurs départemens, dirigeait l'opinion publique dans beaucoup d'autres, et faisait de grandes recrues dans les rangs des Constitutionnels. Il est certain que s'il en était encore parmi ces derniers qui redoutassent le retour des Bourbons, c'était dans la crainte que les Royalistes triomphans ne se livrassent à un système de réaction et de représailles, et en même temps, que Louis, indisposé par les derniers événemens, ne fût tenté de sortir des limites constitutionnelles, de s'éloigner de ceux qui voulaient qu'on s'y renfermât, et de recourir aux mesures arbitraires par lesquelles ses ancêtres avaient gouverné leur royaume. Ceux qui nourrissaient ces appréhensions ne pouvaient s'empêcher de convenir qu'elles provenaient originairement de l'inconstance et de l'ingratitude du peuple lui-même, qui s'était montré indigne de vivre sous les lois douces et faciles d'une monarchie tempérée, en se laissant entraîner à conspirer contre elle; mais les conséquences n'en eussent pas été moins terribles, si le Roi eût voulu agir d'après des principes de rigueur et de vengeance; et ce furent ces appréhensions d'une part, de l'autre les craintes de quelques individus pour leur sûreté personnelle, jointes à la morne confusion d'un troisième parti, et à la haine de l'armée pour les princes qu'elle avait trahis, qui prolongèrent de quelques jours l'existence du gouvernement provisoire.

C'est en même temps ce qui explique la résistance prolongée des Chambres à recevoir leur monarque légitime, quoiqu'elles ne pussent parvenir à exciter d'autres mouvemens d'enthousiasme que ces explosions du moment, qui éclataient dans le lieu même de leurs séances, et qui ne flattaient d'autres oreilles et n'échauffaient d'autres têtes que les leurs. Pendant ce temps, les corps d'armée de Soult et de Grouchy étaient repoussés sous les murs de Paris, où ils furent bientôt suivis par les Anglais et les Prussiens. La bravoure naturelle des Français leur inspira alors une résistance qui, tout en les couvrant de gloire, n'eut aucun résultat. Les Alliés, au lieu de tenter de nouveau les chances d'une attaque sur Montmartre, traversèrent la Seine, et menacèrent Paris du côté qui n'était pas défendu. Il n'y avait pas, comme en 1814, d'armée ennemie qui menaçât de leur couper toute communication par-derrière. Les Français n'en déployèrent pas moins un grand courage dans deux tentatives qu'ils firent, l'une pour défendre Versailles, l'autre pour reprendre cette ville par un coup de main dirigé par le général Excelmans. Mais enfin, à la suite d'un conseil de guerre, tenu à Paris dans la nuit du 2 au 3 juillet, un armistice fut conclu, en vertu duquel la capitale se rendait aux Alliés, et l'armée française devait se retirer derrière la Loire.

Les Alliés suspendirent leurs opérations jusqu'à ce qu'on eût pu décider les troupes françaises à effectuer leur retraite; mesure qu'un stérile enthousiasme leur faisait repousser avec indignation. Pour leur laisser le temps de se calmer, ils différèrent d'occuper Paris jusqu'au 7 juillet, jour où la capitale se trouvait être entièrement évacuée. Les Anglais et les Prussiens en prirent possession avec le plus grand ordre; mais les sentimens manifestés de part et d'autre étaient bien différens de ceux qui avaient éclaté en 1814, lorsque, à leur première entrée, ils avaient défilé sur les boulevards. Le gouvernement provisoire continua ses fonctions, quoique Fouché, qui en était le chef, intriguât depuis long-temps (et, depuis la bataille de Waterloo, avec une apparence de sincérité), pour négocier le second retour des Bourbons, à des conditions qui assurassent les libertés de la France. On reçut, le 6 juillet, la déclaration des souverains alliés, qu'ils regardaient toute autorité émanant de l'usurpation de Napoléon Buonaparte, comme nulle et de nul effet, et que Louis XVIII, qui était alors à Saint-Denis, ferait le lendemain, ou le surlendemain au plus tard, son entrée dans sa capitale, et reprendrait son autorité royale.

Le 7 juillet, la commission de gouvernement cessa ses fonctions; la Chambre des Pairs, après avoir entendu la lecture de l'acte de capitulation, se sépara en silence; mais celle des Représentans continua encore à siéger, à voter et à discuter. Le président suspendit alors la séance jusqu'au lendemain huit heures du matin, malgré les représentations de plusieurs membres, qui prétendaient que la Chambre s'étant déclarée en permanence, on devait exécuter à la lettre cette décision. Le lendemain matin, les membres qui se rendirent à la Chambre trouvèrent dans la cour un détachement de gardes nationaux qui leur en refusèrent l'entrée, sans avoir aucun égard à leurs plaintes ni à leurs remontrances. En outre, les législateurs désappointés et écumant de rage, furent exposés à la risée des spectateurs, qui accueillirent chaque membre, à son arrivée et à son départ, par de grands éclats de rire, proportionnés au degré de mortification qu'il laissait paraître sur sa figure.

Le 8 juillet, Louis entra dans sa capitale, précédé d'un grand nombre de gardes nationaux et de volontaires royaux, ainsi que des troupes de sa maison. A la suite de ces soldats venait un nombreux état-major dans lequel on distinguait les maréchaux Victor, Marmont, Macdonald, Oudinot, Gouvion-Saint-Cyr, Moncey et Lefebvre. Un immense concours de citoyens reçut, avec de vives acclamations, le souverain légitime, et l'on remarqua surtout l'enthousiasme avec lequel les femmes exprimèrent leur joie. Ce fut ainsi que Louis rentra dans le palais de ses ancêtres, sur lequel on vit flotter de nouveau le drapeau blanc. Ici se termine ce court espace de temps, si rempli d'événemens qu'on a peine à y croire, période de cent jours, qui semble renfermer les événemens d'un siècle. Avant de poursuivre cette narration, qui ne sera plus désormais que l'histoire d'un individu, il ne sera peut-être pas hors de propos de jeter un regard en arrière sur les événemens compris dans cette période, et d'en faire remarquer en peu de mots le caractère et la tendance politique.

Il est inutile de rappeler au lecteur que l'élévation de Napoléon au trône fut le résultat des efforts réunis de deux partis : l'un comprenait l'armée, qui désirait rétablir son honneur souillé par les dernières défaites, et replacer l'Empereur à sa tête, pour qu'il prévînt sa dissolution et la conduisît à de nouvelles victoires. L'autre parti se composait de ceux qui non seulement désiraient que le royaume eût une portion considérable de liberté effective, mais qui se sentaient intéressés à ce que l'on reconnût les principes de la révolution, et surtout celui qui attribuait au peuple ou à ceux qui pourraient parvenir à s'arroger le droit de le représenter, le pouvoir d'altérer à son gré la constitution, et d'être, comme on le disait du grand comte de Warwick, *le faiseur et le défaiseur de rois*. Ce parti, se prévalant de quelques fautes réelles de la famille régnante, en supposant d'autres, et en plus grand nombre, excitant une foule de vagues inquiétudes, avait fait naître un sentiment général de mécontentement contre les Bourbons; mais, quoiqu'il eût fini probablement par avoir recours à la force, rien n'autorise le moins du monde à croire qu'il eût réussi à renverser complétement le gouvernement royal, s'il n'eût été appuyé par les soldats. L'armée, qui accourut si promptement à l'appel de Buonaparte, n'avait rien de commun dans sa manière de voir avec les Jacobins, comme on les appelait; et, sans l'apparition subite de son ancien général sur la scène politique, elle eût agi, on n'en saurait guère douter, d'après les ordres des maréchaux, qui étaient presque tous dévoués à la famille royale. Ce fut donc l'attachement de l'armée à Buonaparte qui fit réussir l'entreprise combinée, que le parti des Jacobins, réduit à lui-même, aurait inutilement essayée.

Le parti républicain ou jacobin s'arrangea avec son puissant allié. Les chefs de l'armée acceptèrent des titres de sa main, reçurent des places, et devinrent membres de la Chambre des Pairs ou de celle des Représentans, convoquées par son autorité. Ces Chambres reconnurent Napoléon pour leur Empereur, reçurent de lui en échange une nouvelle constitution, et, à la face de la France entière, ils prêtèrent serment de fidélité et à la constitution et à leur souverain. Ce fut dans ces dispositions que l'Empereur et son Corps Législatif se séparèrent le 7 juin. Il régnait certainement dès-lors de la défiance entre eux; mais, à en juger par les apparences, le prince et le peuple se séparèrent également contens l'un de l'autre. Onze jours amenèrent la bataille de Waterloo avec toutes ses conséquences. Une politique sage et loyale aurait conseillé aux Chambres de défendre l'Empereur qu'elles avaient fait; de l'armer du pouvoir qu'exigeaient les circonstances, et de se servir de son rare talent militaire pour chercher à arrêter les progrès de l'invasion. Une sorte de pudeur devait les empêcher de prêter leurs bras pour renverser ce trône chancelant, au pied duquel ils s'étaient si récemment prosternés : mais ils en décidèrent autrement. Dès l'instant où il devint malheureux, Napoléon cessa d'être leur empereur, la source de leur pouvoir et de leur autorité. Ils ne voient plus en lui que le daim blessé qu'il faut repousser du troupeau, que le Jonas sur le vaisseau qu'il faut jeter à la mer. Aussi, lorsque Napoléon leur parla d'armes et de soldats, ils lui répondirent par les mots d'*égalité et des droits de l'homme.* Tout espoir de réparer les suites de la bataille de Waterloo fut perdu, et l'empereur de leur choix fut, sinon ostensiblement, du moins par le fait, arrêté et envoyé sur les côtes de la mer, comme un criminel condamné à la déportation. Leur conduite néanmoins montra clairement que Napoléon n'était pas élu par le choix libre du peuple français, et surtout qu'il n'était pas l'élu de ceux qui s'appelaient exclusivement les amis de la liberté.

Ayant ainsi montré combien il leur était facile de se débarrasser du monarque de qui elles tenaient leur existence politique, les Chambres s'adressèrent aux Alliés, pour les inviter à concourir à l'élection d'un nouveau souverain, et à aider à élever un nouveau trône sur le sable mouvant qui venait d'engloutir celui de Napoléon. Sous un rapport, leur opiniâtreté n'était pas déraisonnable; ils s'inquiétaient fort peu d'avoir tel ou tel souverain, que ce fût d'Orléans ou d'Orange, l'anglais Wellington ou le cosaque Platoff. Ce qu'ils voulaient, c'est que ce souverain n'eût de droit que ceux qu'ils lui auraient donnés eux-mêmes, et qu'ils fussent libres de les lui retirer quand il leur plairait de le faire. Et l'on peut être sûr que, quelque nouveau roi, quelque nouvelle constitution que l'on eût établie par le moyen de pareils hommes, on aurait vu bientôt recommencer cette espèce de danse sauvage de la révolution, jusqu'à ce qu'enfin, comme autant de dervis frénétiques, étourdis par ce rapide tournoiement, les Français fussent tombés de nouveau d'épuisement et de fatigue pour goûter le repos sous la verge de fer du despotisme.

Les souverains alliés virent ces propositions de mauvais œil, tant à cause de leur nature même que du caractère de ceux qui les leur adressaient. De tous les garans qu'ils pouvaient offrir, le plus respectable était le duc d'Otrante, et ce même duc d'Otrante avait été Fouché de Nantes. Le nom de Carnot se retrouvait sur tous les édits sanguinaires de Robespierre, où la conscience du vieux décemvir ni celle du jeune comte n'avait jamais rien vu qui pût le faire reculer. Il y en avait beaucoup d'autres qui s'étaient distingués dans la révolution. Le langage qu'ils tenaient était déjà une sorte de jargon démocratique; et, quoiqu'il y eût parmi eux un grand nombre de gens de bien et d'hommes de talens, on ne devait pas oublier combien il y en avait aussi dans la première assemblée, qui n'avaient rendu d'autre service que de sceller de leur sang la modération et la raison de leurs opinions politiques. Il était d'une nécessité urgente d'éviter tout ce qui pourrait ramener ces scènes de honteuse mémoire, et ce fut pour avoir une garantie contre le retour de pareils attentats que les souverains alliés insistèrent pour que Louis XVIII remontât sur le trône, comme en étant le légitime possesseur.

La légitimité, ou le droit de succession héréditaire, adoptée dans la loi commune des constitutions les plus monarchiques, est empruntée par analogie à la vie privée, où le fils aîné devient naturellement le chef et le protecteur de la famille après la mort du père. Sans doute, tant que les États sont peu considérables, avant que les lois soient établies, quand l'habileté et les talens personnels du monarque exercent une puissante influence, le pouvoir de choisir un magistrat suprême après la mort de son prédécesseur, ou plus souvent encore, ce pouvoir qui, autant qu'il nous est permis d'en juger, fait peut-être partie des droits abstraits de l'homme, peut s'exercer sans beaucoup d'inconvénient : mais lorsque les États deviennent plus étendus, et que leurs constitutions sont définies et circonscrites par des lois qui laissent moins de latitude et par conséquent moins d'ambition dans l'exercice des fonctions suprêmes, les hommes échangent sans peine le privilége illimité d'un Couroultaï tartare, ou d'une Diète polonaise, contre le principe de la légitimité, parce qu'il y a au moins autant de chances pour qu'un successeur héréditaire soit en état d'accomplir les devoirs de sa position, qu'il y en a pour que le choix du peuple tombe sur un digne candidat; enfin, parce que, dans le premier cas, on épargne à la nation les convulsions qu'occasionnent les brigues, les intrigues qui précèdent toute élection, et cette suite d'animosités, de divisions, de guerres civiles, de ruines, que finit toujours par entraîner une constitution élective.

Le principe de la légitimité absolue est surtout important dans une monarchie limitée, parce qu'il lui donne un degré de stabilité qu'elle ne peut atteindre autrement. Le principe de l'hérédité, joint à celui qui déclare que le roi ne peut faillir, assure la permanence du pouvoir exécutif, et réprime l'ambition qui enflammerait tant de cœurs, s'ils avaient la perspective d'une vacance du pouvoir suprême, ou d'une élection de temps à autre. Les ministres du roi, d'un autre côté, étant responsables de ses actes, opposent, dans leur propre intérêt, une digue à l'exercice de son pouvoir; et ainsi on pourvoit à la répression de toutes les fautes ordinaires du gouvernement, puisque, pour se servir d'une comparaison connue, mais expressive, il vaut mieux, pour corriger quelque déviation accidentelle de la course régulière, changer le conducteur que renverser le char.

Tel est le principe de légitimité qui fut invoqué par Louis XVIII, et qui fut reconnu par les souverains alliés; mais il ne faut pas le confondre avec cette doctrine servile que le droit dont on est ainsi investi a reçu d'une origine divine une sanction irrévocable. L'héritier légal, dans la vie privée, peut dissiper par sa folie, ou *forfaire* [1] par ses crimes l'héritage que la loi lui transmet; de même le roi légitime peut sans le moindre doute, en se départant des principes de la constitution sous laquelle il est appelé à régner, *forfaire* pour lui-même et pour ses héritiers, si la puissance législative le juge convenable, cette couronne que le principe de la légitimité lui donnait par droit de naissance. La peine de forfaiture est un cas extraordinaire, mais prévu, non en vertu de la constitution, qui ne reconnaît la possibilité d'aucune faute dans le souverain, mais parce que la constitution a été attaquée et violée par le monarque, et qu'on ne doit plus souffrir qu'elle le couvre

[1] Terme de jurisprudence qui veut dire *rendre confiscable de droit.* (*Édit.*)

de son ombre. Les crimes qui méritent d'encourir cette haute punition doivent donc être d'une nature extraordinaire, et dépasser la portée de ceux auxquels la constitution pourvoit par la punition des ministres et des conseillers de la couronne. L'égide constitutionnelle de l'inviolabilité met à couvert le monarque personnellement, s'il fait un usage blâmable de son pouvoir, pourvu qu'il l'exerce sans sortir des bornes de la constitution. C'est quand il ose aller au-delà, mais pas avant, qu'elle cesse de protéger le cœur d'un tyran. Un roi d'Angleterre, par exemple, peut s'engager dans une guerre insensée, ou signer une paix désavantageuse, en faisant un usage légal, quoique blâmable et peu judicieux, du pouvoir dont l'investit la constitution; ce sera sur les conseillers et non sur lui-même que pesera en pareil cas la responsabilité; mais si, comme Jacques II, le souverain brise ou s'efforce de détruire la constitution elle-même, c'est alors que la résistance devient légale et honorable, et que le roi est justement regardé comme ayant perdu par forfaiture le droit qu'il tenait de ses ancêtres, en s'efforçant d'empiéter sur les droits de ses sujets.

Les principes de l'hérédité de la monarchie, de l'inviolabilité de la personne du roi, et de la responsabilité des ministres, étaient reconnus par la Charte constitutionnelle. Louis XVIII était donc, pendant l'année qui précéda le retour de Napoléon, le souverain légal de la France, et il reste à prouver par quel acte de trahison à la constitution il avait forfait son droit de légitimité. Si le lecteur veut se reporter au vol. VIII, chap. XIII (où nous ne croyons pas avoir épargné la conduite des Bourbons), il pensera probablement avec nous que les fautes du gouvernement du Roi furent non seulement moins nombreuses qu'on ne pouvait l'attendre dans des circonstances si nouvelles et si difficiles, mais qu'elles étaient même d'une nature telle qu'une opposition honnête, loyale et bien intentionnée les aurait facilement réprimées; il trouvera qu'aucune de ces fautes ne pouvait être attribuée personnellement à Louis XVIII, et que loin d'avoir encouru la forfaiture de ses droits légitimes, il avait, pendant ce peu de mois, acquis de puissans droits à l'amour, au respect et à la reconnaissance de ses sujets; sa chute avait été en partie l'ouvrage des caprices et de l'imprudence de personnes attachées à sa famille et à sa maison, mais bien plus encore de ces défiances sans motif, de ces soupçons sans fondemens, couleurs dont la révolte n'hésite jamais à revêtir sa cause; elle provenait de la légèreté du peuple français, qui se fatiguait du gouvernement simple, tranquille et pacifique de son Roi; enfin, par-dessus tout, du mécontentement d'une soldatesque frénétique, qui se croyait tout permis parce qu'on lui permettait tout, et de ces clubs de cerveaux exaltés qui soupiraient après un temps de désordre et de bouleversement général. Le départ forcé de Louis XVIII, provenant de pareilles causes, ne pouvait rompre le pacte solennel conclu par la France avec toute l'Europe, quand elle reçut son monarque légitime des mains de ses conquérans magnanimes; quand, avec lui et par égard pour lui, elle obtint des conditions de paix que sa position ne lui permettait nullement d'espérer, et qu'autrement elle n'aurait jamais obtenues. Le malheur du Roi, puisqu'il ne venait d'aucune faute qu'il eût commise, ne pouvait entraîner aucune forfaiture des droits dont il était investi. L'Europe, garante du traité de Paris, pouvait aussi à juste titre, quand de sa main armée et victorieuse elle ramenait le Roi légitime, exiger de la France qu'il fût rétabli dans ses droits; et quand c'était à cette condition qu'elle offrait de mettre fin à la guerre, elle se montrait aussi équitable que la conduite des souverains, durant cette courte campagne, avait été honorable et couronnée par le succès.

A ces argumens, un homme impartial pourrait à peine découvrir une réponse; mais le parti populaire s'efforça de trouver un argument contre la seconde restauration, dans la déclaration même des Alliés. Ce manifeste avait annoncé, disaient-ils, que la guerre était dirigée contre Buonaparte personnellement, et que, quand il serait détrôné, l'intention des puissances alliées était de laisser aux Français une entière liberté sur le choix de leur gouvernement intérieur. On citait en particulier la déclaration du prince régent, qui proclamait que le traité de Vienne, dans lequel on avait décidé de détrôner Napoléon, n'obligeait pas le gouvernement anglais à insister sur le rétablissement des Bourbons comme sur une condition indispensable pour la paix. Ceux qui faisaient valoir cette objection ne considéraient pas, ou ne voulaient pas considérer la nature du traité auquel se rapportait cette explication. Le traité de Vienne avait expressément pour objet le rétablissement de Louis XVIII, et le prince régent y adhéra avec l'intention de faire de son côté tous ses efforts pour parvenir à ce but. On y introduisit seulement cette clause restrictive, parce que son altesse royale n'entendait pas s'obliger, pour cette restauration *seule*, à pousser la guerre jusqu'à la dernière extrémité. Mille circonstances auraient pu faire qu'un engagement de cette nature, pris sans restriction, aurait été extrêmement difficile à remplir; mais puisque aucune de ces circonstances n'était arrivée, et que le rétablissement du trône des Bourbons était, par suite de la bataille de Waterloo, une mesure qui pouvait être aisément exécutée, il s'ensuivait nécessairement qu'elle *devait* l'être, aux termes du traité de Vienne.

Mais quand les souverains auraient positivement annoncé, dans leurs manifestes, que la volonté du peuple français serait exclusivement consultée, quel droit avait le Corps Législatif, assemblé par Buonaparte, de se prétendre le peuple français? Il n'avait ni crédit ni influence sur aucun des partis de l'État, si ce n'est par la possession momentanée d'une autorité qui était à peine reconnue quelque part. Ce fait, que le pouvoir de Napoléon avait cessé d'exister, ne rendait pas son titre plus légitime. Au contraire, émané de son autorité, il devait être considéré comme étant tombé avec lui; ou le Corps Législatif formait une Chambre convoquée par Napoléon, et liée envers lui autant que des sermens et des déclarations peuvent lier les hommes, ou bien c'était un corps qui n'avait point de caractère politique.

La Fayette prétendait que les représentans actuels de la France se trouvaient dans la même situation que le parlement anglais assemblé comme Convention [1], et que l'armée campée à Hounslow lors de la révolution anglaise [2]. Pour que la comparaison fût juste, il aurait fallu qu'on retrouvât ici la même sagesse que dans les circonstances particulières du grand événement de 1688. Les Français auraient pu alors justifier leurs procédés par les agressions de leur monarque exilé, et par la volonté générale et même presque unanime de la nation; mais l'histoire anglaise a offert effectivement un exemple d'une assemblée exactement semblable à la leur pour l'absence de tout droit et l'exagération des prétentions, et ce précédent, on le trouve lorsque le parlement, surnommé *Croupion* [3], voulut souffler les cartes à Richard Cromwell, comme la commission provisoire de Paris essaya, par un tour adroit, de ravir l'autorité à Napoléon II. Le Croupion aussi siégea quelque temps comme gouvernement,

[1] Premières guerres civiles. (*Édit.*)

[2] Sous Jacques II.

[3] *The rump parliament.* (*Édit.*)

et s'efforça de réformer la constitution d'après ses propres vues, en dépit de tout le peuple anglais, qui soupirait après le retour de son monarque légitime, comme il fut facile de s'en convaincre lorsque Monk, à la tête d'une armée, parut pour protéger la manifestation de leurs sentimens réels. Tel était le point de comparaison le plus exact qu'offrait l'histoire d'Angleterre avec la situation des commissaires provisoires de la France. Cette commission et le Croupion étaient également des intrus qui avaient usurpé l'autorité suprême, et qui en furent également privés par le retour du monarque légitime.

Tandis que les puissances alliées désiraient que le roi de France fût remis en possession d'un trône qu'il n'avait jamais perdu de droit, ces mêmes puissances, et surtout l'Angleterre, sentaient qu'il était de la justice et d'une bonne politique d'assurer à la France le maintien de tout ce qu'elle avait gagné de liberté sage et modérée par la révolution et à travers ses orages, en introduisant en même temps dans sa constitution toutes les améliorations dont l'expérience avait démontré l'utilité. Ces améliorations furent indiquées et vivement appuyées par le célèbre Fouché, qui, en cette occasion, rendit un grand service à son pays; mais, non content de ce premier succès, il lutta long-temps pour que le Roi, tout en reconnaissant, comme il était prêt à le faire, les différens avantages que la France avait retirés de la révolution, fît quelques démarches pour reconnaître aussi la révolution elle-même. Il insistait sur l'adoption du drapeau tricolore, comme sur un point de la plus haute importance, ressemblant un peu en cela au démon des légendes de nécromancie, qui, lorsque les malheureux avec qui il est en relation refusent de s'abandonner à lui corps et âme, comme il l'avait d'abord exigé, est assez modéré pour demander et accepter les plus légers sacrifices, une rognure d'ongle, une tresse de cheveux, pourvu qu'on la lui offre en signe d'hommage et de dévoûment. Mais Louis XVIII n'était pas homme à se laisser entraîner à une homologation [1] accidentelle et équivoque, comme le disent les jurisconsultes, de tous les résultats affreux d'une aussi horrible période, ce qui aurait nécessairement impliqué une sorte de ratification de la mort même de son vertueux frère, indignement assassiné. Conserver et maintenir tout le bien sorti de la révolution, était tout autre chose que ratifier la révolution elle-même. Une tempête peut jeter de

[1] Ratification. (*Édit.*)

riches trésors sur le rivage, un ouragan peut purifier l'air; mais quoique l'on se félicite et que l'on jouisse de ces avantages, personne assurément n'exigera que, comme l'Indien ignorant, nous adorions la vague furieuse, ou que nous élevions des autels aux vents déchaînés.

Le roi de France ayant constamment rejeté toutes les propositions qui tendaient à attribuer à son gouvernement une autorité fondée sur la révolution, on doit reconnaître la constitution de France comme celle d'une monarchie héréditaire, limitée par la Charte royale et par les principes de la liberté. Elle assure ainsi aux autres monarchies existant en Europe une garantie contre toute commotion soudaine et dangereuse, tandis qu'en faveur des sujets elle oppose à l'arbitraire une barrière impénétrable, et renferme tous les principes nécessaires pour améliorer et développer les avantages des institutions libérales, à mesure que les circonstances le permettront, et qu'elles seront dictées par le progrès des lumières.

Quoique le traité des Alliés avec la France ne fût pas conclu avec le même esprit de générosité romanesque qui dicta celui de 1814, ils n'insistèrent cependant sur aucun article qui pût être considéré comme déshonorant pour la nation. Si l'on détacha du territoire français trois ou quatre places fortes des frontières, ce fut pour rendre à l'avenir plus difficile une invasion subite en Allemagne ou dans les Pays-Bas. Des sommes considérables furent aussi exigées en compensation des énormes dépenses faites par les Alliés; mais elles n'allèrent pas au-delà de ce que la richesse de la France pouvait supporter. Une partie de ses forteresses fut aussi occupée par les Alliés pour servir de garantie de la conduite pacifique de la France; mais on devait les rendre au bout d'un certain terme, et les armées de l'Europe, qui restaient pendant quelque temps sur le territoire français, devaient être retirées à la même époque. Enfin le Musée, cette brillante collection que le droit de conquête avait formée des dépouilles de tant d'États, passa, en vertu de ce même droit de conquête, non à ceux des Alliés qui avaient de grandes armées sur pied, mais à ces États pauvres et secondaires que l'influence de la terreur avait forcé de céder à la France ce qui leur appartenait, et qui le reçurent alors des mains des Alliés avec autant de surprise que de gratitude.

Sans doute ces circonstances devaient faire pour le moment une impression douloureuse sur le cœur des Français; mais elles étaient la conséquence nécessaire de la position plus passive qu'active peut-être dans laquelle la révolution des cent jours avait placé la France. Toutes ces prédictions que l'on avait répandues pour animer le peuple contre les Alliés, en disant qu'ils n'étaient guidés que par des vues d'intérêt ou de vengeance, et qu'ils s'efforçaient de faire descendre la France du haut rang que ce beau royaume devait occuper en Europe, se trouvèrent entièrement fausses. Les provinces conquises, comme on appelait les acquisitions de Louis XIV, ne furent point détachées de l'empire français; et les colonies furent laissées dans le même état qu'à la paix de Paris. Les Anglais n'imposèrent point un traité de commerce défavorable à la France, ce que Napoléon assurait être leur dessein. Il blâma même ensuite le ministère anglais de ne pas l'avoir fait, l'accusant d'avoir, dans cette occasion, négligé les intérêts de la Grande-Bretagne. La France fut laissée, comme elle doit l'être, entièrement indépendante et dans un brillant état de puissance. [1]

Les prédictions sur la durée du nouveau gouvernement royal ne furent pas moins fausses que ne l'avaient été les pronostics sur les intentions des Alliés. Bien des gens annonçaient la

[1] Dans cette discussion, l'auteur nous semble éluder, par les généralités, la simple question de savoir si les Alliés furent fidèles ou non au traité de Paris. (*Édit.*)

chute de la dynastie des Bourbons; c'était à peine si les augures politiques lui permettaient de prolonger son existence jusqu'à la mort de Louis XVIII. Il dort maintenant dans le tombeau de ses ancêtres, et son successeur, s'attirant l'affection générale par ses manières affables, et commandant le respect par son caractère juste et intègre, règne sur un peuple libre et florissant. Le temps, ce grand pacificateur, adoucit tous les jours l'aigreur des factions, et écarte de la scène politique les hommes de tous les partis qui, peu accoutumés à l'exécution générale et impartiale des lois, seraient prêts à attaquer toutes les améliorations et à décider toutes les questions politiques l'épée à la main, ou, comme ils le disent eux-mêmes, *par voie de fait.* Les garanties de la liberté sont le seul sujet sur lequel les Français raisonnables conservent aujourd'hui de l'inquiétude : nous sommes convaincu que leur sollicitude n'est nullement fondée. Fatal serait l'avis qui engagerait le gouvernement français à donner le plus léger sujet à de justes plaintes. L'ultra Royaliste, le Jacobin enragé, disparaissent insensiblement de la scène du monde; ou la mort les a frappés, ou l'âge les a refroidis par degrés. Ceux qui leur succèdent n'ayant jamais vu l'épée hors du fourreau, seront moins disposés à se précipiter dans la guerre civile; et les hommes habiles et bien intentionnés de tous les partis, tout en trouvant dans les Chambres une arène où ils pourront exprimer leur différence d'opinions, prendront l'habitude de supporter la contradiction sans mécontentement et sans aigreur; ils en viendront à douter sagement si dans l'état imparfait de l'intelligence humaine, il est possible qu'un parti politique ait toujours absolument et invariablement raison, et que ses adversaires, dans tout ce qu'ils demandent, aient décidément tort. Les Français apprendront que c'est par la liberté des discussions, par un appel, non aux armes, mais au bon sens du peuple, par la lumière qui jaillit d'une discussion éclairée, et non par une lutte brutale corps à corps, que les institutions politiques de ce peuple spirituel doivent se perfectionner à l'avenir.

La soif des Français pour la gloire militaire avait été pleinement assouvie pendant la période que nous avons retracée; mais si les autres pays avaient cruellement souffert, les représailles que la France eut à supporter furent terribles. Une heureuse disposition à la paix et à la bonne intelligence a, pendant les dernières années, distingué même ces deux nations que, par une expression aussi fausse que haineuse, on a appelées souvent ennemies naturelles. Les idées libérales relativement au commerce, à mesure qu'elles se répandront davantage et qu'elles seront mieux comprises, fourniront les motifs les plus puissans et les plus irrésistibles pour le maintien des relations d'amitié, qui ne sont durables que lorsqu'elles ont pour base l'intérêt mutuel; car le commerce marche de pair avec la civilisation, et une nation, à mesure qu'elle s'enrichit par sa propre industrie, prend de plus en plus le goût des objets de luxe ou d'aisance que produisent le sol ou l'industrie des autres contrées. L'Angleterre, de la part de laquelle Napoléon et ses adhérens n'attendaient et n'annonçaient rien qu'égoïsme; l'Angleterre, qui, disait-on, allait enchaîner la France par un traité de commerce (qui eût ruiné ses propres manufactures), a eu l'honneur, en ouvrant au contraire ses ports aux produits des fabriques de ses voisins, de donner l'exemple d'un nouveau système de commerce auquel on peut, jusqu'à un certain point, appliquer ce que le poète dit de la Pitié :

« Elle fait deux heureux :
L'un, celui qui reçoit, l'autre celui qui donne. »

Aux yeux d'un étranger, le nombre de maisons nouvelles construites à Paris, comme dans toute la France, est un indice plus satisfaisant de l'affluence des capitaux et de l'activité de l'industrie, que les édifices publics superbes, mais imparfaits, que Napoléon était si prompt à commencer, mais qu'il n'achevait presque jamais. Lorsque l'on compare le peuple français de 1815 à celui de 1826, on est également frappé d'une grande amélioration morale, en voyant des préjugés, long-temps entretenus avec une sorte de prédilection, s'effacer graduellement, et les idées s'améliorer et s'agrandir dans une progression non moins sensible. Ce mouvement progressif ne saurait être régulier sans doute; il a nécessairement ses flux et reflux; mais en somme, il semble qu'il y ait plus de raison qu'à aucune autre époque du monde d'espérer que rien ne troublera, du moins pendant long-temps, la paix générale; et que l'Angleterre et la France en particulier, contentes de la moisson de lauriers que chacune d'elles a recueillie sur les champs de bataille, et jouissant des souvenirs de leur gloire, ne se disputeront plus d'autre palme que celle de l'industrie; heureux don de la paix et de la civilisation.

CHAPITRE II.

Disposition de la flotte anglaise le long des côtes occidentales de France, pour empêcher l'évasion de Buonaparte. — *Le Bellérophon* est en station à la hauteur de Rochefort. — Ordres d'après lesquels agit le capitaine Maitland. — Projets formés pour l'évasion de Napoléon. — Circonstances qui prouvent que si Napoléon prenait le parti de se rendre, c'est qu'il ne pouvait faire autrement. — Savary et Las-Cases entament une négociation avec le capitaine Maitland. — Relation du capitaine Maitland de ce qui se passa dans leurs entrevues. — Relation de Las-Cases. — Les deux relations comparées entre elles; — préférence donnée à celle du capitaine Maitland. — Lettre de Napoléon au prince régent. — Il se rend à bord du *Bellérophon* le 15 juillet. — Sa conduite pendant la traversée. — Son arrivée à la hauteur de Torbay, — à la hauteur de Plymouth. — Grande curiosité des Anglais pour le voir. — Toute communication avec le vaisseau est interdite. — Le gouvernement anglais décide que Buonaparte sera envoyé à Sainte-Hélène. — Protestation et remontrances de Napoléon.

Nous revenons maintenant à celui qui est le sujet principal de notre histoire. Napoléon arriva à Rochefort le 3 juillet, tant avait été court l'intervalle qui s'était écoulé entre l'instant où il avait hasardé la sanglante partie de Waterloo et celui où il se voyait exilé; et cependant ces quinze jours avaient suffi pour rendre sa retraite difficile, sinon impraticable. Des mesures avaient été prises, il est vrai, pour sa translation. Deux frégates françaises, *la Saale* et *la Méduse*, une corvette à trois mâts, *la Bayadère*, et un fort brick, *l'Épervier*, attendaient l'arrivée de Buonaparte, et, à l'ancre sous l'île d'Aix, étaient prêts à mettre à la voile pour l'Amérique; mais, comme Napoléon le dit lui-même bientôt après, partout où il y avait de l'eau pour faire flotter un vaisseau, il était sûr d'y rencontrer le pavillon anglais.

La nouvelle de la défaite de Waterloo avait été pour l'amirauté le signal d'établir une croisière sur la côte occidentale de France, pour ôter à Napoléon toute possibilité de s'échapper par mer d'aucun des ports qui s'y trouvent. L'amiral lord Keith, officier aussi actif qu'expérimenté, qui commandait alors en chef la flotte de la Manche, avait disposé les bâtimens sous ses ordres d'une manière très judicieuse, en établissant une première ligne de vaisseaux à la hauteur des principaux ports, entre Brest et Bayonne; tandis qu'une seconde ligne extérieure, nécessairement beaucoup plus étendue, bloquait tous les passages entre Ouessant et le cap Finistère. Les capitaines de ces vaisseaux avaient les ordres les plus stricts de ne laisser passer aucun bâtiment sans en faire la visite. Pas moins de trente vaisseaux de différens genres étaient employés à maintenir ce blocus. D'après ces dispositions, le vaisseau de ligne anglais *le Bellérophon* croisait à la hauteur de Rochefort, ayant quelquefois avec lui *le Slaney, la Phœbé* et autres petits bâtimens, qui de temps à autre s'en détachaient suivant les besoins du service. Le capitaine Maitland, qui commandait *le Bellérophon*, est un homme bien né, d'une grande fermeté, d'un caractère à l'abri de tout reproche, et qui jouit d'une haute réputation dans la marine. Il est nécessaire de faire mention de ces circonstances, parce que les faits que nous allons rapporter n'intéressent pas seulement l'honneur du capitaine Maitland, mais bien celui de l'Angleterre tout entière.

Les différentes instructions d'après lesquelles cet officier régla sa conduite portaient toutes qu'il ne fallait négliger aucun effort pour empêcher Buonaparte de s'échapper, et pour s'emparer de sa personne ; elles spécifiaient tous les moyens qu'il pouvait employer pour se soustraire à sa vigilance. Dans une dépêche postérieure on lui recommandait de surveiller les frégates en rade à l'île d'Aix, et on lui disait à quel service on présumait qu'elles étaient destinées. Enfin, le 8 juillet 1815, l'amiral Hotham lui donna les instructions suivantes :

« Les lords commissaires de l'amirauté ayant

tout lieu de croire que Napoléon Buonaparte médite de s'évader de France pour passer en Amérique avec sa famille, il vous est recommandé et prescrit par ces présentes, conformément aux ordres émanés de leurs seigneuries, lesquels m'ont été signifiés par le très honorable vicomte Keith, amiral, d'exercer la surveillance la plus active à l'effet de lui fermer tout passage, et de faire les recherches les plus strictes à bord de tout bâtiment que vous rencontrerez. Si vous avez le bonheur d'intercepter son navire, vous devez transférer Buonaparte, lui et sa famille, à bord du vaisseau que vous commandez, l'y tenir sous bonne et sûre garde, et de là regagner en toute hâte le port d'Angleterre le plus voisin (allant à Torbay de préférence à Plymouth). A votre arrivée, vous devrez interdire toute communication avec la terre, excepté dans le cas dont il sera parlé ci-après; et vous veillerez, sous votre responsabilité personnelle, à ce que le plus profond secret soit gardé sur toute l'affaire jusqu'à ce que vous receviez des ordres ultérieurs de leurs seigneuries.

« S'il se trouve un chef d'escadre dans le port où vous arriverez, vous devrez lui écrire pour l'informer de tout ce qui se sera passé, et vous recommanderez formellement à l'officier porteur de votre lettre, de n'en point divulguer le contenu. S'il n'y en a point, vous enverrez une lettre par courrier extraordinaire au secrétaire de l'amirauté, et une autre à l'amiral lord Keith, avec la plus stricte injonction aux officiers porteurs de ces dépêches, de garder le plus profond secret. »

Nous transcrivons ces instructions littéralement pour montrer qu'elles ne laissaient pas au capitaine Maitland la faculté de rien promettre et de rien stipuler, dans le cas où Napoléon viendrait à se rendre, ni de le traiter autrement que comme un simple prisonnier de guerre.

Le capitaine Maitland se mit en devoir d'exercer toute la vigilance qu'exigeait une mission aussi importante; et bientôt il devint évident que la présence du *Bellérophon* était un obstacle invincible à ce que Napoléon s'échappât sur l'une des frégates, à moins qu'il ne tentât de s'ouvrir un passage de vive force. Dans ce dernier cas, l'officier anglais avait formé le plan de tomber sur celle qui se présenterait la première, de faire taire son feu, de jeter à bord cent hommes d'élite de son équipage, de courir aussitôt à toutes voiles à la poursuite de l'autre frégate, et de s'emparer ainsi de toutes les deux. Il avait aussi deux petits bâtimens, *le Slaney* et *la Phœbe,* qu'il pouvait employer à leur donner la chasse, de manière à ne pas les perdre de vue. Le hasard pouvait faire échouer ce plan; mais il était combiné avec tant d'adresse que tout semblait devoir en assurer le succès. Du reste, il ne paraît pas que les commandans des frégates aient engagé Napoléon à tenter ce moyen désespéré pour échapper à ses ennemis.

Il fut ensuite question de fuir secrètement. Un chasse-marée, sorte de bâtiment qui ne sert que pour le commerce des côtes, était prêt à appareiller, et il devait être monté par de jeunes aspirans de marine qui répondent à nos *midshipmen*. On pensait qu'il pourrait tromper la vigilance des croiseurs anglais qui étaient près des côtes; mais, une fois en pleine mer, il serait devenu suspect, et, en outre, il était au moins douteux qu'il pût aller jusqu'en Amérique. On acheta alors une corvette danoise; et comme il était certain que, dès qu'elle quitterait le port, les Anglais la forceraient d'amener, et en feraient la visite, on imagina d'y pratiquer une retraite pour y cacher Napoléon. C'était une barrique arrimée parmi le lest, et garnie de tubes destinés à y introduire l'air. Mais l'extrême rigueur avec laquelle la recherche eût sans doute été faite, et l'embonpoint de Buonaparte, qui ne lui permettait pas de rester long-temps aussi étroitement renfermé, et dans une position aussi incommode, firent renoncer à cet expédient, de même qu'à tous ceux qu'une sorte de désespoir suggérait tour à tour.

Il est certain qu'à cette époque l'armée, qui, forcée de se retirer derrière la Loire, était encore animée de la soif de la vengeance et du désir de réparer son honneur, lui fit proposer à plusieurs reprises de venir se mettre à sa tête, et il n'y a pas de doute qu'il n'en eût été reçu avec de grandes acclamations; mais si, en 1814, lorsqu'il lui restait encore une armée nombreuse et une étendue de territoire considérable, il n'avait pas voulu prendre un parti désespéré, à plus forte raison devait-il le rejeter en 1815, lorsque ses forces étaient bien plus disproportionnées encore qu'elles ne l'avaient jamais été, et lorsque ses meilleurs généraux avaient embrassé la cause des Bourbons, ou avaient quitté la France. Adopter une pareille mesure, c'eût été se mettre dans la position du chef d'une bande errante de partisans, qui, malheureux eux-mêmes, et faisant le malheur des contrées qu'ils parcourent, prolongent à force de luttes et de combats leur triste existence, jusqu'à ce qu'enfin ils soient accablés et détruits par le nombre.

Cet expédient rejeté, il ne lui restait d'autre alternative que de se rendre, soit aux puissances alliées en masse, soit à l'une d'elles en particulier. Le premier moyen aurait été difficile à exécuter, à moins que Napoléon n'y eût eu recours plus tôt, ce qu'il avait négligé de faire, dans l'espoir de s'échapper par mer. Il n'avait plus le temps de négocier avec aucun des souverains alliés, et il n'eût pas été prudent de tenter de retourner à Paris dans cette vue, car les Royalistes avaient alors le dessus dans toutes les villes, et plus d'un de ses généraux était tombé sous leurs coups.

Il se trouvait donc bloqué dans Rochefort, et le drapeau blanc était à la veille d'y être arboré; déjà le commandant lui faisait entendre, avec tout le respect possible, qu'il fallait songer au départ. Napoléon dut prévoir que bientôt il ne serait plus protégé par les batteries de l'île d'Aix. Il est certain, quoique ce fait ne soit pas généralement connu, que, le 13 juillet, lord Castlereagh écrivit à l'amiral sir Henri Hotham, dont la flotte croisait à la hauteur du cap Finistère, pour lui conseiller d'attaquer, avec une partie de ses forces, les deux frégates en rade de l'île-d'Aix, après avoir informé le commandant qu'il le faisait en qualité d'allié du roi de France, et qu'il le rendait responsable des conséquences, si les batteries de l'île faisaient feu sur ses vaisseaux. Sans doute Napoléon ne pouvait avoir la certitude qu'un plan de cette nature fût projeté, et fût même à la veille d'être exécuté; mais il dut le supposer en voyant le parti royaliste triompher partout, et le drapeau blanc flotter sur la ville voisine de La Rochelle. En vain donc voudrait-on prétendre que la conduite subséquente de Buonaparte ne fut que le résultat de la confiance volontaire qu'il mit dans l'honneur de la Grande-Bretagne. Il se trouvait exactement dans la même position que le commandant d'une ville assiégée, qui a le choix de se rendre ou de courir les risques d'un assaut. Et il ne lui restait pas même la ressource de protester qu'il choisissait l'Angleterre de préférence à toutes les autres puissances, pour traiter avec elle dans cette occasion. Comme le commandant dont nous venons de parler, il ne pouvait se rendre qu'à ceux qui étaient les assiégeans immédiats; il fut donc obligé de s'adresser à celui qui seul avait le pouvoir direct de lui accorder sa demande, c'est-à-dire à Frédéric Maitland, capitaine du *Bellérophon*.

Napoléon entra en pourparler avec cet officier le 10 juillet, par l'intermédiaire de deux de ses serviteurs, le général Savary et le comte de Las-Cases, qu'il envoya à bord du *Bellérophon* sous prétexte de demander si l'on avait reçu les sauf-conduit que Napoléon prétendait attendre d'Angleterre, et qui lui avaient été promis, à ce qu'il disait, sans qu'il spécifiât par qui [1]; sur cette assertion hardie, qui n'avait pas le plus léger fondement, MM. Savary et Las-Cases désirèrent savoir si le capitaine Maitland laisserait passer les frégates, l'une d'elles ayant Buonaparte à son bord, ou du moins s'il lui permettrait de partir sur un bâtiment neutre. Le capitaine Maitland répondit sans hésiter qu'il ne permettrait à aucun vaisseau de guerre sortant du port de Rochefort de prendre la mer.

« Il était également hors de son pouvoir, ajouta-t-il, de laisser partir l'Empereur à bord d'un bâtiment neutre, sans y avoir été autorisé par son chef, l'amiral Hotham. Il offrit cependant de soumettre cette demande à cet officier, et les envoyés de Buonaparte y ayant consenti, il écrivit en leur présence à l'amiral, pour lui faire part de la visite qu'il avait reçue, et lui demander ses ordres. Tout cela n'était que le prélude du véritable sujet de la négociation. Le duc de Rovigo (Savary) et le comte de Las-

[1] M. de Las-Cases dit dans son journal, que c'était par le gouvernement provisoire. (*Édit.*)

Cases restèrent deux ou trois heures à bord, et dirent tout ce qu'ils purent pour persuader au capitaine Maitland que c'était de sa propre volonté et nullement par contrainte, que Napoléon se décidait à quitter l'Europe, et qu'il était de l'intérêt de l'Angleterre de consentir à ce qu'il passât en Amérique, mesure qui, disaient-ils, ne lui était inspirée que par l'humanité, et par le désir d'épargner l'effusion du sang humain. Le capitaine Maitland leur fit cette question, bien naturelle, que nous transcrivons littéralement :

« En supposant que le gouvernement anglais se déterminât à accorder à Buonaparte un passeport pour l'Amérique, qui lui garantira qu'il ne reviendra pas un jour, et que l'Angleterre, ainsi que toute l'Europe, ne se verra point forcée de prodiguer de nouveau, comme elle vient de le faire, son sang et ses trésors ? »

Le général Savary fit la réponse suivante : « Quand l'Empereur abdiqua pour la première fois, il fut éloigné du trône par une faction à la tête de laquelle était Talleyrand, et l'opinion publique ne fut pas consultée ; mais cette fois, il a renoncé volontairement au pouvoir. L'influence qu'il exerçait autrefois sur le peuple français est passée ; il s'est opéré un grand changement dans les sentimens qu'on lui portait, depuis son départ pour l'île d'Elbe, et il ne pourrait jamais reprendre l'ascendant qu'il avait sur les esprits. C'est pourquoi il préférait finir paisiblement ses jours dans quelque retraite obscure et tranquille; et quand même on l'inviterait à remonter sur le trône, il le refuserait.

—« S'il en est ainsi, dit le capitaine Maitland, pourquoi ne pas demander un asile en Angleterre? » Savary répondit : « Il y a bien des raisons pour qu'il ne désire pas y fixer sa résidence; le climat est trop humide et trop froid; l'Angleterre est trop près de la France. Il serait en quelque sorte au centre de tous les changemens, de toutes les révolutions qui pourraient y arriver, et il serait en butte aux soupçons. Il a toujours regardé les Anglais comme ses ennemis les plus invétérés, et on leur a appris à ne voir en lui qu'un monstre dépouillé de toutes les vertus de l'humanité. »

Le capitaine Knight, commandant du *Falmouth*, fut présent pendant toute cette conversation, de laquelle le capitaine Maitland, en habile diplomate, tira une conclusion toute contraire de celle qu'on s'efforçait d'inculquer dans son esprit; car elle le convainquit que la position de Buonaparte devait être désespérée.

Le 14 juillet, le comte Las-Cases revint à bord du *Bellérophon*. Cette fois il était accompagné du général Lallemand. Le prétexte de cette visite était d'apprendre si le capitaine Maitland avait reçu la réponse de l'amiral. Le capitaine leur fit observer que si c'était l'objet de leur visite, elle était tout-à-fait inutile, puisqu'il n'aurait pas manqué de leur envoyer la réponse, aussitôt qu'elle lui serait parvenue. Il ajouta qu'il n'approuvait pas les communications fréquentes sous pavillon parlementaire, cherchant ainsi à les éloigner bien plus qu'à les attirer. La conférence fut reprise après le déjeuner; le capitaine Maitland avait envoyé chercher dans l'intervalle le capitaine Sartorius, commandant du *Slaney*, pour qu'il fût témoin de ce qui se passerait. En rendant compte d'un entretien aussi important, il serait injuste de ne pas nous servir des propres expressions du capitaine Maitland, telles que nous les avons copiées sur son journal, dont nous avons eu l'avantage d'avoir le manuscrit entre les mains.

« Quand le déjeuner fut fini, nous passâmes dans la chambre d'arrière. Le comte de Las-Cases dit alors : « L'Empereur a tellement à cœur de prévenir une nouvelle effusion de sang, qu'il se rendra en Amérique de la manière que le gouvernement anglais préférera, soit sur un vaisseau de guerre français, sur un navire armé en flûte, sur un bâtiment marchand, ou même sur un vaisseau de guerre anglais.» — Je répondis : Je ne suis pas autorisé à acquiescer à aucun arrangement de cette nature, et je ne pense même pas que mon gouvernement y consente ; mais je crois pouvoir prendre sur moi de le recevoir à bord de ce vaisseau pour le conduire en Angleterre. *Toutefois*, ajoutai-je, *s'il adopte ce plan, je ne puis m'engager à rien, relativement à l'accueil qu'il pourra recevoir, puisque, même dans le cas que je viens de supposer, j'agirais sous ma propre responsabilité, et je ne puis avoir l'entière certitude que le gouvernement anglais approuvera ma conduite.*

« La conversation roula long-temps sur ce sujet : on cita le nom de Lucien Buonaparte ; on rappela la manière dont il avait vécu en Angleterre ; mais je ne cessai de déclarer à Las-Cases, dans les termes les plus positifs, que je n'avais nulle autorité pour régler des conditions d'aucune espèce sur la réception de Napoléon en Angleterre. Le fait est que je n'aurais pu faire autrement, puisqu'à l'exception de l'ordre (inséré plus haut, page 63), je n'avais aucune instruction pour me guider, et j'ignorais par conséquent quelles pouvaient être les intentions des ministres de sa majesté, et de quelle manière ils comptaient disposer de la personne de Buonaparte. Une des dernières observations que fit Las-Cases avant de quitter le vaisseau, fut : « Dans tous les cas, je n'ai guère de doute que vous ne voyiez l'Empereur à bord du *Bellérophon.* » Et en effet Buonaparte devait s'être déterminé à prendre ce parti, avant que Las-Cases vînt à bord, puisque sa lettre à son altesse royale le prince régent est datée du 13 juillet, veille du jour où eut lieu cette conversation. »

Le comte de Las-Cases raconte les choses à peu près de la même manière; seulement la couleur qu'il donne à son récit est forcée, et l'arrangement des dates est évidemment fautif. Il faut aussi remarquer que le comte Las-Cases feignit de ne pas comprendre l'anglais, et que par conséquent, s'il y avait eu quelque méprise entre lui et le capitaine Maitland, qui s'exprimait difficilement en français, il ne pouvait en accuser que lui seul. Après avoir rendu le même compte que le capitaine Maitland de la visite qu'il fit à bord du *Bellérophon,* pour demander les sauf-conduit, le comte ajoute : « Il nous fut suggéré de nous rendre en Angleterre et affirmé qu'on ne pouvait y craindre aucun mauvais traitement. »[1]

Le 14, date de sa seconde visite, il dit que

[1] *Journal de Las-Cases*, tome Ier, partie 1re, page 28.

l'invitation de passer en Angleterre fut réitérée, et il rapporte même les termes dans lesquels elle était conçue. « Le capitaine Maitland l'assura, dit-il, que si l'Empereur voulait dès cet instant s'embarquer pour l'Angleterre, il avait autorité de le recevoir pour l'y conduire. » Cette phrase est présentée de manière à faire croire au lecteur que le capitaine Maitland parlait ainsi par suite de quelques nouvelles instructions qu'il avait, ou qu'il prétendait avoir reçues, relativement à Buonaparte. Cette induction serait entièrement erronée. Le capitaine Maitland n'avait point reçu de nouveaux ordres, et il était incapable de vouloir faire croire qu'il lui en était parvenu. Ses seules instructions étaient renfermées dans les dépêches de l'amiral Hotham, citées page 63, qui lui recommandaient, s'il avait le bonheur de prendre Buonaparte, de le transférer à bord de son vaisseau, de faire voile pour le port d'Angleterre le plus voisin, et à son arrivée, de faire aussitôt son rapport à l'amiral du port, ou à l'amirauté.

Le comte de Las-Cases dit ensuite que le capitaine Maitland lui assura, ainsi qu'à Savary, que, « d'après son opinion privée, il n'y avait nul doute que Napoléon ne trouvât en Angleterre tous les égards et les traitemens auxquels il pouvait prétendre; que, dans ce pays, le prince et les ministres n'exerçaient pas l'autorité arbitraire du continent; que le peuple anglais avait une générosité de sentiment et une libéralité d'opinion supérieure à la souveraineté même. » Le comte Las-Cases dit lui-même qu'il répondit à ce panégyrique de l'Angleterre par une oraison en l'honneur de Buonaparte, qu'il peignit comme se retirant d'une lutte qu'il avait encore les moyens de soutenir, pour que son nom et ses droits ne servissent ni de cause ni de prétexte à la guerre civile. Le comte, d'après son propre récit, finit par dire « qu'il était possible que, vu les circonstances, l'Empereur se rendît à bord du *Bellérophon*, et allât en Angleterre avec le capitaine Maitland, afin d'y prendre ses sauf-conduit pour l'Amérique[1]. » Le capitaine Maitland désira qu'il fût bien compris qu'il ne garantissait pas qu'on les lui accorderait.

« Au fond du cœur, dit Las-Cases, je ne pensais pas non plus qu'on voulût nous les accorder; mais l'Empereur ne voulait plus que vivre tranquille; il était résolu de demeurer

[1] Nous rétablissons ici, comme en quelques autres passages, les paroles mêmes de M. de Las-Cases, que l'auteur ne cite pas toujours exactement. (*Édit.*)

désormais personnellement étranger aux événemens politiques : nous voyions donc, sans beaucoup d'inquiétude, la probabilité qu'on nous empêchât de sortir d'Angleterre; mais là se bornaient toutes nos craintes et nos suppositions; là se fixait aussi, sans doute, la croyance de Maitland. Je lui rends la justice de croire qu'il était sincère et de bonne foi, ainsi que les autres officiers, dans la peinture qu'il nous avait faite des sentimens de l'Angleterre. »

Les envoyés retournèrent auprès de Napoléon, qui, suivant le récit de Las-Cases, tint une sorte de conseil, dans lequel on débattit toutes les chances : la fuite sur le bâtiment danois parut impraticable; il n'était plus question des chasse-marées; la croisière anglaise ne pouvait être forcée; il ne restait plus qu'à revenir à terre entreprendre la guerre civile, ou à accepter les offres du capitaine Maitland, et se rendre à bord du *Bellérophon*. On s'arrêta à ce dernier parti, et ALORS, dit M. Las-Cases, *Napoléon écrivit au prince régent*. La lettre se trouve ensuite; mais il est à remarquer que la date est omise. Voilà, sans doute, pourquoi le comte Las-Cases ne découvrit pas que sa mémoire le trompait, puisque cette date lui eût rappelé que la lettre avait été écrite *avant*, et non pas *après*, la conférence du 14 juillet.

Deux choses ressortent de cette relation : 1°. qu'aucun article de capitulation ne fut accordé par le capitaine Maitland ; 2°. que le comte Las-Cases cherche à faire croire que ce fut par suite des argumens employés par le capitaine Maitland, et appuyés par les officiers anglais qui se trouvaient présens, qu'il conseilla à Napoléon, et que celui-ci résolut, de se rendre à bord du *Bellérophon*. Mais il suffit de deux petits chiffres pour détruire tout cet échafaudage laborieusement construit, c'est-à-dire de cette date du 13 juillet, que porte la lettre adressée au prince régent, lettre qui par conséquent, dans l'ordre naturel des choses, ne pouvait pas avoir été écrite à la suite d'une conférence entre Las-Cases et le capitaine Maitland, et d'un conseil tenu par Napoléon avec ses officiers, laquelle conférence et lequel conseil n'eurent lieu que le 14 juillet. Ainsi donc la résolution fut prise et la lettre écrite la veille du jour où l'on met dans la bouche du capitaine Maitland toutes ces belles phrases sur le caractère du peuple anglais ; et la confiance de Napoléon n'avait d'autre fondement qu'une simple suggestion de se rendre en Angleterre, suggestion qui ne lui était même pas personnelle, puisqu'elle était adressée à Las-Cases et à Savary, lors de leur première visite à bord du *Belléro-*

phon[1]. La conférence du 14 ne fit assurément que le confirmer dans la résolution qui avait été adoptée la veille.

Il n'y eut pas de retard, le même jour, 14 juillet, le général Gourgaud fut envoyé avec la lettre, si célèbre et si souvent citée, que Napoléon adressait au prince régent, et qui était conçue en ces termes :

Rochefort, 13 juillet 1815.

« Altesse Royale,

« En butte aux factions qui divisent mon pays, et à l'inimitié des plus grandes puissances de l'Europe, j'ai consommé ma carrière politique. Je viens, comme Thémistocle, m'asseoir sur le foyer du peuple britannique ; je me mets sous la protection de ses lois, que je réclame de votre altesse royale, comme celle du plus puissant, du plus constant, du plus généreux de mes ennemis.

« Napoléon. »

Le capitaine Maitland dit au comte Las-Cases, qu'il ferait partir à l'instant le général Gourgaud pour l'Angleterre, sur *le Slaney*, et

[1] « Il nous fut suggéré de nous rendre en Angleterre », etc. *Voyez* plus haut.

qu'il allait tout disposer pour recevoir Napoléon et sa suite. Le général Gourgaud demanda alors à écrire au général Bertrand pour l'en informer, et au moment où il allait prendre la plume, en présence des capitaines Sartorius et Gambier, le capitaine Maitland montra de nouveau combien il désirait prévenir tout malentendu dans une occasion aussi importante.

« M. Las-Cases, dit-il, vous vous rappellerez que je ne suis pas autorisé à rien stipuler pour ce qui concerne la réception de Buonaparte en Angleterre, mais qu'il doit se considérer comme entièrement à la disposition de son altesse royale le prince régent. » M. Las-Cases répondit : « Je le sais parfaitement, et j'ai déjà informé l'Empereur de ce que vous avez dit à ce sujet. »

Le capitaine Maitland fait ensuite cette remarque aussi juste que naturelle :

« Peut-être aurait-il mieux valu donner à cette déclaration une forme officielle en la faisant par écrit, et si j'avais pu prévoir les discussions qui eurent lieu dans la suite, comme on le verra bientôt, je n'aurais pas manqué de le faire ; mais comme je l'avais réitérée mainte et mainte fois en présence de témoins, il ne me vint pas à l'idée que cela fût nécessaire. Et quelle preuve plus forte pourrait-on donner qu'il ne fut fait aucune stipulation pour la réception de Buonaparte en Angleterre, que le fait même qu'elles n'ont point été mises par écrit? Ce qui certainement aurait eu lieu si quelques conditions avantageuses eussent été demandées par M. Las-Cases et acceptées par moi. »

Pour l'ensemble des faits relatifs à ce sujet, nous joignons la lettre du capitaine Maitland, adressée au secrétaire de l'amirauté, le 14 juillet :

« Je vous prie d'annoncer aux lords commissaires de l'amirauté que le comte Las-Cases et le général Lallemand sont venus aujourd'hui à bord du vaisseau que je commande m'apporter une lettre du général Bertrand, dans laquelle il me propose de recevoir Napoléon Buonaparte, qui veut confier sa personne à la générosité du prince régent. M'y croyant autorisé, par l'ordre secret de leurs seigneuries, j'ai accédé à cette proposition, et il doit s'embarquer à bord de ce vaisseau demain matin. Afin qu'il ne pût y avoir de malentendu, j'ai déclaré clairement et explicitement au comte Las-Cases que je n'avais nulle autorité pour accorder aucune espèce de condition, mais que tout ce que je pouvais faire était de transporter Buonaparte et sa suite en Angleterre, pour qu'il y fût reçu de telle manière que Son Altesse Royale pourrait juger convenable. »

Est-il dans la nature humaine de supposer qu'un officier anglais, qui avait pour témoins de toute la négociation deux militaires du même grade, eût envoyé un rapport qui ne fût pas exactement conforme à ce qui s'était passé dans une circonstance qui ne pouvait manquer de provoquer le plus strict examen ?

Le 15 juillet 1815, Napoléon quitta définitivement la France, à l'histoire de laquelle il avait ajouté tant de victoires et tant de revers ; ce pays que son élévation avait sauvé de la discorde civile et de l'invasion étrangère, et que sa chute livrait de nouveau à ces deux fléaux ; en un mot, cette belle contrée pour qui il avait été si long-temps une espèce de divinité, et où il allait à l'avenir avoir une importance moindre que celle du dernier paysan de ses campagnes [1]. Il était accompagné de quatre de ses généraux, Bertrand, Savary, Lallemand et Montholon, et du comte Las-Cases, qui est toujours désigné

[1] L'auteur laisse ici douter si cette dernière phrase est une expression de pitié, ou la même idée philosophique renfermée dans le vers un peu vulgaire de La Fontaine :

> Vaut mieux goujat debout qu'empereur enterré.

Ce serait tenir peu de compte de la gloire. (*Édit.*)

comme conseiller d'État. Les comtesses Bertrand et Montholon étaient avec leurs époux; la première avait ses trois enfans avec elle, et madame de Montholon en avait un. Le fils de Las-Cases était attaché au service de l'Empereur en qualité de page. Il y avait neuf officiers d'un grade inférieur et trente-neuf domestiques. Les principaux personnages furent reçus à bord du *Bellérophon* et les autres sur la corvette.

Buonaparte sortit de la rade d'Aix à bord de *l'Épervier*. Le vent et la marée étaient contraires. Le capitaine Maitland envoya la chaloupe du *Bellérophon* pour le transporter à bord de ce vaisseau. La plupart des officiers et des matelots de *l'Épervier* avaient les larmes aux yeux, et ils continuèrent à saluer leur Empereur par de grandes acclamations, tant que leurs voix purent se faire entendre. Il fut reçu à bord du *Bellérophon* avec respect, mais sans qu'on lui rendît d'honneurs. Au moment où le capitaine Maitland vint à sa rencontre sur le tillac, Napoléon ôta son chapeau, et lui adressant la parole d'une voix ferme, il dit : « Je viens me mettre sous la protection de votre prince et de vos lois. » Ses manières étaient extrêmement affables, et il saisissait avec beaucoup d'adresse toutes les occasions de dire quelque chose d'agréable à ceux qu'il désirait se concilier.

De même que lorsqu'il était à bord du bâtiment du capitaine Usher, Buonaparte fit beaucoup de questions sur la discipline du vaisseau, et témoigna beaucoup de surprise de ce que les navires anglais triomphaient si facilement des bâtimens français, qui étaient plus lourds et plus grands, et qui avaient des équipages mieux conduits. Le capitaine Maitland donna pour raison la supériorité des matelots et des officiers anglais dans la pratique. L'ex-Empereur passa aussi en revue les soldats de marine; et satisfait de leur belle tenue, il dit à Bertrand : « Que de choses on pourrait faire avec cent mille hommes comme ceux-ci ! » Dans les différentes manœuvres du vaisseau, ce qu'il admirait le plus, c'était le silence et l'ordre avec lequel l'équipage les exécutait en comparaison des vaisseaux français, « où tout le monde, dit-il, parle et commande à la fois. » Au moment de quitter *le Bellérophon*, il revint sur le même sujet, en disant qu'il y avait eu moins de bruit à bord de ce vaisseau, où il y avait six cents hommes pendant tout le temps qu'il y était resté, qu'à bord de *l'Épervier*, qui n'avait que cent hommes d'équipage pendant la traversée de l'île d'Aix à la rade des Basques.

Il parla aussi de l'armée anglaise avec les mêmes éloges, et ses officiers se joignirent à lui.

L'un d'eux ayant fait la remarque que la cavalerie anglaise était superbe, le capitaine Maitland répondit qu'en Angleterre ils faisaient plus de cas de leur infanterie. « Vous avez raison, reprit le Français; je n'en connais point de pareille au monde. Il n'y a pas moyen de les ébranler; autant vaudrait charger contre un mur, et son feu est terrible. » Bertrand dit au capitaine Maitland que Napoléon lui avait exprimé son opinion sur le duc de Wellington dans ces propres termes : « Le duc de Wellington me vaut bien pour la conduite d'une armée, et il a sur moi l'avantage de la prudence. » C'est avec cette droiture et cette franchise qu'un grand capitaine en doit juger un autre. Il est à regretter que dans d'autres occasions Buonaparte ait cherché à déprécier le mérite de son rival dans l'art de la guerre, en parlant de lui dans des termes qui ne pouvaient faire tort qu'à celui qui les employait.[1]

Pendant toute la traversée, malgré sa situation et la pénible incertitude dans laquelle il était plongé, Napoléon parut toujours tranquille et d'une humeur égale, montrant même parfois de la gaîté. Il parla avec beaucoup d'af-

[1] Nous avons eu l'occasion de citer le passage du *Mémorial de Sainte-Hélène*, auquel l'auteur fait ici allusion. (*Édit.*)

fection de sa femme et de son fils, se plaignit d'en être séparé; et il avait les larmes aux yeux en montrant leurs portraits au capitaine Maitland. Sa santé semblait excellente; mais il était sujet à s'assoupir, ce qui provenait sans doute de l'épuisement d'une constitution qui avait reçu de si rudes atteintes.

Le 23 juillet, le vaisseau passa près d'Ouessant. Buonaparte resta long-temps sur le pont, et plus d'une fois il jeta un triste regard sur la côte de France, mais il ne dit rien. Le 24, à la pointe du jour, *le Bellérophon* étant à la hauteur de Darmouth, Napoléon fut frappé de l'aspect hardi de la côte, et, en entrant dans la rade de Torbay, de la beauté du site qui est célèbre, « et qui lui rappelait, dit-il, Porto-Ferrajo, dans l'île d'Elbe »; association d'idées qui, dans ce moment, dut éveiller d'étranges souvenirs dans l'âme de l'Empereur détrôné.

A peine le vaisseau avait-il jeté l'ancre, que le capitaine Maitland reçut des dépêches de lord Keith, et bientôt après de l'amirauté, qui lui enjoignirent de ne permettre à aucune personne, de quelque rang et de quelque condition qu'elle fût, de venir à bord du *Bellérophon,* à l'exception des officiers et des matelots faisant partie de l'équipage. Le 26, le vaisseau reçut l'ordre de se rendre dans la rade de Plymouth.

Pendant ce temps, les papiers publics qui étaient apportés à bord étaient de nature à jeter l'inquiétude et la consternation parmi les malheureux fugitifs. Ces publications périodiques rapportèrent le bruit généralement répandu, que Buonaparte n'obtiendrait pas la permission de débarquer, mais qu'il allait être envoyé à Sainte-Hélène, le lieu le plus sûr pour le détenir comme prisonnier de guerre. Napoléon lui-même prit l'alarme, et il demanda avec instance à voir lord Keith, qui avait paru sensible à quelques attentions que l'Empereur avait eues pour son neveu, le capitaine Elphinstone, du septième des hussards, lorsqu'il fut blessé et fait prisonnier à Waterloo. Cette entrevue entre le noble amiral et l'ex-Empereur eut lieu le 28 juillet, mais elle ne produisit aucun résultat, parce que lord Keith n'avait pas encore reçu la décision du gouvernement anglais.

Cette curiosité populaire tenant de la fureur, qui domine dans tous les États libres, mais qui semble portée au dernier excès par la nation anglaise, fut cause que la mer se couvrit d'une telle multitude de barques autour du *Bellérophon*, que, malgré les ordres péremptoires de l'amirauté, et malgré les efforts des canots de garde, il était presque impossible de les tenir à la distance prescrite du vaisseau, laquelle était d'une encâblure. Les personnes montées sur ces barques couraient risque de se faire couler bas et de se faire tuer (du moins elles pouvaient le craindre, car on fit plusieurs décharges pour les intimider), s'exposant en un mot à tous les dangers d'un combat naval, plutôt que de perdre l'occasion de voir l'Empereur dont elles avaient entendu si souvent parler. Lorsqu'il paraissait, il était accueilli par des acclamations auxquelles il répondait par des saluts; mais il ne put s'empêcher d'exprimer sa surprise de l'excès d'une curiosité qu'il n'avait jamais vue se manifester avec tant de vivacité.

Dans la soirée du 30 juillet, le major-général sir Henry Bunbury, l'un des sous-secrétaires d'État, arriva de Londres; il était porteur des intentions définitives du gouvernement anglais à l'égard de Buonaparte et de sa suite. Le 31, lord Keith et sir Henry se rendirent auprès de l'ex-Empereur, à bord du *Bellérophon*, pour lui communiquer ces fâcheuses nouvelles. Ils étaient accompagnés de M. Meike, secrétaire de lord Keith, dont on jugea la présence nécessaire pour le rendre témoin de ce qui se passerait. Napoléon reçut l'amiral et le sous-secrétaire d'État avec le calme et la dignité convenable. On lut à l'ex-Empereur la lettre de lord Melville, premier lord de l'amirauté, qui lui annonçait sa destination future. Elle portait que : « Les ministres anglais manqueraient à leurs devoirs envers leur souverain et envers ses alliés, s'ils laissaient au *Général Buonaparte* les moyens ou l'occasion de troubler de nouveau la paix de l'Europe. Que l'île de Sainte-Hélène avait été choisie pour sa future résidence, parce que sa situation locale permettrait de lui laisser plus de liberté qu'on ne pourrait lui en accorder ailleurs sans danger. Qu'à l'exception des généraux Savary et Lallemand, le général pourrait choisir trois officiers, lesquels, avec son chirurgien, auraient la permission de l'accompagner à Sainte-Hélène. Qu'il serait libre d'emmener aussi douze domestiques. » Le même document portait « que les personnes qui le suivraient, seraient soumises à de certaines restrictions, et ne pourraient point quitter l'île sans l'autorisation du gouvernement britannique. » Enfin, il était dit « que le contre-amiral sir Georges Cockburn, nommé commandant en chef du cap de Bonne-Espérance, ne tarderait pas à mettre à la voile pour conduire le général Buonaparte à Sainte-Hélène, et que, par conséquent, il était à désirer qu'il choisît au plus tôt les personnes qui devaient l'accompagner. »

La lettre fut lue en français à Buonaparte par sir Henry Bunbury. Il l'écouta sans l'interrompre, et sans donner aucun signe d'impatience ni d'émotion. Lorsqu'on lui demanda s'il avait quelque chose à répondre, il commença avec beaucoup de calme et de sang-froid à déclarer qu'il protestait solennellement contre l'arrêt qu'on venait de lui lire; que le ministère anglais n'avait pas le droit de disposer ainsi de sa personne; qu'il en appelait au peuple anglais et aux lois, et il demanda quel était le tribunal auquel il devait en appeler. « Je suis venu, ajouta-t-il, me confier volontairement à l'hospitalité de votre nation; je ne suis pas prisonnier de guerre, et quand même je le serais, j'aurais droit d'être traité d'après la loi des nations. Je suis venu comme passager sur un de vos vaisseaux, après une négociation préalable avec le commandant. S'il m'avait dit que je dusse être prisonnier, je ne serais pas venu. Je lui demandai s'il voulait me recevoir à bord et me conduire en Angleterre. *L'amiral* Maitland répondit que oui, ayant reçu, ou prétendant avoir reçu des ordres précis de son gouvernement à mon égard. C'était donc un piége qu'on me tendait. Je suis venu à bord d'un vaisseau anglais, comme je serais entré dans l'une de vos villes; un vaisseau, un village, c'est la même chose. Quant à l'île de Sainte-Hélène, ce serait un arrêt de mort. Je demande à être reçu citoyen anglais. Combien faut-il d'années pour être domicilié? »

Sir Henry Bunbury répondit qu'il croyait qu'il en fallait quatre. « Eh bien donc, reprit Napoléon, que pendant ce temps le prince régent me place en surveillance, comme il l'entendra; qu'il me mette dans une maison de campagne, au centre de l'île, à trente lieues de tout port de mer; qu'il envoie un officier auprès de moi pour examiner ma correspondance et surveiller mes actions; ou bien, s'il veut encore, qu'il exige ma parole d'honneur, peut-être la lui donnerai-je. Alors je jouirai d'un certain degré de liberté personnelle, et je pourrai cultiver les lettres. A Sainte-Hélène, je ne pourrais pas vivre trois mois; avec mes habitudes et ma constitution, ce serait ma mort. Je suis accoutumé à faire vingt milles par jour, que deviendrais-je sur ce petit rocher au bout du monde? Non, Botany-Bay est préférable à Sainte-Hélène; j'aime mieux la mort que Sainte-Hélène. Et quel bien ma mort vous fera-t-elle? je ne suis plus souverain. Quel danger peut-il y avoir à ce que je vive en simple particulier au sein de l'Angleterre, soumis aux restrictions que le gouvernement jugera convenables? »

Il répéta à plusieurs reprises qu'il était venu volontairement à bord du *Bellérophon*; qu'il avait été parfaitement libre dans son choix, et qu'il avait préféré se confier à l'hospitalité et à la générosité de la nation anglaise.

« Autrement, dit-il, pourquoi ne me serais-je pas rendu auprès de mon beau-père ou de l'empereur Alexandre, qui est mon ami personnel? nous nous sommes brouillés parce qu'il voulait ajouter la Pologne à ses États, et que ma popularité auprès des Polonais le gênait; mais autrement, il était mon ami, et il ne m'eût pas traité de cette manière. Si votre gouvernement en agit ainsi, il vous flétrira aux yeux de l'Europe. Votre peuple même le blâmera. Vous ne savez pas, d'ailleurs, la sensation que fera ma mort, tant en France qu'en Italie. On a maintenant une haute opinion de l'Angleterre dans ces deux pays. Si vous me tuez, elle sera détruite, et bien des Anglais seront immolés. Qui pouvait me forcer à la démarche que j'ai faite? Le drapeau tricolore flottait encore à Bordeaux, à Nantes, à Rochefort [1].

[1] Le drapeau blanc flottait à la Rochelle et à l'île d'Oléron. Il fut arboré le 12 juillet, ôté ensuite, puis arboré de

L'armée n'est pas même encore soumise. Ou bien, si j'aimais mieux rester en France, qui m'empêchait d'y rester caché pendant des années, au milieu d'un peuple qui m'était si attaché? »

Il en revint ensuite à sa négociation avec le capitaine Maitland, et parla des honneurs et attentions qui lui avaient été prodigués par cet officier et par l'amiral Hotham. « Et, après tout, dit-il, tout cela n'était qu'un piége.[1] » Il s'étendit de nouveau sur la honte qui allait souiller le nom anglais. « Je procure au prince régent, dit-il, la plus brillante page de son histoire, en me mettant ainsi à sa discrétion.

nouveau le 13, à l'exclusion définitive du drapeau tricolore.

[1] L'amiral Hotham et le capitaine Maitland n'avaient pas d'instructions particulières sur la manière dont ils devaient traiter un personnage qui était hors de ligne, et ils désirèrent naturellement témoigner des égards dans l'infortune à un homme qui avait été si grand. Ces témoignages de respect se bornèrent du reste à faire monter l'équipage sur les vergues, lorsqu'il vint déjeuner à bord du *Superbe*, et ensuite lorsqu'il retourna sur *le Bellérophon*. Le capitaine Maitland le laissa aussi entrer le premier dans la salle à manger, et s'asseoir au centre de la table, honneur qu'il y aurait eu mauvaise grâce à lui contester. Du reste ces égards ne pouvaient faire partie du piége que Buonaparte prétendait qu'on lui avait tendu, et

Je vous ai fait la guerre pendant vingt ans, et je vous donne la plus haute preuve de confiance en me plaçant volontairement dans les mains de mes ennemis les plus invétérés et les plus constans. Souvenez-vous, continua-t-il, de ce que j'ai été, et quelle était ma place parmi les souverains de l'Europe. *Celui-ci* sollicitait ma protection, *celui-là* me donnait sa fille, *tous* recherchaient mon amitié. J'étais reconnu Empereur par toutes les puissances de l'Europe, la Grande-Bretagne exceptée, et elle m'avait reconnu comme Premier Consul. Votre gouvernement n'avait aucun droit de me nommer *Général Buonaparte* », ajouta-t-il en montrant du doigt l'épithète offensante que contenait la lettre de lord Melville. « Je suis prince ou consul; je dois être traité comme tel, et pas

ils n'avaient pu contribuer en rien à lui inspirer la résolution de se rendre aux Anglais; car cette résolution était prise, et Buonaparte s'était rendu, avant que ces attentions dont il se prévaut eussent pu lui être témoignées. Ce qui vient à l'appui de l'opinion de Nelson, que les Français, lorsqu'on les traite avec une politesse cérémonieuse, sont naturellement portés à fonder des prétentions sur les concessions mêmes qui ne leur sont faites que par simple courtoisie. *

* En politique tous les mots doivent avoir un sens fixé. Voyez la réfutation du Mémoire du capitaine Maitland, publiée récemment par M. de Las-Cases. (*Édit.*)

autrement. Quand j'étais à l'île d'Elbe, j'étais pour le moins reconnu aussi bien souverain de cette île, que Louis de la France. Nous avions tous deux notre pavillon respectif, notre flotte, notre armée. Celle-ci, dit-il avec un sourire, était assurément sur une beaucoup plus petite échelle; j'avais six cents soldats, et lui deux cent mille. A la fin, je lui fis la guerre, le battis, le détrônai; mais il n'y avait rien en cela qui dût me faire perdre mon rang comme un des souverains de l'Europe. »

Pendant cette scène intéressante, Napoléon parla sans être presque interrompu par lord Keith et sir Henry Bunbury, qui refusèrent de répondre à ses remontrances, ne se trouvant pas autorisés à entrer dans de telles discussions; leur seul devoir était de faire connaître à Napoléon les intentions du gouvernement anglais, et de transmettre sa réponse s'il les en chargeait. Il répéta plusieurs fois que sa détermination était de ne point aller à Sainte-Hélène, et qu'il désirait qu'on lui permît de rester en Angleterre.

Sir Henry Bunbury dit alors qu'il était certain que Sainte-Hélène avait été choisie pour sa résidence, parce que sa situation permettait qu'on y accordât à Napoléon plus de liberté qu'on ne pourrait le faire dans aucune partie de la Grande-Bretagne.

« Non, non », répéta Buonaparte avec chaleur, « je n'irai pas là. Vous, monsieur, si vous étiez dans ma position, vous ne voudriez pas y aller; ni vous non plus, mylord. » Lord Keith s'inclina, et répondit qu'il avait déjà été quatre fois à Sainte-Hélène. Napoléon continua à protester qu'il ne devait pas être prisonnier ni envoyé à Sainte-Hélène. « *Je ne veux pas y aller* », répéta-t-il; « je ne suis pas un Hercule », dit-il en souriant, « mais vous ne me conduirez pas à Sainte-Hélène. Je préfère la mort dans ce lieu même. Vous m'avez trouvé libre, renvoyez-moi, replacez-moi dans la condition où j'étais, ou laissez-moi aller en Amérique. »

Il insistait beaucoup sur sa résolution de mourir, plutôt que d'aller à Sainte-Hélène; il n'avait pas beaucoup de raisons, disait-il, pour désirer de vivre. Il pria l'amiral de ne prendre aucune mesure pour le faire entrer dans le *Northumberland* avant que le gouvernement eût été informé de ce qu'il avait dit, et eût signifié sa décision. Il conjura sir Henry Bunbury de communiquer, sans délai, sa réponse au gouvernement anglais, et dit qu'il s'en rapportait à sir Henry pour la transmettre dans les formes. Après plusieurs questions faites à la hâte, et avec de courts intervalles de silence, il revint encore sur ce sujet important, et fit valoir les mêmes argumens qu'il avait déjà employés. Il avait espéré, disait-il, qu'il aurait eu la liberté de débarquer et de rester dans le pays sous la surveillance d'un commissaire nommé pour cela, et qui lui aurait été d'une grande utilité pendant un ou deux ans pour lui apprendre ce qu'il aurait eu à faire. «Vous pouviez choisir, dit-il, quelque homme respectable, car l'armée anglaise doit avoir des officiers distingués par leur probité, leur honneur, et ne pas placer auprès de moi une personne intrigante qui jouerait le rôle d'espion et ferait des cabales.» Il déclara encore une fois sa ferme résolution de ne point aller à Sainte-Hélène; et cette entrevue, digne d'exciter un vif intérêt, se termina là.

Après que l'amiral et sir Henry Bunbury eurent quitté Napoléon, il rappela lord Keith, qu'il pouvait considérer comme plus favorable à sa personne, à cause de l'attention qu'il avait témoignée au capitaine Elphinstone, parent de sa seigneurie.

Napoléon ouvrit la conversation en demandant à lord Keith son avis sur la manière dont il devait se conduire. Lord Keith répondit qu'il était officier, qu'il s'était acquitté de son devoir, et avait remis à Napoléon les instructions dont il avait été chargé; que s'il trouvait nécessaire de recommencer la discussion, sir Henry Bunbury devait y être appelé. Buonaparte dit que ce n'était pas nécessaire. « Pouvez-vous », continua-t-il, « me garder après ce qui s'est passé, jusqu'à ce que je reçoive des nouvelles de Londres? » Lord Keith répliqua que cela dépendait des instructions données à l'autre amiral, instructions qui lui étaient entièrement inconnues. « Y a-t-il là quelque tribunal auquel je puisse en appeler? » demanda Buonaparte. Lord Keith répondit qu'il n'était point un jurisconsulte, mais qu'il croyait qu'il n'y avait là aucun tribunal quel qu'il fût. Il ajouta qu'il était convaincu que le gouvernement anglais prendrait toutes les dispositions qui pourraient rendre la situation de Napoléon aussi douce que la prudence le permettrait. « Comment cela serait-il? » dit Napoléon, relevant le papier qui était sur la table, et parlant d'un ton animé sur l'observation que lui fit lord Keith, que Sainte-Hélène était sûrement préférable à une réclusion dans un lieu très reculé en Angleterre, ou à être envoyé en France, peut-être même en Russie. « En Russie! » s'écria Buonaparte; « Dieu m'en garde! »

Pendant cette scène, les manières de Napoléon étaient parfaitement calmes, sa voix égale et ferme, et ses inflexions très agréables. Une ou deux fois seulement, il parla plus rapidement et d'un ton dur. Il fit peu de gestes, et son maintien était sans grâce; mais la pose de sa tête avait de la dignité, et sa contenance était d'une douceur et d'un calme remarquable, sans aucun signe de sévérité. Il semblait que son esprit fût résigné, et que, prévoyant ce qu'on devait lui annoncer, il était préparé à répondre. En exprimant sa ferme détermination de ne point aller à Sainte-Hélène, il laissait décider à ses auditeurs s'il songeait à prévenir sa translation par un suicide, ou à résister par la force [1].

[1] Ayant eu le précieux avantage de comparer les minutes de sir Henry Bunbury sur cette transaction remarquable avec celles de M. Meike, qui accompagnait lord Keith en qualité de secrétaire, l'auteur a été à même de donner au public le récit le plus exact et le plus détaillé qui ait été jamais publié sur l'entrevue du 31 juillet.

CHAPITRE III.

Vues réelles de Napoléon sur la mesure qui l'envoyait à Sainte-Hélène. — Le capitaine Maitland n'avait fait aucune convention avec lui. — Probabilité que cette insinuation vint de Las-Cases, qui était désappointé qu'une négociation qu'il avait conduite lui-même fût sans succès.—Plan formé pour faire sortir Napoléon du *Bellérophon* en le citant comme témoin dans un procès pour libelle. — Napoléon menace de se détruire; ses menaces ainsi que celles des personnes qui l'ont suivi n'ont d'autre but que d'intimider le gouvernement anglais. — Napoléon monte à bord du *Northumberland*, qui fait voile pour Sainte-Hélène. — Sa conduite pendant le voyage. — Comment il est traité par sir Georges Cockburn. — Il arrive à Sainte-Hélène et débarque le 16 octobre.

L'INTÉRÊT qu'inspire l'entrevue que Napoléon venait d'avoir avec les personnes envoyées pour lui annoncer son sort, n'est plus aussi vif lorsque l'on réfléchit qu'en grande partie il n'y eut là qu'une fausse apparence de sentiment, qu'une colère bien exprimée, il est vrai, mais non pas réellement sentie. Napoléon, ainsi qu'on le verra bientôt, ne parlait pas sérieusement en affirmant qu'il avait reçu du capitaine Maitland des encouragemens pour venir à bord de son vaisseau, si ce n'est comme prisonnier, et pour être mis à la discrétion du prince régent. Il n'avait pas non plus la moindre idée d'empêcher par aucune violence, soit contre lui-même, soit contre personne, qu'il ne fût transféré à bord du *Northumberland* ou partout ailleurs. Ces vaines déclamations n'avaient pour but que d'en imposer; l'une devait alarmer ce sentiment d'honneur si impérieux chez le prince régent et le peuple anglais, l'autre devait exciter leur humanité.

Il y a peu de doute que Napoléon entrevît la probabilité du voyage de Sainte-Hélène aussitôt qu'il se rendit au capitaine du *Bellérophon*. Il a affirmé qu'il y avait eu un projet tendant à le transférer à Sainte-Hélène ou à Sainte-Lucie, avant même qu'il eût quitté l'île d'Elbe; et s'il croyait les Anglais capables de l'envoyer dans un tel exil alors qu'il était sous la protection du traité de Fontainebleau, il ne pouvait guère supposer qu'ils se fissent scrupule d'exécuter un tel projet, lorsque sa propre conduite l'avait privé de tous les priviléges dont ce traité l'entourait.

Néanmoins, quoiqu'il dût s'attendre que l'épreuve qu'il tentait se terminerait ainsi, Napoléon pouvait aussi espérer qu'elle aurait une meilleure issue, et qu'il serait capable de gagner le prince régent, et de lui faire hasarder, ainsi qu'au cabinet anglais, la tranquillité et la paix de l'Europe, afin de déployer une générosité romanesque envers un individu dont le seul titre auprès d'eux était d'avoir été pendant vingt ans le mortel ennemi de l'Angleterre. Il peut avoir conçu un tel espoir, car on ne doit pas s'attendre qu'il reconnût et avouât en lui-même ce qui le rendait, aux yeux de toute l'Europe, indigne de toute confiance. Selon toutes les apparences, l'espoir qu'il avait d'être reçu favorablement n'était pas chez lui aussi vif que chez les partisans qui s'unissaient à son sort, et qui voyaient déjà Napoléon recevoir du prince régent l'ordre de la Jarretière; mais il ne pouvait espérer qu'il lui serait permis de résider en Angleterre aux mêmes termes que son frère Lucien.

Sans doute qu'il calcula toutes les chances les plus favorables, et même qu'il les exagéra; cependant, si la pire de toutes devait arriver, il voyait encore dans la *plus mauvaise* de ces chances, l'île Sainte-Hélène, la certitude de sa sûreté personnelle, certitude qu'il n'aurait pu avoir auprès d'aucun gouvernement despotique, où, comme il ne pouvait l'ignorer, un prisonnier embarrassant ou un *détenu* peut perdre la *vie par négligence*[1] sans que cela cause

[1] *Sic* dans le texte. (*Édit.*)

le moindre bruit ni la moindre alarme. Le 16 août, pendant la traversée, il convint franchement que, bien qu'il eût été trompé, et qu'on ne l'eût pas reçu en Angleterre comme il s'y attendait, cependant, quelque durement qu'il se trouvât traité, il y avait pour lui quelque consolation à savoir qu'il était sous la protection des lois anglaises[1], protection dont il n'aurait pas joui s'il se fût confié à une autre nation chez laquelle son sort aurait dépendu du caprice d'un individu. Nous croyons que ceci fut la véritable raison secrète qui lui fit préférer de se rendre aux Anglais plutôt qu'à son beau-père l'empereur d'Autriche, ou à son ami l'empereur de Russie. Il pouvait, en Angleterre, être gardé à vue d'une façon plus ou moins sévère, mais il était certain de ne pas périr d'un *mal politique*. Même lorsqu'il fut à Sainte-Hélène, il reconnut, dans un moment de franchise et de bonne humeur, qu'en comparant ce lieu d'exil avec d'autres, Sainte-Hélène méritait la préférence. A une latitude plus élevée, observa-t-il, ses compagnons et lui auraient souffert du froid, et, dans toute autre île du tropique, ils eussent été brûlés par la chaleur.

[1] On pourrait répondre que cette protection fut bien illusoire : l'espoir d'une protection étant déçu, ne pouvait même qu'ajouter à l'amertume de sa position. (*Édit.*)

A Sainte-Hélène, le pays était agreste et sauvage, le climat monotone et malsain, mais la température était douce et agréable.[1]

L'allégation sur laquelle Napoléon avait fortement insisté, et qui établissait que le capitaine Maitland avait engagé son honneur que Napoléon recevrait un bon accueil en Angleterre, et qu'il l'avait reçu à son bord non comme un prisonnier, mais comme un hôte, mérite d'être discutée. Pendant tout le temps que Napoléon avait été à bord du *Bellérophon*, il avait témoigné les plus grands égards pour le capitaine Maitland, et lui avait fait des politesses tout-à-fait incompatibles avec l'idée d'être trahi par lui. Il avait même fait sonder cet officier, par l'entremise de madame Bertrand, pour savoir s'il accepterait son portrait enrichi de diamans, et le capitaine Maitland avait prié que cette offre ne lui fût point faite, attendu qu'il était décidé à la refuser.

Le 6 août, Las-Cases dit, pour la première fois, au capitaine Maitland, qu'il l'avait entendu donner l'assurance que Napoléon serait bien reçu en Angleterre. Le capitaine Maitland répliqua qu'il était impossible que le comte pût se méprendre jusque-là, puisqu'il avait expres-

[1] Las-Cases, tome I, partie 2e, page 229.

sément signifié qu'il ne pouvait faire aucune promesse; mais qu'il pensait que ses ordres ne s'opposaient pas à ce qu'il reçût Napoléon à bord de son vaisseau, et qu'il le menât en Angleterre. Il rappela au comte qu'il l'avait questionné, lui capitaine Maitland, à plusieurs reprises, sur son opinion personnelle, ce à quoi il pouvait seulement répondre qu'il n'avait aucune raison de penser que Napoléon serait mal reçu. Las-Cases n'eut rien à répliquer. Le même jour, Napoléon parla sur ce même sujet au capitaine Maitland, et il est à remarquer combien son langage était différent devant cet officier de celui qu'il tenait en son absence. « On dit que je n'ai fait aucune condition, *certainement je n'en ai fait aucune*. Comment un individu pourrait-il en faire avec une nation? Je ne lui demandais que l'hospitalité, ou, comme les anciens l'auraient exprimé, l'air et l'eau. Quant à vous, capitaine, je n'ai aucune raison de me plaindre; votre conduite a été celle d'un homme d'honneur. »

L'examen de cette affaire ne s'arrête pas là, car l'assertion, sans fondement, que le capitaine Maitland avait accordé quelques conditions, exprimées clairement ou sous-entendues, ne fut pas plus tôt repoussée qu'elle reparut de nouveau.

Le 7, le comte Las-Cases reçut de lord Keith une audience de départ, qu'il avait demandée dans le dessein de lui remettre une protestation de la part de Buonaparte. « Je lui racontais alors, continue Las-Cases, que le capitaine Maitland avait dit qu'il était autorisé à nous conduire à Londres, sans nous laisser soupçonner que nous devions être considérés comme prisonniers de guerre ; que le capitaine ne pouvait nier que nous étions venus librement et de bonne foi ; que la lettre de l'Empereur au prince de Galles, de l'existence de laquelle j'avais informé le capitaine Maitland, devait nécessairement avoir créé des conditions tacites, puisqu'il n'avait fait aucune observation sur ce sujet. » Ici l'impatience de l'amiral, ou plutôt sa colère, éclata. Il lui dit durement que, dans ce cas, le capitaine Maitland était un fou, puisque ses instructions ne contenaient pas un mot d'un tel projet ; ce dont il était bien sûr, puisque c'était lui, lord Keith, qui les donnait au nom de sa cour. Le comte Las-Cases persévéra encore, et dit que sa seigneurie parlait avec une sévérité précipitée, de laquelle elle pourrait être responsable, puisque les autres officiers, ainsi que l'amiral Hotham, s'étaient exprimés de la même façon, ce qui n'aurait pu être si les instructions eussent été aussi clairement rédigées, et aussi positives que sa seigneurie semblait le penser.[1]

Lord Keith, entendant ce que venait d'établir le comte Las-Cases, fit appeler le capitaine Maitland, pour qu'il lui fît le récit le plus circonstancié possible des communications qu'il avait eues avec le comte avant que Napoléon vînt à bord du *Bellérophon*. Le capitaine Maitland obéit aussitôt; il raconta dans le plus grand détail comment les frégates françaises étaient bloquées, l'improbabilité qu'elles pussent échapper, et le grand risque qu'elles eussent couru en l'essayant; comment d'abord Savary et Las-Cases s'adressèrent à lui, et ensuite Las-Cases et Gourgaud; qu'il avait fait ses objections sur la fréquence des pavillons de trêve, et refusé de permettre à Buonaparte de passer la mer soit dans un vaisseau de guerre français, soit dans un vaisseau neutre. Qu'il avait consenti à conduire en Angleterre l'ex-Empereur et sa suite pour être à la disposition du prince régent, en répétant mainte et mainte

[1] Le lecteur peut juger lui-même en relisant les pages 63 et 64, qui renferment ces instructions, si, ainsi que l'amiral le disait avec raison, aucun homme excepté un fou aurait pu souscrire à un traité tel que celui que le comte de Las-Cases prétend que le capitaine Maitland avait fait.

fois, et cela en présence du capitaine Sartorius et du capitaine Gambier, qu'il ne pouvait accorder aucune condition ni aucune stipulation, quelles qu'elles fussent. Ces officiers prouveraient l'évidence des faits par leurs attestations écrites. Toutefois, si l'insinuation de Las-Cases, car ce ne fut qu'une insinuation, doit être mise en balance avec l'assurance expresse et explicite du capitaine Maitland, celle-ci doit l'emporter, ne fût-ce qu'avec l'aide du témoignage direct des deux autres officiers anglais. Enfin, le capitaine Maitland rapportait que bien que Buonaparte et sa suite vissent leur attente déçue, ils reconnaissaient qu'ils ne pouvaient lui imputer aucun blâme, ce qu'ils n'eussent assurément pas manqué de faire s'il leur eût fait des propositions trompeuses et sans garanties pour les attirer à bord de son vaisseau. Comme dernière preuve, il rappelait que lorsqu'il prit congé de Montholon, celui-ci lui parla encore du désir qu'avait Napoléon de lui faire un présent, et lui exprima que l'Empereur était touché de ses politesses et de la conduite honorable et distinguée qu'il avait tenue pendant toute cette affaire.

Le capitaine Maitland, pour nous servir de ses propres expressions, dit alors : « Je me sens très blessé que le comte Las-Cases ait dit à lord Keith que j'avais promis à Buonaparte qu'il serait bien reçu en Angleterre, ou que j'aie fait aucune espèce de promesse. J'ai cherché à me conduire avec honneur et intégrité pendant tout le cours de cette transaction, et par conséquent je ne puis permettre qu'une telle assertion passe sans être contredite. « Oh ! dit le comte Montholon, Las-Cases a négocié cette affaire ; elle a tourné bien différemment de ce que lui et nous tous nous espérions. Il attribue la situation de l'Empereur à lui-même, et par cette raison il cherche à lui donner la meilleure apparence possible ; mais je puis vous assurer que l'Empereur est convaincu que votre conduite a été très honorable » ; et, prenant ma main, il la pressa et ajouta : « C'est aussi mon opinion. »

Lord Keith fut, comme de raison, parfaitement convaincu que l'accusation portée contre le capitaine Maitland n'était pas non seulement dénuée de preuves, mais qu'elle était rendue nulle par le témoignage de témoins impartiaux, aussi-bien que par la conduite et par l'expression publique des sentimens de ceux qui avaient seuls droit de se plaindre de cet officier, si réellement il avait mérité d'être censuré. La raison pour laquelle le comte Las-Cases persistait à motiver les désirs et les espérances qu'il avait lui-même conçus, sur les expressions d'encouragement attribuées au capitaine Maitland, a été probablement devinée par le comte Montholon. La conduite de Napoléon, en chargeant le capitaine Maitland de l'accusation de lui avoir tendu des piéges, tandis que sa conscience acquittait tellement ce brave officier qu'il lui prodigua ses remercîmens, et voulut lui donner des témoignages directs de la bonne opinion qu'il avait de lui; cette conduite, et nous le disons avec peine, ne peut être imputée qu'au sentiment prédominant de son propre intérêt, qui le porta sans regret à sacrifier la réputation et le nom honorable d'un officier, quoique en plusieurs occasions il se reconnût son obligé. Le récit modeste et plein de dignité du capitaine Maitland étant maintenant publié, la supposition que Napoléon se rendit à bord du *Bellérophon* tout autrement que comme prisonnier de guerre, doit désormais ne plus être rappelée.[1]

Ayant amené à une conclusion ce sujet digne d'intérêt, nous revenons aux circonstances que fit naître le départ de Napoléon, lorsqu'il quitta l'Angleterre, autant que ces détails nous paraîtront avoir un intérêt historique.

[1] Voyez la réfutation récemment publiée par M. de Las-Cases. (*Édit.*)

La foule des embarcations qui se succédaient continuellement, et dont le nombre ne s'élevait pas à moins de mille à la fois, ne pouvait être que très difficilement tenue à la distance prescrite du *Bellérophon* (à trois cents mètres), par les bateaux qui devaient s'opposer, même par la force, à ce qu'on la franchît. Cette affluence devint plus inquiétante lorsque Napoléon eut affirmé qu'il n'irait jamais à Sainte-Hélène, car on craignit qu'il ne songeât à s'échapper. On destina deux frégates à garder et surveiller *le Bellérophon*, et les sentinelles furent doublées et triplées le jour et la nuit.

Un singulier incident, tel qu'il ne pouvait arriver qu'en Angleterre (car bien que des caprices bizarres puissent passer dans la tête de tout individu, ils sont rarement mis à exécution par d'autres que des Anglais), fit redoubler les précautions de ceux à qui était confiée la garde de ce prisonnier important. Un papier public, auquel il manquait une personne versée dans la jurisprudence pour le rédiger dans les formes voulues par la loi, avait suggéré (par complaisance, à ce que nous supposons, pour la curiosité publique) que la personne de Napoléon Buonaparte serait conduite à terre, à la faveur de l'*habeas corpus*. Ce rescrit magique de l'Old-Bailey [1], ainsi que Smollet l'appelle, perd son influence sur un étranger prisonnier de guerre, et par conséquent une proposition aussi absurde n'eut pas de suite. Mais un individu poursuivi pour un libelle dirigé contre un officier de marine, conçut l'idée de citer Napoléon comme témoin au tribunal, pour déterminer, ce qu'il prétendait être nécessaire à sa défense, quel était l'état de la marine française. L'ordre devait être lancé directement contre lord Keith; mais celui-ci désappointa le procureur, en tenant sa chaloupe éloignée pendant qu'il était à bord, et ensuite par la rapidité de sa barge à douze rames, que les rameurs haletans de l'homme de loi ne purent jamais atteindre. Quoique cette menace fût une pure absurdité et seulement digne du rire qui accueillit généralement l'anecdote de la poursuite du procureur et de la fuite de l'amiral, cependant il pouvait en résulter quelque inconvénient, en suggérant à Napoléon l'idée qu'il était en droit, par des discussions judiciaires, d'invoquer les lois civiles d'Angleterre, et de refuser de se laisser enlever du *Bellérophon*.

Pour mettre fin aux inconvéniens qui pou-

[1] La cour d'Old-Bailey est un tribunal criminel de Londres, etc. (*Édit.*)

vaient résulter d'un tel état de choses, le 4 août, *le Bellérophon* reçut l'ordre de se remettre en mer et de croiser à la hauteur du Start, où il devait être rejoint par l'escadre destinée pour Sainte-Hélène, quand Napoléon et sa suite monteraient à bord du *Northumberland.*

Napoléon paraissait alors avoir conçu quelque projet funeste, et quoiqu'il ne parlât pas de suicide devant le capitaine Maitland, autrement qu'en exprimant la plus ferme détermination de ne point aller à Sainte-Hélène, cependant devant Las-Cases il dit, en termes très clairs, qu'il voulait mourir en Romain. Nous craignons peu que de semblables résolutions soient exécutées par des personnes douées de leur raison, surtout lorsqu'elles prennent la précaution de consulter là-dessus un ami intelligent. Il est surprenant combien la volonté la plus opiniâtre cède facilement à l'amour de la vie, même dans les esprits les plus courageux et dans les circonstances les plus désespérées. Nous ne sommes donc pas surpris de voir que les argumens philosophiques de Las-Cases aient déterminé Napoléon à vivre et à écrire son histoire. S'il eût consulté les militaires qui le suivaient, il en eût reçu d'autres conseils, et ils lui eussent prêté le secours de leurs bras pour les exécuter en cas de besoin. Lallemand, Montholon et Gourgaud assurèrent le capitaine Maitland que l'Empereur se tuerait plutôt que d'aller à Sainte-Hélène, et que même, s'il pouvait consentir à s'y laisser conduire, ils étaient résolus à lui donner la mort, plutôt que de le voir se dégrader ainsi. En réponse, le capitaine Maitland leur donna à entendre, que s'il arrivait qu'un tel projet s'exécutât, le gibet en serait la récompense.

Savary et Lallemand étaient, à vrai dire, dans une position singulièrement pénible. Ils étaient compris dans la liste des personnes exceptées de l'amnistie accordée par le gouvernement royal de France, et il leur était maintenant défendu, par le gouvernement anglais, d'accompagner Napoléon à Sainte-Hélène. Ils éprouvaient, et non sans cause, la plus grande anxiété sur leur sort, et craignaient, quoique certainement à tort, de se voir livrés au gouvernement français. Ils résolurent de résister par la force à ceux qui viendraient les séparer de leur Empereur; mais heureusement leur raison fut assez calme pour prendre conseil du savant jurisconsulte et homme d'État sir Samuël Romilly. Le moyen qui parut à sir Samuël le plus effectif de servir ces hommes malheureux, fut d'aller trouver le lord chancelier, et d'en recevoir l'assurance qu'on n'avait aucune idée de livrer ses cliens au gouvernement français; il put alors les rassurer pleinement sur ce sujet. Quant à leur projet de résistance et à sa légalité, sir Samuël Romilly leur apprit que dans une affaire de cette sorte, la loi anglaise considérerait comme assassinés ceux qu'ils auraient ainsi privés de la vie. On ne devait pas, il est vrai, craindre un plus grand danger d'une attaque armée, déclarée légale par l'opinion d'un savant homme de loi, que d'un suicide arrangé avec l'avis d'un conseiller d'État; et nous devons supposer que Napoléon et ses partisans n'avaient d'autre but, en annonçant des projets aussi violens, que d'ébranler la résolution du ministère anglais. Mais ils n'y réussirent nullement, et leurs menaces intempestives ne servirent qu'à leur faire ôter leurs armes, excepté celles de Napoléon, à qui on laissa son épée. Cette mesure, expression marquée du manque de confiance qu'on avait pour eux, les blessa extrêmement, ainsi que Napoléon, et dut être très pénible pour les officiers anglais qui exécutèrent cet ordre, quoique l'on prévînt les Français que cette mesure était seulement de précaution, et que leurs armes seraient soigneusement conservées et leur seraient rendues. Pendant le dernier jour qu'il passa à bord du

Bellérophon, Napoléon s'occupa de rédiger une protestation, que nous avons placée dans l'Appendice, parce qu'elle ne contient rien autre chose que son allocution à lord Keith et à sir Henry Bunbury. Il écrivit aussi une seconde lettre au prince régent.

Le 4 août, *le Bellérophon* mit à la voile, et le lendemain matin il rencontra *le Northumberland*, ainsi que l'escadre destinée pour Sainte-Hélène, et *le Tonnant*, sur lequel flottait le pavillon de lord Keith.

Ce fut alors que Napoléon fit connaître au capitaine Maitland qu'il se soumettait à son sort, en demandant que M. O'Meara, chirurgien du *Bellérophon*, eût la permission de le suivre à Sainte-Hélène, en remplacement de son propre chirurgien, à qui sa santé ne permettait pas de supporter le voyage. Ceci prouvait clairement qu'il ne voulait faire aucune résistance; et, en effet, aussitôt que Napoléon vit que ses menaces ne produisaient aucun effet, il se soumit avec sa tranquillité d'esprit accoutumée. Il donna des ordres pour faire remettre ses armes. Son bagage fut soumis à une sorte d'examen, mais sans que l'on dérangeât aucun article, ni que l'on défît aucun paquet. Le trésor de Buonaparte, montant à 4,000 napoléons d'or, fut mis en réserve, afin de lui ôter ce moyen puissant d'effectuer sa fuite. On lui en donna des reçus, au nom du gouvernement anglais, qui se rendait responsable de cette somme, et l'on permit à Marchand, valet-de-chambre favori de l'Empereur, de prendre autant d'argent qu'il le jugeait nécessaire.

Le 7 août, vers onze heures du matin, lord Keith vint dans sa chaloupe pour transporter Napoléon du *Bellérophon* dans le *Northumberland*. A une heure, Buonaparte ayant fait annoncer qu'il était prêt, un garde du capitaine fut envoyé pour en prévenir; la chaloupe de lord Keith fut préparée; et lorsque Napoléon traversa le gaillard-d'arrière, les soldats lui portèrent les armes, pendant que les tambours battirent trois roulemens; sorte de salut rendu aux officiers-généraux. Son pas était ferme et mesuré; son adieu au capitaine Maitland fut poli et amical. Cet officier avait, sans aucun doute, quelque chose à pardonner à Napoléon, qui avait cherché à faire tomber sur lui la honte d'avoir voulu lui tendre un piége; et cependant l'aveu noble et sincère des sentimens qui prévalurent dans l'esprit du capitaine, lors du départ de Napoléon, doit trouver place ici; ces sentimens donneront encore plus de poids, s'il est possible, à son récit simple, franc et sans détour.

«On pourrait s'étonner qu'il restât un officier anglais prévenu en faveur d'un homme qui causa tant de maux à l'Angleterre ; mais Napoléon possédait à un si haut degré l'art de plaire, qu'il y a très peu de personnes qui, comme moi, ayant été assis à sa table pendant près d'un mois, n'eussent éprouvé un sentiment de pitié et même de regret, en voyant un homme doué de qualités si séduisantes, et qui avait occupé un rang si élevé dans le monde, réduit à la condition dans laquelle je le voyais.»

Napoléon fut reçu à bord du *Northumberland* avec les mêmes honneurs qu'on lui avait rendus quand il quitta *le Bellérophon*. Sir Georges Cockburn, amiral anglais aux soins duquel l'ex-Empereur fut confié, était, sous tous les rapports, propre à remplir avec délicatesse la tâche qui lui était imposée, et cependant en observant avec fidélité les instructions qu'il avait reçues. D'une bonne naissance, accoutumé à la haute société, bien fait de sa personne et d'un commerce agréable, il avait toutefois assez de cette fermeté qu'exige sa profession pour faire des choses désagréables lorsqu'elles sont nécessaires. Dans tout ce qui ne sortait pas du cercle tracé par ses instructions, il était affectueux, poli et complaisant; au-delà, il était inflexible. Ce mélange de politesse et de fermeté était indispensable, vu que Napoléon, et plus encore les personnes de sa suite, s'efforçaient, dans plusieurs occasions, de faire considérer comme souverain celui qui n'était que prisonnier ; or c'était un titre que les instructions de sir Georges Cockburn, pour des raisons que nous ferons bientôt connaître, lui défendaient positivement d'accorder. Tout ce qu'il pouvait, il le faisait avec un empressement plein de bienveillance et de courtoisie ; mais, craignant que ses concessions ne servissent de précédent à d'autres au-delà des limites fixées, il fit sentir à ses hôtes français que ni la mauvaise humeur ni la colère ne pourrait avoir d'effet sur sa conduite.

Il résulta de ceci que, bien que Napoléon, en montant sur *le Northumberland*, dût être privé, par ordre de l'amirauté, de certaines marques de déférence qu'on lui avait rendues à bord du *Bellérophon* (le capitaine Maitland n'ayant aucun ordre précis à ce sujet, son refus n'eût été qu'une humiliation gratuite), cependant aucune querelle, encore moins aucune haine ne divisa Napoléon et l'amiral. Celui-ci occupait à sa table la principale place, et, après les salutations d'usage, il restait couvert sur le pont, et n'observait aucun de ces détails d'étiquette en usage devant les têtes couronnées ;

toutefois ces omissions ne causèrent qu'une froideur momentanée: comme l'amiral ne paraissait pas s'apercevoir du déplaisir de ses hôtes, cette froideur céda bientôt au goût naturel des Français pour la société; et sir Georges Cockburn (cessant alors d'être *le requin*, ainsi que Las-Cases dit qu'ils le nommaient lorsqu'ils étaient de mauvaise humeur) redevenait ce mélange d'homme obligeant et d'officier sévère, que Napoléon reconnut en lui chaque fois qu'il parlait franchement sur ce sujet.

On doit mentionner ici, comme une preuve que sir Georges Cockburn ne s'éloignait pas de la conduite qu'il s'était tracée, ce qui arriva au moment où *le Northumberland* passa la ligne. L'Empereur, désirant montrer sa munificence aux matelots, voulut leur faire donner cent louis d'or, sous prétexte de payer l'amende accoutumée; mais l'amiral, trouvant ce tribut à Neptune beaucoup trop considérable, ne permit pas qu'ils en reçussent plus de la dixième partie: Napoléon, offensé de cette restriction, ne donna rien du tout. Dans une autre occasion, et au commencement du voyage, une différence dans les usages nationaux fit naître une de ces légères mésintelligences que nous avons déjà fait remarquer. Napoléon était accoutumé, comme tous les Français, à quitter la table immédiatement après dîner, et sir Georges Cockburn, ainsi que les officiers anglais, restaient après lui; car, en permettant aux Français de faire ce qui leur convenait, l'amiral ne reconnaissait pas à Napoléon le droit de déranger ses habitudes, surtout à sa propre table : ceci donna lieu à quelque mécontentement [1]. Malgré ces légers sujets de mauvaise humeur, Las-Cases nous dit que l'amiral, qui d'abord avait paru prévenu contre eux, devenait chaque jour plus amical. L'Empereur avait coutume de prendre son bras, chaque soir, sur le pont, et causait long-temps avec lui sur des sujets relatifs à la marine, ainsi que sur les événemens passés. [2]

Pendant qu'il était à bord du *Northumberland*, l'ex-Empereur employait ses matinées à lire ou à écrire, et ses soirées à se promener et

[1] Las-Cases, volume I, partie 1re, page 101, donne un détail différent de cette bagatelle, qui paraît n'avoir été qu'un malentendu. Las-Cases suppose que l'amiral fut offensé de voir Napoléon se lever, alors que sir Georges désirait seulement prouver qu'il ne se croyait pas obligé de terminer son repas parce que ses hôtes se retiraient. Toutefois il paraît que cela fit impression sur l'esprit de Napoléon, et qu'il en parlait chaque fois qu'il voulait exprimer son mécontentement contre l'amiral.

[2] *Ibidem.*

à jouer aux cartes. Son jeu favori était le vingt et un; mais lorsque ce jeu le fatiguait, il y substituait les échecs. Quelque grand tacticien que fût Napoléon, il n'était pas fort à ce jeu militaire, et ce n'était pas sans peine que Montholon, son antagoniste, évitait le solécisme de battre l'Empereur.

La fête de Napoléon, qui était aussi son jour de naissance, arriva pendant la traversée; c'était le 15 d'août, jour pour lequel le Pape avait exprès canonisé un saint Napoléon pour être le patron de l'Empereur; et maintenant, étrange révolution! il célébrait sa fête à bord d'un vaisseau de guerre anglais qui le conduisait dans le lieu de son exil, qui devait être aussi le lieu de sa tombe. Cependant Napoléon parut gai et content pendant toute la journée, et vit avec plaisir qu'il était heureux au jeu, ce qui lui sembla d'un bon augure.

Le 15 octobre 1815, *le Northumberland* arriva en vue de Sainte-Hélène, dont l'aspect parut bien peu agréable à ceux qui devaient résider dans cette île, quoiqu'elle ait souvent été saluée avec joie par les marins fatigués de la mer. Celui qui était destiné à l'habiter monta sur le pont, et se servit de sa lunette marine pour l'observer. Le petit village de Saint-James était devant lui, occupant une vallée étroite, et comme enchâssé au milieu de rochers escarpés et d'une hauteur prodigieuse ; chaque plate-forme, chaque issue, chaque gorge était hérissée de canons. Las-Cases, qui était près de Buonaparte, n'aperçut pas la plus légère altération sur son visage. Les ordres du gouvernement anglais étaient que Napoléon restât à bord jusqu'à ce qu'on lui eût préparé une résidence appropriée au genre de vie qu'il allait mener désormais : mais comme ceci demandait nécessairement beaucoup de temps, sir Georges Cockburn prit immédiatement sur sa responsabilité de faire mettre à terre ses passagers, et s'occupa de la sûreté personnelle de Napoléon jusqu'à ce que l'habitation qu'on lui destinait fût préparée. En conséquence, Napoléon débarqua le 16 octobre, et l'empereur de la France, on pourrait dire même celui de l'Europe, ne fut plus que le captif de Sainte-Hélène.

CHAPITRE IV.

Causes qui justifient le gouvernement anglais d'avoir adopté la mesure du bannissement de Napoléon. — Il était prisonnier de guerre, et avait déjà montré, en violant le traité de Fontainebleau, qu'on ne pouvait plus avoir aucune confiance en lui. — Le gouvernement fut même censuré pour ne pas avoir pris de plus fortes précautions contre sa fuite de l'île d'Elbe. — Le désir de Napoléon de se retirer en Angleterre venait de ce qu'étant près de la France, il eût pu intervenir dans les affaires de ce pays. — Motifs pour lui retirer le titre d'empereur. — Avantages de Sainte-Hélène comme lieu de bannissement. —Instructions de sir Georges Cockburn pour sa conduite envers Napoléon.—Longwood est choisi pour le lieu de résidence de l'ex-Empereur. — Établissement provisoire disposé pour lui à Briars. — Il va à Longwood. — Précautions prises pour la sûreté du prisonnier. — Réglement concernant les vaisseaux admis à entrer dans le port.

Nous devons maintenant reproduire ici les argumens qui justifient le gouvernement anglais d'avoir adopté, envers Napoléon Buonaparte, des mesures qui firent retenir sa personne, et annuler les priviléges d'un rang qu'il réclamait avec tant de tenacité. Cela nous conduit à faire observer le changement que produit dans les sentimens des hommes l'espace de douze années. En 1816, lorsque l'auteur de cet ouvrage, quelque inhabile qu'il fût pour une telle tâche, essaya de traiter le même sujet, il y avait alors en Angleterre un parti fort nombreux dont l'opinion était que le gouvernement anglais aurait mieux rempli son devoir envers la France et l'Europe entière, en livrant Napoléon au gouvernement de Louis XVIII, pour être traité comme il avait traité lui-même le duc d'Enghien. Il serait maintenant tout-à-fait inutile de discuter ce sujet, ou de montrer que Napoléon avait au moins le droit de conserver la vie en se rendant au pavillon anglais.

Il serait aussi peu nécessaire de revenir sur ce qui a été tant de fois prouvé que la transaction qui eut lieu entre Napoléon et le capitaine Maitland ne fut, à tous égards, qu'une reddition sans condition. Napoléon avait considéré tous les moyens de s'échapper, soit par la force, soit par l'adresse, et aucun ne lui avait paru présenter autant de chances d'un résultat favorable que celui qu'il adopta après une mûre réflexion. En se rendant aux Anglais il assurait sa vie, et il avait l'espoir de recevoir de plus grands avantages de la générosité de la nation anglaise; car une reddition sans condition, si elle n'assure rien, n'exclut rien non plus. Le général Bertrand, étant à bord du *Northumberland,* dit que Napoléon avait été porté à faire une telle démarche par l'abbé Sieyès, qui lui avait fortement conseillé d'aller directement en Angleterre de préférence à tout autre lieu; ce qui prouve que sa résolution dut nécessairement avoir été prise long-temps avant qu'il vît le capitaine Maitland. Même lorsqu'on lit avec attention l'ouvrage de M. de Las-Cases, on voit qu'il arrive à ce même résultat, puisqu'il convient qu'il n'espéra jamais que Napoléon serait considéré comme libre, ni qu'il obtiendrait des passe-ports pour l'Amérique; mais que seulement il serait gardé avec des restrictions moins dures que celles qui lui furent imposées. Toutefois, comme il ne fit aucune stipulation sur ces restrictions, elles devaient nécessairement être laissées au choix du parti vainqueur; mais la question, entre Napoléon et la nation anglaise, n'était pas une de ces questions de *justice* qui ne sauraient être modifiées, alors même que leurs conséquences pourraient amener la perte du parti qui doit les résoudre; mais bien une question de générosité et de clémence, sentimens auxquels un gouvernement ne saurait sagement se livrer sans calculer auparavant si sa sûreté le lui permet.

Napoléon s'étant rendu prisonnier à discrétion était soumis aux lois ordinaires de la guerre, lesquelles autorisent les puissances belligérantes à renfermer les prisonniers, excepté ceux dont l'honneur paraît une garantie suffisante de leur bonne foi; ou bien encore ceux chez qui le pouvoir de nuire est si faible qu'il ne saurait exciter que le mépris. Mais Buonaparte n'était ni dans l'une ni dans l'autre de ces situations. Son pouvoir était grand; la tentation d'en user très forte; et la confiance qu'eût inspirée la résolution ou la promesse de résister à une telle tentation, était bien légère en vérité.

On a dit, sans toutefois l'appuyer d'aucune preuve, que lord Castlereagh, lors du traité de Fontainebleau, demanda à Caulaincourt pourquoi Napoléon n'avait pas préféré un asile en Angleterre au titre ridicule d'Empereur de l'île d'Elbe. Nous doutons beaucoup que lord Castlereagh ait dit les paroles qu'on lui prête : mais si, d'après une telle ouverture, ou de son propre mouvement, Napoléon, en 1814, eût placé sa confiance dans la nation anglaise, ou même que les chances de la guerre l'eussent fait tomber entre nos mains, l'Angleterre devait nécessairement, dans une occasion si extraordinaire, agir avec magnanimité. Elle eût peut-être même dû alors permettre à Napoléon de résider dans ses domaines comme un simple particulier, ou le laisser aller en Amérique. On aurait pu dire (quoique des personnes prudentes eussent hésité là-dessus) que la parole d'un soldat, qui récemment encore était un souverain, devait être reçue comme une garantie suffisante pour l'observation du traité. On pouvait croire encore que les talens et l'activité d'un seul individu, en les supposant portés au plus haut point qu'il soit donné à l'intelligence humaine d'atteindre, ne l'auraient pas rendu capable, alors même qu'il l'eût désiré, de troubler désormais la paix de l'Europe. Dans cette supposition, il aurait été naturel d'accorder à un homme aussi remarquable, cette liberté dont une nation généreuse aurait aimé à croire qu'on ne voudrait ni ne pourrait abuser; mais ce qui était arrivé dans l'île d'Elbe prouve combien on pouvait ajouter peu de foi aux engagemens de Napoléon, et tout ce qu'on devait appréhender de lui alors même que sa fortune paraissait si déchue. Sa violation du traité de Fontainebleau changea entièrement ses rapports avec l'Angleterre et avec l'Europe; elle le plaça dans la condition d'un homme sur lequel on ne saurait compter, et dont la liberté individuelle est incompatible avec les libertés de l'Europe. L'épreuve de se fier à sa parole avait été tentée : le sage peut être trompé une fois; les fous seuls le sont plusieurs fois de la même manière.

On peut objecter en faveur de Napoléon, que

ce qui le poussa à revenir de l'île d'Elbe fut la plus forte tentation que l'univers pût offrir à un esprit aussi ambitieux que le sien : la perspective d'une entreprise extraordinaire, et le trône impérial pour prix du succès. On peut aussi admettre que les Bourbons, en refusant de lui payer le revenu qui avait été stipulé, lui fournirent, quant à eux, un motif de provocation. Toutefois ces mêmes raisons prouvent encore qu'on ne pouvait lui accorder aucune confiance tant qu'il resterait exposé à de telles tentations. La France était alors violemment agitée; les débris d'une armée affectionnée ajoutaient à la fermentation d'une population inconstante; afin de remplir ses engagemens envers les Alliés, Louis XVIII était forcé d'imposer d'énormes taxes et de les percevoir avec rigueur; toutes ces causes réunies pouvaient faire naître quelque occasion où Napoléon, soit pour faire redresser des griefs personnels, soit pour servir le mécontentement de la nation française, pourrait renouveler sa mémorable entreprise du 28 février. C'était au ministère anglais à empêcher que rien de tout cela ne pût arriver. C'était seulement le 20 avril, peu de mois auparavant, que les membres de l'opposition avaient demandé aux ministres qu'ils rendissent compte à la Chambre des Communes pourquoi ils n'avaient pas pris les précautions nécessaires pour empêcher Buonaparte de quitter l'île d'Elbe. De quoi les ministres ne se seraient-ils pas rendus responsables s'ils l'eussent mis dans une position qui lui permît une seconde fois de s'échapper? Ils eussent été responsables des désordres et des massacres qu'eût produits un tel événement. La justice ainsi que la nécessité rendaient légal qu'on mît fin à la liberté de Buonaparte, liberté qu'il avait lui-même rendue dépendante de la volonté de l'Angleterre en se constituant son prisonnier.

Dans cette conclusion, nous avons évité d'avoir recours à l'argument *ad hominem.* Nous n'avons pas mentionné le donjon de Toussaint-Louverture sur la frontière des Alpes, ni la détention dans le château de Valencey de Ferdinand, allié crédule et abusé. Nous n'avons pas rappelé les exemples d'officiers qui, prisonniers sur parole en Angleterre et ayant violé leur serment, étaient reçus aux Tuileries avec faveur et promus aux honneurs et aux dignités de l'empire. Nous n'avons pas non plus fait allusion à la grande maxime d'État qui donne à la nécessité ou aux convenances politiques une force supérieure à la loi morale. Si l'Angleterre défendait ses actes par de tels argumens, elle renoncerait à cette règle de conduite chrétienne qui nous dit d'agir envers notre ennemi selon ce que nous voudrions qu'il nous fût fait, et non comme il a réellement agi à notre égard; ce serait suivre une politique tortueuse et criminelle, sous prétexte que notre adversaire nous en a donné l'exemple.

Toutefois, les actions précédentes de Buonaparte durent alors être considérées sous le rapport du degré de confiance qu'on devait avoir en lui; et si ces actions accusaient sa mauvaise foi, les ministres auraient sûrement été inexcusables de mettre le repos de la nation dans la dépendance de la bonne foi de Buonaparte. Il semble même avoir été admis par Las-Cases qu'au moment où l'ex-Empereur proposait de se retirer en Angleterre, il avait l'espoir de se mêler encore des affaires de la France[1]. L'exem-

[1] Ce n'était sans doute, suivant Las-Cases, que pour le grand projet de consolider la paix, l'honneur et l'union du pays. Il avait espéré jusqu'au dernier moment, à ce qu'il paraît, « qu'à la vue du danger les yeux se dessilleraient, qu'on reviendrait à lui, et qu'il pourrait sauver la patrie : c'est ce qui lui fit allonger le temps le plus qu'il put à la Malmaison; c'est ce qui le fit retarder beaucoup à Rochefort. S'il est à Sainte-Hélène, c'est à ce sentiment qu'il le doit : jamais il ne put se séparer de cette pensée. Plus tard, quand il n'y eut plus d'autre ressource que d'accepter l'hospitalité du *Bellérophon*, peut-être ne fût-ce pas sans une espèce de secrète satis-

ple de sir Niel Campbell avait montré que la présence d'un commissaire gênait bien peu cet homme extraordinaire ; et sa résurrection, lorsqu'il eut quitté l'île d'Elbe, n'avait que trop bien démontré qu'on ne devait se fier en rien à la seconde mort politique à laquelle il se proposait de se soumettre, en habitant l'Angleterre comme un individu isolé.

On a toutefois fait valoir que, si les circonstances et son propre caractère avaient exigé cet acte d'une sévère nécessité, la captivité de Napoléon devait au moins être adoucie par des témoignages d'une honorable distinction ; et que c'était une inutile cruauté de blesser son amour-propre et celui des serviteurs qui l'a-

faction intérieure, qu'il s'y voyait irrésistiblement amené par la force des choses. Être en Angleterre, c'était ne pas s'être éloigné de la France : il savait bien qu'il n'y serait pas libre ; mais il espérait être entendu ; et alors que de chances s'ouvraient à la nouvelle direction qu'il pourrait imprimer ! » *Mémorial de Sainte-Hélène*, tome III, page 444.

Nous ne pouvons comprendre ce que cela signifie, à moins que cela ne suppose que Napoléon, tandis qu'il aurait été reçu en Angleterre, à la condition de s'abstenir de politique, aurait conçu l'espoir de reprendre de l'ascendant sur les affaires de la France, au moyen de l'influence qu'il croyait pouvoir exercer sur celles de l'Angleterre.

vaient suivi, que de lui refuser le titre d'Empereur, ainsi que le cérémonial dont il avait joui dans sa prospérité, et auquel il tenait tant aux jours de la mauvaise fortune.

On conviendra généralement que, si quelque chose avait pu sans danger éviter à Napoléon malheureux, un seul chagrin, on ne s'y fût point refusé; mais il n'y avait aucune raison pour que l'Angleterre, par courtoisie et par compassion, donnât à son prisonnier un titre qu'elle lui avait refusé *de jure*, alors même qu'il gouvernait l'empire français *de facto;* et surtout lorsque des motifs, que nous ferons bientôt connaître, s'opposaient fortement à ce qu'on eût pour lui une semblable condescendance.

Le lieu d'exil de l'Empereur a été aussi l'objet d'une censure sévère; mais cette question dépend du droit de le tenir prisonnier. Si ce droit est nul, il n'y a plus besoin de pousser plus loin l'argument; car un lieu d'exil, pour remplir son but, doit réunir plusieurs moyens de sûreté et de réclusion, chacun d'eux aggravant à un certain point les souffrances de la personne exilée, et infligeant cette peine qui doit être le partage d'un prisonnier légal. Mais si l'on accorde qu'une personne aussi formidable que Napoléon, devait être privée des moyens de faire un second *avatar*[1] sur la terre, il n'y avait peut-être aucun lieu au monde qui offrît comme Sainte-Hélène une aussi grande sécurité, et permît en même temps de laisser au captif autant de liberté personnelle. La salubrité du climat de cette île est suffisamment prouvée par le rapport que fit, en 1820, le docteur Thomas Shortt, médecin de l'armée anglaise; il paraît, d'après ce rapport, que parmi les troupes résidant alors à Sainte-Hélène, constamment occupées à un service fatigant, et exposées à l'influence de l'atmosphère, la proportion des malades était seulement d'un homme sur trente, même en comprenant les cas éventuels, et les soldats envoyés à l'hôpital par punition. Ce degré extraordinaire de salubrité, supérieur à celui d'aucun autre lieu du monde, est attribué par le docteur Shortt à ce que l'île est placée sur le passage des vents alisés, dont le souffle continuel empêche la trop grande chaleur, et emporte avec lui toutes les émanations nuisibles à la santé humaine. La même cause attirant de l'Océan une grande quantité de vapeurs qui se condensent et interceptent les rayons du soleil, prévient ces maladies violentes et rapides qui font généralement tant de ravages

[1] *Avatar*, descente de Vishnou sur la terre : *incarnation*. (*Édit.*)

sous les tropiques. La transpiration supprimée est indiquée comme une cause de maladie, mais qui, lorsqu'elle est bien traitée, ne devient funeste qu'à ceux dont la constitution a été déjà épuisée par une longue résidence dans les pays chauds. On fera aussi observer que le climat de cette île ne varie jamais de plus de neuf ou dix degrés dans le cours de l'année, et cette égalité de température est une autre grande cause de salubrité [1]. L'atmosphère est chaude, il est vrai, mais comme Napoléon était né dans un climat chaud, et que l'on a dit qu'il aurait craint même le froid de l'Angleterre, on ne peut pas faire valoir ceci comme une circonstance désavantageuse.

Quant au traitement personnel de Napoléon, sir Georges Cockburn commença dès son arrivée à le régler sur le système que ses dernières instructions lui prescrivaient de suivre; les voici :

« En confiant à des officiers anglais une fonction aussi importante, le prince régent est persuadé qu'il n'est pas nécessaire de leur répéter que son plus ardent désir est qu'on n'emploie pas une plus grande sévérité, quant à ce qui concerne l'exil et les restrictions imposées au

[1] *Voyez* l'Appendice.

prisonnier, que ce qu'exige le fidèle accomplissement de ce devoir que l'amiral, ainsi que le gouverneur de Sainte-Hélène, doivent toujours avoir présent à leur pensée, la parfaite sûreté de la personne du général Buonaparte. Son Altesse Royale ne doute pas que l'on accordera au général tous les adoucissemens compatibles avec l'objet important qu'on se propose; et elle se fie au zèle si bien connu de sir Georges Cockburn et à l'énergie de son caractère, pour être persuadée qu'il ne se permettra pas la moindre imprudence qui puisse trahir le devoir qui lui est imposé. »[1]

Ce fut pour se conformer à l'esprit de ces instructions, que sir Georges Cockburn choisit le lieu de la résidence de cet important prisonnier, et que, en même temps, il consultait les désirs de Napoléon dans tout ce qui lui était permis d'accorder.

L'île n'offrait pas toutes les commodités qu'on pouvait désirer dans ces circonstances. Il n'y avait que trois maisons qui appartinssent à l'administration, et elles n'étaient en aucune façon convenables pour un tel hôte. Deux d'entre elles, les maisons de ville du gouverneur et du lieu-

[1] Extrait d'une dépêche du comte Bathurst adressée aux lords commissaires de l'amirauté, datée du 30 juillet 1815.

tenant gouverneur de l'île, n'étaient pas propres à servir d'habitation pour Napoléon, attendu qu'elles étaient situées dans James-Town, et que cette position, pour des raisons faciles à comprendre, ne pouvait nullement convenir. La troisième était une maison de campagne nommée Plantation-House, appartenant au gouverneur, et la meilleure habitation de toute l'île. Le ministère anglais avait défendu de choisir cette maison pour le lieu de résidence de l'ex-Empereur. Nous sommes sur ce point d'une opinion contraire à la sienne, car l'habitation la plus commode était assurément bien due à la grandeur déchue; et, sauf le respect qu'on devait avoir pour l'autorité du gouverneur, Napoléon, dans l'état où il était tombé, devait nécessairement être la dernière personne de l'île qu'on songeât à priver de ce qui pouvait lui être le plus commode. Nous ne doutons pas que cela n'eût été arrangé ainsi, sans la disposition où était l'ex-Empereur et sa suite de s'autoriser des déférences et des complaisances qu'on leur témoignait, pour pousser plus loin leurs prétentions. Ainsi, la politesse que montrèrent l'amiral Hotham et le capitaine Maitland, en commandant la manœuvre lorsque Napoléon passa d'un vaisseau dans un autre, servit à établir la preuve que sa liberté et son titre d'Empereur avaient été reconnus par ces officiers; et il n'y a aucun doute que si on eût assigné pour son usage la meilleure maison de l'île, cette déférence, suivant la même manière de raisonner, aurait servi à prouver que Napoléon n'avait point de supérieur à Sainte-Hélène. Toutefois il y avait bien moyen d'empêcher cet esprit d'empiétement, s'il se fût manifesté, et nous pensons qu'il eût mieux valu en risquer les conséquences et choisir Plantation-House pour la résidence de Buonaparte, puisque c'était la meilleure habitation que l'île pût offrir. Quelques unes des circonstances de sa localité avaient, à ce que l'on croit, fait naître la crainte que cette maison ne pût être parfaitement bien gardée. Il est vrai que c'était là un calcul fait en Angleterre, sur des plans qui indiquaient peut-être assez mal l'état actuel de l'île; mais, quoi qu'il en fût, sir Georges Cockburn, enchaîné par ses instructions, n'avait pas le choix dans cette affaire.

Outre Plantation-House, il y avait une autre maison de campagne appelée Longwood, et qui était occupée par le sous-gouverneur; après avoir bien examiné toutes les habitations que l'île renfermait, sir Georges Cockburn choisit ce lieu pour la résidence future de Napoléon. Tout-à-fait séparé des autres habitations, et presque isolé dans cette partie de l'île, Longwood n'était fréquenté que par ceux qui y avaient réellement affaire. Ce site est d'ailleurs assez loin des endroits du rivage accessibles aux bateaux, et qu'il fallait défendre suffisamment, avant de les exposer à l'observation de Napoléon et de ses compagnons d'exil. Le terrain qui entoure Longwood offrant une surface plane, permettait que des sentinelles fussent utilement placées pour la sûreté du lieu, et laissait aussi la facilité de se promener soit à cheval soit en voiture. Ce lieu occupant un plateau assez élevé jouit d'un air plus frais que les vallées resserrées qui se trouvent dans le voisinage. La maison elle-même était aussi bien arrangée (quoique ce soit peu dire) qu'aucune autre de l'île, Plantation-House exceptée.

Pour conclure enfin, Napoléon visita Longwood, approuva ce choix, et en parut tellement satisfait qu'il fut difficile d'obtenir de lui qu'il le quittât. On fit aussitôt les préparatifs nécessaires pour ajouter à ce qui manquait, et pour rendre cette habitation, non pas telle qu'on l'eût désirée, mais au moins aussi commode que les circonstances le permettaient. On pouvait en effet, à l'aide des ouvriers et des matériaux envoyés d'Angleterre, agrandir Longwood convenablement. Jusqu'à ce que les réparations les plus nécessaires fussent faites, le général Bertrand et le reste de la suite de Napoléon furent placés dans une maison de James-Town, tandis que lui-même logea, d'après son désir, à Briars, très petite maison, ou, pour mieux dire, cabane placée dans un site romantique, à quelque distance de la ville, où il n'avait qu'une seule chambre. Sir Georges Cockburn ne put le décider à venir habiter la meilleure maison de la ville qu'on avait préparée pour lui. Napoléon refusa cette proposition en alléguant son aversion naturelle de s'exposer aux regards du public. De plus, la solitude qui régnait à Briars, le paysage agréable qui l'entourait, offrait à Buonaparte un genre de plaisirs toujours vivement sentis par ceux qui ont été longtemps renfermés dans un vaisseau, et dont les yeux n'ont vu pendant des mois entiers que le vaste Océan.

Pendant sa demeure à Briars, Napoléon se tint dans des limites plus étroites qu'il n'était nécessaire ; il en donnait pour motif les sentinelles qui le surveillaient, et qu'on apercevait des fenêtres de la maison ; il appuyait avec beaucoup plus de raison sur le nombre des visiteurs : il se renferma donc dans un petit pavillon consistant en une seule chambre et en deux petits attiques, qui étaient à dix toises environ du pavillon. A moins qu'il ne fût accompagné d'un officier anglais, il n'avait, comme on pense bien, la permission de se promener que dans le petit jardin de la cabane, le reste du terrain étant gardé par des sentinelles. Sir Georges Cockburn, sensible à la position de son prisonnier, cherchait à faire hâter les réparations de Longwood afin que Napoléon pût y aller. Il employa à cet effet les charpentiers de son escadre et tous les ouvriers que l'île put fournir. « Longwood, dit le docteur O'Meara, offrit pendant près de deux mois un tableau aussi animé qu'en offrirent jamais les chantiers de Sa Majesté, lorsque l'on y construisait pendant la guerre des flottes sous la direction de nos meilleurs amiraux. Infatigable dans son zèle, sir Georges arrivait souvent à Longwood après le coucher du soleil, pour stimuler par sa présence le courage des ouvriers de Sainte-Hélène; ces hommes indolens regardaient avec étonnement l'activité des charpentiers de l'équipage, qui contrastait si fort avec leur paresse naturelle. »

Pendant la résidence de l'Empereur à Briars, il ne recevait presque personne, passait ses matinées dans le jardin, et jouait le soir au whist, pour des dragées, avec M. Balcombe, le propriétaire, et sa famille. Le comte Las-Cases, dont il paraît que l'instruction était plus variée et plus étendue que celle des autres personnes de la suite de Napoléon, était naturellement le principal, sinon le seul compagnon de ses études et de ses récréations du matin. Dans de telles occasions, l'ex-Empereur se montrait ordinairement affable, accessible et séduisant par ses manières.

Les efforts de sir Georges Cockburn, luttant contre toutes les difficultés que faisait naître le manque de matériaux, de moyens de transport et de tout ce qui peut faciliter de telles opérations, parvinrent enfin à transformer Longwood en une demeure habitable, qui, bien que fort au-dessous de la haute dignité dont avait été investi son nouvel hôte, était cependant arrangée convenablement pour un captif d'un rang tel que celui que le gouvernement anglais reconnaissait à Napoléon.[1]

Le 9 décembre, Longwood reçut Napoléon

[1] L'appartement destiné à Napoléon pour son usage particulier, consistait en un salon, une salle à manger, une bibliothèque, un cabinet d'étude, et une chambre à coucher. Cet appartement formait un étrange contraste avec les palais qu'il avait naguère habités, mais combien n'était-il pas préférable à la tour du Temple, et aux donjons de Vincennes!

et une partie de sa maison : le comte et la comtesse de Montholon avec leurs enfans, le comte Las-Cases et son fils, le général Gourgaud, le docteur O'Meara, qui avait été admis comme son médecin ; et les autres personnes de sa suite, qui ne pouvaient pas être logées dans la maison, s'arrangèrent pendant quelque temps sous des tentes. Le comte et la comtesse Bertrand, en attendant qu'on leur eût bâti une maison, se logèrent dans une petite chaumière située dans un endroit nommé Hut's-Gate, qui formait à peu près les limites de ce qu'on pourrait appeler le territoire privilégié de Longwood. Mais quoiqu'on ne négligeât rien pour rendre Longwood-House aussi commode pour le prisonnier que le temps et les moyens le permettaient, cependant, tout bien considéré, ce délai, inévitable sûrement, doit avoir été très pénible à l'ex-Empereur, confiné alors dans la chaumière de Briars ; et la maison de Longwood, quoique aussi bien arrangée que les circonstances l'eussent permis, était encore loin d'offrir tous les agrémens et les douceurs de la vie dont les Anglais eussent voulu faire jouir cet illustre prisonnier, pendant qu'il était remis à la garde de l'Angleterre.

On avait proposé, pour remédier à l'exiguité du logement de Longwood, de construire une maison en bois d'une grandeur convenable, dont les pièces eussent été envoyées d'Angleterre toutes façonnées, et qu'on n'aurait eu qu'à assembler sur le terrain; seul moyen qu'on pût employer pour atteindre l'objet désiré par Napoléon, l'île ne produisant presque point de matériaux propres à bâtir. Les circonstances toutefois empêchèrent ce plan d'être mis à exécution dans les premiers mois, et une suite de malheureuses disputes entre le gouverneur et son prisonnier, ajoutèrent des années à ce délai, ce qui nous fait encore une fois exprimer notre regret que Plantation-House n'ait pas été d'abord choisie pour la résidence de Napoléon.

Nous avons déjà dit qu'autour de la maison de Longwood se trouvait la plus vaste étendue de terrain ouvert qui fût dans l'île, et tout-à-fait convenable soit pour la promenade, soit pour l'exercice du cheval. Un espace de douze milles de circonférence fut laissé libre pour que Napoléon pût s'y promener sans être suivi de personne. Une chaîne de sentinelles entourait cet espace, que Buonaparte ne pouvait franchir sans être accompagné d'un officier anglais. S'il désirait étendre ses promenades, il pouvait aller dans tout l'intérieur de l'île, pourvu qu'il y eût un officier qui observât ses mouvemens. Il y en avait toujours un de service qui était prêt à le suivre chaque fois qu'il désirait s'éloigner. Dans l'espace ci-dessus mentionné, on avait établi deux camps ; le 53e régiment était à Deadwood, à un mille environ de Longwood, et un autre à Hut's-Gate, où se trouvait une garde d'officiers, cet endroit étant la principale entrée de Longwood.

Nous devons maintenant considérer les moyens auxquels on avait recours pour la plus grande sûreté de cet important prisonnier. Le vieux poète a dit que « toute île est une prison »; mais pour la difficulté de s'échapper, il n'y en a aucune qui puisse être comparée à Sainte-Hélène, et ce fut sans aucun doute la principale raison qui la fit choisir comme le lieu de détention de Napoléon.

Le docteur O'Meara, témoin nullement ami, nous apprend qu'afin de ne pas blesser l'amour-propre de Napoléon et veiller cependant à la sûreté de sa personne, les gardes étaient ainsi disposées.

« Une garde subalterne était placée aux approches de Longwood, à environ six cents pas de la maison, et un cordon de sentinelles et de piquets formait la limite. A neuf heures, les sentinelles se rapprochaient et communiquaient entre elles, en entourant la maison de façon que personne ne pouvait entrer ni sortir sans être aperçu ou observé par elles. A l'entrée de la maison, on plaçait une double sentinelle, et des patrouilles passaient continuellement devant et derrière. Après neuf heures, Napoléon ne pouvait plus sortir de la maison, à moins qu'il ne fût accompagné par un officier, et personne ne pouvait entrer sans un ordre signé. Cet état de choses durait jusqu'au lendemain matin. Chaque lieu propre à un débarquement, ou qui semblait tel, était occupé par un piquet de soldats, et des sentinelles étaient placées dans les plus petits sentiers qui conduisent à la mer; quoique en vérité les obstacles qu'offre la nature des lieux, dans presque tous les chemins qui mènent sur la plage, eussent été d'eux-mêmes suffisans pour une personne aussi peu agile que Napoléon. »

Les précautions prises par sir Georges Cockburn pour se servir avec avantage de la localité et des particularités de l'île, et empêcher que le nouvel habitant ne pût s'évader du côté de la mer, étaient si rigoureuses que, même sans le secours d'une garde plus près de la personne de Buonaparte, il était impossible non seulement qu'il s'échappât, mais même que l'on pût parvenir par la côte à communiquer avec les personnes de sa suite.

On découvre fréquemment de la côte, et

jusqu'à vingt-quatre lieues de distance, les bâtimens qui s'approchent de Sainte-Hélène, et on les voit toujours long-temps avant qu'ils ne soient près du rivage. Deux vaisseaux de guerre croisaient continuellement, l'un sous le vent, l'autre contre le vent, et on leur faisait des signaux aussitôt qu'on avait découvert, de la côte, un vaisseau en mer. Chaque bâtiment, excepté les vaisseaux de guerre anglais, était alors escorté par un des croiseurs, jusqu'à ce qu'il lui fût permis de mettre à l'ancre, ou qu'il eût doublé l'île. On ne permettait aux bâtimens des autres nations de mettre à l'ancre que dans des momens de grande détresse; alors personne de l'équipage ne pouvait débarquer, et on envoyait à bord un officier et un détachement de l'un des croiseurs, afin de prendre soin d'eux tant qu'ils restaient, et d'empêcher en même temps aucune communication avec l'île.

On comptait chaque bateau pêcheur appartenant à l'île, et chaque soir ils étaient mis à l'ancre sous la surveillance d'un lieutenant de marine. Aucune chaloupe ne pouvait être en mer après le coucher du soleil, excepté celles des vaisseaux de guerre, qui rôdaient autour de l'île toute la nuit. L'officier de garde devait aussi vérifier la présence réelle de Napoléon deux fois en vingt-quatre heures; devoir que l'on remplissait avec toute la délicatesse possible. Enfin, on prenait toute précaution humaine pour prévenir sa fuite sans l'incarcérer ni l'enchaîner.

CHAPITRE V.

Examen des griefs de Buonaparte.—Droit qu'avait la Grande-Bretagne de restreindre sa liberté. — Convenance de lui refuser le titre d'empereur. — On aurait pu se dispenser d'examiner sa correspondance. — Réglement pour qu'un officier anglais visitât Napoléon à certaines heures du jour : — son importance. — Limites accordées à Napoléon pour ses promenades.—Plaintes de Las-Cases contre sir Georges Cockburn. — Mesures adoptées par toutes les puissances de l'Europe pour assurer la garde de Napoléon. — Sir Hudson Lowe est nommé gouverneur de l'île : — ses qualités pour un tel emploi. — Information donnée au gouvernement par le général Gourgaud. — Divers plans formés pour l'évasion de Buonaparte. — Écrits sur la résidence de Napoléon à Sainte-Hélène. — Il est irrité du traitement que lui fait éprouver sir Hudson Lowe.

Jusqu'ici, de la manière dont nous avons rempli notre tâche, les événemens de chaque année ont fourni seuls un fragment d'histoire souvent difficile à resserrer dans les limites d'un demi-volume, et nous sommes convaincu que dans cette compression nécessaire, nous avons souvent nui à l'importance du sujet.

Mais quoique les années de captivité s'écoulent avec une lenteur mortelle pour le prisonnier, cependant, par leur triste uniformité, elles n'occupent qu'une très petite partie des pages de l'histoire; et le récit des cinq années passées à Sainte-Hélène doit être bien moins long, s'il ne contient que les événemens que ces cinq années ont vu naître, que ne le serait celui d'une seule des batailles de Buonaparte, même celle dont le sort aurait été le plus promptement décidé. Pourtant ces années furent péniblement marquées et même empoisonnées par de continuelles disputes entre le prisonnier et l'officier chargé de la tâche importante et surtout très délicate de restreindre sa liberté, de lui ôter tout espoir de fuite, et dont le devoir exigeait qu'il unît à une vigilance nécessaire autant de politesse, et nous dirons même de prévenance qu'on en pouvait faire agréer par Napoléon.

Nous avons eu une occasion très favorable de puiser sur ce sujet de précieuses informations, puisque l'obligeance de lord Bathurst, secrétaire d'État au département des colonies, nous a confié la correspondance de sir Hudson Lowe avec les ministres de Sa Majesté. Cette communication nous a mis à même de parler avec certitude des principes généraux qui guidèrent le gouvernement anglais dans les instructions qu'il donna à sir Hudson Lowe, et de la teneur même de ces instructions. Nous nous proposons donc de discuter en premier lieu les griefs allégués par Napoléon, puisqu'ils prennent leur source dans les instructions du gouvernement anglais, nous réservant pour second sujet de discussion d'examiner les plaintes qu'on fit du mode prétendu aggravant avec lequel ces instructions furent exécutées par le gouverneur de Sainte-Hélène. Ici notre information est moins parfaite; la distance à laquelle sir Hudson Lowe était de l'Europe empêchait toute enquête personnelle, et il était impossible d'obtenir un témoignage impartial sur tant d'incidens minutieux, dont le moindre demandait une investigation complète, et aurait pu être un sujet d'inculpation et de défense. Toutefois nous possédons les moyens de dire quelque chose sur ce sujet.

Nous avons déjà discuté les circonstances qui eurent lieu lorsque Napoléon se rendit aux Anglais, sans réserve, sans avantages, sans aucune espèce de condition; et nous avons vu que s'il éprouva quelque désappointement en se trouvant retenu prisonnier au lieu d'avoir été traité en Angleterre comme un hôte libre, cela provient seulement de ce que ses espérances avaient été conçues d'après ses seuls calculs, sans que le capitaine Maitland leur eût donné le moindre encouragement. Nous doutons beaucoup que, dans les momens même où son imagination le flattait le plus, il ait jamais sérieusement espéré une réception très différente de celle qu'il reçut; du moins il témoigna peu ou point de surprise lorsqu'il apprit son sort. Quoi qu'il en soit, il était prisonnier de guerre, et n'avait acquis aucun droit en se rendant, si ce n'est celui de vivre et d'avoir la liberté de ses membres. Si la nation anglaise avait attiré et trompé Napoléon par une capitulation qui offrît les mêmes conditions qu'il avait déjà si mal observées, il se serait trouvé dans la position de Toussaint, que néanmoins il fit enfermer dans un donjon. Si, invité à visiter le prince régent comme allié, il en eût été reçu avec une hospitalité pleine de courtoisie, et renfermé ensuite comme un prisonnier, son sort aurait approché de celui de Ferdinand d'Espagne, lorsqu'il fut attiré à Bayonne dans un piége: mais nous rougirions d'excuser notre pays en citant les propres torts de notre ennemi. La vérité et la fausseté restent invariables et irréconciliables, et le plus grand criminel ne doit plus être incriminé ni puni d'après l'exemple inique qu'il a donné, mais bien selon les règles générales de la justice. Néanmoins notre compassion n'est que faiblement excitée par la plainte, lorsque celui qui la profère s'est habituellement conduit envers les autres avec aussi peu de mesure et de justice qu'il en reproche à ceux dont il est devenu dépendant.

Napoléon donc, étant prisonnier de guerre, et comme tel à la libre disposition de l'Angleterre (point sur lequel on ne saurait nous contredire), nous croyons avoir prouvé, au-delà même de ce qui était nécessaire, que sa résidence sur le territoire de la Grande-Bretagne ne pouvait avoir lieu sans troubler le repos de l'Europe. Le livrer à l'une des autres puissances alliées dont le gouvernement était semblable au sien, eût été certainement très blâmable, puisqu'en agissant ainsi l'Angleterre aurait manqué à sa foi envers lui, et aurait perdu le pouvoir de protéger sa personne; or, c'était ce à quoi la nation à laquelle il s'était confié se trouvait irrévocablement engagée. Il restait donc à tenir cet important prisonnier dans un tel état de gêne, qu'on fût assuré qu'il ne lui restait plus aucun moyen de tenter une seconde fois de s'échapper, pour plonger la France et l'Europe dans une guerre sanglante et douteuse. Alors Sainte-Hélène fût choisie pour le lieu de son exil, et, à ce que nous croyons, avec beaucoup de sagesse, puisque la position de cette île isolée, la nature des lieux, fournissaient les meilleurs moyens de sécurité, et permettaient d'imposer moins de contrainte à cet illustre prisonnier. Les vagues, les rocs qui entouraient le rivage, remplaçaient les murailles, les fossés, les tranchées et les verroux d'une citadelle; et au moins il pouvait se promener librement dans un espace de plusieurs milles, au lieu d'être retenu dans les étroites limites d'une forteresse.

Le droit d'emprisonner Napoléon étant accordé et surtout prouvé, le choix de l'île Sainte-Hélène, comme lieu de sa résidence, étant justifié, nous n'hésitons pas à avouer ce principe, qu'on aurait dû faire tout ce qui était possible pour alléger les sensations pénibles que devait faire éprouver à un homme tel que Napoléon, un changement de fortune aussi grand. Nous n'eussions pas voulu nous ressouvenir, dans ce moment-là, que tant de centaines de nos compatriotes avaient vu renverser leurs espérances, détruire leur fortune et perdre leur vie en France; que là, des jurisconsultes anglais voyageant pour s'instruire avaient été faits prisonniers contre toutes les lois de la guerre; nous ne nous serions pas crus en droit de nous venger sur Napoléon malheureux, des traitemens cruels que sa politique, sinon son caractère, lui avait fait infliger à autrui. Nous n'aurions pas rendu sa prison aussi horrible que celle de l'infortuné chef des noirs, mourant de faim parmi les neiges des Alpes. Pendant qu'il était prisonnier, nous ne l'aurions pas entouré d'espions, comme dans l'affaire du comte d'Elgin; nous ne l'aurions pas, comme dans celle du prince Ferdinand, fait tomber dans un piége au moyen d'un émissaire, tel que le faux baron Kolli, qui lui offrit de favoriser son évasion, afin d'avoir un prétexte pour le traiter encore plus durement. Nous eussions oublié tous ces méfaits, ou, si nous n'eussions pu les bannir entièrement de notre souvenir, en considérant combien ces faussetés et une violence si ignoble peuvent abaisser le génie et rendre le pouvoir odieux, nous eussions conservé la mémoire de ces faits comme des exemples non à suivre, mais à éviter. Empêcher que le prisonnier ne pût recouvrer un pouvoir dont il avait si mal usé, nous eût paru un devoir imposé non seulement à l'Angleterre, mais à l'Europe et au monde entier. Accompagner sa détention de tous les soulagemens que permettait la sûreté de sa personne, était une dette qu'imposait sinon ses mérites personnels, du moins notre propre grandeur. Après avoir avoué nos sentimens sur ce sujet en général, nous procéderons par ordre à examiner les plaintes les plus importantes que Buonaparte et ses avocats ont exhalées contre l'administration anglaise pour le traitement qu'a subi l'illustre exilé.

Le premier sujet de plainte, et celui dont nous avons déjà parlé, était que le titre d'empereur n'était pas donné à Napoléon, et qu'on ne le traitait qu'avec le respect dû à un officier du plus haut rang. Napoléon était extrêmement opiniâtre sur ce point. Il n'était pas du nombre de ces princes dont parle Horace, qui, dans la pauvreté et dans l'exil, conformaient leurs titres et leur langage à leur condition [1]. Au contraire, aussitôt qu'il fut arrivé devant Portsmouth, il ne cessa de soutenir, avec la plus grande obstination, qu'il devait être traité comme une tête couronnée; et, ainsi que nous l'avons fait observer, ce fut une source continuelle de discorde entre lui et les personnes de sa suite d'un côté, et le gouverneur de l'autre, que ces réclamations opiniâtres de Napoléon pour les honneurs qu'il voulait qu'on lui rendît, et le cérémonial qu'on devait observer en s'adressant à sa personne, tandis que les ordres du gouvernement britannique avaient défendu au gouverneur de céder sur aucun de ces points; Buonaparte, connaissant les devoirs d'un soldat, aurait dû ne pas insister davantage. Mais, indépendamment des instructions du gouverneur, le droit de Buonaparte à la distinction particulière de prince

[1] *Et tragicus plerumque dolet sermone pedestri.*
Telephus et Peleus, cum pauper et exul uterque,
Projicit ampullas et sesquipedalia verba:.....

HOR. Ars poetica.

souverain pouvait être mis en question, autant par rapport au parti qui insistait sur ce titre, que par rapport au gouvernement de qui on le réclamait.

Napoléon, on ne saurait le nier, n'avait pas seulement été empereur, mais encore peut-être le plus puissant de tous ceux qui ont existé, et il avait été reconnu pour tel par tous les souverains du continent. Mais il avait été forcé, en 1814, d'abdiquer la couronne de France, et de recevoir en échange le titre d'Empereur de l'île d'Elbe. Sa violation du traité de Paris était par le fait une renonciation à l'empire de l'île d'Elbe. Les Alliés étaient si loin de reconnaître qu'il avait eu le droit de ressaisir la couronne de France, que le congrès de Vienne le déclara hors la loi. Et, en effet, si cette seconde occupation du trône de France pouvait, à quelques égards, rétablir son droit à la dignité impériale, dont sa forfaiture l'avait déchu, on doit encore se souvenir qu'il abdiqua une seconde fois, et renonça à la dignité qu'il avait reprise par une funeste inspiration. Ainsi, après sa seconde abdication, Napoléon n'avait aucune prétention fondée au titre impérial, même vis-à-vis de ceux qui l'avaient auparavant reconnu empereur de France; il ne pouvait faire valoir aucun droit auprès d'une nation qui n'avait jamais consenti à ce qu'il prît ce titre. A aucune époque la Grande-Bretagne ne l'avait reconnu comme empereur des Français, et lord Castlereagh avait expressément refusé d'accéder au traité de Paris, parce que Napoléon y était nommé empereur de l'île d'Elbe. Napoléon, il est vrai, trouva ou essaya de trouver un argument plausible sur ce que le traité d'Amiens avait été conclu avec lui comme Premier Consul de la France : mais il avait lui-même détruit le gouvernement consulaire dont il était le chef, et son titre de Premier Consul ne lui donnait pas plus de droits à être empereur, que les fonctions directoriales de Barras n'auraient pu faire donner le titre de directeur à celui-ci. Dans aucune occasion, soit directement, soit implicitement, la Grande-Bretagne n'avait reconnu que son prisonnier dût être considéré comme un prince souverain, et il était sûrement trop tard pour espérer qu'on acquiesçât à des prétentions qu'on n'avait pas trouvées valides alors qu'il était maître de la moitié du monde.

On pourrait alléguer, tout en reconnaissant que le droit de Napoléon à être traité en empereur était sans fondement, que cependant, puisqu'il avait joui du trône pendant un grand nombre d'années, les ministres anglais auraient dû lui accorder ce rang qu'il avait certainement possédé *de facto*, mais non pas *de jure*. Ces petites concessions sur le cérémonial auraient dû, suivant les principes que nous nous sommes efforcé d'exprimer, être accordés à la gloire éclipsée et à la grandeur déchue.

On peut répondre que si cette concession n'avait eu d'autres conséquences que d'adoucir les déplaisirs de Napoléon, s'il avait pu trouver quelque consolation dans le son vide des titres, ou que si l'observation de l'étiquette avait pu le réconcilier avec sa triste condition d'ex-empereur, sans changer d'un autre côté l'état de la question, une telle concession n'aurait pas dû lui être refusée.

Mais la véritable cause qui lui faisait désirer de recevoir le titre et les honneurs d'un souverain, et qui engageait le gouvernement anglais à persister dans son refus, prenait sa source bien plus loin. Il est vrai que c'était un faible de Buonaparte, provenant peut-être de ce qu'il était un *parvenu* parmi les têtes couronnées de l'Europe, de se montrer en toute occasion excessivement inquiet et jaloux que la plus stricte étiquette et le plus grand cérémonial fussent observés à sa cour et envers sa personne. En accordant que sa vanité, aussi-bien que sa politique, fût intéressée au maintien de ces formes rigides dont les souverains issus d'une longue suite de rois, et dont le titre est indisputable, se dispensent souvent, il ne s'ensuivra pas pour cela qu'une personne d'un aussi grand sens et d'autant de talens eût pu se trouver satisfaite de l'influence extérieure accordée au Grand-Mogol, à la condition que, comme les derniers descendans de Timur, il dût rester dans une étroite captivité. En réclamant obstinément le nom de souverain, le dessein de Buonaparte était d'établir son droit aux priviléges appartenant à ce titre. Il avait déjà éprouvé à l'île d'Elbe combien il était utile que l'étiquette mît une barrière entre sa personne et tout visiteur qui pouvait lui déplaire. Une fois reconnu empereur, il s'ensuivait nécessairement qu'il devait, en tout, être traité comme tel; et il serait devenu impossible de donner plus de force aux réglemens exigés absolument pour la sûreté de sa personne. Un tel *status*, une fois accordé, aurait fourni à Napoléon un argument général contre toutes les précautions qu'on aurait pu prendre pour prévenir sa fuite. Qui entendit jamais parler qu'un empereur eût été restreint dans ses promenades, ou assujetti, dans certains cas, à la surveillance d'un officier, et qu'il ne pût passer les limites tracées par un cordon de sentinelles? Et comment toutes ces précautions nécessaires pour empêcher qu'il ne s'échappât auraient-elles pu être prises sans manquer de respect envers une tête couronnée, bien que, dans les circonstances où se trouvait Napoléon, toutes ces précautions fussent d'une urgence absolue?

Ainsi, ceux de nos lecteurs qui conviennent que Napoléon ne pouvait jouir de toute sa liberté, doivent avouer que le gouvernement anglais aurait imprudemment agi s'il l'eût gratuitement revêtu d'une dignité qu'il lui avait refusée jusqu'alors, et cela dans le moment même où une telle complaisance aurait ajouté aux difficultés de le garder avec sûreté.

La question même ne se termine pas encore là; car non seulement la Grande-Bretagne était libre de refuser à Buonaparte un titre qu'elle ne lui avait jamais reconnu le droit de porter; non seulement la reconnaissance de ce titre eût été suivie d'une foule d'inconvéniens, mais, de plus, elle ne pouvait souscrire à un tel désir sans fournir à son allié le roi de France, le plus grand sujet de se plaindre. Si Napoléon était nommé empereur, ce titre ne pouvait s'appliquer qu'à la France, et s'il était reconnu empereur des Français, de quel pays Louis XVIII se trouvait-il alors le roi? Un grand nombre de guerres n'ont eu d'autre cause que ces titres accordés à un prétendant par un gouvernement étranger; c'est une des lois reconnues du droit des gens. Il est vrai que les circonstances auraient pu empêcher Louis de voir dans la reconnaissance supposée d'un titre de roi donné à son rival une injure aussi grave que celle que reçut l'Angleterre lorsque Louis XIV reconnut pour souverains de la Grande-Bretagne les Stuarts exilés; et cependant c'eût été ici un sujet de griefs fondés, d'autant plus qu'une conduite qui eût indiqué l'acquiescement de l'Angleterre au titre impérial réclamé par Napoléon, n'aurait pu que réveiller des souvenirs dangereux, et encourager dans le sein de la France des factions qui l'eussent bouleversée.

Cependant, malgré tout ce que nous avons dit, nous sentons qu'il y avait quelque chose d'inconvenant à approcher d'un individu naguère si puissant, avec cette familiarité qui eût été convenable s'il ne se fût pas plus élevé au-dessus des autres que lorsqu'il était le général Buonaparte. Sir Hudson Lowe offrit d'employer le mot Napoléon, en s'adressant au prisonnier, comme étant d'un style plus noble. Il restait à celui-ci une alternative encore préférable; Napoléon n'avait qu'à imiter les autres souverains qui, lorsqu'ils voyagent en pays étranger, ou lorsque d'autres circonstances l'exigent, adoptent ordinairement un nom de convention, sans pour cela renoncer à aucun de leurs droits aux honneurs dus aux monarques; mais qui permet cependant à ceux qui ont des rapports avec eux de leur refuser cette concession s'ils le jugent à propos. Louis XVIII, alors que dans les cours étrangères il se faisait appeler le comte de Lille, n'en était pas moins le roi légitime de la France. Cette idée avait même frappé Napoléon; car, une fois qu'il parlait des conditions de sa résidence en Angleterre, il dit qu'il n'aurait eu aucune répugnance à prendre le nom de Muiron, un de ses aides-de-camp, mort à ses côtés à la bataille d'Arcole. Mais il paraît que Napoléon tenant beaucoup à l'étiquette d'un prince élevé au milieu du cérémonial des cours, il aurait cru, en voilant ainsi sa dignité, faire une trop grande concession au gouverneur de Sainte-Hélène. Sir Hudson Lowe, désirant mettre fin à ce ridicule sujet de dispute, s'était montré disposé à donner à Napoléon le titre d'excellence comme dû à un maréchal d'armée; mais on refusa encore ce titre. Napoléon était résolu à être reconnu par le gouverneur comme empereur, ou bien à garder ses griefs dans toute leur étendue : on ne put trouver aucune modification qui les lui rendît plus supportables.

Cette obstination à réclamer un titre que

sa situation eût fait paraître ridicule, était-elle le résultat de quelque sentiment qui le faisait douter de sa propre grandeur, lorsque ses oreilles n'étaient plus flattées par un langage obséquieux, ou les considérations politiques dont nous avons déjà parlé lui faisaient-elles refuser toute autre épithète que celle sur laquelle il pouvait fonder ces priviléges et ces immunités qu'un si haut titre confère, et qui en sont même inséparables? c'est ce que nous ne pouvons déterminer. Sa vanité et sa politique étaient peut-être d'accord pour le faire tenir à son idée avec tant de persévérance. Mais par intérêt pour lui-même il aurait dû abandonner une querelle dont l'issue ne pouvait avoir lieu à son avantage entre le gouverneur et lui, puisque lors même que le premier eût désiré satisfaire aux désirs du prisonnier, ses instructions lui défendaient formellement de le faire. Continuer une lutte inutile, c'était s'attirer l'humiliation d'une défaite et de nombreux refus. Cependant Napoléon et les personnes qui l'avaient suivi conservaient un vif ressentiment de ces refus, bien qu'elles eussent dû savoir que sir Hudson Lowe n'employait que les formes de langage prescrites par son gouvernement, et n'osait en effet se servir d'aucune autre. Cette malheureuse expression de *général Buonaparte* revenait si souvent dans leur correspondance que toute tentative de conciliation devenait un sujet d'insulte, et rendait de telles ouvertures semblables à un drap grossier qui déchire la blessure qu'il recouvre plus qu'il ne la protége.

Enfin, de quelque côté que fût la raison entre Buonaparte et le ministère anglais, il était clair que sir Georges Cockburn et sir Hudson Lowe n'avaient, par leurs instructions, aucune option dans l'issue de cette affaire. Ces instructions portaient que Napoléon, leur prisonnier, devait être traité comme le général Buonaparte, prisonnier de guerre; et qu'ils seraient répréhensibles s'ils lui donnaient un titre plus élevé et s'ils avaient pour lui plus de déférence qu'on n'en doit à un général. Personne ne pouvait mieux savoir que Napoléon combien un soldat est lié par sa consigne; et, en reprochant à sir Hudson Lowe de manquer de générosité, d'humanité, et ainsi de suite, parce qu'il ne désobéissait pas aux ordres de son gouvernement, c'était aussi déraisonnable que d'espérer que les remontrances auraient d'autre effet que de l'irriter et l'importuner. Napoléon aurait dû savoir qu'en persistant à exprimer en termes offensans combien il était piqué de ce qu'un officier lui refusât un titre que sa cour ne lui permettait pas d'accorder, il provoquait celui qu'il aurait mieux valu se concilier, et que cette façon d'agir ne le ferait pas avancer d'un pas vers l'objet qu'il souhaitait si ardemment.

Dans le fait, ce sujet de dispute si peu important, et cependant si fâcheux, était d'une nature si subtile, que se glissant dans tous les rapports qui existaient entre l'Empereur et le gouverneur, il envenimait toutes les tentatives de ce dernier pour conserver quelque chose de semblable à des relations polies et amicales. Cette funeste barrière de l'étiquette arrêtait tous les efforts de la prévenance. Pendant que sir Georges Cockburn était dans l'île, il donna plusieurs bals auxquels furent invités le *général Buonaparte* et sa suite. Dans de telles circonstances Henri IV et Charles II se seraient rendus à cette invitation, et auraient certainement dansé avec la plus jolie personne qui s'y fût trouvée, sans songer qu'en agissant ainsi ils dérogeaient à des prétentions fondées sur une antique origine royale. Au contraire, Buonaparte et Las-Cases s'offensèrent de cette familiarité, et l'inscrivirent sur leurs notes comme un affront sanglant que leur avait fait l'amiral. Ces sentimens n'étaient pas ceux d'un homme convaincu de sa propre dignité, mais d'un malheureux qui croit que les honneurs ne consistent pas à avoir possédé ou à jouir encore d'un haut rang donné par la supériorité des talens, mais bien à en porter les riches vêtemens ou à s'entendre donner les titres pompeux qui y sont attachés.

Il y a, dans la condition où Buonaparte était réduit, quelque chose qui nous affecte beaucoup plus que la perte de son titre; c'est le rideau qui semblait tiré entre lui et le reste du monde, à travers lequel il ne pouvait faire passer aucune lettre, même à ses plus chers amis et à ses parens, sans que ces lettres eussent été communiquées au gouverneur de l'île.

Sans doute c'est un des inconvéniens auxquels tous les prisonniers de guerre, sans exception, sont assujettis; et nous ne connaissons aucune nation chez laquelle leur parole soit reconnue assez sacrée pour que le gouvernement renonce au droit d'inspecter leur correspondance. Mais le haut rang qu'avait occupé le monarque déchu aurait pu, selon nous, réclamer contre une restriction si humiliante. Si une tierce personne, du plus grand sang-froid possible, et souvent même disposée à railler et à mépriser les expressions de notre douleur et de notre affection, a le droit de lire tout ce que, dans l'effusion de notre cœur, nous disons à une épouse, à une sœur, à un frère ou à un ami chéri, notre correspondance cesse d'avoir des charmes pour nous; et forcés comme nous le sommes de nous tenir dans les bornes de la plus stérile prudence, elle devient alors plutôt une nouvelle source de mortifications, qu'elle n'est un moyen de nous rapprocher des personnes absentes dont l'amitié est ce que nous avons de plus précieux au monde. Nous pensons aussi qu'un tel privilége, s'il eût été accordé à Napoléon, n'aurait nullement mis en danger la garde de sa personne; car nous sommes convaincu que malgré la sévérité des moyens employés pour donner plus de force à ce réglement, il manqua son but, et que, soit à prix d'argent, soit par pure compassion, Napoléon et les personnes de sa suite auront toujours trouvé les moyens d'envoyer hors de l'île des lettres soustraites à l'examen du gouverneur. Quant au danger qu'on appréhendait de la correspondance de l'ex-Empereur, il pouvait en résulter un bien plus grand d'une correspondance clandestine, que de celle que le gouvernement eût permise. Nous observerons de plus que la surveillance de la police des pays étrangers, dirigée plus particulièrement encore sur les lettres qui venaient de Sainte-Hélène, laissait peu à craindre qu'on employât la poste pour tramer quelque complot. En supposant donc que l'exilé eût la permission d'écrire en toute liberté, il aurait eu trop à craindre de trahir ses projets en se servant d'un tel moyen pour concerter sa fuite; il aurait toujours fallu avoir recours à une correspondance secrète, et celle-ci serait bientôt devenue suspecte aux yeux de toute personne bien pensante; car puisque les moyens ordinaires de communication étaient ouverts au prisonnier, il ne pouvait y avoir pour lui aucun prétexte plausible de recourir à des voies détournées pour faire sortir ses lettres de l'île. Mais tout en exprimant ici notre opinion personnelle, nous ne prétendons pas conclure que Napoléon eût aucune prétention fondée à exiger d'être traité ainsi; sa situation, comme prisonnier de guerre, et prisonnier très important, donnait indubitablement à la Grande-Bretagne le droit de lui imposer toutes les restrictions voulues en pareil cas.

Un autre sujet de plainte pour Napoléon et ses avocats provint d'un réglement que nous trouvons tellement essentiel à la sûreté de la garde du prisonnier, qu'il nous semble surprenant même qu'on s'en soit dispensé en maintes occasions, ou au moins qu'on ne l'ait pas exécuté fidèlement. Car si on s'y fût exactement conformé, il aurait fourni les moyens d'adoucir considérablement d'autres précautions plus révoltantes et de nature à être quelquefois changées sans motif plausible. Le réglement dont nous parlons est celui qui exigeait que Buonaparte se laissât voir deux fois, ou au moins une fois par jour à l'officier anglais qui était de service. Si l'ex-Empereur se fût soumis avec calme à ce réglement, on y aurait trouvé la plus sûre garantie contre la possibilité de son évasion. Depuis l'heure à laquelle il aurait été vu par l'officier de garde jusqu'à celle où celui-ci devait le voir encore, on n'aurait permis à aucun bâtiment de quitter l'île ; et en supposant que l'officier ne le trouvât pas à l'heure convenue, l'alarme eût été générale, et soit qu'il fût caché dans la ville ou à bord des vaisseaux en rade, il devait être nécessairement découvert. Il y avait donc trop de risques à courir pour qu'il se hasardât à tenter une chose aussi dangereuse. On pouvait aisément faire en sorte que l'officier de garde exécutât cet ordre avec tous les égards dus à Napoléon, et lui-même pouvait choisir l'heure et la manière de se montrer un seul instant. Dans ce cas, et en considérant combien d'autres précautions étaient prises pour rendre sa fuite impossible, tous les chemins qui conduisaient au rivage étant strictement gardés, l'île de Sainte-Hélène ressemblant presque à une citadelle dont les soldats sont les principaux habitans, la chance que Napoléon tentât de s'évader, si on lui eût permis de parcourir librement l'île, était des plus improbables et le succès impossible. Mais pour cela il devait consentir à se montrer à un officier anglais à une heure fixe; et résolu, comme il l'était, de ne rien céder aux circonstances, Napoléon refusa, par tous les moyens qui étaient en son pouvoir, de se soumettre à cet important réglement. Dans plusieurs occasions sir Hudson Lowe ferma les yeux, et se contenta que l'officier de garde, ne pouvant voir Napoléon autrement, l'aperçût à la dérobée pendant qu'il se promenait ou montait à cheval, et quelquefois même à travers les fenêtres. Ce n'était pas ainsi que l'on devait observer un tel réglement, et le gouverneur fut mal récompensé d'avoir pris sur sa responsabilité de négliger une telle précaution.

Nous avons déjà vu qu'on avait abandonné à Buonaparte, pour qu'il pût s'y promener librement, un espace de plus de douze milles de circonférence. Aucun étranger n'entrait dans cette enceinte sans un laisser-passer délivré par le général Bertrand, et l'Empereur pouvait se livrer aux exercices qui lui plaisaient sans être accompagné par d'autres personnes que celles de son choix. Il ne pouvait aller au-delà de ces limites sans être suivi d'un officier anglais; mais, ainsi accompagné, il pouvait visiter toutes les parties de l'île. Napoléon montra encore plus de répugnance pour cet arrangement que pour celui qui voulait qu'un officier anglais constatât sa présence une fois par jour.

Il existait encore d'autres griefs; mais, comme ils prenaient principalement leur source dans les discussions particulières que Buonaparte avait avec sir Hudson Lowe; dans les ordonnances imposées par cet officier et dans les restrictions d'une moindre importance, nous nous bornerons, pour le moment, à retracer ceux de ces griefs qui avaient un caractère plus général, et qui, bien que pénibles, naissant naturellement, comme on doit l'observer, de la condition du prisonnier, étaient semblables aux chaînes d'un captif qui deviennent plus légères lorsqu'il se soumet avec résignation que lorsqu'il cherche à les arracher de ses bras. Toutefois, nous sommes loin de dire que le poids des chaînes et la contrainte soient des maux faciles à supporter. Nous sentons vivement combien la captivité doit être pénible pour celui qui non seulement a joui de sa liberté, mais du droit sans limite de régler celle des autres; et cependant, dans cette occasion, comme en tant d'autres, l'impatience n'a servi qu'à redoubler le mal. Dans les longues heures de méditation que laissait à Buonaparte sa résidence à Sainte-Hélène, rien ne nous montre qu'il ait réfléchi une seule fois que c'était bien moins à l'immédiate influence de ceux qui n'étaient que les agens de sa défaite et de sa captivité qu'il devait sa malheureuse situation, qu'à cette ambition démesurée qui, n'épargnant ni les libertés de la France ni l'indépendance de l'Europe, avait à la longue rendu sa liberté personnelle incompatible avec les droits des nations. Il sentait tout ce que sa situation avait de pénible, mais il ne raisonnait pas, ou ne pouvait pas raisonner sur les causes qui l'avaient fait naître. Il est impossible de songer à lui, sans se le représenter comme un lion intrépide, qui autrefois faisait trembler les forêts, emprisonné dans une cage sombre et étroite et exerçant sa fureur sur les verroux et les barreaux qui, bien qu'insignifians, défient cependant sa force surnaturelle et le retiennent captif.

Cette situation était à tous égards très douloureuse, et il est impossible de ne pas s'intéresser non seulement au prisonnier, mais aussi à la personne chargée du pénible devoir d'être son surveillant. La tâche de retenir Napoléon prisonnier devait être remplie avec rigueur, et exigeait un homme d'une fermeté d'esprit extraordinaire, qui ne laissât jamais ses sentimens influer sur son jugement, qui fût capable de distinguer les argumens captieux qu'on pouvait employer pour le détourner de s'acquitter loyalement et ouvertement des devoirs de sa charge, et répondre à ces argumens de manière à les détruire; mais, en même temps, il aurait fallu joindre à ces qualités un sang-froid également rare et une élévation d'esprit qui, se reposant sur son propre honneur et son intégrité, pût voir avec calme et compassion ces tourmens de tous les jours, de toutes les heures, suites inévitables d'une extravagante ambition, et qui tenaient dans un état permanent d'irritabilité l'être extraordinaire soumis à leur influence. En effet, Buonaparte et ses serviteurs entraînés par ses passions devaient être considérés, en toute occasion, comme des hommes qui agissent et parlent dans le délire de la fièvre causé par des événemens passés depuis long-temps, et ne pouvant fonder aucun raisonnement sensé sur les choses qui ont rapport à leur situation présente. L'Empereur ne pouvait oublier son empire; le mari, sa femme; le père, son enfant; le héros, ses triomphes; le législateur, son pouvoir. Il n'était pas dans la nature qu'un esprit agité par de tels souvenirs conservât assez de sang-froid, après un changement aussi terrible, pour réfléchir avec calme sur son sort, et ne pas se laisser transporter hors de lui-même, en comparant sa position présente avec celle qu'il avait perdue. Adoucir ces regrets eût été une vaine tentative; mais l'honneur de l'Angleterre exigeait qu'on ne lui donnât aucun sujet d'irritation au-delà des nécessités déjà trop pénibles qui étaient attachées à la condition de captif.

Nous avons assez fait connaître le caractère de sir Georges Cockburn pour que l'on puisse en conclure qu'autant qu'il lui était permis, sans manquer à son devoir, il s'étudiait à rendre la situation de Buonaparte plus douce ou moins pénible. Les divers auteurs, tels que le docteur O'Meara, Las-Cases, Santini et quelques autres, qui ont écrit avec violence sur la conduite tenue par Hudson Lowe, ont mentionné celle de sir Georges comme ayant été humaine, honorable et conciliante. Cependant, lorsque Napoléon et sa suite éprouvèrent les inconvéniens de leur séjour à Sainte-Hélène, et aussi lorsque leurs espérances chimériques s'évanouirent à jamais, ils engagèrent quelquefois avec l'amiral des discussions déraisonnables. Dans ces occasions, sir Georges, avec le stoïcisme attaché à sa profession, suivait de sang-froid la route que son devoir lui traçait, laissant les captifs français conserver leur mauvaise humeur aussi long-temps que cela leur plaisait, et reprenant ses communications avec eux aussitôt qu'ils le désiraient. Quoique les habitans de Sainte-Hélène eussent reconnu, en plusieurs occasions, que sir Georges s'était très bien conduit envers eux, ce fut peut-être cette égalité de caractère qui lui attira la censure de M. de Las-Cases, et de la part de Napoléon, quelque chose qui ressemblait à une insulte. Comme, malgré tout cela, il a été reconnu que sir Georges Cockburn a rempli son devoir envers eux avec douceur et modération, nous nous trouvons tenté de discuter les plaintes qui ont été proférées contre lui, parce qu'elles servent à montrer combien ces hommes malheureux étaient exaspérés, et aigris contre ceux qui n'avaient cependant d'autre alternative que de remplir les devoirs que leur souverain et leur pays leur avaient imposés.

Au risque d'être accusé d'abuser de la patience de nos lecteurs, nous récapitulerons ici les griefs dont se plaint Las-Cases, qui avoue franchement que la mauvaise humeur que leur donnait leur situation peut avoir en quelque façon influé sur le jugement qu'il a porté sur la conduite de sir Georges Cockburn; et nous joindrons à chacun de ses griefs la réponse qu'ils nous paraissent mériter.

1°. L'amiral est accusé d'avoir appelé l'empereur Napoléon, *général Buonaparte*, et d'avoir prononcé ces mots avec un air de satisfaction qui montrait combien cette désignation lui plaisait.

On répliquera que les instructions de sir Georges Cockburn exigeaient qu'il employât cette épithète : quant au commentaire que l'on fit sur le ton ou le regard qui l'avait accompagnée, c'est une critique exagérée.

2°. Que Napoléon fut relégué pendant deux mois à Briars, tandis que l'amiral résidait à Plantation-House.

On répondra que les ordres du gouvernement étaient que Napoléon restât à bord jusqu'à ce que son habitation fût préparée ; mais, trouvant que cela demandait plus de temps qu'on ne l'avait supposé, sir Georges Cockburn prit sur sa responsabilité de le faire débarquer, et de lui laisser occuper Briars, qu'il avait choisi pour sa résidence.

3°. Que l'amiral plaça des sentinelles sous les fenêtres de Napoléon.

C'est l'usage établi pour la sûreté des prisonniers d'importance, principalement s'ils n'offrent même pas de donner leur parole qu'ils ne feront aucune tentative pour s'évader.

4°. Que sir Georges ne permit à personne de visiter Napoléon sans qu'il en eût auparavant donné la permission.

On répliquera que c'était une conséquence nécessaire de sa situation, afin que sir Georges pût n'admettre que les visiteurs qu'il était convenable de laisser arriver auprès d'un prisonnier aussi important que Buonaparte.

5°. Il invita Napoléon à un bal, et cela sous le nom de *général Buonaparte*.

L'emploi de cette dénomination a été déjà discuté, et il n'était pas plus offensant de mettre sur la suscription d'une invitation de bal le titre que les instructions de l'amiral lui ordonnaient de lui donner.

6°. Que sir Georges Cockburn, pressé par les notes que lui envoyait Bertrand et dans lesquelles il qualifiait *d'empereur* le prisonnier de Sainte-Hélène, répliqua d'un ton ironique qu'il ne connaissait pas d'empereur dans l'île, et qu'il n'avait pas entendu dire qu'aucun des empereurs européens voyageât dans ce moment.

On répondra en se référant aux instructions de l'amiral, et aussi par ce fait, que, si un empereur peut abdiquer son titre, assurément Napoléon n'était plus rien.

7°. Que sir Georges Cockburn influença sur ce sujet l'opinion des habitans de l'île, et fit mettre aux arrêts quelques subordonnés qui s'étaient servi du titre *d'empereur*.

On répondra comme ci-dessus, qu'il avait

l'ordre de son gouvernement de ne pas souffrir que Buonaparte fût traité en empereur, et que c'était son devoir de faire exécuter un tel ordre. Il ne se montra même pas très rigoureux, puisque M. de Las-Cases nous apprend que les officiers du cinquante-troisième se servaient du nom Napoléon comme *mezzo termine,* et cela sans que le gouverneur s'y opposât.

Enfin, pour huitième grief, qu'un officier était nommé chaque jour pour accompagner Napoléon lorsqu'il voulait dépasser certaines limites : sorte de précaution extrêmement utile, si elle n'est pas même indispensable, lorsque la plus grande vigilance est recommandée à l'égard d'un prisonnier.

Le lecteur s'apercevra aisément, par l'exposé de ces griefs, que le ressentiment de Las-Cases et de son maître était moins dirigé sur sir Georges Cockburn personnellement que contre les devoirs de sa charge; et que l'amiral eût été trouvé parfait s'il avait pu négliger son devoir au point de traiter Napoléon en empereur et en homme libre, et souffrir, comme sir Niel Campbell, d'être admis auprès de lui ou exclu de sa présence alors que l'étiquette d'une cour impériale l'exigeait, et de courir ainsi les risques d'apprendre que, pour récompense de sa complaisance, Napoléon avait fait voile pour l'Amérique ou peut-être pour la France. La question de savoir jusqu'à quel point l'Angleterre ou plutôt l'Europe entière avait le droit de tenir Napoléon prisonnier a été suffisamment discutée. Si elle n'avait pas un tel droit, et si une seconde insurrection en France, si une seconde bataille de Waterloo devait être plutôt hasardée que de souffrir que Napoléon Buonaparte vît déchoir ses dignités et anéantir sa liberté, alors Napoléon aurait eu raison de se plaindre du ministère anglais et non pas de l'officier dont les instructions étaient à la fois le guide et l'excuse de sa conduite.

Pendant que ces choses se passaient à Sainte-Hélène, le cabinet anglais s'occupait de faire donner plus de sécurité encore pour la détention de l'ex-Empereur, par un acte du Parlement qui interdisait toute relation et tout commerce avec Sainte-Hélène autrement que par les bâtimens régularisés de la compagnie des Indes. Les bâtimens qui n'avaient pas reçu leurs chartres et qui tentaient de trafiquer ou de mouiller dans l'île, ou même de s'arrêter à huit lieues de Sainte-Hélène, étaient déclarés de bonne prise et confisqués. L'équipage des vaisseaux qui entraient dans le port, ou les personnes qui visitaient l'île, pouvaient être renvoyées à bord à la volonté du gouverneur; et ceux qui cherchaient à se cacher dans l'intérieur du pays étaient punissables. Les bâtimens pouvaient approcher de l'île lorsqu'il y avait du danger pour eux à tenir la mer, mais il fallait qu'ils prouvassent que le cas était urgent, et tout le temps qu'ils séjournaient à Sainte-Hélène, ils étaient surveillés de près. On inséra dans cet acte une clause qui absolvait le gouverneur et les commissaires de ce qu'ils avaient pu faire au-delà de l'esprit de cette loi, depuis qu'ils avaient la garde de Napoléon. Cet acte, le cinquante-sixième sous Georges III, ch. 23, légalisa l'emprisonnement de Napoléon à Sainte-Hélène.

Une autre convention conclue à Paris le 20 août 1815 entre les principales puissances de l'Europe avait déjà réglé le sort de Napoléon. Elle établissait, 1°. qu'afin de rendre impossible toute tentative ultérieure de Napoléon Buonaparte contre le repos de l'Europe, il serait considéré comme le prisonnier des hautes puissances contractantes, le roi de la Grande-Bretagne et de l'Irlande, l'empereur d'Autriche, l'empereur de Russie et le roi de Prusse; 2°. que la garde de sa personne était confiée au gouvernement anglais, et qu'on s'en remettait à lui de choisir le lieu le plus sûr, et le meilleur moyen pour le garder prisonnier; 3°. que les cours d'Autriche, de Russie et de Prusse nommeraient des commissaires qui habiteraient dans le lieu choisi pour la résidence de Napoléon Buonaparte, et qui, sans être responsables de sa personne, certifieraient sa présence. Sa Majesté très chrétienne était aussi invitée à y envoyer un commissaire; 4°. le roi de la Grande-Bretagne s'engageait à remplir fidèlement les conditions qui lui étaient fixées par cette convention.

Des puissances ci-dessus nommées, trois seulement se prévalurent du pouvoir ou privilége d'envoyer des commissaires à Sainte-Hélène. Ceux-ci furent, le comte Belmain, de la part de la Russie; le baron Sturmer, de la part de l'Autriche, et de celle de la France, le marquis de Montchenu, ancien émigré. Il paraît que la Prusse trouva que la dépense d'un commissaire résident à Sainte-Hélène était superflue. En effet, il ne semble pas qu'aucun d'eux ait eu un rôle important à jouer pendant leur séjour dans l'île; toutefois leur présence était nécessaire pour constater que rien ne se passait à Sainte-Hélène sans être soumis à la vigilance des représentans accrédités des grandes puissances qui avaient signé le traité de Paris. L'emprisonnement de Napoléon n'était plus alors l'ouvrage de l'Angleterre seule, mais celui de l'Europe, et avait été décidé par les puissances les plus influentes comme une mesure indispensable pour la tranquillité publique.

Quelques mois avant l'arrivée des commissaires, sir Georges Cockburn fut remplacé dans ses pénibles fonctions par sir Hudson Lowe, nommé gouverneur de Sainte-Hélène, et qui resta chargé de la personne de Napoléon jusqu'à sa mort. La conduite de cet officier a été censurée dans plusieurs des écrits publiés sur l'exil de Napoléon, avec une telle amertume que l'excès des reproches détruit en quelque sorte leur effet et nous fait douter de la vérité des accusations portées contre sir Hudson Lowe; ces accusations paraissent être plutôt l'effet d'un sentiment d'animosité personnelle. D'un autre côté, il faudrait que sir Hudson Lowe eût entrepris de réfuter ou d'expliquer lui-même un grand nombre de griefs qui n'ont reçu jusqu'à ce jour aucune contradiction ni aucun commentaire, pour que nous puissions le considérer comme l'homme doué des qualités nobles et rares auquel, ainsi que nous l'avons déjà dit, cette tâche importante aurait dû être confiée.

Sir Hudson Lowe s'était élevé dans les rangs de l'armée, principalement lorsqu'il servait dans un corps étranger à la solde de l'Angleterre et employé alors dans la Méditerranée. Cette circonstance lui fournit les moyens d'acquérir l'usage familier de la langue française et de la langue italienne, ce qui le rendait particulièrement propre à la place qu'on lui confia. Pendant la campagne de 1814, il avait servi dans l'armée des Alliés et avait entretenu, avec le gouvernement anglais, une correspondance dans laquelle il décrivait les événemens de la campagne; une partie en avait été publiée et témoignait du talent et de l'esprit de l'écrivain. Sir Hudson Lowe reçut de plusieurs des souverains alliés et de leurs généraux d'honorables gages des services qu'il leur avait rendus. Il avait eu ainsi l'occasion de voir des personnes de distinction et avait pris l'habitude de traiter des affaires importantes; de plus, on s'était soigneusement informé de sa réputation comme homme d'honneur avant que de signer sa nomination. Ces points étaient chose facile à vérifier, et les renseignemens qu'on reçut furent tous en faveur de sir Hudson Lowe.

Mais il fallait réunir d'autres qualités non moins importantes, et qu'on ne pouvait reconnaître qu'à l'épreuve. Ce sang-froid, si nécessaire dans une telle position, ne pouvait guère être apprécié qu'avec le temps. On en peut dire autant de cette fermeté et de cette prompte décision qui tracent à un homme en place la ligne de son devoir, préviennent toute hésitation, lui donnent, lorsqu'il s'est acquitté de ses fonctions, la conscience qu'il a fait exactement ce qu'il devait faire; et le mettant à même de résister à toutes les importunités qu'on pourrait employer pour le faire dévier de son chemin, lui font mépriser les calomnies dont on peut l'accabler.

Ne connaissant pas sir Hudson Lowe personnellement, et lui accordant les qualités d'un homme d'honneur et les talens d'un homme bien élevé, nous sommes disposé, en revoyant sa conduite et en la dégageant, autant que nous le pouvons, des exagérations de ses ennemis personnels, nous sommes, disons-nous, disposé à croire qu'on y trouvera des traces d'un caractère ardent et irritable qui semble avoir dépassé quelquefois les bornes, et lui avoir fait oublier que son prisonnier était dans une situation telle, qu'alors même que sa manière d'agir paraissait la plus déraisonnable et la plus choquante, il ne devait pas être un objet de ressentiment, ni assujetti à des représailles comme les autres hommes. La situation de Napoléon prévenait toute insulte de sa part, et par conséquent la personne à laquelle il croyait en faire devait rester froide et impassible. Il ne nous paraît pas que les choses se soient passées ainsi.

De même, il semble que sir Hudson Lowe se laissa troubler par l'importance et les difficultés de sa position au point d'en éprouver une extrême irritation. Cette anxiété, poussée à l'excès, amena plusieurs changemens dans ses réglemens, et lui fit adopter et abandonner trop facilement les mêmes mesures. Une telle incertitude occasionnait de justes sujets de plainte de la part de Napoléon; car, si un captif paraît à la longue s'accoutumer à des fers qu'il porte journellement d'une manière uniforme, il doit perdre patience si tous les jours on change quelque chose à la manière dont ils doivent l'enchaîner.

Il est probable que le caractère ardent de sir Hudson Lowe convint à Napoléon sous ce rapport, qu'il lui fournit des moyens de représailles sur celui qui était l'instrument immédiat de sa réclusion, en faisant partager au gouverneur sa propre situation pénible. Sir Georges Cockburn avait été *in se ipso totus teres, atque rotundus.* Il faisait ce que son devoir lui prescrivait, et s'inquiétait peu de ce que Napoléon en disait ou en pensait. Le nouveau gouverneur était vulnérable; on pouvait le fâcher, et par conséquent avoir l'avantage sur lui. Napoléon pouvait jouir de ce plaisir de la vengeance, si naturel à l'espèce humaine, et trouver, dans les restrictions qui lui étaient imposées, un moyen de tourmenter la personne qui n'était que l'agent d'un pouvoir supérieur. Toutefois, en provoquant le gouverneur, Napoléon avait un tout autre intérêt que celui de soulever sa bile. Ses vues allaient plus loin, et cette conduite avait pour but d'obtenir sa liberté, et de préparer les moyens par lesquels il espérait y parvenir. Ceci nous conduit à rechercher sur quoi ces espérances reposaient, et à placer devant nos lecteurs des témoignages irrécusables de la politique adoptée dans les conseils de Longwood.

On doit dire auparavant, que les Français qui avaient suivi Buonaparte, autant par honneur que pour adoucir son infortune par leur société et l'intérêt qu'ils lui témoignaient, n'étaient réunis entre eux par d'autre lien que leur mutuel respect pour un maître malheureux. N'étant point attachés l'un à l'autre par les nœuds de l'amitié, ou n'ayant ni les mêmes sentimens ni les mêmes projets, il n'est pas étonnant que, livrés à l'ennui, et éprouvant cette âpreté d'humeur que cause ordinairement une telle position, ces officiers aient eu des altercations, même des querelles, non seulement avec le gouverneur, mais encore entre eux. Dans ces circonstances, la conduite du général

Gourgaud le fit distinguer des autres. Après la paix de Paris, cet officier avait été aide-de-camp du duc de Berry, et avait quitté ce poste lors du retour de Napoléon à l'époque des Cent-Jours. Comme il était auprès de l'ex-Empereur au moment de sa chute, il crut qu'il était de son devoir de l'accompagner à Sainte-Hélène. Lorsqu'il fut dans l'île, il prit moins de part aux plaintes et aux querelles de Napoléon avec le gouverneur que les généraux Bertrand, Montholon et le comte Las-Cases; il évita toute apparence d'intrigue avec les habitans, et fut regardé, par sir Hudson Lowe, comme un brave et loyal soldat qui avait suivi son Empereur dans l'adversité, sans intervenir dans toutes les discussions que le gouverneur considérait comme préjudiciables à sa propre autorité. C'est ainsi que sir Hudson Lowe en parle constamment dans ses dépêches au gouvernement.

Cet officier avait laissé en France une mère et une sœur auxquelles il était vivement attaché, et qui l'aimaient avec la plus vive tendresse. Par amitié pour elles, et par suite du désir qu'elles avaient de le revoir, le général Gourgaud souhaita de revenir dans sa patrie; la jalousie et la mésintelligence qui régnaient entre lui et le comte Bertrand donnèrent plus de force encore à sa résolution. Il demanda au gouverneur, et obtint la permission d'aller directement à Londres. Avant de quitter Sainte-Hélène, il parla à sir Hudson Lowe et au baron Sturmer, le commissaire autrichien, des secrètes espérances et des plans que l'on formait à Longwood. Lorsqu'il arriva en Angleterre, au printemps de 1818, il ne fut pas moins sincère envers le gouvernement, et l'informa des divers projets de fuite qui avaient été proposés à Napoléon, les facilités et les difficultés qu'offraient ces plans, et les raisons qui lui faisaient préférer de rester dans l'île plutôt que de tenter de s'évader. A cette époque, on supposa que le général Gourgaud désirait rentrer en grâce auprès du roi de France; peu importe; quelles qu'aient été ses intentions particulières, les minutes de l'information qu'il avait donnée à sir Hudson Lowe, au baron Sturmer, et ensuite, à Londres, au sous-secrétaire de la guerre, sont conservées dans les archives. Ces informations sont conformes entre elles, et leur authenticité ne saurait être mise en question. Tous les détails sont indiqués avec le plus grand soin, mais la plus grande réserve est observée à l'égard des noms, afin que personne ne pût être inquiété pour aucune des choses qui y sont relatées; en général, ces minutes, ainsi qu'on pouvait s'y attendre, ont un air de simplicité et de véracité. Nous aurons souvent occasion d'en référer à ces documens, afin que le lecteur puisse mettre les projets réels de Napoléon en opposition avec le langage dont il se servait pour parvenir à les exécuter. Nous n'avons copié de ces minutes que ce qui concernait Napoléon. Nous apprenons que le général Gourgaud, en revenant sur le continent, a repris toute sa tendresse pour la mémoire de l'Empereur, ce qui peut lui faire regretter d'avoir communiqué les secrets de sa prison à des oreilles moins amies. Mais ce changement de sentimens ne peut diminuer en rien la vérité de son témoignage, ni détruire le droit que nous avons de mettre au jour les communications qu'il a faites.

Ayant ainsi indiqué la source dans laquelle nous puisons, nous revenons aux querelles de Napoléon avec sir Hudson Lowe.

Ce ne fut pas, selon le général Gourgaud, faute de moyens de s'échapper que Napoléon resta à Sainte-Hélène. Une fois on avait formé le projet de l'emmener dans une malle de linge sale. On avait supposé les sentinelles anglaises tellement stupides, qu'une autre fois on proposa de le faire sortir hors du camp, déguisé en domestique portant un plat. Lorsque le baron

Sturmer représenta l'impossibilité que des projets si extravagans eussent été même préparés, Gourgaud répondit « qu'il n'y avait pas d'impossibilité pour ceux qui avaient des millions à leur disposition. Oui, je le répète, continua-t-il, il peut s'évader seul et aller en Amérique quand il le voudra [1]. — Et pourquoi reste-t-il ici ? » répliqua le baron Sturmer. Gourgaud répondit « que tous ceux qui l'entouraient le pressaient de tenter de s'échapper, mais qu'il préférait rester dans l'île. Il trouvait un secret orgueil à l'importance qu'on mettait à le garder, et à l'intérêt que son sort inspirait généralement. Il disait très souvent : « Je ne puis plus vivre en particulier ; j'aimerais mieux être prisonnier ici, que libre aux États-Unis. »

Le général Gourgaud dit cependant que l'événement sur lequel Napoléon comptait le plus pour recouvrer la liberté, était un changement de politique à la cour d'Angleterre, lequel porterait au ministère le parti qui formait alors l'opposition, et qu'il supposait, trop témérairement sans doute, devoir lui rendre la liberté. Les ministres anglais reçurent du géné-

[1] Ceci est extrait d'un rapport du baron Sturmer au prince Metternich, fait d'après les communications du général Gourgaud, et daté du 14 mars 1818.

ral Gourgaud les mêmes assurances. Elles sont exprimées ainsi dans l'original :

« Au sujet de la fuite du général Buonaparte, M. Gourgaud a certifié que bien que Longwood, par sa situation, fût en état d'être parfaitement protégé par les sentinelles, cependant il était assuré qu'il n'y aurait aucune difficulté à éluder en tout temps la vigilance de celles qui étaient placées autour de la maison et de l'enclos ; et enfin, qu'il ne lui paraissait nullement impossible de s'évader de l'île. Il a avoué que ce sujet avait été discuté à Longwood parmi les gens de Napoléon, qui désiraient donner là-dessus chacun leur plan ; mais il a observé qu'il croyait que le général Buonaparte était tellement persuadé qu'il pourrait bientôt quitter Sainte-Hélène, soit qu'il y eût un changement de ministère, soit que les Anglais s'ennuyassent de supporter la dépense que sa captivité leur occasionnait, qu'il ne voulait pas courir les chances auxquelles une tentative de fuite l'exposerait. Il paraît aussi, par l'aveu même du général Gourgaud et par plusieurs circonstances qu'il nous a fait connaître, que Buonaparte avait toujours considéré l'époque du départ des armées alliées du territoire français comme devant être très favorable à son retour, et qu'il fit valoir, auprès du général

Gourgaud, les conséquences d'un tel événement pour l'engager à ne quitter Sainte-Hélène qu'après cette époque. »

Les communications du général Gourgaud portent de plus, ce que d'ailleurs d'autres circonstances indiquent suffisamment, que comme Napoléon espérait obtenir sa liberté de l'opinion publique en Angleterre, il était jaloux que sa condition ne fût pas oubliée, et encore plus que l'attention fût soigneusement tenue éveillée là-dessus par une série de publications se succédant l'une l'autre, et modifiées suivant le caractère et le talent des divers auteurs, mais portant toutes le même cachet qui indiquait qu'elles avaient été rédigées en tout ou en partie dans l'intérieur de Longwood. En conséquence, les divers ouvrages de Warden, O'Meara, Santini, la lettre de Montholon, et quelques autres pamphlets furent publiés l'un après l'autre pour fixer les esprits sur ce sujet; et bien que ces ouvrages parussent avoir été faits par des mains différentes, ils visaient tous au même but, et semblaient autant de flèches tirées d'un même carquois. Gourgaud a mentionné cette espèce de feu de file, et son but; même le *Manuscrit de Sainte-Hélène*, recueil dans lequel les dates et les faits sont intervertis et confondus, fut l'ouvrage de Buonaparte, selon le général Gourgaud, et composé pour embarrasser et *mystifier* le public anglais [1]. Il dit à sir Hudson Lowe qu'il ne devait pas considérer ces pamphlets comme dirigés contre lui personnellement, mais bien comme dictés par des calculs politiques, et dans le but d'obtenir quelque relâchement de vigilance en réitérant les plaintes. Suivant la même autorité, la fameuse lettre de Montholon fut écrite en grande partie par Napoléon ; il en fut de même de l'écrit de Santini, quoique si grossièrement déguisé qu'il le désavoua ensuite. D'autres écrits, dit-il, devaient paraître sous des noms de capitaines, de marchands, etc., car Napoléon était possédé d'une manie d'écrire qui ne lui laissait pas de relâche. Il faut donc que l'historien reçoive avec circonspection les rapports de ceux qui ont pris une couleur déterminée dans cette controverse, et suivi les erremens fournis par le parti qui y était principalement intéressé. Si ce que dit le général Gourgaud est certain, c'est Napoléon qui a plaidé sa propre cause sous les noms empruntés de O'Meara, Santini, Montholon, etc.; et même lorsque les faits men-

[1] On sait généralement que ce fait est au moins inexact. (*Édit.*)

tionnés dans ces ouvrages sont évidemment réels, encore est-il nécessaire de les dégager de l'exagération qui les entoure, et de les mettre dans un jour plus vrai avant de prononcer sur eux.

Le témoignage d'O'Meara, tel qu'il est dans *une Voix venue de Sainte-Hélène*[1], est celui d'un homme désappointé, et exaspéré au dernier degré contre sir Hudson Lowe, qu'il croyait être la cause du renversement de ses espérances. Il n'avait pas besoin que son ressentiment fût encore excité par celui de Buonaparte; cependant on doit reconnaître que leur animosité dut se fortifier l'une par l'autre. La querelle devint d'autant plus interminable que, dans le commencement, le docteur O'Meara s'était rendu très intime avec sir Hudson Lowe, et qu'il avait l'habitude de venir répéter à Plantation-House le bavardage qu'il entendait à Longwood; le public en a eu plusieurs preuves dans le *Quarterly Review;* la correspondance de sir Hudson Lowe avec le gouvernement anglais renferme quelques allusions à l'autorité d'O'Meara[2]; mais cela seulement jusqu'à l'époque où

[1] Titre de la publication originale du docteur O'Meara. (*Édit.*)

[2] Sir Hudson Lowe écrivait à lord Bathurst, le 13 mai 1816 : «Ayant trouvé que le docteur O'Meara, attaché

leur mutuelle confiance se termina par une violente querelle.

Le comte Las-Cases, sous le rapport de l'impartialité, ne doit pas être mis beaucoup au-dessus du docteur O'Meara. Adorateur de la royauté, il avait émigré très jeune, et par conséquent, depuis, il avait changé d'idole et non pas de religion. Lorsqu'il substitua, pour objet de son culte, Napoléon aux Bourbons, il embrassa les intérêts de son chef avec une obéissance passive; et il ne peut voir rien de mal dans ce que Napoléon trouve bien. Il était aussi l'ennemi personnel de sir Hudson Lowe. Nous n'avons aucune intention d'accuser sa véracité; nous ne pouvons que douter de la fidélité de sa mémoire, lorsque nous trouvons insérés dans son journal des expressions et des inci-

auprès de Buonaparte depuis le départ de son médecin français, était très utile par les informations qu'il nous donne sur plusieurs choses, et que s'il était remplacé il pourrait être difficile de rencontrer une autre personne qui fût également agréable au général Buonaparte, j'ai jugé convenable de le laisser auprès de lui sur le même pied qu'il y était avant mon arrivée. » Le 29 mars 1817, sir Hudson écrivait : « Le docteur O'Meara m'avait informé des conversations qui avaient eu lieu; et avec cette promptitude qu'il témoigne toujours en de telles occasions, il les a écrites immédiatement devant moi. »

dens, long-temps après l'époque à laquelle ce journal avait originairement été écrit, et de souvenir, à ce que l'on peut croire. Sir Hudson Lowe avait pendant quelque temps le manuscrit du *Mémorial* en sa possession, et nous en tenons un exemplaire sur lequel sir Hudson a marqué de sa propre main les additions qui y ont été faites depuis qu'il l'avait vu dans son état primitif. Il est remarquable que toutes ou presque toutes ces additions consistent en phrases extrêmement injurieuses pour sir Hudson Lowe, et dont aucune n'existait dans le manuscrit original. Ces surcharges doivent avoir été faites sous l'influence d'un souvenir aigri par des passions vindicatives, puisqu'elles n'avaient pas paru d'abord assez importantes pour être conservées. Lorsque la mémoire est mise à la torture par la colère ou par la prévention, elle rappelle des choses étranges, et comme les témoins que l'on soumet à la question, elle avoue quelquefois ce qui n'eut jamais lieu.

Il n'est pas nécessaire d'en dire beaucoup du docteur Antomarchi, légataire de Buonaparte, pensionnaire de sa veuve, et de plus très désireux de s'assurer la protection de la très riche famille de Napoléon. Il ne parle jamais de sir Hudson Lowe sans animosité; la première offense de sir Hudson envers lui fut de s'informer s'il n'avait pas de correspondance clandestine; la dernière fut d'empêcher la foule, lors des funérailles de Napoléon, d'arracher les saules qui abritaient sa tombe, et d'avoir fait mettre une sentinelle pour garder le lieu de sa sépulture. Quelle confiance peut-on accorder à un auteur qui peut interpréter aussi mal deux circonstances dont la première était imposée à sir Hudson Lowe par ses instructions, et la seconde, par cette décence et ces convenances que le respect dû aux morts demandait impérieusement?

On voit, d'après l'évidence des témoignages, que, pour rester dans des termes au moins convenables avec le gouverneur, il aurait suffi de ne pas se laisser conduire par la politique d'un individu intéressé à trouver des sujets de plainte; et qui, loin d'avoir les mêmes motifs qui engagent un captif à s'entendre avec son gardien, afin d'en obtenir quelque adoucissement à sa position, désirait provoquer le gouverneur, s'il était possible, au-delà des bornes de la patience humaine, aux risques d'attirer sur lui-même quelque nouveau désagrément qui pût encore enfler la liste des griefs qu'il accumulait, pour les montrer au public.

Ce que nous établissons ici est prouvé par la

réception que Napoléon fit à sir Hudson Lowe, pour lequel il paraît qu'il conçut de l'aversion dès leur première entrevue, et avant que le gouverneur eût pu lui donner le moindre sujet de plainte. Nous citons ce fait, parce qu'il sert à montrer que l'esprit du prisonnier était monté de façon à provoquer et à insulter sir Hudson sans attendre qu'il lui en fournît le moindre prétexte.

La première agression du gouverneur (le grief est ainsi établi), est qu'il demanda au *général Buonaparte* la permission d'appeler ses domestiques afin de leur faire faire la déclaration requise par le gouvernement, et qui les obligeait à observer les règles établies pour la sûreté de Buonaparte. Cette permission fut refusée dans des termes très fiers. Napoléon n'aurait pas pu recevoir plus mal une telle requête lorsqu'il habitait les Tuileries. Toutefois les domestiques vinrent, et dirent qu'ils se conformaient à la déclaration; mais l'affront ne pouvait être oublié; « sir Hudson Lowe avait mis le doigt entre Napoléon et le valet-de-chambre de celui-ci. » Ceci se passait le 27 juillet 1816.

Le 30, le gouverneur retourna à Longwood pour rendre ses devoirs à Napoléon, et fut reçu par lui avec un de ces éclats calculés pour essayer le courage et ébranler les nerfs de ceux sur lesquels il voulait acquérir de l'influence. Il parla de protester contre la convention de Paris, et demanda quel droit les souverains alors alliés avaient de disposer de celui qui avait toujours été leur égal, et souvent leur supérieur. Il sommait le gouverneur de lui donner la mort ou de lui rendre la liberté, comme s'il eût été au pouvoir de sir Hudson de lui donner l'une ou l'autre. Sir Hudson appuya sur les commodités que procurerait la maison en bois qu'on envoyait d'Angleterre; Buonaparte repoussa avec fureur la consolation qu'on lui offrait : ce n'était pas d'une maison dont il avait besoin, dit-il, mais d'une corde et d'un bourreau. Cela seul serait une faveur pour lui, le reste était une insulte. Sir Hudson Lowe ne put répondre autre chose, sinon qu'il espérait n'avoir commis aucune offense personnelle; on lui rappela la revue qu'il avait faite des domestiques, et il essuya ce reproche dans le plus grand silence.

Peu de temps après, Napoléon trouva un moyen nouveau et piquant d'exercer la patience de sir Hudson. Il y avait sur une table près de lui, un livre sur la campagne de 1814; Napoléon feuilleta quelques uns des bulletins anglais et demanda, d'un ton très facile à comprendre, si le gouverneur n'était pas l'auteur de ces lettres. Comme on lui répondit affirmativement, Napoléon, suivant le docteur O'Meara, dit à sir Hudson qu'elles étaient pleines de sottises et de faussetés; ce à quoi le gouverneur dit avec plus de patience que beaucoup d'hommes n'en auraient pu conserver dans une telle occasion : « Je crois avoir vu les choses telles que je les ai décrites » ; réponse certainement aussi modérée que l'insulte avait été gratuite. Après que sir Hudson eut quitté le salon où il venait d'être reçu avec une incivilité si peu méritée, on dit que Napoléon parla de l'expression sinistre de sa figure, se moqua de lui de la manière la plus grossière, et dit à son valet-de-chambre de jeter une tasse de café par la fenêtre, parce qu'elle était restée un moment sur la table devant le gouverneur.

Chaque tentative de conciliation de la part de celui-ci, sembla fournir toujours de nouveaux sujets d'irritation. Il envoya une fois du gibier à Longwood; Napoléon fit répondre que c'était une insulte de donner du gibier là où il n'y avait pas de chasse; et cependant Santini a prétendu avoir nourri les habitans de Longwood au moyen de son fusil. Sir Hudson fit venir d'Angleterre des vêtemens et divers objets dont il supposait que les exilés avaient besoin ;

les remercîmens furent qu'on les traitait comme des mendians, et que le respect exigeait que ces articles fussent restés en magasin chez le gouverneur, tandis qu'on aurait prévenu l'intendant de la maison de l'Empereur que telles et telles choses étaient à sa disposition, en cas de besoin. Dans une troisième occasion, sir Hudson résolut d'être plus circonspect. Il voulut donner un bal, et demanda au docteur O'Meara si Napoléon trouverait bon d'y être invité. Le docteur prévint que la fatale suscription *au général Buonaparte* ferait mal recevoir l'invitation. Le gouverneur proposa d'éviter cette pierre d'achoppement en invitant lui-même et verbalement Napoléon; mais, quelque polies que fussent les expressions dont il se servit, il ne put faire agréer son invitation. Un gouverneur de Sainte-Hélène, ainsi que Napoléon l'observait lui-même, devait être une personne d'une politesse recherchée et en même temps d'une grande fermeté.

A la fin, le 18 août, une querelle décisive eut lieu. Sir Hudson Lowe fut admis à une audience à laquelle se trouvait sir Pulteney Malcolm, l'amiral qui commandait l'escadre de station à Sainte-Hélène. Le docteur O'Meara a conservé les détails de cette entrevue, tels qu'ils furent donnés le lendemain même par Napoléon aux personnes de sa suite.

« Ce gouverneur, dit Napoléon, vint hier exprès pour m'ennuyer. Il m'avait vu me promener dans le jardin, et par conséquent je ne pus lui faire refuser ma porte; il avait besoin d'entrer avec moi dans quelques détails relatifs à la réduction des dépenses de l'établissement. Il eut l'audace de me dire que les choses étaient telles qu'il les avait trouvées, et qu'il venait pour se justifier; qu'il s'était déjà présenté deux ou trois fois pour le faire, mais que j'étais au bain. Je répondis : non, monsieur, je n'étais pas au bain; mais je l'ai fait dire afin de ne pas vous voir. En cherchant à vous justifier, vous rendez les choses pires. Il me dit que je ne le connaissais pas; que si je le connaissais mieux, je changerais d'opinion. Vous connaître! monsieur, lui répondis-je, et comment pourrais-je vous connaître? Les gens se font connaître par leurs actions, en commandant des armées. Vous n'avez jamais eu le commandement un jour de bataille? Vous n'avez commandé que quelques déserteurs corses, et des brigands piémontais et napolitains. Je connais le nom de tous les généraux anglais qui se sont distingués, mais je n'ai jamais entendu parler de vous que comme secrétaire de Blücher, ou comme chef de brigands. Vous n'avez jamais commandé des hommes d'honneur, ni même vécu avec eux. Il me dit qu'il n'avait pas recherché sa place. Je lui répondis que l'on ne demandait pas de tels emplois; que les gouvernemens les donnaient à ceux qui s'étaient déshonorés. Il objecta qu'il faisait son devoir, et que je ne devais pas le blâmer puisqu'il n'agissait que selon les ordres qu'il avait reçus. Je répliquai : c'est ainsi que le fait le bourreau, il agit d'après ses ordres; mais quand il me met la corde au cou pour marcher, est-ce une raison pour moi d'aimer le bourreau parce qu'il agit conformément à l'ordre qu'il a reçu? De plus, je ne crois pas qu'un gouvernement pût être assez vil pour donner des ordres comme ceux que vous faites exécuter. Je lui dis que même, si cela lui plaisait, il pouvait ne nous rien envoyer à manger; que je passerais encore là-dessus, et que j'irais dîner à la table des braves officiers du cinquante-troisième; que j'étais sûr qu'il n'y en avait pas un seul parmi eux qui ne se trouvât heureux de donner un plat de sa table à un vieux soldat; qu'il n'y avait pas un soldat dans tout le régiment qui n'eût plus de cœur que lui; que dans l'inique bill du Parlement on avait décrété que je devais être traité en prisonnier, mais qu'il me traitait pire qu'un criminel condamné, ou qu'un galérien, car ceux-ci pouvaient encore recevoir les papiers publics et des livres, et moi j'en étais privé. Je lui dis: vous avez tout pouvoir sur mon corps, mais aucun sur mon âme. Cette âme est aussi fière, aussi élevée, aussi déterminée dans ce moment, que lorsqu'elle commandait à l'Europe. Je lui dis qu'il était un sbire sicilien (*sbirro siciliano*), et non pas un Anglais; que je désirais ne plus le voir, à moins qu'il ne vînt avec l'ordre de m'expédier, et qu'alors il trouverait toutes les portes ouvertes pour le laisser entrer. »

Il n'est pas surprenant que cette extrême violence ait excité la mauvaise humeur de sir Hudson Lowe. Il dit à Napoléon que son langage était tout-à-fait impoli, indigne d'un galant homme, et qu'il ne voulait pas l'écouter plus long-temps. En effet, il partit aussitôt de Longwood sans faire même les saluts d'usage.

Dans ces occasions il nous paraît évident que Napoléon fut l'agresseur, et cela avec intention et opiniâtreté; soit qu'une telle conduite provînt d'un orgueil blessé, ou d'un plan calculé qui lui faisait préférer d'être plutôt mal que bien avec sir Hudson Lowe. D'un autre côté, nous voudrions que le gouverneur se fût abstenu d'entrer avec Napoléon dans aucune discussion relative aux dépenses de sa détention. Le sujet était mal choisi et ne pouvait amener aucun résultat favorable.

Loin de pouvoir ensuite se témoigner de la bienveillance, ils ne purent même garder aucune mesure. Après avoir donné les détails de cette dernière querelle, il nous reste seulement à classer, d'une manière générale, les nombreux sujets de fâcheuse discussion qui eurent lieu entre eux, les mirent, à l'égard l'un de l'autre, dans une position désagréable, et les déterminèrent à ne se rendre à aucun raisonnement, ni à aucune convenance.

CHAPITRE VI.

Instructions données à sir Hudson Lowe à l'égard de Napoléon. — Somme allouée par le gouvernement anglais pour les dépenses de l'ex-Empereur.—Plaintes sur l'insuffisance de sa table. — Examen de ces plaintes. — Napoléon propose de satisfaire à ses dépenses. — Vente de son argenterie. — Son but est de donner une fausse idée de l'état où il est réduit. — Preuve qu'il avait alors une forte somme d'argent dans ses coffres. — La maison en bois construite en Angleterre pour Buonaparte est transportée à Sainte-Hélène. — Entrevue de Napoléon et de sir Hudson Lowe lors de l'arrivée de cette maison.—Retards dans sa construction. — Lorsqu'elle est terminée, la mauvaise santé de Buonaparte l'empêche de l'habiter. — Réglement par lequel un officier anglais doit accompagner Napoléon dans ses courses à cheval; — il y trouve un grand sujet de déplaisir. — Les habitans de Longwood ont, à l'insu du gouverneur, une libre communication avec l'Europe — Réglement concernant les rapports de Napoléon avec les habitans de Sainte-Hélène. — Réflexions générales sur les disputes élevées entre Napoléon et sir Hudson Lowe.

Avant d'entrer dans la rapide discussion, que les bornes de cet ouvrage nous imposent, sur la conduite du nouveau gouverneur envers Napoléon, il est nécessaire de faire connaître quelles étaient les instructions que sir Hudson Lowe avait reçues du gouvernement anglais, à l'égard de la détention de l'ex-Empereur.

Downing-Street, 12 septembre 1816.

« Vous observerez que le désir du gouvernement de Sa Majesté est d'accorder au général Buonaparte tout ce qui peut être compatible avec la sûreté de sa personne. Votre soin continuel doit être d'empêcher qu'il ne puisse trouver aucun moyen de s'échapper, ou de communiquer avec qui que ce soit, excepté par votre canal; ces points étant assurés, tous les moyens d'amusement ou de distraction propres à réconcilier Buonaparte avec son exil, peuvent être permis. »

Quelques semaines après, le secrétaire d'État écrivit, dans le même but, la lettre suivante à sir Hudson Lowe :

26 octobre 1816.

« A l'égard du général Buonaparte, je crois inutile de vous donner de plus amples instructions; je suis persuadé que votre propre penchant vous portera à prévenir les désirs de son altesse royale le prince régent, et à avoir de l'indulgence pour les effets qu'un changement de situation si subit ne peut manquer de produire sur une personne d'un caractère aussi irritable. Toutefois, vous ne souffrirez pas que votre générosité envers lui change rien aux réglemens qui ont été établis pour prévenir sa fuite, ou que vous pourriez, à l'avenir, juger nécessaires pour la plus grande sûreté de sa personne. »

Le principe juste et honorable, avoué ici par le gouvernement, est évident; mais c'était une tâche difficile et des plus délicates que celle qui imposait à sir Hudson Lowe de tenir étroitement prisonnier l'homme qui peut-être, de tous ses semblables, était le plus impatient du joug, et en même temps, de le traiter avec une bienveillante délicatesse qui lui déguisât à lui-même sa position, si elle ne pouvait l'y réconcilier. Si Hudson Lowe échoua dans cette tentative, on peut objecter en sa faveur que peu de personnes eussent pu y réussir. Aussi les plaintes de Napoléon contre le gouverneur furent-elles amères et bruyantes.

Le premier grief des hôtes de Longwood portait sur le revenu assigné pour leurs dépenses par le gouvernement anglais, revenu qu'ils trouvaient insuffisant pour leurs besoins. Ceci n'était pas un point sur lequel Napoléon jugeât convenable d'exprimer, quant à lui-même, ses sentimens. Son attention était, en apparence, fixée sur des concessions relatives à certaines règles d'étiquette, qui pussent le faire sortir de cette condition si importune pour lui, et dans laquelle il ne pouvait avouer qu'il fût tombé, celle de prisonnier de guerre. Néanmoins, le thème de l'insuffisance des fonds alloués fut d'autant moins abandonné, que l'on savait bien qu'il n'y avait aucune plainte qui allât plus droit au cœur du peuple anglais que celle qui aurait pour sujet le défaut de quantité, ou le vice de qualité dans la nourriture donnée aux exilés. La lettre de Montholon réclamait contre cette insuffisance; et Santini affirma que l'Empereur se serait souvent passé de viande, si lui, Santini, n'eût été heureux à la chasse.

Voici la vérité : le gouvernement anglais avait décidé que la table de Buonaparte serait fournie comme celle d'un général du premier rang avec sa famille. La dépense d'un tel établissement fut, d'après les dispositions communiquées à sir Hudson Lowe, en date du 15 avril et du 22 novembre 1816, supposée devoir monter à 8,000 guinées par an, avec l'autorisation toutefois de la porter jusqu'à 12,000 s'il était nécessaire. Suivant l'opinion de sir Hudson Lowe, 8,000 guinées ne pouvaient suffire. Il en accorda 12,000, payables de mois en mois au pourvoyeur, M. Balcombe, qui était chargé des dépenses de l'établissement. Si cependant cette somme de 12,000 guinées, fixée dans l'opinion du gouvernement comme un ultimatum probable, se trouvait, par la rareté et la cherté des vivres, insuffisante pour fournir libéralement aux dépenses de la maison d'un général, sir Hudson Lowe avait toute liberté de son gouvernement d'étendre sans limites le crédit ouvert au pourvoyeur. Mais si, d'un autre côté, les Français désiraient ajouter à leur tenue de maison quelque chose que le gouverneur jugeât superflu, eu égard au rang assigné à la personne principale, ils devaient supporter seuls les frais de cette dépense extraordinaire.

On ne peut pas s'attendre que le gouvernement anglais ait plus fait pour Napoléon que de donner au gouverneur toute la latitude de pourvoir libéralement à son entretien, en prenant pour base ce qui est accordé pour un officier-général du premier rang. Et cependant les choses furent arrangées de façon que le résultat ne fut pas aussi honorable pour la Grande-Bretagne que les intentions du gouvernement l'avaient voulu. Le fait est que les vertus aussi-bien que les vices ont leurs jours de mode en Angleterre; et à la paix, lorsque la nation fut rassasiée de victoires, les hommes commencèrent, comme des épicuriens après un festin, à se quereller pour les comptes. Chacun sentit l'influence du *quart d'heure de Rabelais*. Cette influence pénétra jusque dans les Chambres du Parlement; et l'économie fut la question à l'ordre du jour. Il n'y a pas de doute qu'une judicieuse réserve dans les dépenses ne soit la source la plus durable de richesse nationale; mais, ainsi que toutes les autres vertus, l'économie peut être poussée jusqu'à l'extrême, et il est des cas où elle a toute la petitesse de l'avarice. Le gaspillage de quelques livres de viande, de quelques centaines de bûches et de quelques bouteilles de vin, ne devait pas élever l'ombre même d'une objection entre l'Angleterre et Napoléon; il eût bien mieux valu fermer les yeux sur la prodigalité de personnes qui n'avaient aucun motif d'économie, que d'être appelé à discuter ces petits détails domestiques devant le grand conseil de la nation, et de s'asseoir comme juges entre l'Angleterre et son prisonnier. On aurait pu facilement répondre à ceux qui, dans ce cas, eussent accusé le gouvernement de prodigalité, que la détention de Buonaparte à Sainte-Hélène épargnait encore des sommes immenses; et qu'il y a bien de la différence entre les dépenses que nécessite l'entretien même dispendieux d'une vingtaine de personnes, et celles pour une armée de trois cent mille hommes.

Mais quoique de telles disputes provinssent,

à ce que nous pensons, de ce que le gouverneur se méprit sur l'intention du ministère anglais, et qu'il descendit, si réellement il le fit, dans des détails sur la qualité du sel ou du sucre qu'on employait à Longwood, il n'y a pas de raison pour croire que les prisonniers eussent aucune privation desquelles ils dussent se plaindre; néanmoins, il pouvait bien se faire que l'on ne trouvât pas à Sainte-Hélène des objets de première qualité aussi facilement qu'à Paris. La Compagnie des Indes orientales envoyait au pourvoyeur toutes les provisions, et entre autres un grand nombre de mets délicats et recherchés, de façon que tout ce qui jusqu'alors avait été très rare à Sainte-Hélène, pouvait y être obtenu avec de l'argent. Le vin y était (généralement parlant) d'une excellente qualité et du prix le plus élevé[1]; et, malgré tout ce qu'on a débité sur la quantité consommée à Longwood, cependant elle fut fournie, ainsi que nous le verrons bientôt, au-delà de toute

[1] Le Bordeaux, par exemple, était celui de Carbonelli, à six livres sterling la douzaine de bouteilles sans droits. Chaque domestique d'un rang supérieur recevait une bouteille de ce vin, qui est aussi bon, certes, qu'aucun de ceux qu'on sert à la table des souverains. Chaque ouvrier et chaque soldat avait par jour une bouteille de Ténériffe de seconde qualité.

consommation probable. En effet, quoique les officiers français, cherchant des sujets de griefs, se plaignissent de ce que leur table était mal servie, et fissent circuler, dans des pamphlets tels que celui de Santini, les plus grossières injures à ce sujet, cependant, lorsqu'on s'adressa à leur loyauté pour qu'ils fissent connaître la vérité, ils rendirent justice au gouverneur.

Le général Bertrand s'exprime ainsi dans une lettre adressée à sir Hudson Lowe : « Soyez assuré que nous sommes bien persuadés des bonnes intentions du gouverneur de nous faire donner tout ce qui nous est nécessaire ; et que, quant aux provisions, il n'y aura jamais de plaintes, ou que, s'il y en avait, elles seraient faites contre le gouvernement et non contre le gouverneur, duquel rien ne dépend. » Il ajoute : « Tels sont aussi les sentimens de l'Empereur ; en effet, il s'était trouvé dans l'embarras avant de faire fondre l'argenterie ; mais depuis lors, il n'a manqué de rien, et n'a aucune plainte à faire. » Tel est le témoignage que le comte Bertrand rendit volontairement du gouverneur.

Nous avons aussi l'opinion de l'ex-Empereur, qui nous a été transmise par le docteur O'Meara, à l'époque qu'il était, ainsi que nous l'avons dit, dans l'habitude d'envoyer au gouverneur le détail de tout ce qu'il entendait dire à Longwood.

5 juin 1817.

« Il (Buonaparte) observa que l'ouvrage de Santini était une sotte production, exagérée, pleine de *coglionerie* et de mensonges ; il y avait bien quelques vérités, mais exagérées. La pénurie dont il parlait n'avait jamais existé ; il y avait toujours eu de quoi manger, quoique pas assez pour que la table fût convenablement servie ; ils avaient eu assez de vin : certainement ils avaient manqué de choses nécessaires, mais des accidens seuls en avaient été cause ; Napoléon croyait que les fréquens achats qu'on avait dû faire au camp, de pain et autres provisions, provenaient des mêmes causes. Il ajouta qu'il était sûr que quelque Anglais avait écrit cet ouvrage et non pas Santini. »

Il y a quelque chose sur ce même sujet dans l'ouvrage que le docteur O'Meara a fait imprimer, mais avec moins de détails. Ce qui rend plus amusante la réfutation que fait Napoléon de l'ouvrage de Santini, c'est que, suivant les communications que le général Gourgaud a faites au gouvernement anglais, Napoléon était l'auteur de cet ouvrage, ou, à tout le moins, d'une grande partie. La querelle entre le prisonnier et le gouverneur, en tant qu'elle fût réelle, peut avoir pris naissance dans leur contestation primitive; car une table, servie comme il convient à un général, doit être assurément bien différente de celle d'un empereur; et tandis que c'était la première que le gouverneur avait ordre de lui fournir, Napoléon se croyait en droit d'exiger la seconde.

La permission donnée à Buonaparte, et qu'on ne pouvait en effet lui refuser, d'acheter, de ses propres fonds, tous les objets qu'il désirait avoir au-delà de ce qui lui était fourni par le gouvernement anglais, donna aux Français de grandes facilités dont ils ne manquèrent pas de profiter. L'argent de Napoléon avait été mis momentanément en réserve lorsqu'il quitta *le Bellérophon,* dans l'intention de lui ôter le moyen de corruption qui aurait pu faciliter sa fuite. Lui permettre de tirer de l'argent sur un banquier du continent, était lui rendre en grande partie cette clef d'or qui pouvait ouvrir les portes de sa prison, et lui fournir les moyens de correspondre secrètement avec les amis qu'il avait à l'extérieur, et concerter avec eux des projets d'évasion.

En effet, les ressources d'une telle correspondance étaient si importantes, que Napoléon, par l'intermédiaire du général Montholon, fit la proposition suivante, qui fut envoyée à lord Bathurst, par le gouverneur, le 8 septembre 1816. « L'Empereur, dit-il, désire entrer dans des arrangemens pour payer *toutes* ses dépenses, pourvu qu'il y ait une maison de banque soit ici, soit à Londres, soit sur le continent de l'Europe, dont on soit convenu avec le gouverneur, ou qu'il ait même choisi seul, avec laquelle on puisse faire les transactions d'argent nécessaires, et sous la promesse personnelle du général Buonaparte, que toutes ces lettres ne traiteraient que d'affaires pécuniaires, pourvu cependant que de telles lettres arrivent à leur adresse *cachetées et sans avoir été ouvertes.* »

Il est probable que Napoléon concluait de la fermentation qui avait lieu dans le Parlement au sujet de l'économie, que la nation anglaise était sur le point de faire banqueroute, et il ne doutait pas qu'une offre qui promettait de la soulager d'une somme annuelle de douze mille guinées, ne fût acceptée avec empressement par sir Hudson Lowe et le ministère britannique. Mais le gouverneur vit le danger d'une mesure qui, par sa tendance immédiate et directe, allait mettre des fonds illimités à la disposition de l'ex - Empereur, et pouvait indirectement préparer à des correspondances secrètes. Napoléon avait, il est vrai, offert de donner sa parole qu'il ne se servirait de ce moyen que pour ses affaires d'intérêt; mais sir Hudson ne goûta pas une telle sécurité. Toutefois il proposa que les lettres adressées aux banquiers ne fussent vues que par lui et par lord Bathurst, secrétaire du département colonial, engageant sa parole d'honneur qu'ils garderaient le plus inviolable secret sur le contenu de ces lettres : cet arrangement ne répondant pas aux vues de Napoléon, il n'en fut plus question.

Ce fut à peu près vers cette époque que sir Hudson Lowe désira que les dépenses de l'établissement ne dépassassent pas douze mille guinées. Il y eut à ce sujet une conférence entre le général Montholon, qui était chargé de la maison de Napoléon, et le major Gorrequer, de l'état-major de sir Hudson, et agissant en son nom. Il paraît que sir Hudson avait mal compris les intentions de son gouvernement, et se croyait obligé de limiter les dépenses de Longwood à douze mille guinées par an, ne réfléchissant pas qu'on lui avait laissé la faculté de dépasser cette somme; ou peut-être qu'il considérait que ce qui éleverait la dépense au-delà de mille guinées par mois ne consisterait qu'en superfluités, que les Français pouvaient, dans la stricte interprétation de ses instructions, être tenus de payer eux-mêmes, comme dépassant les bornes de la table la mieux servie pour un officier supérieur. Le général Montholon établit que la maison de Napoléon ne pouvait pas avoir ce qui lui était nécessaire, même en faisant beaucoup de réductions, à moins de quinze mille cent quatre-vingt-quatorze guinées, et que c'était le *minimum* des *minimum*. Il fit l'offre que l'Empereur tirerait sur un banquier la somme excédante, pourvu qu'il fût permis d'envoyer une lettre cachetée. Le major Gorrequer refusa; le comte Montholon déclara alors que, puisque le gouvernement anglais ne permettait pas à l'Empereur de toucher aux fonds qu'il avait en Europe, il ne lui restait d'autre moyen que de vendre ce qui lui appartenait à Longwood; et que s'il était obligé de défrayer les dépenses de l'établissement qui allaient au-delà de la somme allouée par l'Angleterre, il disposerait de son argenterie.

Sir Hudson Lowe consentit trop précipitamment à cette proposition, puisque ses instructions du 22 novembre le mettaient à même de prévenir cette circonstance, bien faite pour donner crédit à tout ce qui avait été dit ou écrit sur la manière basse et sordide dont Napoléon était traité. Celui-ci eut alors l'occasion, en sacrifiant quelques pièces d'une vieille vaisselle, d'amuser ses momens de langueur en riant des qualités incompatibles de la nation anglaise, et en la tournant en ridicule, de ce qu'en même temps qu'elle lui envoyait une maison et des meubles pour une valeur de soixante à soixante-dix mille livres sterling, elle l'obligeait à vendre son argenterie et à renvoyer ses domestiques, pour épargner quelques bouteilles de vin et quelques livres de viande. Sir Hudson Lowe ne devait pas exposer son pays à une telle accusation; et alors même que ses instructions n'eussent point été assez claires, il aurait dû les interpréter de façon à payer toutes les dépenses, et à ne pas donner un sujet de scandale aussi grand que celui que devait faire naître l'obligation où se trouvait Napoléon de vendre son argenterie.

Mais si le gouverneur envisagea son devoir d'une manière trop mesquine dans une telle occasion, que devons-nous penser de la conduite de Napoléon, qui, pendant qu'il avait dans son coffre-fort trois fois plus d'or qu'il ne lui en fallait pour rétablir la balance, préféra avoir recours à cette misérable vente, afin de paraître devant l'Europe *in forma pauperis*, et exciter la compassion envers un homme qui paraissait réduit à une telle extrémité pour se procurer les alimens nécessaires ! Il savait bien qu'on aurait eu peu de pitié de lui, si on avait pensé qu'il avait assez d'argent comptant pour suppléer à tout ce qui pouvait lui manquer, malgré l'allocation assez considérable que lui faisait l'Angleterre; et que l'idée que l'on se ferait de sa pauvreté, alors qu'elle serait prouvée par une démarche que même des particuliers ne se permettent que dans les cas d'une nécessité absolue, deviendrait plus forte et ferait plus d'impression. La compassion qu'on éprouva aurait fait place à un sentiment bien différent si les vraies circonstances eussent été connues.

Les communications que donna le général Gourgaud à sir Hudson Lowe, lorsqu'il le quitta, firent connaître à celui-ci les curieux détails de ce fait, que la vente de l'argenterie ne fut qu'une comédie à laquelle on avait eu recours pour produire en Angleterre et en Europe une très forte impression; car, à cette époque, l'argent ne manquait pas à Longwood. Sir Hudson Lowe croyait que le général Gourgaud faisait allusion aux fonds appartenant à Las-Cases, et que ce partisan dévoué avait mis à la disposition de Napoléon; mais le général Gourgaud répondit : « Non, non, avant cela ils avaient reçu 240,000 francs presque tout en doublons d'Espágne. » Il dit de plus que c'était le prince Eugène qui avait donné l'argent aux banquiers. A Londres le général fit les mêmes communications. Nous copions ici les termes dans lesquels ces communications furent faites à lord Bathurst.

« Le général Gourgaud a dit : « Je m'étais aperçu que le général Buonaparte avait reçu une somme considérable en doublons d'Espagne, c'est-à-dire dix mille louis, au moment même où il disposait de sa vaisselle; lui ayant demandé avec instance quelles étaient les personnes qui avaient pris part à cette transaction, Napoléon se contenta de m'assurer que le mode de transmission avait été purement accidentel, et que, tel étant le cas, il croyait que je ne chercherais point à faire une découverte qui trahirait ceux qui l'avaient obligé, sans autre effet que de les faire punir, ou d'empêcher qu'une telle chose n'arrivât à l'avenir. Cette possession d'argent ne lui était pas nécessaire pour ajouter aucun moyen de corrompre la fidélité de ceux qu'il jugerait profitable de séduire; car on savait, à n'en pouvoir douter, que toutes les lettres de change, n'importe de quelque valeur qu'elles fussent, que Napoléon tirerait sur le prince Eugène ou sur toute autre personne de sa famille, serait scrupuleusement acquittées. » Le général Gourgaud a dit de plus que Napoléon avait eu la politique de se créer *un moyen* pour l'exécution de ses plans, en plaçant des sommes d'argent à la disposition de lui, Gourgaud, et qu'il avait eu à supporter la mauvaise humeur de Napoléon et les importunités de Bertrand, parce qu'il avait refusé de se prêter à faciliter une correspondance secrète.

Quelque intérêt que Buonaparte puisse inspirer pour les peines qu'il éprouva à Sainte-Hélène, il devient évident que le manque d'argent ne lui en occasionna aucune; il ne l'est pas moins que la vente de son argenterie fut une ruse qui prouve que le système de Napoléon était un système de déception, et que tous les témoignages fournis par ses paroles ou par ses actions doivent être reçus avec circonspection lorsqu'ils doivent servir à établir un fait.

Lorsque le rapport de sir Hudson Lowe fit connaître au ministère anglais que les dépenses de Longwood, excédant 12,000 guinées, avaient été payées par Napoléon, les ministres n'approuvèrent pas cette mesure; ils rappelèrent encore au gouverneur la distinction qu'il devait faire entre les dépenses nécessaires pour la maison d'un officier-général, et celles d'une nature toute différente ou qui excéderaient ce qu'une personne de ce rang pouvait réclamer : or ces dernières seules devaient être payées par les Français. Cet ordre, daté du 24 octobre 1817, porte :

« Comme je remarque, d'après le compte rendu dans votre dépêche n° 84, que la dépense de la maison du général Buonaparte excède 12,000 guinées par an, et que le surplus, jusqu'à la date de votre dépêche, a été acquitté sur ses propres fonds, je crois nécessaire de rappeler et de fixer votre attention sur cette partie de ma dépêche n° 15, du 22 novembre dernier, dans laquelle, en limitant les dépenses à 12,000 guinées par an, je vous laissai toutefois la liberté de faire une plus grande dépense si vous le jugiez nécessaire pour le bien-être du général Buonaparte ; et je répète encore que, *si vous jugez que la somme de 12,000 livres sterling n'est pas proportionnée à ce que l'établissement d'un officier-général de distinction exige, vous n'éprouverez aucune difficulté pour ce que vous aurez trouvé convenable d'ajouter à cette somme*. Mais, d'un autre côté, si les dépenses que le général Buonaparte a lui-même payées sont au-delà de ce que la plus grande libéralité possible accorde à un officier-général, vous permettrez, comme auparavant, qu'elles soient faites de ses propres fonds. »

Ces instructions positives et réitérées servent à prouver que l'Angleterre n'avait aucune envie de se montrer avare envers Napoléon ; et les aveux du général Gourgaud prouvent, d'un autre côté, que si le gouverneur fut trop rigide sur le chapitre des dépenses, le prisonnier possédait des moyens suffisans pour se dédommager des privations que pouvait lui imposer l'obligation de vivre avec le modique revenu de 12,000 livres sterling.

La résidence de Napoléon continuait aussi de fournir de grands sujets de plainte et de discorde. Nous avons déjà dit que notre opinion était que, dès le commencement, Plantation-House étant la meilleure habitation de l'île, aurait dû être choisie pour lui : toutefois, si on avait des objections à faire sur cette demeure, la construction d'une maison, même avec le peu de matériaux que l'île fournissait, aurait été plus convenable et peut-être plus économique que la grande machine en bois que l'on prépara à Londres pour être transportée à Sainte-Hélène, où elle arriva avec tout l'ameublement en mai 1816. Ce n'était pas cependant une *maison-parapluie*, comme on l'a nommée, mais seulement des matériaux pour être employés au choix de Napoléon, soit à construire une maison séparée, soit à faire des additions vastes et commodes à l'habitation qu'il occupait déjà. Par politesse, on chercha à savoir si l'on remplirait les vues de Napoléon sur son arrangement intérieur, en construisant une nouvelle maison, ou si l'on parviendrait plutôt à ce but en laissant subsister l'ancienne habitation et en y ajoutant une aile avec les nouveaux matériaux. Nous avons raconté l'entrevue que le gouverneur eut avec Napoléon à ce sujet, et cela dans les termes de ce dernier que le docteur O'Meara nous a conservés; nous donnons ici la narration qu'en a faite sir Hudson dans une dépêche adressée à lord Bathurst et datée du 17 mai 1816 :

« Comme il devenait nécessaire d'en venir à une décision quelconque à l'égard de la maison et des meubles envoyés d'Angleterre pour le général Buonaparte et sa suite, je résolus d'aller le trouver, de lui annoncer l'arrivée de toutes ces choses, et de lui demander son sentiment sur la manière de les employer avant que j'en disposasse. Je fus d'abord chez le général Bertrand, pour lui demander si le général Buonaparte avait le temps de me recevoir, et, sur sa réponse affirmative, je me rendis à Longwood-House; j'y rencontrai le comte Las-Cases et le priai de porter mon message au général, en l'informant que j'attendais pour savoir s'il lui convenait de me recevoir; la réponse fut que l'Empereur me verrait.

« Je passai de la salle à manger dans son salon. Il était seul, debout, et tenant son chapeau sous le bras, de la façon dont il se présente lorsqu'il prend sa dignité impériale; il garda le silence espérant que j'ouvrirais la conversation. Ne le voyant pas disposé à commencer, je lui parlai en ces termes : Monsieur, vous avez probablement vu dans nos papiers anglais, ou vous aurez peut-être connu par un autre canal, l'intention du gouvernement anglais d'envoyer ici les matériaux nécessaires pour la construction d'une maison à votre usage, et ce qu'il faut pour la meubler. Ces divers objets viennent d'arriver. En même temps, le gouvernement a été informé de l'état dans lequel se trouve le bâtiment préparé ici pour vous, et j'ai reçu des instructions pour employer ces articles de la manière la plus convenable, soit en faisant une nouvelle maison, soit en ajoutant des dépendances à celle que vous occupez déjà. Avant de prendre aucune disposition à ce sujet, j'attends de savoir si vous avez quelques désirs à me communiquer là-dessus. Il resta dans la même attitude, et ne fit aucune réponse.

« Voyant qu'il persévérait à garder le silence, je repris ainsi : J'ai pensé, monsieur, qu'il était possible que l'addition de deux ou trois salons, ainsi que quelques améliorations, pourraient ajouter à vos convenances en beaucoup moins de temps que n'en demanderait la construction d'une maison entière. Il se mit alors à parler avec une telle rapidité, une telle chaleur et si peu de retenue, qu'il m'est impossible de répéter toutes ses expressions; et, comme s'il n'eût pas prêté l'oreille à ce que je lui avais dit, il commença ainsi : «Je ne comprends rien du tout à la conduite de votre gouvernement envers moi; désire-t-il me tuer? et venez-vous ici pour être mon bourreau aussi-bien que mon geôlier? La postérité jugera la manière dont j'ai été traité. Tous les maux que je souffre ici retomberont sur votre nation. Non, monsieur, jamais je ne souffrirai que personne entre dans l'intérieur de ma maison, ni ne pénètre dans ma chambre à coucher ainsi que vous en avez donné l'ordre. Lorsque j'appris votre arrivée dans l'île, je crus qu'étant un officier de l'armée de terre, vous auriez un caractère plus poli que l'amiral, qui, comme officier de marine, peut avoir des manières plus dures. Je n'ai aucune raison de me plaindre de son cœur; mais vous, monsieur, comment me traitez-vous? C'est une insulte de m'inviter à dîner sous le nom du général Buonaparte : je ne suis pas le général Buonaparte, je suis l'empereur Napoléon. Je vous le demande encore : êtes-vous venu ici pour être mon geôlier et mon bourreau?»

« Pendant qu'il me parlait ainsi, son bras droit seul gesticulait, son corps était immobile, son regard et son attitude étaient tels qu'on peut le supposer chez une personne qui veut en intimider ou en irriter une autre.

« Je le laissai continuer, non sans avoir peine à me contenir, jusqu'à ce qu'il fût hors d'haleine; quand il s'arrêta, je lui dis : Monsieur, je ne suis pas venu ici pour être insulté, mais pour traiter d'une affaire qui vous regarde plus que moi; si vous n'êtes pas disposé à en parler.....

— « Je n'ai aucune intention de vous insulter, monsieur, reprit-il; mais de quelle façon m'avez-vous traité? Est-ce là un procédé digne d'un soldat? »

« Je lui répondis : Monsieur, je suis un soldat selon les usages de mon pays, pour faire mon devoir envers lui, à sa manière, et non pas à celle des étrangers. Ainsi donc, si vous trouvez que vous avez quelques raisons de vous plaindre de moi, vous n'avez qu'à écrire votre accusation, et je l'enverrai en Angleterre par la première occasion qui se présentera.

— « Et à quelle fin? dit-il; mes plaintes ne seront pas rendues plus publiques là qu'elles ne le sont ici.

— « Je les ferai publier dans toutes les gazettes

du continent, si vous le désirez, lui répondis-je. Je fais mon devoir, et le reste m'est absolument indifférent.

« Et alors faisant, pour la première fois, attention à l'objet qui m'avait amené, il me dit : « Votre gouvernement ne m'a fait aucune communication officielle de l'arrivée de cette maison. Doit-elle être construite où je voudrai ou dans le lieu que vous désignerez ?

— « Je suis venu exprès, monsieur, pour vous annoncer son arrivée. Il m'est facile de répondre à votre dernière question : s'il y a quelque endroit sur lequel vous désiriez que cette maison soit placée, j'en examinerai la position, et la ferai construire si je n'y vois aucune objection. Si j'en trouve quelques unes je vous en instruirai. C'était pour convenir de cette affaire avec vous que je suis venu ici.

— « Alors vous auriez mieux fait de parler au grand-maréchal et d'arranger cela avec lui ?

— « J'ai préféré, monsieur, m'adresser à vous. La mésintelligence est si fréquente lorsque j'emploie l'intermédiaire d'autres personnes (comme je le vois surtout dans ces ordres que vous dites que j'ai donnés de forcer l'entrée de votre appartement), que je trouve plus satisfaisant de vous parler à vous-même.

« Il ne me fit aucune réponse ; il marcha

pendant quelques instans, se creusant apparemment l'esprit pour trouver quelque chose qui me causât une grande surprise ou de l'effroi ; et il me dit : « Désirez-vous, monsieur, que je vous dise la vérité ? Oui, monsieur, je vous demande si vous désirez que je vous dise la vérité ? Je crois que vous avez reçu l'ordre de me tuer ; oui, de me tuer ; oui, monsieur, je crois que vous avez reçu l'ordre de ne vous faire scrupule de rien, de rien du tout. » Et il me regarda comme s'il attendait une réponse. Je lui dis : Vous êtes convenu, monsieur, dans notre dernière entrevue, que vous vous étiez trompé sur l'esprit du peuple anglais ; permettez-moi de vous dire que maintenant vous vous méprenez aussi étrangement sur l'esprit d'un soldat anglais.

« Notre conversation finit là ; et comme si tous deux nous n'avions plus rien à dire, nous nous séparâmes. »

Sir Hudson reçut une lettre en réponse au rapport qu'il avait fait de cette scène étrange et violente ; sa prudence et sa fermeté furent approuvées. Toutefois, nous ne la citons ici que parce qu'elle montre quelles étaient, à l'égard de Buonaparte, les intentions du gouvernement anglais, sa considération pour la condition dans laquelle il se trouvait, et l'indulgence qu'il désirait que le gouverneur de Sainte-Hélène eût pour lui.

« Il y a une énorme différence entre la conduite que vous devez observer envers le général Buonaparte et celle que vous devez tenir à l'égard de ceux qui ont suivi sa fortune en l'accompagnant à Sainte-Hélène.

« Ce serait manquer de générosité que ne pas se montrer indulgent pour le langage immodéré que le premier peut se laisser quelquefois entraîner à tenir. La hauteur de laquelle il a été précipité, et toutes les circonstances qui ont suivi sa chute, sont suffisantes pour bouleverser un esprit moins irritable que le sien; et on doit croire qu'il ne peut trouver de consolations dans ses réflexions, soit sur les moyens par lesquels il parvint au pouvoir, soit sur la manière dont il l'exerça. Ainsi, tant que sa violence se borne à des paroles il faut la supporter; toujours en entendant et lui donnant à entendre que, de sa part, toute transgression répétée des réglemens que vous jugerez nécessaire de prendre pour la sûreté de sa personne, vous mettrait dans l'obligation d'adopter un système de rigueur qu'il serait bien pénible pour vous d'exercer.

« A l'égard des personnes qui l'ont suivi, elles sont dans une tout autre catégorie. On ne saurait leur rappeler trop fréquemment que leur séjour dans l'île est un acte d'indulgence de la part du gouvernement anglais; et vous les informerez que vous avez reçu des instructions formelles de les séparer de la personne du général Buonaparte, et de les transporter hors de l'île si elles ne se conduisent pas avec le respect que votre situation demande, et avec cette stricte attention envers les réglemens qui est la condition indispensable à laquelle leur résidence dans l'île a été permise. »

La dispute orageuse qui avait eu lieu le 17 mai 1816, laissait tout en suspens, relativement à la maison : et en effet, on peut conjecturer, sans injustice, que Napoléon préférait sa demeure vieille et incommode, avec le droit de s'en plaindre, à une maison neuve et plus convenable, dont la possession lui eût fermé la bouche sur un sujet aussi fertile en reproches. Des discussions répétées et ridicules eurent lieu sur ce même sujet pendant deux ou trois ans : Napoléon se plaignant toujours de ne pas avoir la maison qui lui avait été promise; et le gouverneur alléguant de son côté qu'on ne pouvait obtenir de Napoléon qu'il exprimât une opinion sur le plan et la situation de cette maison, ou même qu'il voulût dire s'il préférait que l'on réparât et agrandît la vieille, en occupant les appartemens de M. Bertrand pendant le temps des travaux. Quelquefois Napoléon parlait de changer la situation de la maison, mais jamais, suivant le témoignage de sir Hudson Lowe, il ne précisa quels étaient ses désirs là-dessus, ni ne voulut condescendre à indiquer le lieu où il souhaitait que la maison fût construite. De son côté, Napoléon a affirmé qu'il fut relégué pendant trois ans dans une grange malsaine, et que pendant tout ce temps le gouverneur parla continuellement d'une maison qui ne fut jamais commencée. Quand les parties adverses se rejettent ainsi le blâme l'une sur l'autre, l'historien impartial peut dire seulement que si sir Hudson Lowe eût ajourné volontairement la construction de cette maison, il se fût exposé à de sévères reproches de la part de son gouvernement, puisque les dépêches qu'il recevait le pressaient d'achever cette construction. Il n'y avait rien que le gouverneur pût mettre en balance contre les risques qu'il courait, si ce n'est le méchant dessein de tourmenter Napoléon. D'un autre côté, si celui-ci se soumit à habiter un lieu peu convenable plutôt que d'avoir les moindres rapports avec un homme qu'il paraissait haïr, il agit encore en cela selon le système qu'il avait adopté, et sacrifia sa convenance et ensuite sa santé plutôt que de plier son esprit aux réglemens les plus utiles pour lui. M. Ellis, témoin impartial, a déclaré que l'ancienne maison lui parut commode et bien meublée.

Le sort de la nouvelle maison fut assez singulier. Elle fut enfin élevée : on dit qu'elle était vaste et confortable ; mais il arriva qu'elle fut entourée, selon le plan, d'un fossé profond fermé par une rampe en fer travaillé. Napoléon n'eut pas plus tôt vu ces préparatifs que les idées de fortifications et de donjon entrèrent dans sa tête, et il ne fut pas possible de le convaincre que ces barrières et ce fossé n'avaient pas pour but d'ajouter aux moyens employés pour le tenir prisonnier. Lorsque sir Hudson Lowe eut appris les objections que faisait naître ce mode de construction, il donna l'ordre de niveler le terrain et d'enlever la barrière. Mais avant que ces nouveaux travaux fussent achevés, la santé de Napoléon déclinait chaque jour, au point qu'il ne fut plus possible de le changer de place, et il mourut sous le même toit qui l'avait reçu depuis qu'il avait quitté Briars.

Un autre sujet de plainte sur lequel Napoléon insista beaucoup, c'est que le gouverneur de Sainte-Hélène n'y avait pas été placé seulement comme un agent ministériel pour faire exécuter ponctuellement les ordres envoyés d'Angleterre, mais comme un législateur possédant et exerçant le pouvoir de changer les réglemens qui retenaient Napoléon captif, de les annuler, de les suspendre, et enfin de les remettre en vigueur. On peut répondre à ceci, que, dans une telle situation, où le gouverneur, chargé d'un soin aussi important, était à une aussi grande distance de la source à laquelle il puisait ses instructions, on avait dû lui accorder quelque autorité discrétionnaire, puisqu'il pouvait arriver des cas qui le forceraient d'agir selon l'événement, et il était indispensable qu'il eût le pouvoir de décider lui-même ce qu'il fallait faire alors. On doit aussi se souvenir que l'on pouvait prêter plusieurs sens aux instructions données par le secrétaire d'État, et il eût été, dans ce cas, tout-à-fait irrégulier et inconvenant que le gouverneur ne pût pas adopter l'interprétation que les circonstances demandaient; il ne l'eût pas été moins qu'il eût été forcé de discuter avec son prisonnier sur les points en litige, et, comme un simple personnage administratif, qu'il eût attendu qu'un commentaire sur l'article contesté lui arrivât d'Angleterre.

C'est une question bien différente, et sur laquelle nous sommes loin d'avoir une opinion aussi précise, que de savoir si sir Hudson

Lowe usa toujours de ce privilége avec une grande discrétion. Il serait injuste de condamner, sans l'entendre, celui qui ne s'est jamais préparé à la défense, et contre qui, nous devons le répéter encore, il ne s'élève que des témoignages d'une nature très douteuse. Toutefois, il paraît, autant que nous pouvons le savoir, qu'il introduisit dans les réglemens existans plus de changemens que ne l'exigeait la nécessité, la meilleure, sinon la seule, apologie qui pût autoriser ces changemens.

Par exemple, l'un des plus grands griefs de Napoléon fut la restriction des limites dans lesquelles il pouvait prendre de l'exercice sans être accompagné d'un officier anglais, limites qui, au lieu d'avoir douze milles de circonférence, furent réduites aux deux tiers de cet espace. Tout est relatif dans ce monde, et nous pouvons concevoir que la privation d'un tiers du terrain sur lequel il se trouvait plus libre ait été, dans ce moment-là, un sujet de peine plus amer pour Napoléon que la perte d'un royaume, alors qu'il gouvernait l'Europe. On allégua, pour justifier cette mesure, que Napoléon paraissait disposé à cultiver la connaissance des habitans de Sainte-Hélène plus qu'il n'était convenable qu'il ne fît. Nous comprenons aisément ceci; car non seulement Napoléon pouvait chercher, par politique, à se faire des partisans, dans les classes élevées, par la séduction de ses manières, et dans les classes inférieures par sa familiarité et ses largesses; mais on peut aussi supposer que ce sentiment si naturel à l'homme malheureux qui le porte à varier la monotonie de son existence, lui faisait chercher à renouer quelques liens avec l'espèce humaine, de laquelle, excepté le peu de personnes qui l'avaient suivi, il était comme exclu. Cette disposition qu'il montrait à se mêler à toute société que le hasard amenait près de lui dans ses courtes promenades, aurait peut-être pu ne pas être contrariée sans qu'il lui fût possible d'en abuser, surtout puisque personne ne pouvait entrer sans un laisser-passer sur le terrain qui lui était abandonné. Sir Hudson Lowe rendit peu après aux limites leur étendue primitive, Napoléon ayant déclaré que sans cela il ne ferait plus le moindre exercice et n'observerait aucune des choses nécessaires pour conserver sa santé.

L'injonction qui exigeait que Buonaparte serait vu tous les jours par l'officier de service fut, sous le gouvernement de sir Hudson Lowe ce qu'elle avait été sous celui de sir Georges Cockburn, le sujet d'une vive opposition. Napoléon affecta de craindre que cette mesure ne fût appuyée par une violence réelle, et poussa cette crainte si loin qu'il fit charger ses armes dans l'idée de résister par la force si l'officier de service insistait pour remplir son devoir. Il en parla avec ressentiment dans l'entrevue qu'il eut avec sir Hudson Lowe le 17 mai 1816. Cependant de tous les réglemens désagréables auxquels un prisonnier est assujetti, celui-ci paraît le moins susceptible d'objections, puisque en certifiant de temps en temps la présence du prisonnier, il permet, dans l'intervalle, de lui accorder une plus grande liberté qu'on ne saurait lui en laisser autrement. Néanmoins, sir Hudson Lowe, comme nous l'avons déjà fait connaître, céda aux violentes menaces de Napoléon, et éluda les ordres qu'il avait reçus plutôt que de courir le risque de voir périr son prisonnier dans le combat dont il le menaçait. Peut-être que dans cette circonstance le gouverneur doit être plus censuré d'avoir négligé un point qui lui était si expressément recommandé par les instructions, qu'il n'eût été blâmable d'avoir exécuté trop strictement ses ordres envers l'homme extraordinaire qui était son prisonnier. Nous ne pouvons que répéter ici que, si la présence de Buonaparte eût été exactement vérifiée à des momens convenus, on aurait pu lui laisser parcourir l'île en toute liberté même sans la surveillance d'un officier anglais.

Cette surveillance fut ce dont Napoléon se plaignit le plus. Il regardait la compagnie d'une telle personne comme une marque évidente de sa défaite et de sa captivité, et il résolut, en conséquence, de rester dans les limites de Longwood quelque étroites qu'elles fussent, plutôt que de s'exposer à la nécessité d'admettre la présence de cet odieux gardien. On peut dire que Napoléon n'adopta pas l'opinion la plus philosophique ni même la plus prudente. Les revers à la guerre ne sont point un déshonneur; et être prisonnier a été jusqu'à présent le sort des rois et des empereurs aussi-bien que de tout autre. Les officiers choisis pour accompagner Napoléon dans ses promenades devaient être souvent des hommes instruits et spirituels, et leur conversation ne pouvait que jeter de la variété dans ces jours si uniformes qu'il passait à Sainte-Hélène.

Toutefois le prisonnier était incapable de recevoir aucune distraction de quelque source qu'elle provînt. On pourrait aussi bien s'attendre à voir l'habitant d'un cachot prendre plaisir à herboriser les plantes que l'humidité y fait croître autour de lui. Napoléon ne pouvait oublier ce qu'il avait été et ce qu'il était; et sa conduite montrait clairement qu'il aimait mieux mourir que de paraître en public, résigné sous le fardeau que la fortune lui imposait.

Cependant malgré toute l'aversion que Napoléon éprouvait pour ce réglement, il n'avait pas pris le bon moyen pour échapper à son influence. Sir Georges Cockburn, sur les remontrances qui lui en avaient été faites lors de leur arrivée dans l'île, lui avait accordé une dispense pour ne pas être suivi de trop près par un officier anglais. Ce privilége lui fut retiré tout à coup pendant que l'amiral était encore dans l'île; aussi Napoléon et les divers écrivains de Sainte-Hélène, Las-Cases particulièrement, s'exhalèrent en plaintes amères contre sir Georges Cockburn, qui leur faisait éprouver le supplice de Tantale en leur accordant une chose avec la cruelle intention de la révoquer le lendemain. La vérité est dite ici, mais non pas tout entière. Napoléon avait promis à l'amiral qu'en considération de la permission qu'il lui donnait, il n'aurait aucune relation avec les habitans qu'il rencontrerait dans ses excursions. Il manqua à sa parole dès le premier jour qu'il se promena seul à cheval ou du moins avec sa suite; et sir Georges Cockburn considéra le pacte comme rompu. Napoléon eut mauvaise grâce de se plaindre que le gouverneur se montrât si peu disposé à lui accorder de nouveau une permission dont il avait fait un usage tout contraire à ses engagemens. Il faut observer que l'ex-Empereur avait une manière particulière d'envisager sa propre cause. Il considérait tous les adoucissemens qu'on apportait à son sort, de quelque nature qu'ils fussent, comme la restitution d'une petite partie de cette liberté dont il trouvait qu'on l'avait privé illégalement et tyranniquement; il ne se faisait pas plus de scrupule de s'en servir pour l'accroître encore, que le prisonnier dont les mains sont dégagées de ses chaînes, n'en aurait à rompre les liens qui retiennent ses pieds. Il ne peut y avoir de doute que, si au moyen du privilége qui lui permettait de se promener sans être suivi d'un officier anglais, il avait pu arranger ou faciliter son évasion, il n'aurait point hésité à en profiter.

Mais, d'un autre côté, si telle était sa pensée qu'il ne pouvait déguiser qu'avec peine, le gouverneur se mit lui-même sur ses gardes pour n'accorder aucun relâchement à la vigilance que la sûreté du prisonnier exigeait. Une semblable indulgence est une sorte de confiance que l'humanité du gardien lui fait placer en son prisonnier; et lorsque ce dernier est de bonne foi, il ne doit pas en profiter pour causer la disgrâce et peut-être même la ruine de celui qui la lui accorde. Cependant si Napoléon se montrait déterminé à avoir plus de relations avec les habitans de Sainte-Hélène et les étrangers qui visitaient l'île que sir Hudson Lowe ne l'approuvait, il restait seulement à ce dernier à prendre garde que de telles entrevues n'eussent pas lieu sans un témoin, en exigeant la mise en vigueur du réglement par lequel un officier anglais devait suivre le captif indomptable dans ses excursions éloignées.

Il est à remarquer que cette communication avec les habitans et ceux qui visitaient Sainte-Hélène n'offrait pas un danger imaginaire; il y en avait un véritable provenant des projets conçus pour alarmer la surveillance de sir Hudson Lowe et lui faire transgresser les ordres qu'il avait reçus du gouvernement. Les révélations du général Gourgaud sont sur ce point très décisives. Cet officier avoua volontiers qu'il avait toujours existé une communication non interrompue entre les habitans de Longwood et ceux de l'île, sans l'intervention du gouverneur et même à son insu. Qu'on s'était servi de ce moyen non seulement pour recevoir et transmettre des lettres, mais aussi pour les imprimés, de l'argent et divers objets dont les habitans de Longwood pouvaient avoir besoin; et que la correspondance avait lieu en grande partie, directement avec la Grande-Bretagne. Que les personnes qui s'y employaient étaient les Anglais qui visitaient de temps en temps Sainte-Hélène, auprès desquels les personnes de la suite de Buonaparte et ses domestiques avaient un libre accès, et qui, généralement parlant, se montraient disposés, les uns par pure obligeance, les autres pour de très légères sommes, à porter en Europe les lettres ou les paquets qu'on leur confiait. Il paraîtrait aussi que les capitaines et ceux qui étaient à bord des vaisseaux marchands qui touchaient à l'île, soit que ces vaisseaux appartinssent ou non à la compagnie des Indes, étaient considérés à Longwood comme particulièrement accessibles à la séduction des talens de Buonaparte; de façon que les habitans de Longwood ont envisagé comme une affaire de peu de difficulté d'obtenir un passage sur un de ces bâtimens pour le général Buonaparte lorsqu'il voudrait sortir de l'île. »

L'histoire bizarre, racontée par le docteur Antomarchi, d'un certain nombre d'exemplaires de l'ouvrage du docteur O'Meara, qui furent répandus à Sainte-Hélène sous la forme de traités distribués par une société religieuse, vient à l'appui de ce que nous avons dit ci-dessus de la libre communication établie entre Sainte-Hélène et l'Europe. Une autre preuve en est donnée par le comte Las-Cases, qui, lorsqu'il fut exclu de Longwood, et qu'il lui fut défendu de communiquer personnellement avec son maître, eut beaucoup de peine à trouver un moyen pour lui renvoyer un collier de diamans d'une grande valeur qui lui avait été confié, et dont Napoléon pouvait avoir besoin après son départ. Il s'adressa à tout hasard à la première personne d'une apparence honnête qu'il vit aller à Longwood, et la conjura avec les plus vives instances de se charger du paquet: L'étranger ralentit son pas sans proférer une parole et en montrant sa poche : Las-Cases y laissa glisser le paquet, et les diamans confiés ainsi à la bonne foi d'une personne inconnue parvinrent à leur destination.

Il est honorable pour l'humanité que le malheur, sous quelque forme qu'il se montre, et surtout lorsqu'il nous émeut par le spectacle de la grandeur déchue, trouve une généreuse assistance parmi ceux-là même qui étaient les ennemis de cette grandeur triomphante. Mais il était du devoir du gouverneur de prendre garde que ni des idées d'une compassion et d'une générosité romanesque, ni la tentation vile de l'intérêt ne conduisissent à des combinaisons qui pussent frustrer sa vigilance ; et Napoléon ayant à la fois à son service l'avarice et la générosité des hommes, le gouverneur dut le séquestrer, autant qu'il le put, de ces individus que d'aussi fortes séductions pourraient attacher à ses intérêts.

Le 7 janvier 1818, le gouvernement anglais fit connaître qu'il approuvait l'extension qu'on avait donnée aux limites dans lesquelles on avait, pour un temps, restreint Napoléon; et afin de lui ménager la facilité de recevoir les personnes qui lui conviendraient, soit pour affaires, soit pour son plaisir, le réglement suivant fut adopté :

« A l'égard de ses relations avec les habitans, je ne vois aucune objection à mettre les choses sur le même pied que l'avait proposé le comte Bertrand, puisqu'il assure que c'est celui qui répond le mieux aux désirs du général Buonaparte. La proposition du comte porte que l'on fera une liste d'un nombre convenu de personnes résidantes dans l'île, lesquelles seront admises à Longwood, sur la seule invitation du général, sans que l'on s'adresse préalablement à votre excellence pour chaque invitation. Toutefois, vous êtes libre d'accéder ou non aux suggestions du comte Bertrand; et, pour cela, vous lui direz de soumettre à votre approbation une liste qui n'excède pas cinquante personnes demeurant dans l'île, qui puissent être admises à Longwood à des heures raisonnables, sans autre laisser-passer que l'invitation du général Buonaparte ; bien entendu qu'elles délivreront leur invitation, et déclareront leurs noms aux sentinelles des barrières. En approuvant la liste, vous consulterez, autant que cela sera d'accord avec votre devoir, les désirs du général Buonaparte ; mais vous ferez clairement entendre que vous vous réservez le pouvoir discrétionnaire d'effacer de la liste, à quelque époque que ce soit, les noms des individus auxquels vous ne jugerez plus convenable d'accorder un aussi libre accès ; et vous prendrez un soin tout spécial que l'officier de service vous fasse un rapport des personnes admises à Longwood, sur l'invitation du général Buonaparte. »

Nous avons indiqué ces divers sujets de plainte, non pas comme étant les seules causes de dispute ou plutôt de violente discorde entre l'ex-empereur des Français et le gouverneur de Sainte-Hélène, car il y en eut beaucoup d'autres ; ce n'est pas notre dessein, et il n'est pas non plus en notre pouvoir de donner l'histoire détaillée et précise de ces querelles particulières, mais seulement de faire remarquer, puisque notre devoir, quelque pénible qu'il soit, l'exige, quel fut le caractère et le but de ces débats fâcheux de part et d'autre. Il s'ensuit naturellement qu'une espèce de guerre ouverte ayant éclaté entre les deux partis, chaque point de discussion qui s'élevait entre sir Hudson Lowe et Napoléon, ou bien entre les personnes de la suite de l'un ou de l'autre, devenait un sujet d'offense, et, comme tel, était vivement contesté. C'est ainsi que, lorsque deux armées approchent l'une contre l'autre, les situations et les lieux les plus paisibles perdent leur caractère habituel, et deviennent des points d'attaque et de défense. Chaque circonstance, soit d'affaire ou d'étiquette, qui se présentait à Sainte-Hélène, occasionnait quelque dispute entre Napoléon et sir Hudson Lowe, et chaque dispute aggravait toujours leur mutuelle animosité. Il est au-dessous de la dignité de l'histoire de retracer ces *tracasseries*, et il est impossible, à moins que d'en avoir été le témoin, ou sans les informations les plus minutieuses sur chaque sujet de querelle, de juger qui eut tort ou raison.

Il serait aisé pour nous, par notre position éloignée de ces vives querelles, de condamner l'un ou l'autre parti, peut-être même tous les deux, et de montrer que la raison et la modération eussent amené une conduite et des procédés bien différens, si ces vertus n'étaient comme exclues par ces infirmités humaines auxquelles malherueusement ceux qui ont le pouvoir ou le droit de le réclamer sont plus sujets que la classe commune, qui n'eut jamais ni le pouvoir ni ses prétentions.

Il ne nous serait pas difficile non plus de supposer, d'une manière abstraite, un gouverneur de Sainte-Hélène qui, ne voyant dans les reproches et les outrages dont Buonaparte l'accablait en toute occasion, que l'inutile bruissement des vagues agitées par la tempête, aurait attendu avec patience et avec une grande tranquillité d'esprit que sa fureur se fût satisfaite et apaisée d'autant plus facilement qu'elle n'aurait trouvé aucune résistance. Nous pouvons concevoir une telle personne enveloppée dans sa propre vertu, et pendant qu'elle remplirait son devoir envers son pays, s'efforçant, par des actes d'indulgence d'autant plus agréables, qu'ils sont moins attendus, et peut-être même moins mérités, d'adoucir la mauvaise humeur que la situation malheureuse d'un prisonnier doit lui inspirer naturellement; sans doute un homme doué d'un caractère aussi rare aurait pu trouver les moyens, dans un moment favorable, de rétablir une bonne intelligence, apparente du moins, si elle n'était pas sincère, et qui eût diminué les nombreuses contrariétés qu'éprouvaient le gouverneur et le prisonnier. Mais, pour nous former l'idée d'un tel homme, nous devons le supposer doué d'une stoïque impassibilité pour les plus grossières insultes qu'on lui prodiguait avant qu'il eût rien fait pour les mériter, et qui prouvaient évidemment que Napoléon était déterminé d'avance à se montrer hostile envers lui; il aurait fallu posséder pour cela un calme d'esprit et une vertu peu commune. Il est plus naturel qu'un fonctionnaire public, tel que le gouverneur de Sainte-Hélène, fût piqué de ces mauvais procédés, dont il ne pouvait obtenir d'autre satisfaction régulière que de tourmenter et vexer celui qui l'avait insulté à dessein; ou du moins, il était porté à voir avec indifférence que son prisonnier fût plus ou moins affecté des mesures qu'il adoptait, au lieu d'user de ménagemens pour épargner sa susceptibilité dans l'exercice de ses fâcheuses fonctions. Un officier auquel on dit en face qu'il est un menteur, un brigand, un assassin, un voleur, un bourreau, n'a pas beaucoup de ménagemens à garder envers celui qui l'a accablé d'épithètes aussi peu méritées; celui-ci, de son côté, peut bien être considéré comme ayant déclaré la guerre, en refusant toute espèce de courtoisie, et en défiant le pouvoir auquel le sort l'a soumis.

De même, en jugeant avec le calme d'une partie désintéressée, nous ne pouvons nous empêcher de dire que les personnes de la suite de Napoléon auraient servi leur maître d'une manière plus efficace, en s'efforçant d'arranger, avec sir Hudson Lowe, tout ce qui était un sujet de discussion, plutôt que de tout aggraver par leurs propres querelles avec le gouverneur et ses aides-de-camp, et d'exciter les passions de leur maître par les leurs. Mais, quoiqu'une telle conduite eût été plus désirable, il est impossible de ne pas avouer que l'autre était plus naturelle. Les généraux Bertrand, Montholon et Gourgaud étaient des militaires d'une grande réputation, qui, s'étant avancés sous les yeux de Napoléon, avaient vu leurs lauriers croître avec les siens. Aux jours de l'adversité, ils l'avaient honorablement suivi dans son exil, et partageaient alors avec lui sa solitude et ses tourmens. On ne doit donc pas s'étonner que, fatigués de la vie isolée et peu libre qu'ils menaient, exaspérés à chaque nouvelle contrariété qui semblait ajouter à la misérable position de leur maître, ils fussent plus disposés à exciter l'esprit d'inimitié qui se manifestait des deux côtés, qu'à apaiser, par leur médiation, des différends qui pouvaient rendre Napoléon plus irritable et encore plus malheureux, mais qui, sous aucun point de vue, ne pouvaient lui procurer ni adoucissement, ni paix, ni même aucun respect.

Nous aurions été plutôt en droit d'espérer que Napoléon, par le rôle important qu'il avait joué dans le monde, par l'étendue de son génie, et par cet orgueil qui naissait de la conscience de ses talens, se serait montré un peu plus indifférent sur des objets de pure étiquette et de cérémonial; qu'il aurait eu plus de confiance dans sa propre dignité, et un noble mépris du changement que la fortune avait produit sur tout ce qui l'entourait : nous pouvions espérer qu'un homme dont la supériorité intellectuelle était si grande sur ses semblables, aurait été le dernier à vouloir retenir avec empressement les restes des habits somptueux dont l'adverse fortune l'avait dépouillé; nous aurions voulu le voir renoncer à une étiquette qui, si elle avait été observée à son égard, ne l'eût été que par compassion : selon nous, ce conquérant, tant de fois victorieux, devait croire, même alors qu'on l'eût provoqué, qu'il était indigne de lui de faire une guerre de paroles avec le gouverneur d'une petite île de l'Atlantique; guerre dans laquelle il n'employait d'autres armes que des invectives, et qui lui fit déroger tellement à son noble caractère, qu'on le vit s'engager le premier dans un débat aussi honteux. Un si haut personnage aurait dû prévoir, à ce que nous supposons, que non seulement le calme et la patience, dans des maux inévitables, sont les moyens les plus nobles de les supporter, mais que même, par rapport à sa liberté, une telle conduite eût été la plus sage, puisqu'elle était la plus politique. Tous les peuples de l'Europe et particulièrement les Anglais, se seraient bien plus promptement réunis dans le vœu de le voir sortir du lieu de sa captivité, s'il l'eût supportée avec une résignation philosophique; tandis que, dans l'étroite sphère où il était placé, il montrait encore ce caractère de turbulence et d'intrigue qui, après avoir si long-temps troublé l'Europe, s'épuisait dans ces dernières hostilités. Mais le plus orgueilleux et le plus vain des hommes est comme l'image que le monarque assyrien vit dans un songe, image formée de différens métaux, des plus vils comme des plus précieux, et mêlant ce qui est fragile, faible et sans consistance avec ce qu'il y a de plus durable et de plus fort. Napoléon, semblable à plusieurs empereurs et au plus grand nombre des héros qui l'ont précédé, succomba victime de ses propres passions, après avoir vaincu des nations entières, et devint, dans son exil, la proie des petites colères qui l'aigrissaient jusqu'à la fureur, qui affectèrent sa santé, et qui même consumèrent sa vie, tandis qu'il aurait dû se soumettre, avec une patience pleine de dignité, au sort que ses revers avaient rendu inévitable. [1]

[1] L'auteur voudrait persuader ici que Napoléon mourant des ennuis de sa captivité, commit une espèce de suicide en s'abandonnant à ses regrets. (*Édit.*)

CHAPITRE VII.

Manière de vivre de Napoléon. — Comment il passait ses journées. — Ses vêtemens. — Des fragmens de mémoires qu'il dictait à MM. Gourgaud et Montholon. — Son goût en littérature lui fait admirer Ossian. — Sa prédilection pour le théâtre. — Il préfère Racine et Corneille à Voltaire. — Il n'aime pas Tacite. — Son apologie du caractère de César. — Sa conduite envers les personnes de sa maison. — Ses amusemens et ses exercices. — Son opinion sur sir Pulteney Malcolm. — Ses relations avec les habitans de Sainte-Hélène et ceux qui visitent l'île. — Entrevue avec le capitaine Basil-Hall, avec lord Amherst et les Anglais attachés à l'ambassade de Chine.

Les disputes fâcheuses et peu honorables que nous avons rapportées dans le chapitre précédent, forment malheureusement les événemens les plus remarquables des dernières années de la vie de Napoléon. Pendant cinq ans et sept mois qu'il passa dans l'île de Sainte-Hélène, la triste uniformité de sa vie fut rarement variée par d'autres circonstances que celles qui affectaient son caractère ou sa santé. Nous avons parlé des causes générales qui influèrent sur son humeur, nous dirons quelque chose des autres. L'objet que nous nous proposons maintenant est de donner un aperçu de ses habitudes domestiques pendant qu'il occupait sa triste et solitaire habitation.

La vie de Napoléon, jusqu'au moment où sa santé commença à chanceler, fut la plus régulière et la plus monotone possible. N'ayant plus un sommeil profond, par suite peut-être de l'habitude qu'il avait prise, lorsqu'il tenait le timon de l'État, de ne donner aucun temps fixe au repos, l'heure de son lever était fort incertaine, parce qu'elle dépendait du sommeil qu'il avait goûté pendant la nuit. Il s'ensuivit de cette irrégularité de sommeil, que, pendant la journée, il s'endormait pendant quelques minutes soit dans son fauteuil, soit sur sa chaise longue. Son valet-de-chambre favori, Marchand, lui faisait la lecture lorsqu'il était au lit et jusqu'à ce qu'il s'endormît, le meilleur remède peut-être pour cette espèce de pensées sans cesse renaissantes, qui devaient si souvent troubler une existence si singulière et si triste à la fois. Aussitôt que Napoléon sortait du lit, il commençait à dicter à l'un de ses généraux, soit Montholon, soit Gourgaud, et retraçait les passages de sa vie remarquable, dont il désirait que le souvenir fût conservé, ou, si le temps le permettait et qu'il en eût la fantaisie, il montait à cheval pendant une heure ou deux. Il déjeunait quelquefois dans son appartement, avec quelques personnes de sa maison, généralement vers dix heures, et presque toujours à la fourchette. Il passait la matinée soit à lire, soit à dicter à quelqu'un des siens, et vers deux ou trois heures il recevait les personnes qui avaient la permission de le voir. Une promenade en voiture ou à cheval succédait à cette espèce de *lever*, et alors il était accompagné de toutes les personnes de sa suite. Leurs chevaux, qu'on avait fait venir du cap de Bonne-Espérance, étaient d'une bonne race et de belle apparence. Au retour de la promenade, il lisait ou faisait reprendre la plume à son secrétaire jusqu'au dîner, qui avait ordinairement lieu vers huit heures du soir. Il préférait une nourriture simple, mangeait beaucoup et de très bon appétit; il buvait quelques verres de Bordeaux, principalement pendant son dîner. Quelquefois il demandait du Champagne, mais sa sobriété était telle, qu'un verre de ce vin généreux colorait aussitôt son visage. Aucun homme ne paraît avoir été moins sujet que Napoléon à l'influence de ces goûts déréglés qui dégradent l'esprit humain. Il ne touchait jamais à plus de deux plats, et prenait ensuite une tasse de café. Après dîner, les échecs, les cartes, de la poésie légère lue à voix haute pour l'agrément de sa société, ou une conversation générale à laquelle les dames prenaient quelquefois part, servaient à abréger le temps jusqu'à dix ou onze heures du soir, heure à laquelle il se retirait dans son appartement et se couchait aussitôt.

Nous pouvons ajouter à ce précis des habitudes suivies de Napoléon, qu'il était très attentif aux soins de sa toilette. Il paraissait ordinairement le matin revêtu d'une robe de chambre blanche, avec un large pantalon à pieds, un madras rouge à raies autour de sa tête, et le col de sa chemise tout ouvert. Lorsqu'il était habillé, il portait un uniforme de couleur verte, très simple et sans ornement, et semblable à ceux qui faisaient remarquer le souverain au milieu des brillantes parures des Tuileries; un gilet blanc, des culottes blanches ou de nankin, des bas de soie et des souliers avec des boucles d'or, un col noir, un chapeau à cornes, orné d'une très petite cocarde tricolore, ainsi qu'on le voit représenté sur toutes les gravures et caricatures. Lorsqu'il était en grande toilette, il portait ordinairement le ruban et la grand'croix de la Légion d'Honneur.

Telles étaient les habitudes de Napoléon, et lorsqu'on en a une idée générale, l'imagination ne saurait s'y arrêter long-temps. Les momens qu'il employait à dicter excitent seuls notre curiosité, et nous font désirer de connaître comment il trouvait le moyen de remplir tant de pages et d'y consacrer tant d'heures. Les fragmens sur des sujets militaires, qu'il dicta tantôt au général Gourgaud, tantôt au général Montholon, ne sont pas assez volumineux pour le temps qu'il passait à dicter; et alors même que nous y ajouterions le nombre des brochures et des ouvrages qui sortirent de Sainte-Hélène, nous aurions encore lieu de croire qu'il y a des manuscrits qui n'ont pas vu le jour; ou que Napoléon composait lentement, et cherchait péniblement ses expressions. Cette dernière conjecture semble la plus probable, car les Français sont particulièrement scrupuleux sur ce point, et Napoléon ayant été empereur, devait bien savoir que les critiques seraient pour lui sans pitié.

Les ouvrages avoués par lui, quoique simplement des fragmens, sont extrêmement intéressans sous le point de vue militaire; ceux dans lesquels il parle des campagnes d'Italie renferment d'importantes leçons sur l'art de la guerre. Le mérite politique de ces fragmens est loin d'être aussi réel. Gourgaud les a justement appréciés lorsque, interrogé par le baron Sturmer, qui demandait si Napoléon écrivait son histoire, il répondit : « Il écrit des fragmens sans liaison, qu'il ne finira même jamais. Lorsqu'on lui demande pourquoi il ne mettrait pas l'histoire en possession du fait entier, il répond qu'il vaut mieux laisser quelque chose à deviner que d'en dire trop. Il semble aussi que, ne considérant pas sa destinée extraordinaire comme accomplie, il se refuse à détailler des plans qui n'ont point été exécutés, et qu'il pourrait un jour reprendre avec plus de succès. » On pourrait ajouter, à ces motifs des lacunes et des imperfections de son histoire, qu'une narration fidèle et sans réserve aurait été dangereuse pour un grand nombre des acteurs qui avaient paru dans les scènes sur lesquelles il laissait de temps en temps retomber le rideau. Il est évident que, par système, Napoléon a peint ses ennemis, et plus particulièrement ceux qui avaient été autrefois ses adhérens, des couleurs les plus odieuses, afin de les rendre criminels aux yeux des puissances qu'ils flattaient alors ; mais que le même principe le porta à épargner ses amis, et à ne fournir aucune arme contre eux, en rappelant les efforts qu'ils firent en sa faveur, ainsi qu'à ne donner aucun motif qui leur ôtât à l'avenir le pouvoir de lui rendre service s'ils étaient en position de le faire.

Ces considérations arrêtèrent la plume de l'écrivain ; on peut dire avec vérité que jamais homme qui écrivit autant sur sa propre vie, et dont la carrière fournit tant d'événemens singuliers et importans, n'a si peu appris sur lui-même, qui ne fût point connu auparavant par d'autres sources. Mais le présent n'en est pas moins précieux, car on retire souvent autant d'instruction du silence que des assertions de celui qui aspire à être son propre biographe; et l'apologie d'une vie remarquable, bien qu'écrite avec partialité, en apprend quelquefois autant au lecteur que l'aveu sincère des fautes et des erreurs, aveu qu'on obtient rarement des hommes qui écrivent eux-mêmes leur histoire.

Les mémoires de Napoléon et ses pamphlets polémiques contre sir Hudson Lowe, semblent avoir été sa plus importante occupation à Sainte-Hélène, et probablement aussi sa principale distraction. On ne pouvait pas s'attendre que, malade et malheureux, il pût s'appliquer à l'étude, alors même que les travaux de sa jeunesse lui en eussent facilité les moyens. On doit se ressouvenir que toute son éducation fut faite à l'école militaire de Brienne, où il montra un goût prononcé pour les sciences. Mais l'étude des mathématiques et de l'algèbre fut sitôt appliquée à ses vues militaires, que l'on peut mettre en doute qu'il eût jamais l'envie de s'adonner à la recherche des vérités abstraites pour elles-mêmes. Les résultats pratiques furent si long-temps le seul but de ses recherches, qu'il cessa de s'occuper des théories lorsqu'il n'eut plus de siéges à former, de manœuvres compliquées à combiner, de grand but militaire à obtenir par la science de la guerre; quand, enfin, il ne s'agissait plus pour lui que de la discussion d'un vain problème.

On ne saurait mettre en question le goût de Napoléon pour la littérature, mais il n'eut jamais assez de loisirs pour la cultiver, ou pour perfectionner son jugement sur de semblables matières. La recommandation qui le désigna, en 1783, comme étant propre à entrer à l'École militaire de Paris, le disait passablement instruit sur l'histoire et la géographie, et très peu avancé dans les autres branches de l'éducation, surtout dans le latin. Il rejoignit à dix-sept ans le régiment de La Fère, et perdit ainsi toute chance de perfectionner son éducation d'une manière régulière. Il lut cependant beaucoup, mais comme tous les jeunes gens, sans faire de choix, et plutôt pour s'amuser que pour s'instruire. Avant qu'il fût arrivé à cette époque plus avancée à laquelle un jeune homme doué des mêmes talens, et surtout d'une mémoire aussi prodigieuse, songe ordinairement à classer dans son esprit tout ce qu'il a recueilli de ses premières lectures, les troubles de la Corse, et peu après le siége de Toulon, le transportèrent sur le vaste théâtre de la guerre et de la politique, qui devinrent ses seuls élémens jusqu'à l'époque de sa vie où nous sommes arrivés.

Il suppléait au manque de connaissances positives dont nous avons déjà parlé, comme font la plupart des hommes habiles, en causant avec des personnes instruites et capables de communiquer leur instruction. Personne ne fut jamais aussi adroit que Napoléon à tirer des individus l'espèce de connaissance que chacun d'eux était le plus propre à fournir; et dans plusieurs occasions, pendant qu'il agissait ainsi, il parvenait à cacher son ignorance, même des choses qu'il désirait le plus ardemment de savoir. Malgré l'habileté avec laquelle il acquérait de cette façon la connaissance des faits et des résultats, il était impossible qu'il se rendît maître, aussi facilement, des principes généraux et de leurs rapports avec les conséquences qui en découlaient.

Mais, quoique Napoléon pût acquérir par la conversation l'espèce d'instruction qu'il désirait, et quoique cette connaissance ainsi obtenue lui fût d'une utilité immédiate dans sa vie publique, cela ne suffisait pas pour le ramener à ces études plus légères, si intéressantes pour la jeunesse, et dont, plus avancé en âge, on s'occupe plus difficilement. Jamais il n'avait épuré son goût pour la littérature, mais il avait conservé de l'admiration pour Ossian et quelques autres ouvrages qui avaient captivé sa première attention. Le ton déclamateur, la redondance du style, et le caractère exagéré des poésies attribuées au barde celtique, séduisent de très jeunes gens; mais Napoléon aima ces défauts jusqu'aux derniers jours de sa vie, et dans plusieurs de ses proclamations et de ses bulletins on remarque l'usage de ces expressions hyperboliques qui passent pour sublimes dans le jeune âge, et qui sont rejetées par le goût lorsque la raison l'a formé. On doit dire, pour justifier la passion de Napoléon pour Ossian, que la traduction italienne par Cesarotti est un des plus beaux modèles de la langue toscane : cet ouvrage était toujours avec lui.

Les livres d'histoire, de philosophie ou de morale, n'étaient guère ceux auxquels on avait recours pour les lectures de Longwood. Les seuls ouvrages de ce genre pour lesquels Napoléon montrait une grande prédilection, étaient ceux de Machiavel et de Montesquieu, que sans doute il ne devait pas préférer pour une lecture faite à voix haute. Tacite, qui présente de si près le miroir aux yeux des souverains, lui inspirait presque de l'aversion, et il en parlait rarement sans le critiquer et montrer combien peu il lui plaisait; ainsi le malade déteste souvent jusqu'à la vue de la médecine la plus salutaire. On cherchait quelquefois à trouver une distraction dans la lecture des romans français; mais les habitudes d'ordre et de décence de Napoléon rendaient leur frivolité et leur manque de délicatesse intolérables pour une telle société. [1]

Il restait une branche de littérature, de laquelle la société de Longwood tirait plus de ressources. Les pièces de théâtre formaient une partie considérable des lectures que Napoléon faisait faire pour charmer les heures pénibles de sa captivité. Ce choix témoigne qu'il avait conservé le goût dominant des Français, qui vont volontiers à un spectacle, quel qu'il soit, pour remplir le vide entre le dîner et les réunions du soir. Ne pouvant plus voir son acteur favori, Talma, Napoléon se faisait lire les chefs-d'œuvre auxquels il lui avait vu donner la vie. On dit qu'il lisait lui-même avec goût et

[1] L'auteur fait sans doute allusion aux romans de l'époque de Louis XV, mais Napoléon trouva dans quelques fictions modernes d'agréables délassemens. Il voulut lire surtout les ouvrages de Charles Nodier, et il existe un exemplaire de *Jean Sbogar* annoté de sa main. (*Édit.*)

chaleur, ce qui s'accorde avec les traditions qui nous le représentent comme ayant aimé très jeune le théâtre. C'était dans les discussions qui suivaient ces lectures, et que M. Las-Cases a conservées avec tant de soin, que Buonaparte déployait son talent pour la conversation, et exprimait son goût particulier et ses opinions.

Corneille et Racine étaient à un bien plus haut rang dans son esprit que Voltaire; il paraît qu'il y avait une bonne raison pour cela. Corneille et Racine écrivirent leurs immortels ouvrages sous l'influence de la cour, et sous les ordres du plus despotique des monarques, Louis XIV. Leurs productions, par conséquent, ne contiennent rien qui puisse blesser l'oreille du souverain le plus susceptible; et, suivant la phrase du roi de Danemarck, « ils n'ont rien qui puisse prêter à offense. »[1]

Avec Voltaire, c'est tout différent. L'esprit énergique et scrutateur, qui bientôt après amena la révolution française, s'était fait jour de son temps; et, bien qu'il ignorât jusqu'où cet esprit pouvait conduire, le philosophe de Ferney n'en était pas moins son prosélyte. Il

[1] Pour appliquer cette expression d'Hamlet à Corneille et à Racine, l'auteur perd de vue la franchise républicaine de plusieurs rôles du premier, et les sévères leçons que le second donne quelquefois aux rois. (*Édit.*)

existe dans ses ouvrages des passages qui auraient pu prêter à des allusions sur les vicissitudes de l'histoire contemporaine, sur le caractère despotique du gouvernement impérial, et sur ces rêves de liberté qui s'étaient évanouis sous l'influence du sabre. Sous ce rapport, Voltaire, dont les compositions rappelaient des souvenirs et des comparaisons pénibles, ne pouvait être l'auteur favori de Napoléon. *Mahomet,* surtout, était celle des pièces de Voltaire qu'il aimait le moins; il avouait en même temps son respect pour l'imposteur oriental, et reprochait au poète de l'avoir mal représenté. Peut-être reconnaissait-il secrètement une certaine ressemblance entre sa carrière et celle du jeune conducteur de chameaux, qui, s'élevant tout à coup au-dessus de l'humble situation où le ciel l'avait fait naître, devint à la fois le conquérant et le législateur de tant de nations. Peut-être aussi se rappelait-il ses proclamations d'Égypte, dans lesquelles il avait pris le caractère d'un fidèle musulman, ce qu'il avait justement nommé du *charlatanisme,* en ajoutant, il est vrai, que c'était du charlatanisme noble et élevé.

Napoléon défendait aussi le caractère de César. Le général français ne pouvait être indifférent pour le dictateur romain. Comme lui,

César s'était d'abord fait connaître par ses victoires sur les ennemis de la république, avait mis fin aux débats des patriciens et des plébléiens, en réduisant les deux partis sous sa seule domination; et, comme lui, il se serait fait proclamer leur souverain, même sous le titre proscrit de roi, s'il n'eût point été prévenu par une conspiration; enfin, César, lorsqu'il eut conquis son propre pays, ne songeait à rien moins qu'à étendre cet empire, déjà trop vaste, sur les régions éloignées des Scythes et des Parthes. A l'égard de leurs personnes, la différence était très grande; car Napoléon ne s'était jamais livré à la débauche et à la sensualité du dictateur, et nous ne retrouvons pas en lui les talens qui distinguaient Jules César comme auteur, ni cette douceur et cet oubli des injures qui le faisaient aimer comme homme.

Toutefois, quoique Napoléon se livrât quelquefois à des ressentimens auxquels César eût rougi de se laisser aller, ses relations avec les gens qu'il affectionnait étaient pleines d'amabilité. Il est vrai que, déterminé comme il était à rester empereur dans Longwood et son petit domaine, il exigeait que les personnes de sa suite observassent envers lui cette étiquette sévère qui distinguait la cour des Tuileries; et pourtant, il leur permettait de pousser la liberté jusqu'à ne pas être de son avis, et à le contredire au point d'oublier le respect qui lui était dû. Il semblait qu'il eût fait une distinction entre leur devoir comme sujets, et leurs priviléges comme amis. Ils restaient tous debout et découverts en sa présence, et même la personne qui jouait avec lui aux échecs demeurait quelquefois ainsi plusieurs heures sans s'asseoir. Mais leur échange de pensées et de sentimens était celui d'hommes libres causant avec un supérieur et non pas un despote. Le capitaine Maitland fait mention d'une légère dispute qui eut lieu entre Napoléon et le général Bertrand. Celui-ci s'était follement imaginé que les terrains et l'établissement de Blenheim coûtaient d'entretien 30,000 guinées par an, ou quelque somme aussi extravagante. Napoléon, meilleur calculateur, vit que cela n'était pas possible. Bertrand insistait sur son assertion; Buonaparte répondit avec vivacité : « Bah! c'est impossible — Oh! dit Bertrand très offensé, si vous répliquez de cette façon, cela met fin à toute discussion »; et pendant quelque temps il ne voulut plus causer avec lui. Loin d'en être piqué, Buonaparte fit tout ce qu'il put pour l'adoucir et lui rendre sa bonne humeur, ce qui ne lui fut pas difficile.

Mais si Napoléon tolérait de pareilles libertés jusqu'à l'abus, il se réservait le privilége royal de choisir le sujet de la conversation et de la diriger; de manière que, à beaucoup d'égards, il semblait qu'ayant perdu le pouvoir réel, il en était devenu plus attaché que jamais à l'observation de son cérémonial monotone, fatigant et sans profit. Il pouvait y avoir en cela une raison autre que celle de satisfaire son esprit habituel de domination. Les personnes qui habitaient Longwood avaient suivi Napoléon par les plus purs motifs, et il n'y avait sûrement aucune raison de croire que leur résolution pût chanceler ni leur respect diminuer; et cependant, leur situation mutuelle plaçait dans une si étroite familiarité le souverain détrôné et ceux qui naguère étaient ses sujets, qu'elle pouvait peut-être faire naître, sinon le mépris, du moins un certain degré de liberté inconvenant, qu'on ne pouvait prévenir qu'en lui opposant les barrières de l'étiquette.

Revenons aux amusemens de Napoléon : la musique n'était pas du nombre de ceux qu'il recherchait. Quoique né Italien, et ayant l'oreille passablement musicale, du moins autant qu'il lui était nécessaire pour fredonner un air, il n'avait pas cultivé la musique, et ne paraît pas avoir eu cet enthousiasme naturel qui caractérise les Italiens ; on sait même qu'il fit cesser en Italie les moyens cruels jusqu'alors en usage dans ce pays pour se procurer de belles voix.

Ainsi que Denon l'a avoué avec peine, Napoléon n'était ni juge ni même amateur de peinture. Il prétendait se connaître en sculpture. Il y avait un tableau au Musée, devant lequel il avait coutume de s'arrêter, disant que c'était le sien, et qu'il ne permettrait pas que son ancien propriétaire, le duc de Modène, le rachetât à quelque prix que ce fût.[1]

Il donnait tant de valeur à ce tableau, non pas à cause de son mérite, quoique ce fût un chef-d'œuvre, mais parce qu'il l'avait donné au Musée, au prix d'un grand sacrifice. Il faisait peu d'attention aux autres tableaux qui formaient cette immense collection, quel que fût leur mérite. Souvent il choqua les admirateurs de cet art, par le mépris qu'il montrait pour la durée des tableaux. Entendant une fois dire d'une peinture du plus grand prix qu'elle ne durerait pas plus de cinq à six cents ans, il s'écria : « Bah! voilà une belle immortalité! » Toutefois, grâce aux avis de Denon et de plusieurs autres savans, Napoléon se fit une haute réputation

[1] Voyez vol. III, page 179.

comme protecteur des arts. Ses médailles ont été surtout admirées, et elles méritent de l'être.[1]

Quant à l'exercice que Napoléon prenait à Sainte-Hélène, pendant tout le temps que sa santé fut bonne, il marchait souvent, et ne craignait pas les chemins escarpés, rudes et dangereux. Quoiqu'il y eût un peu de gibier dans l'île, il ne prit jamais le plaisir de la chasse. Il ne paraît pas même qu'il ait jamais beaucoup aimé cet exercice, quoique, lorsqu'il était empereur, il eût fait organiser l'établissement des chasses avec plus de magnificence et d'ordre qu'auparavant. On peut supposer qu'il prit ce divertissement de prince, ainsi qu'on l'appelle, plutôt par goût pour son appareil pompeux, que par amour pour la chasse elle-même. Nous mentionnerons ici, d'après ses propres paroles, le danger qu'il courut dans une chasse au sanglier. Ce tableau rappellera aux amateurs ceux de Rubens et de Schneider.

« Étant un jour à Marly, occupé à chasser le sanglier, dit l'Empereur, je restai ferme à ma place, avec Soult et Berthier, contre trois énormes sangliers qui s'élancèrent sur nous jusqu'au canon de nos fusils. Tous les chasseurs

[1] Voyez l'Histoire numismatique de Napoléon, par M. Millin, in-4°, avec fig. chez Treuttel et Würtz. (*Édit.*)

avaient fui : c'était une déroute complète. Nous tuâmes les trois sangliers; mais le mien m'égratigna, et manqua de m'emporter un doigt (on y voyait encore une profonde cicatrice). Ce qu'il y avait de plaisant, c'était de voir tous les chasseurs entourés de leurs chiens, se cachant derrière les trois héros, et criant de toutes leurs forces : « Au secours de l'Empereur ! sauvez l'Empereur ! » mais aucun ne s'approchait. »

Pendant que nous en sommes sur le sujet des exercices de Napoléon, nous citerons un autre danger que lui fit courir un amusement plus commun en Angleterre qu'en France. Il voulut un jour conduire une voiture; elle versa, et il fit une chute dangereuse. Joséphine et quelques autres personnes étaient dans la voiture. Les lecteurs anglais ne peuvent manquer de se souvenir qu'un accident pareil arriva à Cromwell, qui, comme le dit l'historien, parce qu'il pouvait gouverner trois nations, supposa qu'il pourrait conduire six chevaux pleins de vigueur dont on venait de lui faire présent; n'étant pas plus adroit que ne le fut depuis Napoléon, il renversa la voiture à la grande peur du secrétaire Thurlow, qu'il avait fait mettre dans l'intérieur, exposé au double risque que lui firent courir cette chute et l'explosion d'un pistolet qu'il portait toujours sur lui. La seule observation de Buonaparte fut : « Je crois que tout homme doit s'en tenir à son métier. »

La principale ressource de Napoléon à Sainte-Hélène était la société et la conversation, et il n'en pouvait guère jouir qu'avec les personnes de sa suite : ceci n'aurait pas eu lieu s'il avait été capable de commander à son caractère, que de grands malheurs n'avaient point altéré, et qui semblait alors céder à des mortifications et à de petites querelles.

Le gouverneur et les personnes soumises à son autorité étaient naturellement exclus de la société de Longwood, par suite de la mésintelligence qui régnait entre Napoléon et sir Hudson Lowe. Parmi les officiers des régimens qui étaient dans l'île, il devait se trouver des hommes instruits, qui, ayant servi dans les dernières guerres, auraient sûrement fourni quelque distraction à l'Empereur et à sa suite ; mais en général ils ne fréquentaient pas Longwood. Le docteur O'Meara dit que le gouverneur avait exercé son influence, pour empêcher les officiers de cultiver la connaissance des Français ; inculpation repoussée par sir Hudson Lowe, comme une calomnie qui a été réfutée par les déclarations des officiers du cinquante-troisième eux-mêmes. Tout en admettant que de telles intimations n'aient point été faites aux officiers anglais, il était naturel que des militaires n'aimassent pas à aller dans un lieu où ils étaient sûrs d'entendre traiter avec le plus grand mépris non seulement l'officier qui les commandait, mais leur pays et leur gouvernement, sans qu'il y eût aucun moyen d'en faire rendre raison à celui qui s'exprimait ainsi.

Le rang et le caractère de sir Pulteney Malcolm, qui commandait l'escadre en station, le mettaient au-dessus des considérations qui pouvaient influencer les officiers de l'armée de terre ou de mer. Il visita fréquemment Napoléon, qui le vante beaucoup. Ayant l'avantage d'avoir en sir Pulteney un ami véritable, nous pouvons assurer que l'éloge était bien mérité; et Napoléon le fit d'autant plus volontiers, que cet éloge lui fournissait l'occasion de décharger sa bile, en faisant contraster la conduite de l'amiral avec celle du gouverneur, d'une façon très défavorable pour ce dernier. Nous le transcrivons ici néanmoins pour prouver que Buonaparte savait dans l'occasion rendre justice et apprécier le mérite même dans un Anglais.

Il disait qu'il avait vu le nouvel amiral: « Ah! voilà un homme dont l'abord est agréable, ouvert, franc et sincère. C'est là le visage d'un véritable Anglais; ses traits font deviner son cœur, je suis sûr que c'est un brave homme;

je n'en ai jamais vu dont je me sois formé une bonne opinion aussi vite que de ce beau vieillard à l'air militaire ; il porte la tête droite, et dit ouvertement ce qu'il pense sans avoir peur de vous regarder en face. Sa physionomie fait désirer à chacun de le connaître davantage ; elle donnerait de la confiance au plus soupçonneux. »

Ce qui recommandait aussi sir Pulteney Malcolm auprès de Napoléon et lui en faisait prendre une idée très favorable, c'est qu'il n'avait rien à voir aux restrictions qui étaient imposées au prisonnier, et qu'il n'avait le pouvoir ni de les changer ni de les annuler. Il fut heureux aussi d'être capable par son caractère calme de repousser le langage violent de Buonaparte, sans lui accorder que ses plaintes fussent justes, ou sans lui déplaire par des contradictions. « Votre gouvernement, dit un jour Napoléon à l'amiral anglais, a-t-il l'intention de me retenir sur ce roc jusqu'au jour de ma mort ? — Je suis fâché de vous dire que je crains, monsieur, que tel soit son projet. — Alors le terme de ma vie arrivera bientôt, dit Napoléon. — J'espère que non, monsieur, répondit l'amiral ; j'espère que vous vivrez assez de temps pour écrire vos grandes actions qui sont si nombreuses, que cette tâche vous assure une longue vie. » Napoléon s'inclina, et chez lui probablement le héros et l'écrivain furent satisfaits. Néanmoins, avant que sir Pulteney Malcolm eût quitté l'île, et pendant qu'il cherchait à justifier le gouverneur sur quelques accusations injustes que Napoléon se plaisait à reproduire, celui-ci en appela de son jugement : «Vous êtes trop Anglais, lui dit-il, pour être impartial quand il s'agit d'un Anglais.» Ils se quittèrent de la meilleure intelligence possible, et Napoléon exprima souvent depuis le plaisir que la société de sir Pulteney Malcolm lui avait procuré.

Les colons de Sainte-Hélène n'offraient pas, on peut le supposer, un grand nombre d'individus, que leur rang ou l'éducation rendissent dignes d'être admis dans la société de l'exilé. Ils étaient d'ailleurs sous les mêmes circonstances pénibles qui empêchaient les officiers anglais de communiquer avec Longwood et ses habitans. Le gouverneur était-il mécontent des assiduités trop fréquentes de quelque individu, ou en concevait-il quelque soupçon, il avait le pouvoir, et, suivant les insulaires, il ne manquait pas d'inclination, de faire sévèrement éprouver son ressentiment. M. Balcombe cependant, qui avait la charge de pourvoyeur, visitait quelquefois Longwood, avec deux ou trois autres habitans de l'île. La correspondance entre les Français prisonniers et les insulaires se faisait au moyen des domestiques français, qui avaient le privilége de visiter James-Town aussi souvent qu'il leur plaisait, sans inspirer de soupçons ; mais la société de Longwood ne gagna rien au commerce avec James-Town, si ce n'est que la facilité des communications au-dehors en fut considérablement augmentée pour les exilés. Leur correspondance fut surtout favorisée par la route de Bahia, et il est certain qu'ils réussirent à envoyer beaucoup de lettres en Europe, quoiqu'on ne pense pas qu'ils aient été aussi heureux pour les réponses.

On aurait pu espérer que la société de Longwood s'accroîtrait par la résidence de trois personnages éminens, les commissaires de l'Autriche, de la Russie, et de la France, dont deux avaient leur famille. Mais ici le cérémonial interposa une de ces barrières qui sont ou réelles ou de convention, suivant l'opinion de ceux entre qui elles sont élevées. Les commissaires des puissances alliées demandèrent à être présentés à Napoléon. Il refusa de les recevoir sous leur titre officiel, récusant le droit qu'avaient les princes de l'Europe d'intervenir dans la garde de sa personne. Les commissaires voyant désavouer leur fonction publique, refusèrent de communiquer avec Longwood, comme particuliers. Ainsi, trois personnes que leurs habitudes sociales eussent rapprochées de l'exilé et des gens de sa maison, furent exclues de cette solitude.

La société de Sainte-Hélène reçoit momentanément une grande augmentation, lorsque les vaisseaux s'y arrêtent dans leur passage aux Indes, ou à leur retour en Europe. Tous les passagers étaient désireux de voir un personnage aussi célèbre que Napoléon; et il pouvait s'en trouver quelquefois qu'il avait lui-même du plaisir à recevoir. Le réglement de ces visites à Longwood semble avoir été du petit nombre des articles du système général sur lesquels Napoléon n'éleva aucune plainte. Il répugnait naturellement à satisfaire la vaine curiosité des étrangers, et les réglemens le protégeaient efficacement contre leurs visites. Toutes les personnes qui désiraient voir Napoléon étaient obligées de s'adresser en premier lieu au gouverneur; celui-ci transmettait leurs noms au général Bertrand comme grand-maréchal de la maison de Napoléon, qui lui communiquait la réponse, et, si elle était favorable, il assignait l'heure à laquelle il recevrait.

Napoléon désirait, particulièrement dans ces occasions, que l'étiquette impériale fût observée, tandis que le gouverneur, au contraire, enjoignait strictement à ceux qui le visitaient, de ne pas aller au-delà de ce qui était dû à un général de distinction. Si donc, comme il arrivait quelquefois, la présentation avait lieu en plein air, les Français de la suite de Buonaparte restaient découverts, tandis que les Anglais remettaient leurs chapeaux après les premiers saluts. Napoléon comprit combien cette chose était inconvenante, et donna des ordres à ses compagnons d'exil pour imiter les Anglais en ce point. On dit qu'ils n'obéirent pas sans scrupules et sans murmures.

Ceux qui étaient admis à rendre leurs devoirs à Longwood, étaient principalement des personnes de grande naissance, des officiers distingués dans l'armée et la marine, des savans à qui il faisait grand accueil, ou des voyageurs des contrées étrangères, qui lui rendaient, par leurs relations, le plaisir qu'ils recevaient d'être admis en la présence d'un si grand homme. Plusieurs de ceux qui jouirent de ces entrevues, en ont publié la relation, et nous avons vu le manuscrit des autres. Tous s'accordent à louer la bonne grâce, la dignité, et l'air de bienveillance que Napoléon montrait dans ces réceptions, et qui permettaient à peine aux spectateurs de croire que surpris jamais par un accès de colère, ou choisissant quelqu'un pour l'en accabler à dessein, il pût être ce despote emporté et farouche que dénonçaient d'autres récits. Il posait généralement ses questions avec beaucoup de tact, de manière à mettre à l'aise celui qu'il interrogeait, en amenant le sujet qu'il possédait le mieux, pour lui donner l'occasion d'émettre quelque idée nouvelle et remarquable sur l'objet spécial de ses connaissances.

Le journal de Basil Hall, capitaine de la marine royale, bien connu par ses talens dans sa profession et dans les lettres, fournit un exemple intéressant de ce que nous avons tâché de faire connaître, et en même temps il donne de curieux détails sur l'étonnante mémoire de Buonaparte. Il reconnut sur-le-champ le nom du capitaine Hall, parce qu'il avait vu son père, le baronnet sir James Hall, à l'école de Brienne que ce gentilhomme était allé visiter, conduit par le seul amour de la science. Buonaparte expliqua comment il avait pu reconnaître un simple particulier pour s'être rencontré un instant avec son père: «Ce n'est point étonnant, dit-il au capitaine, votre père était le premier Anglais que j'eusse jamais vu, c'est pourquoi j'en ai gardé le souvenir toute ma vie.» Il fit beaucoup de questions sur la Société royale d'Édimbourg, dont sir James avait été long-temps président. Puis il vint à parler de l'île de Loo-Choo récemment découverte. Le capitaine Hall donne des détails si intéressans sur toutes les questions que lui fit Buonaparte, que nous craindrions de leur ôter ce qu'ils ont de curieux en essayant de les abréger.

« Après avoir déterminé la situation de l'île, il me fit une foule de questions sur les habitans avec un ordre, je pourrais dire avec une rigueur d'investigation, dont je n'aurais pu me faire une idée. Ses questions n'étaient pas jetées au hasard, mais chacune avait un rapport très précis avec la précédente, ou avec celle qui allait suivre. Je me sentis bientôt tellement mis à jour devant lui, qu'il m'eût été impossible de dissimuler ou de déguiser la plus légère particularité. Telle était sa rapidité à saisir les objets intéressans, et son étonnante facilité à tout arranger en points de vue généraux, que quelquefois il prenait les devans sur moi, voyait ma conclusion avant que je l'eusse exprimée, et s'emparait lui-même du récit que j'étais chargé de lui faire.

« Plusieurs détails sur le peuple de Loo-Choo l'étonnèrent beaucoup, et j'eus la satisfaction de le voir plus d'une fois embarrassé, et ne pouvant expliquer ce que je lui rapportais. Ce qui le frappa davantage, ce fut que les habitans de cette île n'eussent point d'armes. « Point d'armes! s'écria-t-il, c'est-à-dire point de canons; ils ont des fusils? — Non, pas même de fusils, lui répondis-je. — Eh bien donc, des lances, ou au moins des arcs et des flèches? » Je lui dis qu'ils n'avaient rien de tout cela. « Ni poignards? » cria-t-il avec un accent extraordinaire. — Ni poignards, lui dis-je. — « Mais, reprit Buonaparte en serrant le poing et en élevant la voix au plus haut degré, mais, sans armes, comment se bat-on? »

« Je pus seulement lui répondre qu'autant que nous avions pu en juger, ils n'avaient pas de guerre, mais qu'ils vivaient dans un état continuel de paix au-dedans et au-dehors. « Point de guerre! » s'écria-t-il avec une expression dédaigneuse d'incrédulité, comme si un peuple qui existait sans faire la guerre lui eût paru la plus étrange, la plus inexplicable exception de la nature.

« C'est ainsi, mais avec moins d'émotion, qu'il ajouta peu de foi à ce que je lui dis que ces peuples ne connaissaient pas l'argent monnoyé, et qu'ils n'attachaient aucun prix à nos pièces d'or et d'argent. Il m'écouta expliquer ces faits, puis il rêva quelque temps se parlant à lui-même. « Quoi! disait-il, ils ignorent l'usage de la monnaie; ils sont indifférens à l'or et à l'argent? »

Dans le même moment, il leva les yeux et me demanda brusquement : « Comment donc avez-vous fait pour payer les taureaux et les précieuses provisions qui vous furent envoyées à bord par ce peuple, qui est bien le plus étrange qui soit au monde ? » Quand je lui dis que nous ne pouvions pas obtenir du peuple de Loo-Choo de recevoir aucune espèce de paiement, il exprima une grande surprise de leur générosité, et me fit répéter deux fois la liste des objets qui nous avaient été fournis par ces insulaires hospitaliers.

« La conversation continua, toujours aussi animée, et je pus observer la pénétration avec laquelle Buonaparte saisissait au passage tous les faits les plus curieux, malgré le désordre naturel de la conversation. » La misérable condition des prêtres à Loo-Choo fut un sujet sur lequel il insista sans en venir à aucune explication satisfaisante. Le capitaine Hall lui rendit sensible l'ignorance du peuple sur tout ce qui se passait dans le monde, excepté au Japon et à la Chine, en lui disant qu'ils ne savaient rien de la France et de l'Angleterre, et qu'ils n'avaient jamais entendu parler de Sa Majesté. A cette dernière preuve de l'état d'isolement du monde entier dans lequel vivait le peuple de Loo-Choo, Napoléon rit de tout son cœur. Pendant tout l'entretien, il attendait patiemment que l'on eût répondu à ses questions, s'informait avec curiosité de tout ce qui offrait quelque sujet d'intérêt, et il fit naturellement une impression très favorable sur l'esprit de l'intelligent voyageur.

« Je fus frappé, dit encore le capitaine Hall, en voyant Buonaparte, du peu de ressemblance qui existe entre lui et tous les portraits et bustes que j'en avais vus ; sa figure me parut plus large et plus carrée qu'elle ne l'est dans aucun de ses portraits ; sa corpulence, que l'on disait généralement être excessive, n'avait rien de remarquable ; il paraissait plutôt nerveux, et avait les os des articulations saillans. On ne voyait pas la moindre trace de couleurs sur ses joues : sa peau ressemblait plutôt à du marbre qu'à une peau ordinaire. On ne pouvait distinguer sur son front aucune apparence de rides ; aucune partie de son visage n'était sillonnée ; sa santé paraissait excellente ; son âme sereine, quoique dans ce temps on crût généralement en Angleterre qu'il souffrait d'une complication de maladies, et que la flamme de son génie l'avait entièrement quitté. Sa manière de parler était plutôt lente que rapide, et toujours parfaitement distincte. Il attendait avec beaucoup de patience et de bonté que j'eusse achevé mes réponses à ses questions; et il ne s'adressa au comte Bertrand qu'une seule fois dans toute la durée de la conversation. On ne pouvait soutenir l'expression brillante et quelquefois éblouissante de ses regards, non pas que cet éclat durât toujours; il était surtout remarquable quand il se trouvait excité par quelque sujet d'un intérêt particulier. Il n'est pas possible d'imaginer une expression plus douce, je dirais presque plus affectueuse et plus tendre que celle qui était sur ses traits tant que dura l'audience que j'obtins. Si dans ce temps-là il avait perdu sa santé, si son esprit avait déjà baissé, il faut croire que son pouvoir sur lui-même a été bien plus extraordinaire qu'on ne l'a supposé généralement, car toutes ses manières, sa conversation et l'expression de son visage indiquaient suffisamment la parfaite santé du corps et de l'esprit. »

Cette entrevue du capitaine Hall avec Napoléon eut lieu le 13 août 1817.

Dans cette entrevue, Buonaparte ne joua point de rôle, et montra ses qualités naturelles. Dans une autre occasion, le 1er juillet, lorsqu'il avait reçu lord Amherst revenant de la Chine avec les commissaires attachés à son ambassade, ses manières et sa conversation avaient été plus étudiées, plus contraintes, et son caractère plus emprunté. Il était évident qu'il avait un rôle à jouer, un rapport à faire, et des propositions à annoncer; non sans doute qu'il pensât semer du grain dans un sol stérile, mais il imaginait que le grain serait recueilli et emporté en Angleterre, où il prendrait racine dans la crédulité publique et porterait sept moissons; il se jeta dans une longue discussion politique, déclarant que la prépondérance de la Russie amenerait la destruction des États de l'Europe, et proclamant que les troupes françaises et anglaises méritaient seules d'être citées par leur discipline et leurs qualités morales. Aussitôt après, il mit les Anglais hors de combat à cause de la faiblesse numérique de notre armée de terre; et il répéta que si nous continuions à nous reposer sur nos forces militaires, nous exposerions notre prépondérance navale; alors il aborda son sujet favori, l'extrême négligence de lord Castlereagh, qui l'avait empêché de stipuler ou plutôt d'arracher un traité commercial avec la France, et d'exiger du Portugal le remboursement de nos avances: en disant cela, il paraissait faire abstraction des intérêts de son pays, et il disait tout avec une confiance calculée, pour faire croire à ses auditeurs qu'il était de bonne foi dans les doctrines extravagantes qu'il leur annonçait.

Il ne réussit point à faire impression sur lord Amherst ou sur M. Henry Ellis, troisième commissaire de l'ambassade, à qui était adressée une grande partie de cette sortie violente. Nous avons eu communication du journal particulier de ce diplomate, où il y a beaucoup plus de détails sur cette entrevue qu'on n'en trouve dans la relation de l'ambassade qui parut imprimée en 1817.[1]

Après avoir établi les prétendues fautes politiques de lord Castlereagh, Napoléon ne garda pas le silence sur ses propres griefs. Ce fut surtout dans sa conversation avec lord Amherst, qu'il insista avec une grande amertume sur la conduite de sir Hudson Lowe à son égard; mais il ne pensait pas convaincre quelqu'un du fondement de ses plaintes. Il parut au contraire à l'ambassadeur et aux diverses personnes de l'ambassade, que jamais aucun prisonnier d'importance n'avait moins souffert dans sa liberté personnelle que le dernier souverain de la France. M. Ellis, après avoir tout examiné lui-même, fut conduit à regarder ses plaintes au sujet du vin et des autres provisions, comme tout-à-fait indignes de considération, et à regretter

[1] Voyez, dans l'*Appendice*, ce qui a été dit de mieux et de plus authentique sur la conversation de Napoléon et sur sa manière de raisonner.

qu'un sujet de mécontentement réel ou supposé eût engagé un si grand homme à soutenir ces faux et misérables rapports. La maison de Longwood, considérée comme la résidence d'un souverain, était, de l'aveu de M. Ellis, petite et insuffisante; mais, d'un autre côté, si on la regarde comme l'habitation d'un grand personnage qui se serait retiré du monde, elle était tout ce que l'on pouvait exiger et nullement indigne d'un prisonnier d'une telle condition. Quant aux limites qu'il ne lui était pas permis de passer, M. Ellis observe qu'on ne pouvait accorder plus de liberté à un homme dont la captivité faisait la sécurité universelle. Ses communications avec les étrangers étaient sans doute sous une surveillance immédiate: personne ne pouvait entrer à Longwood ou sur le territoire sans un permis du gouverneur; mais ce permis était promptement accordé, et on n'avait jamais empêché Napoléon de recevoir ceux qu'il désirait. On avoue que la surveillance qui était exercée sur sa correspondance, était une chose désagréable et bien faite pour blesser ses sentimens: « Mais, dit M. Ellis, c'est une conséquence nécessaire de ce qu'il est, et de ce qu'il a été. Deux motifs, continue-t-il, peuvent, à mon avis, être assignés aux plaintes mal fondées de Buonaparte: le premier et le principal est de tenir en éveil l'intérêt public en Europe, et surtout en Angleterre, où il se flatte d'avoir un parti ; je crois que le second peut être attribué au caractère personnel et aux habitudes de Buonaparte, qui trouve une occupation dans les misérables intrigues par lesquelles ces plaintes sont portées au loin, et un triste plaisir dans les tracasseries et le dégoût qu'elles produisent sur les habitans de l'île. »

M. Ellis n'était point dans l'erreur, car le général Gourgaud, entre autres détails, fait connaître le plaisir que Buonaparte avait trouvé dans son entrevue avec les Anglais de l'ambassade qui retournaient de la Chine en Angleterre, et la conviction où il était d'avoir fait sur eux une vive impression par ses argumens. M. Ellis, en publiant sa relation, dissipa ce rêve, et ce fut pour l'exilé de Sainte-Hélène un cruel désappointement.

Après avoir rappelé les divers incidens qui ont marqué le séjour de Napoléon à Sainte-Hélène, dans le temps où il jouissait d'une santé satisfaisante ; après avoir parlé de sa manière de vivre, de ses études, de ses distractions, et cité deux entretiens remarquables qu'il eut avec des étrangers instruits et observateurs, il nous reste à exposer, dans le chapitre suivant, les tristes détails relatifs au déclin de sa santé, et le petit nombre d'incidens qui survinrent entre le commencement et la fin de sa dernière maladie.

CHAPITRE VIII.

Maladie de Napoléon. — Cancer à l'estomac. — Opinion du docteur Arnott, que ce mal n'était pas l'effet du climat, mais que le germe était en lui et s'était toujours accru depuis 1817.—Napoléon ne manifeste aucune des dispositions qui auraient pu obtenir quelque adoucissement à la rigueur de sa captivité. — Las-Cases est éloigné de sa maison. — Diverses plaintes de Montholon portées à la Chambre des Communes par lord Holland et réfutées par lord Bathurst. — La motion de lord Holland sur Buonaparte est rejetée; ce qui en résulte. — Symptômes qui annoncent que le mal de Buonaparte augmente.—Il refuse de prendre de l'exercice ou des remèdes. — Le docteur O'Meara est éloigné de Napoléon, qui refuse la visite de tout autre médecin anglais. — Deux prêtres catholiques romains envoyés à Sainte-Hélène, d'après son désir. — Opinion de Napoléon au sujet de la religion. — Arrivée du docteur Antomarchi pour prendre la place d'O'Meara. — Les querelles continuent entre Buonaparte et sir Hudson Lowe. — Plans pour l'évasion de Buonaparte. — Projet de Johnstone, hardi contrebandier, d'approcher de Sainte-Hélène dans un vaisseau sous-marin et de recevoir le prisonnier à bord; — déconcerté par la capture du vaisseau. — Les mouvemens qui ont lieu en Italie rendent nécessaire de redoubler de vigilance pour la garde de Napoléon. — Sa maladie augmente. — Lettre de S. M. Britannique exprimant l'intérêt qu'elle prend à l'état de Napoléon. — Ce dernier consent à recevoir les visites du docteur Arnott. — Napoléon s'occupe à faire son testament, et dicte ses dernières dispositions. — Il reçoit l'extrême-onction. — Sa mort, le 5 mai 1821. — Autopsie de Napoléon. — Ses funérailles.

On avait long-temps parlé du déclin de la santé de Buonaparte, même avant la bataille de

Waterloo, et beaucoup de personnes étaient disposées à attribuer ses revers dans cette campagne décisive, moins à la supériorité de ses ennemis qu'à la décadence de son activité. Cette opinion est peu vraisemblable. La rapidité avec laquelle il concentra son armée sur Charleroi doit l'avoir pour jamais démentie. Il était sujet, par occasion, à de légers accès de sommeil, comme le sont, surtout après quarante ans, la plupart des hommes qui dorment mal, se lèvent de bonne heure et travaillent beaucoup. Quand il débarqua à Sainte-Hélène, sa santé était si loin de paraître affaiblie, qu'un des grenadiers anglais s'écria en le voyant, et avec son jurement national : « On nous disait qu'il était devenu vieux ; il a encore quarante campagnes dans le ventre. » Mot qui, pour le dire en passant, a été revendiqué par les Français, comme ayant été dit par un soldat de la vieille garde. Nous avons mentionné le rapport du capitaine Hall sur l'état où paraissait la santé de Napoléon dans l'été de 1817. Celui de M. Ellis, vers le même temps, est conforme ; et M. Ellis est persuadé que Buonaparte ne fut jamais plus capable de supporter les fatigues d'une campagne que dans le moment où il le vit. Cependant, à cette même époque, en février 1817, Napoléon alléguait le déclin de sa santé comme une raison pour obtenir de nouvelles concessions, tandis que, d'un autre côté, il refusait de prendre l'exercice jugé nécessaire pour conserver sa santé, à moins qu'on ne voulût adoucir la rigueur avec laquelle il était surveillé. Il est néanmoins probable qu'il sentait même dès ce temps les symptômes de cette maladie interne qui consumait sa vie. Il est maintenant bien connu qu'il était attaqué de la même maladie dont son père était mort, savoir d'un cancer à l'estomac, dont il avait manifesté les craintes en Russie et ailleurs. Les progrès de cette maladie sont néanmoins lents et obscurs, puisqu'elle n'avait commencé à se faire sentir qu'en 1817. Gourgaud, beaucoup plus tard, a avoué qu'il n'avait aucune foi à la maladie. Il dit que « Napoléon était tellement abattu, qu'il parlait de se détruire lui et ses fidèles serviteurs, en les réunissant dans un petit appartement où brûlerait du charbon de bois, genre de mort assez doux, et que le chimiste Berthollet avait, je crois, recommandé. » Néanmoins, le général Gourgaud prétendit « qu'on en imposait aux Anglais sur l'état du général Buonaparte, parce que sa santé n'était pas réellement altérée, et que les représentations à ce sujet ne méritaient que peu ou point de croyance. Le docteur O'Meara était certainement la dupe de l'influence que le général Buonaparte exerce toujours sur ceux avec lesquels il a de fréquentes communications, et quoique le général Gourgaud ait eu lieu de se louer de M. O'Meara, sa connaissance intime du général Buonaparte le mettait à même d'affirmer que son état de santé n'était nullement pire qu'il ne l'avait été pendant quelque temps avant son arrivée à Sainte-Hélène. »

Cependant, comme nous l'avons déjà fait entendre, malgré l'incrédulité de ses amis et de ses ennemis, il paraît probable que la maladie terrible dont Napoléon mourut, gagnait déjà les parties vitales, quoique aucun symptôme extérieur n'en annonçât décidément la présence. Le docteur Arnott, chirurgien du vingtième régiment, qui soigna Napoléon à ses derniers momens, a fait les observations suivantes sur ce sujet important:

« Nous sommes autorisés à croire, d'après une grande autorité [1], que cette affection de l'estomac ne saurait être produite sans une forte disposition antérieure des organes à la maladie. Je ne hasarderai pas une opinion; mais il est assez remarquable que Buonaparte répétait sou-

[1] *Voyez* l'excellent ouvrage du docteur Baillie sur l'Anatomie pathologique, pag. 141, 142.

vent que son père était mort d'un squirrhe au pylore; que son corps fut ouvert après sa mort, et le fait reconnu vrai. Ses fidèles serviteurs, le comte et la comtesse Bertrand, et le comte Montholon, m'ont affirmé la même chose à plusieurs reprises.

« Si donc l'on doit admettre qu'il existait une disposition antérieure des organes à la maladie, les passions de l'âme ne purent-elles pas agir comme cause irritante? Il est plus que probable que les souffrances mentales de Napoléon Buonaparte, à Sainte-Hélène, étaient très cruelles. La captivité devait faire une impression terrible sur un homme d'une ambition aussi démesurée, et qui avait aspiré naguère à l'empire du monde.

« Le climat de Sainte-Hélène me paraît sain; l'air y est pur et tempéré, et les Européens jouissent de la même santé et conservent la même vigueur que dans leur pays natal. »

Le docteur Arnott déclare ensuite que, malgré cette assertion générale, la dysenterie et d'autres maladies aiguës des viscères abdominaux, régnaient parmi les troupes. Ce qu'il attribue à l'intempérance et au peu de soin des soldats anglais, ainsi qu'à l'excès de la fatigue; puisque les officiers, que leurs fonctions appelaient rarement la nuit, conservaient leur force et leur santé comme en Europe. « Je puis donc affirmer avec certitude, ajoute le docteur, que tout homme qui ne fait pas d'excès, qui n'est exposé ni à de grandes fatigues de corps, ni à l'air de la nuit, ni aux changemens de l'atmosphère, comme un soldat l'est nécessairement, peut être exempt de maladies à Sainte-Hélène autant qu'en aucun lieu d'Europe: je puis assurer de plus, que la maladie dont Napoléon mourut ne fut pas l'effet du climat. »

A l'appui de l'opinion du docteur Arnott, on peut faire la remarque que, de toute la maison de Napoléon, qui se composait de près de cinquante personnes, compris les domestiques anglais, il n'en mourut qu'une seule pendant les cinq années qu'elles restèrent dans l'île; et encore cette personne, avant de quitter l'Europe (c'était Cipriani, le majordome), était-elle atteinte de la maladie qui l'emporta, et qui était une sorte de consomption.

Le docteur Arnott, dont l'opinion a beaucoup de poids à nos yeux, tant à cause de sa réputation méritée que parce que personne ne fut plus à portée que lui de prendre des renseignemens exacts, dit que le squirrhe, ou cancer à l'estomac, est une maladie obscure, les symptômes qui l'annoncent étant communs à d'autres maladies dans la même région; cependant il eut de bonne heure l'idée que quelque altération s'était opérée dans le viscère de l'estomac, surtout lorsqu'il apprit que le père de son malade était mort d'un squirrhe au pylore. Il crut, comme il a déjà été dit, que le germe de la maladie existait déjà, dès la fin de l'année 1817, lorsque Buonaparte eut des douleurs d'estomac, des nausées, des envies de vomir, surtout après avoir mangé; symptômes qui ne le quittèrent jamais depuis cette époque, mais qui augmentèrent progressivement jusqu'au jour de sa mort.

Depuis lors Buonaparte se trouva dans une position qui, si l'on considère ses grandes actions et la hauteur immense à laquelle il s'était élevé, méritait la compassion de ses plus cruels ennemis, et devait faire une impression profonde sur tous ceux qui étaient disposés à tirer une leçon morale de l'exemple le plus extraordinaire des vicissitudes humaines que l'histoire nous ait jamais offert; et nous ne pouvons douter que des réflexions semblables n'eussent amené avec le temps quelque relâchement à la sévérité avec laquelle le prisonnier était surveillé, peut-être même eût-on fini par lui laisser une liberté entière. Mais pour atteindre ce but, il eût fallu que sa conduite, lorsqu'il était soumis à des restrictions, eût été bien différente de celle qu'il crut plus politique ou qu'il trouva plus naturel d'adopter. D'abord, pour obtenir les priviléges et les égards auxquels un malade a droit, il aurait dû souffrir les visites de quelque médecin dont le témoignage pût être regardé comme entièrement impartial. C'est ce qui ne pouvait être par rapport au docteur O'Meara, qui était au service de Napoléon, à son service intime et même secret, et qui en outre était au plus mal avec le gouverneur. Napoléon, en rejetant obstinément tout autre secours, semblait confirmer l'idée, tout injuste qu'elle était, qu'il feignait d'être malade, ou du moins qu'il exagérait quelques légers symptômes d'indisposition, pour obtenir que le gouverneur se relâchât de sa vigilance; et il n'était pas à supposer que le témoignage du docteur Antomarchi, qui était celui d'un homme qui dépendait entièrement de Napoléon, pût inspirer plus de confiance, tant qu'il ne serait pas appuyé par celui de quelque autre juge compétent et en même temps désintéressé.

En second lieu, il faut se rappeler que la raison fondamentale sur laquelle était basée la détention de Buonaparte, était que sa liberté n'était pas compatible avec la tranquillité de l'Europe. Pour prouver le contraire, il aurait fallu que l'ex-Empereur eût témoigné le désir de se retirer de l'arène politique, et qu'il eût donné quelques gages de sa renonciation définitive à ces projets ambitieux qui avaient si long-temps ébranlé l'univers. Alors peut-être un sentiment de pitié pour de grandes infortunes et d'admiration pour des talens supérieurs, aurait pu engager les États de l'Europe à se fier à cet esprit de résignation, de la part d'un homme à qui son âge, ses infirmités et ses souffrances semblaient devoir faire désirer de passer le reste de ses jours dans une paisible obscurité; c'eût été là un sûr garant de ses intentions pacifiques. Mais bien loin de manifester des sentimens de cette nature, tout ce qui émanait de Sainte-Hélène démontrait évidemment que l'ex-Empereur nourrissait tous ses anciens projets et justifiait toute sa conduite passée. Il ne voulait pas laisser croire au monde que son ambition était assouvie et qu'il avait renoncé pour toujours à l'empire. Au contraire, tous ses efforts, tous les ouvrages auxquels il mettait le cachet de sa pensée, tendaient à prouver, si toutefois ils prouvaient quelque chose, qu'il n'y avait jamais rien eu de coupable dans son ambition; que ses prétentions à la couronne étaient fondées sur le code des nations et sur la justice; qu'il avait eu le droit de les faire valoir autrefois, que ce droit il l'avait encore et qu'il était disposé à le soutenir. Il voulait que l'univers sût qu'il n'était pas changé le moins du monde, qu'il ne désavouait pas ses projets et qu'il n'y renonçait en aucune manière; mais que, s'il était rendu à l'Europe, il serait, sous tous les rapports, le même homme avec les mêmes prétentions, et, à peu de chose près, la même activité que lorsqu'il était débarqué à Cannes pour conquérir l'empire de France.

La conséquence inévitable de cette manière de plaider sa cause, fut de confirmer tous ceux qui avaient pensé dans l'origine qu'il fallait mettre des restrictions à sa liberté (et c'était la grande majorité de l'Europe), dans l'opinion que les mêmes raisons qui avaient exigé ces restrictions au commencement existaient encore. Nous répugnons à nous servir de nouveau de la comparaison rebattue du lion emprisonné; mais assurément, si le roi des animaux que don Quichotte voulut faire mettre en liberté, au lieu de se montrer doux et débonnaire, s'était mis à rugir, à bondir et à ronger les barreaux de sa cage, il est permis de douter que le grand redresseur de torts lui-même eût plaidé pour sa liberté.

Dans le mois de novembre 1816, Napoléon fit une perte qui dut lui être sensible, en se voyant ravir la société du comte Las-Cases. Le profond attachement du comte à sa personne ne pouvait être mis en doute, et son âge, son caractère, comme ayant exercé des fonctions civiles, l'empêchaient de prendre beaucoup de part à ces débats et à ces querelles qui, malgré l'affection qu'ils avaient tous pour Buonaparte, éclataient parfois entre les officiers de sa maison. Il avait du goût pour les lettres, et était en état de converser sur les principaux points de l'histoire et des sciences. C'était un émigré, et connaissant toutes les manœuvres et les intrigues de l'ancienne noblesse, il avait mille anecdotes à raconter que Napoléon écoutait avec plaisir. Mais ce qui le rendait surtout précieux, c'est qu'il recueillait et consignait sur un journal tout ce que disait Buonaparte, avec une fidélité scrupuleuse et un zèle infatigable; et, de même que l'auteur de l'un des ouvrages les plus amusans de la langue anglaise (*la Vie de Johnson,* par Boswell), le comte Las-Cases ne trouvait jamais trivial rien de ce qui pouvait servir à peindre l'homme. Comme Boswell aussi, son admiration pour son héros était si grande, que parfois on serait tenté de croire qu'il n'a pas une idée bien exacte du bien et du mal, tant il est porté à trouver tout ce que Napoléon dit ou fait invariablement bien. Mais si son affection contribuait jusqu'à un certain point à aveugler son jugement, elle partait du moins du fond du cœur. Le comte en donna encore une preuve non équivoque, en consacrant au service de son maître une somme de quatre mille livres sterling ou environ, composant toute sa fortune, qui était placée dans les fonds anglais.

Pour notre malheur, comme aussi pour le sien, car c'en dut être un pour lui de se séparer de Buonaparte, le comte Las-Cases avait cédé à la tentation de hasarder une démarche contraire à l'engagement qu'il avait pris, comme les autres personnes de la suite de l'ex-Empereur, de ne pas entretenir de correspondance secrète hors de l'enceinte de l'île. L'occasion d'un de ses domestiques qui retournait en Angleterre l'engagea à lui confier une lettre écrite sur un morceau de soie blanche, afin de pouvoir être cachée plus aisément, et qui fut cousu aux habits de cet homme. Elle était adressée au prince Lucien Buonaparte. Comme c'était une transgression directe, et sur un point très important, des conditions que le comte Las-Cases avait promis d'observer, il fut mis hors de l'île pour être envoyé au cap de Bonne-Espérance, et de là en Europe. Son journal resta quelque temps entre les mains de sir Hudson Lowe; mais, comme nous avons eu déjà occasion de le dire, il y fut fait ensuite des changemens et des additions, qui sont en général beaucoup plus défavorables au gouverneur que ne l'était le manuscrit, tel qu'il fut écrit dans le principe par le comte. Il est d'autant plus à regretter qu'il ne soit pas resté à Sainte-Hélène, que son journal présente le meilleur recueil non seulement des pensées véritables de Buonaparte, mais encore des opinions qu'il voulait faire passer comme telles. Il n'y a pas de doute que le départ de ce dévoué serviteur ne dût augmenter beaucoup le vide affreux qu'éprouvait l'exilé de Longwood; mais il est impossible de ne point faire en même temps la remarque que, lorsqu'une des premières personnes de la suite de Napoléon se permettait de manquer ainsi à ses promesses, en faveur de son chef, sir Hudson Lowe se trouvait autorisé à compter peu sur les protestations qui lui étaient faites, et à refuser de se relâcher en rien du degré de vigilance nécessaire pour empêcher son prisonnier de s'évader.

Les plaintes de Napoléon et de ses compagnons d'infortune provoquèrent, ainsi qu'elles devaient le faire, une enquête dans le Parlement britannique, sur le traitement personnel de l'ex-Empereur; mais les raisonnemens auxquels nous avons fait allusion, et la manière dont les ministres réfutèrent les rapports exagérés qui avaient été envoyés de Sainte-Hélène, parurent l'emporter de beaucoup sur les argumens de l'avocat éloquent et sensible de Napoléon, lord Holland.

La question fut soumise à la Chambre des Lords, le 18 mars 1817. Lord Holland, dans un discours plein de sens et de modération, dit qu'il ne chercherait pas à convaincre la Chambre que le système de politique qu'on suivait à l'égard de Napoléon devait être changé. Ce système avait été adopté contre son avis, mais il avait eu la sanction du Parlement, et il n'espérait pas obtenir que la Chambre revînt sur sa décision. Mais si la captivité de Napoléon était, ainsi qu'on l'avait allégué, une mesure de nécessité, il s'ensuivait qu'elle ne devait pas s'étendre au-delà de ce qui était strictement nécessaire, et que, par conséquent, il ne fallait déployer contre le prisonnier aucune rigueur inutile. Lord Holland ne prétendait pas présenter les rapports qui lui avaient été adressés comme des faits incontestables, mais seulement comme des bruits qui exigeaient une enquête sur une affaire qui intéressait de si près l'honneur de l'Angleterre. La plupart des allégations sur lesquelles lord Holland fondait sa motion, résultaient d'une série de plaintes qui avaient été envoyées par le général Montholon. Nous avons déjà parlé de la nature de ces plaintes; mais il est peut-être à propos de les rappeler ici en peu de mots, ainsi que les réponses faites par le gouvernement anglais.

Les remontrances portaient d'abord sur ce qu'on avait restreint l'espace accordé à Napoléon pour se promener. Lord Holland admettait que le climat de Sainte-Hélène était bon; mais il se plaignait que la partie supérieure de l'île, où Longwood était situé, fût humide et malsaine. Un autre sujet de grief, c'était l'incommodité de la maison.

Lord Bathurst, secrétaire d'État pour les colonies, répondit à cette accusation que la plupart des relations décrivaient Longwood comme une résidence très saine. C'était autrefois la maison de campagne ordinaire du lieutenant-gouverneur, ce qui prouvait suffisamment que ce n'était pas un séjour si désagréable. Cet emplacement avait été préféré par Napoléon lui-même, qui montra tant d'impatience d'en prendre possession, qu'il y fit même dresser une tente, jusqu'à ce que la maison fût préparée pour le recevoir. Si les limites de ses promenades avaient été restreintes, c'était parce que Napoléon avait paru chercher à se ménager des intelligences avec les habitans. Il lui restait encore une enceinte de huit milles, dans laquelle il pouvait errer à son gré, sans que personne le suivît ni le surveillât. S'il désirait aller plus loin, il était libre de traverser l'île, pourvu qu'il permît à un officier d'ordonnance de l'accompagner. S'il refusait de prendre de l'exercice à ces conditions, ce n'était pas la faute du gouvernement anglais; et si la santé de Napoléon venait à en être altérée, il fallait l'attribuer, non pas aux réglemens, qui étaient sages et nécessaires, mais à son entêtement à refuser de s'y soumettre.

La seconde série de plaintes reproduites par lord Holland portait sur les restrictions dures et injustes, disait-il, qui avaient été mises aux relations de l'exilé avec l'Europe. Il n'avait pas la permission, suivant l'exposé du noble lord, de faire venir des livres, ni de s'abonner aux journaux et aux gazettes. Tout commerce par lettres était interdit à l'illustre captif, même avec sa femme, son fils, et ses plus chers et plus proches parens : il ne pouvait pas même envoyer une lettre cachetée au prince régent.

A ces différens griefs, lord Bathurst répondit qu'une liste d'ouvrages, dont la valeur montait de quatorze à quinze cents livres sterling (ce que le général Montholon appelait un petit nombre de livres), avait été envoyée par Napoléon en Angleterre ; que les ministres avaient mis cette liste entre les mains d'un des premiers libraires français, qui avait fourni ceux des ouvrages qu'il avait pu trouver soit à Londres, soit à Paris ; mais qu'il en était plusieurs, relatifs presque tous à l'art militaire, qu'il lui avait été impossible de se procurer. Les volumes fournis avaient été envoyés, avec l'explication du motif qui faisait qu'il en manquait un certain nombre ; mais les habitans de Longwood n'avaient pas admis cette excuse. Quant à la permission de laisser Napoléon s'abonner librement à tous les journaux, lord Bathurst croyait de son devoir d'y mettre quelque restriction, attendu qu'on avait tenté d'établir une correspondance avec Napoléon par le moyen des papiers publics. Passant au commerce de lettres avec l'Europe, lord Bathurst déclara qu'il n'était pas interdit, à la condition seulement que sir Hudson Lowe eût la permission de lire toutes les lettres d'affaires ou autres. Ce droit, ajouta le noble lord, n'avait jamais été exercé que par le gouverneur en personne, avec autant de délicatesse que d'égards ; et il repoussa, par le démenti le plus formel, les assertions de Montholon, qui prétendait que le gouverneur de Sainte-Hélène avait décacheté et retenu des lettres, sous prétexte qu'elles n'étaient pas venues par le canal du ministère anglais. Lord Bathurst dit que sir Hudson Lowe avait défié le général Montholon de citer un seul exemple d'un acte de tyrannie semblable, et que le général français avait gardé le silence, l'accusation étant de toute fausseté. Il ajouta que toutes les lettres que les parens de Napoléon voudraient lui faire passer par l'intermédiaire de ses bureaux seraient envoyées à l'instant, mais qu'un préliminaire indispensable, c'était qu'il en fût écrit. Or, une lettre de son frère Joseph, reçue en octobre dernier, et envoyée aussitôt à sa destination, était la seule d'aucun des membres de sa famille qui fût jamais parvenue au ministère. Le noble lord parla ensuite de la disposition qui voulait qu'une lettre, même adressée au prince régent, fût remise ouverte entre les mains du gouverneur de Sainte-Hélène. Lord Bathurst expliqua que ce réglement ne donnait pas au gouverneur le droit de transmettre ou de retenir la lettre à son gré; qu'au contraire, il lui était enjoint de l'envoyer sur-le-champ. Le réglement exigeait seulement que sir Hudson Lowe en connût le contenu, afin que, si elle renfermait quelques reproches sur sa conduite, sa justification ou sa défense parvînt à Londres en même temps que l'accusation; ce qui était nécessaire, fit remarquer le noble lord, afin que le gouvernement pût, sans perdre de temps, faire droit à de justes plaintes, ou repousser des allégations frivoles et sans fondement. Il ajouta que si une lettre cachetée était adressée au prince régent par Napoléon, lui, lord Bathurst, n'hésiterait pas à l'ouvrir, si le gouverneur ne l'avait pas fait auparavant. Sans doute il croirait de son devoir de l'envoyer à l'instant telle qu'il l'aurait reçue, du moment qu'il saurait ce qu'elle contenait, mais étant, comme ministre, responsable des actes du souverain, il se croirait obligé de prendre préalablement connaissance de l'objet de la communication.

Lord Holland parla, en troisième lieu, de l'insuffisance de la somme allouée pour l'entretien de Napoléon, soutenant qu'il était indigne qu'il fût obligé de payer lui-même une partie des frais de sa maison. Les ministres, disait-il, après l'avoir placé dans une situation où de grandes dépenses étaient nécessaires, s'en prenaient à lui, et voulaient qu'il les supportât en grande partie.

Lord Bathurst, en réponse, exposa les faits que le lecteur connaît déjà. Il dit que la somme de huit mille livres sterling avait été jugée suffisante, après les grandes dépenses faites là première année, et que cependant, sur les représentations de sir Hudson Lowe, elle avait été portée à douze mille livres. Cette somme était la même que celle allouée au gouverneur, qui avait de grands frais de représentation. Le ministre n'avait pas cru que la maison de Napoléon, qui devait être montée sur le pied de celle qui convient à un officier-général de distinction, dût coûter plus que celle de sir Hudson Lowe, qui avait ce grade, et qui était obligé de payer les dépenses de son état-major, sans parler des autres déboursés que sa place exigeait. Il donna quelques détails au sujet des provisions et de la cave, d'où il résultait qu'indépendamment du vin commun, on fournissait tous les jours, pour la table de Napoléon, deux bouteilles de vin par tête, d'une qualité supérieure.

Lord Holland finit par déclarer que, quoique la reine Marie ne pût être regardée que comme l'ennemie la plus acharnée d'Élisabeth, cependant la plus grande tache à la mémoire de cette illustre reine, était le traitement, non pas injuste, car pour *injuste* il ne l'était pas, mais dur et inhumain qu'elle avait fait subir à sa rivale. Il rappela à la Chambre que la postérité n'examinerait pas si Buonaparte avait été justement puni de ses crimes, mais si la Grande-

Bretagne avait montré la générosité qui convenait à une grande nation. Il fit alors la motion que les ministres déposassent sur le bureau les papiers et la correspondance entre Sainte-Hélène et le gouvernement anglais, qui pouvaient jeter quelque jour sur le traitement personnel de Napoléon.

On peut remarquer que dans la manière franche et libérale dont lord Holland présenta sa motion, il se laissa entraîner à une comparaison qui prouvait contre son argument même. Il voulut établir un parallèle entre le traitement infligé à Marie (traitement dont il admettait la justice, mais dont il contestait la générosité) et celui de Napoléon. Mais, pour que le rapprochement fût exact, il manquait deux circonstances remarquables. D'abord, Marie, loin d'être en guerre avec Élisabeth, était en apparence dans la meilleure intelligence avec cette reine, lorsqu'elle se réfugia en Angleterre; en second lieu, le ministère anglais ne manifesta nullement l'intention de mettre fin à la captivité de Buonaparte en lui coupant la tête.

Lord Darnley, qui s'était joint à lord Holland pour désirer une enquête, dit alors que lord Bathurst lui semblait avoir réfuté toutes les allégations avec autant d'habileté que de franchise, et qu'il n'était pas d'avis que lord Holland insistât davantage. Le marquis de Buckingham fonda son opinion sur la multiplicité de griefs que l'Europe, et l'Angleterre en particulier, avait contre Napoléon. Il pensait que toutes les mesures restrictives nécessaires pour empêcher son évasion, devaient être rigoureusement employées. « La captivité étroite et sévère à laquelle le général Buonaparte était soumis, n'était pas, dit le noble lord, un acte de vengeance, mais une mesure de sûreté. C'était un acte de justice politique que nous devions à l'Europe, et sur lequel on ne pouvait revenir sans exposer le monde à de nouvelles convulsions. »

La motion de lord Holland ne paraît pas avoir été appuyée, et elle fut rejetée sans division.

Il n'est guère permis de douter que le peu de succès de cette tentative dans le sénat britannique, n'ait fait une impression profonde sur l'esprit de Napoléon, et n'ait peut-être aggravé cette disposition à une maladie d'estomac dont on soupçonnait déjà l'existence. Rien n'est plus connu, quoique en même temps peu de choses soient peut-être plus difficiles à expliquer d'une manière satisfaisante, que ce rapport mystérieux entre les peines d'esprit et l'action des facultés digestives. De graves maladies sont souvent le résultat de profondes et soudaines afflictions ; et il n'est presque personne dont l'estomac ne soit plus ou moins affecté par suite des impressions fortes et pénibles qu'éprouve son âme. Et ici, nous pouvons ajouter que les égards et la compassion de lord Holland pour un si grand homme réduit à une position aussi terrible, se manifestèrent par une suite d'attentions délicates de sa part et de celle de lady Holland ; et que les envois de livres et d'autres objets qui lui étaient faits par le canal du ministère des affaires étrangères, et qui lui étaient régulièrement transmis, continuèrent de temps en temps à prouver à Napoléon la part qu'ils prenaient à ses infortunes. Mais, quoiqu'il ne pût s'empêcher d'en être touché, ses souffrances, tant celles du corps que peut-être celles de l'esprit, prirent un caractère qui n'admettait pas d'adoucissement.

Ce malheureux état fut entretenu et prolongé par la détermination formelle de Buonaparte de s'opposer en toute occasion à l'exécution des divers réglemens qui concernaient la garde de sa personne ; de sorte qu'à chaque nouvel incident c'était une lutte qui s'engageait contre l'autorité de sir Hudson Lowe, ou de nouveaux efforts pour obtenir les honneurs qu'il voulait qu'on lui rendît en sa qualité d'Empereur.

Cette dernière prétention semble avoir été portée jusqu'à une extravagance tout-à-fait puérile. Il était nécessaire, par exemple, que le docteur O'Meara adressât des bulletins au gouverneur de l'île, sur l'état de la santé du prisonnier, qui commençait à donner de sérieuses inquiétudes. Napoléon exigea que, lorsque ces rapports seraient faits par écrit, O'Meara lui donnât le titre d'Empereur. En vain le docteur voulut-il lui faire entendre que les instructions du gouvernement, ainsi que les ordres de sir Hudson Lowe, lui défendaient de faire usage de cette dénomination. Il eut beaucoup de peine à obtenir la permission de substituer le mot *personnage* ou *malade*, à l'expression offensante de *général Buonaparte*. Sans cet expédient ingénieux, il n'eût plus été possible de faire connaître l'état de la santé de Napoléon.

Le médecin de Buonaparte n'avait pas eu jusqu'alors beaucoup de peine à remplir ses fonctions. L'ex-Empereur était d'une santé naturellement robuste, et comme beaucoup de personnes qui jouissent de cet avantage inappréciable, il n'avait pas une grande confiance dans un art auquel il n'avait jamais eu besoin de recourir. La diète fut son principal remède contre les maux d'estomac, lorsqu'il commença à en ressentir, et il fit un usage fréquent des bains, lorsque les douleurs devinrent plus aiguës. Il croyait aussi devoir changer sa manière de vivre, lorsqu'il éprouvait quelque indisposition. S'il avait été sédentaire, il faisait des courses forcées à cheval, et prenait beaucoup d'exercice; et si, au contraire, il avait fait plus d'exercice que de coutume, il se condamnait à un repos absolu. Mais plus récemment, il n'aimait plus à monter à cheval, ni à faire aucun exercice quelconque.

Vers le 25 septembre 1818, la santé de Napoléon parut sensiblement altérée. Il avait de fréquentes nausées, ses jambes étaient enflées; enfin plusieurs autres symptômes défavorables déterminèrent son médecin à lui dire qu'il était d'un tempérament qui demandait beaucoup d'activité; qu'il était nécessaire qu'il fît un usage presque continuel de ses facultés, tant physiques que morales, et que, sans ce double exercice de l'esprit et du corps, il ne se porterait jamais très bien. Buonaparte déclara aussitôt qu'il savait que l'exercice lui était nécessaire, mais qu'il n'en prendrait pas tant qu'il serait exposé aux insultes des sentinelles. Le docteur O'Meara lui proposa d'appeler M. Baxter, médecin distingué attaché à l'état-major de sir Hudson Lowe. « Il ne pourrait qu'être de votre avis, dit Napoléon, et me prescrirait de prendre l'exercice du cheval. Mais j'y suis bien décidé; tant que le système actuel sera en vigueur, je ne sortirai pas. » Quelques jours après, il exprima de nouveau la même résolution, et refusa de prendre une médecine. Le docteur O'Meara répondit que, s'il n'en faisait pas usage à temps, cela pourrait tourner mal pour lui. Sa réponse fut remarquable. « J'aurai du moins cette consolation, que ma mort sera un déshonneur éternel pour la nation anglaise, qui m'a envoyé ici dans ce climat, pour m'y faire mourir sous les mains d'un **** ». Le docteur lui représenta de nouveau qu'il ne devait pas hâter sa mort en refusant de prendre les remèdes nécessaires. « Ce qui est écrit est écrit là haut, dit Napoléon en jetant ses regards vers le ciel; nos jours sont comptés. »

Ce système déplorable, et qui ne pouvait avoir que des conséquences funestes, paraît avoir été suggéré, tant par l'envie de narguer sir Hudson Lowe, que par une sorte de découragement et d'insouciance, résultat de sa position; et aussi peut-être était-ce en partie l'effet de la maladie elle-même, qui devait nécessairement lui faire trouver pénible toute espèce de mouvement. Napoléon pouvait se flatter aussi qu'en faisant craindre qu'il n'altérât sa santé par ses refus continuels de sortir, il forcerait le gouverneur à lui céder sur quelques points qui étaient entre eux un sujet de dispute. Lorsque le gouverneur fit prévenir son prisonnier qu'il était le maître de s'écarter de la route et de se promener dans la vallée, le docteur O'Meara l'engagea à en profiter; mais il répondit qu'il serait arrêté et insulté par les sentinelles, et qu'il n'avait pas envie de se soumettre aux caprices du gouverneur, qui, lui accordant un jour une permission, pouvait la lui retirer le lendemain. Ce fut sur de pareils prétextes, qui, après tout, se réduisaient à ce qu'étant prisonnier, et prisonnier d'une haute importance, il était soumis à une surveillance, rendue plus nécessaire par les intrigues continuelles qui se tramaient pour son évasion; ce fut sous de pareils prétextes qu'il crut devoir négliger de prendre les précautions qui seules pouvaient lui conserver la santé. Sa conduite, en pareille circonstance, n'était guère digne de sa grande âme; elle ressemblait trop à celle d'un enfant volontaire, qui refuse de manger ou de prendre une potion, parce qu'on ne fait pas ce qu'il veut.

Le renvoi du docteur O'Meara de la place

qu'il occupait près de Buonaparte, ce que celui-ci regarda comme un sanglant outrage, fut le premier incident de quelque importance qui vint rompre la monotonie de sa vie. Il paraît, d'après des citations rapportées dans un autre endroit de ce volume, que le docteur O'Meara avait été pendant quelque temps le confident de sir Hudson Lowe, et que le gouverneur en avait parlé aux ministres comme de quelqu'un par qui l'on pourrait apprendre tout ce qui se passait dans l'intérieur de la maison de Buonaparte. Mais, avec le temps, le docteur devenant plus intime avec le prisonnier, montra de la répugnance à faire au gouverneur les rapports secrets dont il s'était montré si prodigue auparavant, et il en résulta une querelle entre sir Hudson Lowe et lui. Lorsqu'il décrit les scènes qui se passèrent entre lui et le gouverneur, le docteur O'Meara écrit avec un degré d'animosité personnelle qui empêche d'ajouter beaucoup de foi à ce qu'il dit. Mais son renvoi de Sainte-Hélène fut occasionné par une preuve beaucoup plus positive de l'intérêt qu'il prenait aux infortunes de Napoléon, que ne pouvait l'être son simple refus d'informer sir Hudson de ce qui se disait à Longwood.

Il paraît que le docteur O'Meara ne s'était

pas borné à prendre le parti de Buonaparte dans ses disputes avec le gouverneur, mais qu'il était encore l'intermédiaire d'une correspondance secrète avec un M. Holmer, agent de l'ex-Empereur à Londres. C'est ce qui paraît avoir été clairement prouvé par une lettre transmise par cet agent, relative à de grands envois d'argent à Sainte-Hélène, par la connivence du docteur [1]. D'après ces soupçons, le docteur O'Meara fut retiré, par ordre du gouverneur, d'auprès de la personne de Napoléon, et renvoyé en Angleterre. Napoléon n'avait jamais suivi ses ordonnances, mais il se plaignit amèrement qu'on l'eût rappelé, prétendant que lui ôter un médecin dont il n'avait jamais écouté les conseils, était une conséquence directe du plan conçu pour l'assassiner. Il est probable néanmoins qu'il regrettait plus les services secrets du docteur O'Meara que ceux qu'il lui rendait en sa qualité d'homme de l'art.

Sir Hudson Lowe offrit de nouveau les services du docteur Baxter, mais cette offre fut regardée à Longwood comme une offense nou-

[1] Cette lettre est citée tout au long dans le *Quarterly Review*, tome XXVIII, pag. 224 à 226. Elle fut reçue après le renvoi du docteur O'Meara, qui par conséquent n'eut lieu que d'après des soupçons qui se changèrent ensuite en certitude.

velle. C'était, disait-on, le comble de l'astuce. Le gouverneur essayait de faire passer son médecin particulier auprès de l'Empereur, sans doute afin d'être plus sûrement maître de sa vie. D'un autre côté, les ministres anglais voulaient qu'on prît toutes les mesures possibles pour prévenir toute plainte sur ce sujet. « Vous ne sauriez mieux remplir les désirs du gouvernement de Sa Majesté, disait lord Bathurst dans une de ses dépêches au gouverneur, qu'en mettant à exécution toutes les mesures qui pourront vous paraître propres à ne laisser au général Buonaparte aucun sujet de se plaindre, à tort ou à raison, qu'on ne lui permet pas de recevoir tous les secours de l'art. »

Le docteur Stokoe, chirurgien du vaisseau *le Conquérant*, fut ensuite appelé auprès de Buonaparte; mais il s'éleva quelques différends entre lui et le gouverneur, et on le pria bientôt de discontinuer ses visites.

A partir de cette époque, le prisonnier déclara qu'il était déterminé, à quelque extrémité qu'il se trouvât réduit, à ne pas recevoir les visites d'un médecin anglais, et l'on écrivit en Italie pour faire venir un chirurgien de réputation de quelque université de ce pays. En même temps l'Empereur témoigna le désir d'avoir auprès de lui un prêtre catholique. La demande en fut faite au gouvernement papal par son oncle, le cardinal Fesch, et le ministère anglais s'empressa d'y donner son assentiment. Il paraîtrait que Sa Sainteté crut que cette mission ressemblait, jusqu'à un certain point, à celles qui sont envoyées au loin chez les nations infidèles, car deux prêtres furent expédiés à Sainte-Hélène au lieu d'un. [1]

L'un d'eux, le père Bonavita, était un vieillard, sujet à toutes les infirmités de son âge, et usé par un séjour de vingt-six ans au Mexique. Une attaque d'apoplexie lui avait frappé la langue, dont il conservait à peine l'usage. Son titre de recommandation pour la place qu'il allait remplir, était d'avoir été aumônier de la mère de Napoléon. Il avait pour compagnon un jeune abbé nommé Vignani. C'étaient de braves gens, ayant de la piété, et fort en état sans doute de donner à Buonaparte les consolations que leur Église présente à ceux qui reconnaissent ses lois, mais peut-être n'étaient-ils pas assez habiles pour rappeler dans la droite voie des âmes égarées, ou convaincre ceux qui pouvaient

[1] Les missionnaires qui passent la ligne, doivent au moins être deux : la plaisanterie est peut-être déplacée, si l'on considère qu'un tel voyage offre tant de chances de mort que Sa Sainteté aurait bien pu envoyer pour plus de sûreté quatre prêtres au lieu de deux. (*Édit.*)

avoir des doutes sur les doctrines de l'Église.

Il n'y avait du reste ni argumens à combattre ni controverse à soutenir. Buonaparte avait déclaré sa résolution de mourir dans la religion de ses pères. Il n'était, disait-il, ni un incrédule ni un philosophe. S'il nous est permis de douter qu'un homme qui avait tenu envers le Pape la conduite que l'histoire attribue à Napoléon, et qui avait été excommunié (si même la sentence en a jamais été révoquée), fût sincère dans ses protestations de catholicisme, nous devons du moins l'absoudre de l'accusation d'un froid athéisme. En diverses occasions, il témoigna avec de profonds sentimens de dévotion, qu'il croyait fermement à l'existence d'un Dieu, cette grande vérité sur laquelle repose tout l'édifice de la religion, et cela à une époque où les doctrines détestables de l'athéisme et du matérialisme étaient répandues dans toute la France [1]. Immédiatement après son élévation à la dignité de Premier Consul, il médita le rétablissement de la religion; et voici comment, dans un langage où la sensibilité se trouve mêlée à la politique, il

[1] Il serait plus exact de dire que la guillotine elle-même ne put populariser l'athéisme et le matérialisme, qui étaient devenus des mots d'ordre des Jacobins, mais non des croyances. (*Édit.*)

s'exprima à ce sujet devant Thibaudeau, qui était alors conseiller d'État: Après avoir longtemps combattu les systèmes des philosophes modernes sur les différentes espèces de cultes, sur le déisme, la religion naturelle, etc., il ajouta : « Dimanche dernier, au milieu du silence général de la nature, je me promenais dans ces jardins (la Malmaison); le son de la cloche de Ruel vint tout à coup frapper mon oreille, et renouvela toutes les impressions de ma jeunesse. Je fus ému, tant est forte la puissance des premières habitudes; et je me dis : s'il en est ainsi pour moi, quel effet de pareils souvenirs ne doivent-ils pas produire sur les hommes simples et crédules? Que vos philosophes répondent à cela. Il faut une religion au peuple. » Il parla des conditions auxquelles il traiterait avec le Pape, et ajouta : « On dira que je suis papiste. Je ne suis rien. J'étais mahométan en Égypte, je serai catholique ici pour le bien du peuple. Je ne crois pas aux formes de la religion, mais à l'existence d'un Dieu! » Et levant ses mains vers le ciel : « Quel est celui qui a fait tout cela? [1] » Ce passage sublime prouve que si Napoléon eut le malheur de ne point pénétrer jusqu'au sanctuaire du temple

[1] *Mémoires sur le Consulat*, 1799 à 1804.

du christianisme, il en avait du moins franchi le seuil, et qu'il reconnaissait et adorait le Créateur de l'univers.

Les missionnaires furent bien reçus à Sainte-Hélène, et la messe était célébrée de temps en temps à Longwood. Les deux prêtres étaient d'un caractère paisible, ne se mêlant de rien, se renfermant dans leurs devoirs religieux, et ne montrant nullement cet esprit d'activité et d'intrigue que les protestans sont portés à imputer au clergé catholique.

Le même vaisseau qui amena à Sainte-Hélène, le 18 septembre 1819, ces médecins de l'âme, amena en même temps le docteur F. Antomarchi, prosecteur d'anatomie à l'hôpital de Sainte-Marie-Neuve, à Florence, et attaché à l'université de Pise. Le docteur était appelé à remplir, auprès de la personne du prisonnier, la place occupée auparavant par O'Meara, et après lui, provisoirement par le docteur Stokoe. Il continua à s'acquitter des mêmes fonctions jusqu'à la mort de Buonaparte; et la *Relation de ses Derniers Momens*, ouvrage en deux volumes, quoique moins piquant, et rédigé avec beaucoup moins de finesse et d'esprit que ceux de Las-Cases et d'O'Meara, n'est cependant ni sans utilité ni sans intérêt, en ce qu'il se rapporte aux derniers jours d'un homme si extraordinaire. Le docteur Antomarchi paraît avoir été favorablement accueilli par Napoléon, d'autant plus qu'il était né dans l'île de Corse. Il lui apportait aussi des nouvelles de sa famille. La princesse Pauline Borghèse avait offert de venir le rejoindre. « Qu'elle reste où elle est, dit Napoléon; je ne voudrais pas qu'elle fût témoin de l'état humiliant où je suis réduit, et des insultes auxquelles je suis exposé. »

Il est inutile de rappeler le sujet de ces insultes prétendues : elles consistaient dans les précautions que sir Hudson Lowe se croyait obligé de prendre pour la garde du prisonnier, telles que celle d'envoyer régulièrement un officier anglais s'assurer s'il était à Longwood, et de vouloir qu'un autre officier, qui eût au moins le rang de capitaine, l'accompagnât dans les excursions qu'il projetait de faire au milieu de l'île. Sur ces deux points, Napoléon avait pris la ferme résolution d'opposer une sorte de résistance passive; et il avait déclaré, comme nous l'avons vu, qu'il ne prendrait pas d'exercice, quelque indispensable qu'il fût à sa santé, à moins que les restrictions mises à ses promenades ne fussent levées, ou modifiées comme il le voulait [1]. C'était un argument *ad miseri-*

[1] L'auteur en répétant si souvent cette défense de son

cordiam, qui dut causer beaucoup de peine et d'inquiétude au gouverneur, puisque, si la santé de son prisonnier venait à s'altérer, bien que ce fût par son entêtement, sir Hudson ne pouvait espérer que sa conduite échappât à la censure. D'un autre côté, s'il cédait une fois à cette espèce d'argument coactif, on pourrait lui donner une telle extension, que la sûreté du prisonnier se trouverait compromise. En même temps, sa vigilance était continuellement éveillée par des bruits de complots tramés pour la délivrance de Buonaparte; et les sommes d'argent que sa famille et lui avaient à leur disposition, rendaient dangereux de se fier aux motifs de sécurité qu'offrait la position naturelle de l'île. Il est aussi à remarquer que, tout en demandant comme une chose de droit la levée des restrictions dont il se plaignait, Napoléon ne proposa jamais de son côté aucune concession, soit en offrant sa parole ou autrement, qui fût de nature à présenter au gouverneur une garantie morale de plus, en place de cette surveillance minutieuse qu'il désirait voir cesser. Cependant, pour se plier jusqu'à un certain point à l'humeur de son prisonnier, sir Hudson

gouvernement semblerait sentir que son gouvernement a bien besoin d'être justifié. (*Édit.*)

Lowe voulut bien que l'officier anglais dont le devoir était de faire régulièrement un rapport sur la présence de Buonaparte, se contentât de s'en assurer en saisissant les occasions indirectes qui se présentaient, soit lorsque l'ex-Empereur se promenait dans le jardin, soit lorsqu'il se montrait à la fenêtre, et alors il lui était même enjoint d'éviter d'être aperçu. De cette manière, il y avait des jours qui se passaient sans qu'il y eût de rapport sur ce sujet important, ce qui eût exposé sir Hudson Lowe à une grande responsabilité, si Buonaparte était parvenu à s'évader. Nous demandons la permission de renvoyer à l'ouvrage du docteur Antomarchi, pour faire connaître les moyens particuliers et vraiment dégoûtans que, par une sorte de compromis entre l'indispensable nécessité et l'entêtement de Napoléon, ceux qui l'entouraient étaient obligés de prendre pour le faire voir à l'officier, sans qu'il s'en doutât.

Les projets pour faire évader Napoléon ne manquaient pas. Un colonel Latapie, officier de partisans distingué, était, dit-on, à la tête d'une entreprise formée par une bande d'aventuriers d'Amérique, pour l'enlever de Sainte-Hélène. Mais Napoléon dit qu'il connaissait trop bien ces sortes d'hommes pour en rien espérer. Le gouverneur eut avis d'autres tentatives qui devaient être faites d'Amérique ; mais aucune d'elles ne paraît avoir eu un commencement sérieux d'exécution.

Il n'en fut pas de même de l'entreprise de Johnstone, l'un des plus hardis contrebandiers qui aient jamais existé, et dont la vie n'avait été qu'un tissu d'entreprises désespérées ; il s'était évadé de Newgate d'une manière remarquable, et il avait ensuite piloté le vaisseau de lord Nelson à l'attaque de Copenhague, lorsque les maîtres et les pilotes ordinaires de la flotte se refusaient à le faire. Johnstone avait aussi, dit-on, médité anciennement un coup de main hardi pour enlever Buonaparte, dans des circonstances bien différentes, lorsque celui-ci s'embarqua pour aller visiter Flessingue[1]. Et à l'époque dont nous parlons, il fut certainement d'un complot d'une nature très singulière pour tirer Napoléon de Sainte-Hélène. Un bâ-

[1] Ce fut du moins le bruit général. La tentative devait être faite par Johnstone et ses audacieux compagnons, à bord d'une barque sur laquelle ils devaient traverser l'Escaut dans la direction de Flessingue, au moment précis où Napoléon se rendait dans cette ville. Leur plan était d'aborder la gondole impériale, de jeter tout le monde à la mer, excepté Napoléon, de le transporter sur leur barque rapide, et, s'éloignant en toute hâte, de le remettre à

timent *sous-marin*, c'est-à-dire construit de manière à ce qu'il pût s'enfoncer sous l'eau pendant un certain temps, et être remis à flot à volonté, en jetant une certaine quantité de lest, devait servir à effectuer cette entreprise. On espérait que ce navire s'enfonçant sous l'eau pendant le jour, échapperait à la surveillance des croiseurs anglais, et que, remis à flot la nuit, il pourrait approcher de Sainte-Hélène sans être découvert. Le bâtiment fut effectivement commencé dans l'un des chantiers de la Tamise; mais la singularité même de la construction ayant éveillé des soupçons, il fut saisi par le gouvernement anglais.

Ces tentatives et d'autres que nous pourrions citer, étaient périlleuses et désespérées, mais elles étaient de nature à rendre la vigilance plus active; car toutes les fois que de grands obstacles naturels ont été surmontés par de semblables entreprises, ce fut parce qu'on avait trop compté sur ces obstacles. Mais, tandis que

l'escadre anglaise qui croisait alors à la hauteur de l'île. On ajoute que Napoléon prit l'alarme en voyant une barque s'avancer rapidement sur lui. Il ordonna aux matelots de faire force de rames, et de louvoyer. Le contrebandier, au lieu de prendre la gondole en travers, alla par la poupe, et l'occasion fut perdue. Nous ne garantissons en aucune manière l'authenticité de cette anecdote.

des chances aussi précaires d'évasion se présentaient de temps en temps, Napoléon vit l'espoir sur lequel il se fondait secrètement pour sortir de sa triste prison, s'évanouir à ses yeux.

Il fut question de lui dans la Chambre des Communes, mais seulement d'une manière accidentelle, le 12 juillet 1819. Ce fut à l'occasion d'une discussion sur l'état des finances. M. C. H. Hutchinson dit, dans son discours, que dépenser un demi-million sterling par an pour détenir Napoléon à Sainte-Hélène, c'était prodiguer inutilement l'argent public. M. Joseph Hume fut le seul qui parla dans le même sens. Le chancelier de l'échiquier prit la parole pour lui répondre, et il prouva que la dépense n'excédait pas le cinquième de la somme à laquelle on avait prétendu qu'elle s'élevait. Les chefs de l'opposition ne parurent prendre aucun intérêt à la question; et l'on crut à Sainte-Hélène que le désappointement qu'éprouva Napoléon, qui s'était flatté de l'espoir de les voir s'entremettre vivement en sa faveur, fut la première cause de l'accablement et du désespoir qui s'empara de son esprit.

Il est certain que les circonstances politiques étaient devenues telles, qu'il y avait plus de raisons que jamais pour le retenir captif. L'état de l'Angleterre, par suite du mécontentement et des pertes réelles des manufactures, celui de l'Italie, ébranlée jusque dans ses fondemens par les révolutions de courte durée de Naples et de Savoie, rendirent la détention de Buonaparte bien plus importante encore qu'elle ne l'avait été à aucune époque depuis sa chute. On ne saurait calculer l'effet que son nom aurait pu produire dans ce moment de commotion générale; mais, ce qui est certain, c'est que les conséquences de son évasion auraient été terribles.

Le ministère sachant quelle action un génie semblable exercerait au milieu des élémens du désordre, enjoignit au gouverneur de Sainte-Hélène de redoubler de vigilance :

« Le renversement du gouvernement de Naples, l'esprit révolutionnaire qui règne plus ou moins dans toute l'Italie, l'état équivoque de la France elle-même, doivent éveiller l'attention de Buonaparte, et lui montrer clairement qu'il se prépare une crise, si même elle n'est pas encore arrivée, où son évasion produirait d'importans résultats. Ses partisans sont aux aguets, on n'en saurait douter; et s'il est jamais disposé à risquer cette tentative, il ne laissera pas échapper une semblable occasion. Vous redoublerez donc d'attention pour surveiller ses démarches, et vous avertirez l'amiral d'exercer la plus grande vigilance, parce que c'est de la marine que tout dépend en grande partie. »[1]

L'alarme était naturelle, mais il n'y avait point de sujet réel d'appréhension; la politique et la guerre ne devaient plus reconnaître la puissante influence de Napoléon Buonaparte. Ses espérances déçues hâtant les progrès de la terrible maladie dont le principe était dans l'estomac, cette maladie étendit ses ravages et mina sourdement sa constitution. La mort allait mettre fin à ces discussions triviales, fruit d'un caprice ou d'une boutade, qui n'étaient pas moins pénibles à celui qui les provoquait qu'à celui qui était obligé de les soutenir; la mort ouvrit les portes d'une prison dont l'espérance elle-même ne pouvait plus présenter d'autre clef. Les symptômes de désorganisation dans les voies digestives se manifestaient de plus en plus, et la répugnance de Napoléon à prendre aucune espèce de potion était aussi forte que jamais, comme s'il sentait intérieurement que tous les efforts de l'art étaient inutiles. Dans l'une des nombreuses disputes qu'il eut à ce sujet, il répondit de cette manière aux raisonnemens d'Antomarchi : « Docteur, pas de

[1] Dépêche envoyée à sir Hudson Lowe, le 30 septembre 1820.

drogues; je vous l'ai dit bien des fois, nous sommes une machine à vivre; nous sommes organisés pour cela, c'est notre nature. N'entravez pas la vie, laissez-la à son aise, qu'elle puisse se défendre, elle fera mieux que vos médicamens. Notre corps est une montre qui doit aller un certain temps; l'horloger n'a pas la faculté de l'ouvrir, il ne peut la manier qu'à tâtons et les yeux bandés. Pour une fois qu'il l'aide et la remonte, à force de la tourmenter avec ses instrumens tortus, il l'endommage dix, et finit par la détruire. »

A mesure que la santé de l'ex-Empereur s'affaiblissait, on ne peut trouver extraordinaire que son esprit baissât de plus en plus. Faute d'autres moyens de s'amuser, il avait pris quelque intérêt à creuser au milieu du jardin de Longwood un bassin, qu'il peupla de petits poissons. Un mastic à base de cuivre dont on avait revêtu le bassin corrompit l'eau, et les pauvres créatures dont il prenait plaisir à regarder les mouvemens furent saisies de vertige et périrent l'une après l'autre. Il en fut profondément affecté, et dans un langage qui rappelle les beaux vers de Thomas Moore, il parla de la fatalité qui semblait peser sur lui : « Tout ce que j'aime, tout ce qui m'attache, s'écria-t-il, est aussitôt frappé : le ciel et les hommes se réunissent pour me poursuivre. ' » Dans d'autres momens il se plaignait de n'avoir plus de force ni d'énergie. « Le lit, disait-il, est devenu pour moi un lieu de délices, je ne l'échangerais pas pour tous les trônes du monde. Combien je suis déchu! moi, dont l'activité était sans bornes, il faut que je fasse un effort lorsque je veux soulever mes paupières. » Il se rappela qu'il dictait souvent à quatre ou cinq secrétaires à la fois. « Mais alors, dit-il, j'étais Napoléon; aujourd'hui je ne suis plus rien; mes forces, mes facultés m'abandonnent; je végète, je ne vis plus. »

Vers le 22 janvier 1821, Napoléon parut reprendre quelque énergie et vouloir essayer de dompter le mal en faisant de l'exercice. Il monta à cheval, et se mit, pour la dernière fois, à galoper autour des limites de Longwood. Il ne

' Depuis l'instant de ma naissance
Je suis le jouet du destin;
Si la séduisante espérance
A mes regards brille un matin,
Je vois sa lueur éphémère
L'instant d'après s'évanouir :
Toujours la fleur que je préfère,
Est la première à se flétrir.

MOORE.

Ces vers sont extraits de Lalla-Rook. (*Édit.*)

fit pas moins de cinq à six milles ; mais cet effort épuisa la nature. Il se plaignait que ses forces l'abandonnaient rapidement.

Le gouverneur avait déjà fait passer en Angleterre des bulletins sur l'affaiblissement de la santé de Napoléon, sans avoir cependant les moyens de s'assurer jusqu'à quel point la maladie était réelle ou s'il en affectait seulement les apparences. Le malade ne voulait recevoir la visite d'aucun médecin ni chirurgien anglais, et il ne permettait pas au docteur Antomarchi de communiquer avec sir Hudson Lowe. Le gouverneur ne pouvait donc parler de la maladie de Napoléon que comme d'un bruit dont il lui était impossible de constater la vérité. L'âme généreuse du grand personnage qui est à la tête du gouvernement britannique, prit naturellement un vif intérêt au sort du prisonnier, et il chercha, par tous les moyens en son pouvoir, et particulièrement par l'expression de sa sollicitude pour lui, à donner à Napoléon les espérances et les consolations qu'il pouvait le croire susceptible de recevoir, ne pouvant lui annoncer la fin de sa captivité. Voici la dépêche adressée par lord Bathurst à sir Hudson Lowe sur ce sujet intéressant ; elle est datée du 16 février 1821.

« Je sais qu'il est très difficile de faire au général une communication qui ne soit pas sujette à de fausses interprétations; et cependant, s'il est réellement malade, ce peut être quelque consolation pour lui de savoir que les derniers bulletins qui ont été envoyés sur sa santé n'ont pas été reçus avec indifférence. Vous communiquerez donc au général Buonaparte la grande part que Sa Majesté a prise à la nouvelle de son indisposition, et le désir qu'elle éprouve de lui procurer tous les adoucissemens dont sa position est susceptible. Vous assurerez le général Buonaparte qu'il n'est point de soulagement qu'il ne puisse espérer de nouvelles consultations, point de demande compatible avec la sûreté de sa personne à Sainte-Hélène (car Sa Majesté ne peut le flatter de l'espoir d'un changement) que Sa Majesté ne s'empresse et ne désire de lui accorder. Vous ne réitérerez pas seulement l'offre qui a déjà été faite plusieurs fois de lui procurer tous les secours de l'art que peut fournir l'île de Sainte-Hélène, mais vous lui proposerez de faire venir quelque médecin du Cap, où il y en a un, surtout, qui jouit d'une grande réputation; et au cas que le général paraisse le désirer, vous êtes autorisé à écrire au Cap, et à prendre telles mesures que vous jugerez convenables pour appeler immédiatement auprès du général la personne qu'il aura désignée. »

Napoléon n'eut pas la satisfaction d'apprendre l'intérêt que Sa Majesté prenait à sa santé, ce qui lui aurait procuré sans doute quelque lueur de consolation. Peut-être la teneur de cette lettre l'eût-elle amené à penser que son système de résistance opiniâtre aux volontés de l'autorité sous laquelle il était placé avait été si peu judicieux, qu'il avait inspiré des doutes sur la réalité de la maladie qui le conduisait au tombeau, et n'avait eu, par conséquent, d'autre résultat que de le priver des marques d'intérêt qui, autrement, fussent venues adoucir un sort si digne de compassion.

Vers la fin de février, la maladie prit un caractère encore plus alarmant, et le docteur Antomarchi témoigna le désir de faire une consultation avec quelques uns des médecins anglais. L'aversion de l'Empereur pour leurs services fut encore augmentée par une offre bienveillante du gouverneur, qui le fit prévenir qu'il était arrivé dans l'île un médecin célèbre [1], et qu'il le mettait à la disposition du général Buonaparte. Cette proposition, comme toutes les avances faites par sir Hudson Lowe, fut regardée comme une insulte préméditée : « Il

[1] Le docteur Shortt, médecin de l'armée, qui, à cette époque, remplaça le docteur Baxter à Sainte-Hélène, et auquel nous devons beaucoup de renseignemens précieux.

veut abuser l'Europe par de faux bulletins, dit Napoléon; je ne veux pas d'homme qui communique avec lui. » Napoléon sans doute devait être libre de refuser les visites d'un autre médecin que le sien, et l'on n'insista pas davantage; mais, en s'obstinant ainsi à ne pas voir un médecin impartial, dont le rapport sur l'état de sa santé aurait été concluant, il confirma nécessairement l'idée que sa position n'était pas aussi désespérée qu'elle se trouva l'être.

A la fin l'ex-Empereur consentit que le docteur Antomarchi eût une consultation avec le docteur Arnott, chirurgien du vingtième régiment; mais l'opinion réunie des deux médecins ne put triompher de l'aversion de Buonaparte pour les médicamens, ni ébranler la foi qu'il avait aux funestes doctrines du fatalisme. « *Quod scriptum, scriptum,* répondit-il dans le langage d'un musulman; tout ce qui arrive est écrit: notre heure est marquée; nul d'entre nous ne peut prendre sur le temps une part que lui refuse la nature. »

Le docteur Antomarchi finit par obtenir que le docteur Arnott fût introduit dans l'appartement et en la présence du malade, qui se plaignit surtout de l'estomac, de nausées continuelles et du mal qu'il avait à digérer. Il le vit, pour la première fois, le 1er avril, et continua régulièrement ses visites. Napoléon lui exprima son opinion, que le foie était affecté. Les observations du docteur Arnott le portèrent à croire que, quoique l'action du foie pût être imparfaite, ce n'était pas là qu'il fallait chercher le siége de la maladie. Et ici, il est à remarquer que Napoléon, lorsque le docteur Antomarchi lui exprimait des doutes sur l'état de son estomac, les repoussait avec aigreur, quoique intérieurement il fût convaincu qu'il avait la même maladie que son père. Ainsi, par un caprice bizarre assez naturel à un malade, il disait à quelques personnes de sa suite ce qu'il pensait du mal qui le consumait, et en même temps, de crainte peut-être qu'on ne lui proposât quelques remèdes, il ne voulait pas faire part de ses soupçons à son médecin [1]. Du 15 au 25 avril, Napoléon s'occupa de temps en temps de ses dispositions testamentaires, dont nous aurons occasion de parler bientôt, comme propres à peindre son caractère et ses sentimens particuliers. Le 25, il parut éprouver une grande fatigue d'avoir écrit; et plusieurs symptômes annoncèrent un redoublement de fièvre, au nombre desquels on peut mettre sans crainte

[1] Madame Bertrand dit au docteur Shortt, que Napoléon croyait mourir d'un cancer à l'estomac, ce qu'elle regardait comme une chimère.

le plan qu'il avait formé, disait-il, de rapprocher toutes les sectes religieuses en France.

A mesure que les forces du malade s'éteignaient, les symptômes de sa maladie devenaient moins équivoques. Le 27 avril, les vomissemens, qui ne rejetaient qu'un fluide aqueux et noirâtre, donnèrent de nouvelles lumières sur la nature du mal. Le docteur Antomarchi persista à l'attribuer au climat, ce qui flattait son malade, qui voulait qu'on pût dire que c'était sa détention à Sainte-Hélène qui l'avait fait mourir; tandis que le docteur Arnott exprimait l'opinion que la maladie était la même que celle dont son père était mort sous le beau ciel de Montpellier. Le docteur Antomarchi, comme il arrive d'ordinaire au rapporteur d'une discussion, eut sur son adversaire l'avantage de parler le dernier, quoique le docteur Arnott eût alors le propre témoignage du malade pour appuyer son assertion. Le 28 avril, Napoléon donna à Antomarchi les instructions suivantes: il voulait qu'après sa mort on fît l'ouverture de son cadavre, mais qu'aucun médecin anglais ne portât la main sur lui, *à moins* qu'Antomarchi n'eût indispensablement besoin de quelqu'un, auquel cas il lui permettait d'employer le docteur Arnott. Il exprima le désir que son cœur fût envoyé à Parme, à Marie-Louise; et recommanda surtout au docteur de bien examiner son estomac, et d'en faire un rapport détaillé qu'il enverrait à son fils. « Les vomissemens, dit-il, qui se succèdent presque sans interruption, me font penser que l'estomac est celui de mes organes qui est le plus malade ; et je ne suis pas éloigné de croire qu'il est atteint de la lésion qui conduisit mon père au tombeau, je veux dire d'un squirrhe au pylore.» Le 2 mai, le malade revint sur ce sujet intéressant, recommandant de nouveau à Antomarchi de faire avec le plus grand soin l'examen de l'estomac : « Les médecins de Montpellier, dit-il encore, avaient annoncé que le squirrhe au pylore serait héréditaire dans ma famille. Leur rapport est, je crois, dans les mains de Louis ; demandez, comparez-le avec ce que vous aurez observé vous-même ; que je sauve du moins mon fils de cette cruelle maladie. »

Dans la journée du 3 mai, on vit que l'existence de Napoléon était évidemment à sa fin ; et ceux qui l'entouraient, et son médecin en particulier, désirèrent qu'il fût fait une consultation. On appela le docteur Shortt, médecin militaire, et le docteur Mitchell, chirurgien du vaisseau amiral. Le docteur Shortt crut devoir maintenir la dignité de sa profession, et refusa de donner un avis dans un cas d'une telle importance, à moins qu'on ne lui permît de voir et d'examiner le malade. Les officiers de la maison de Napoléon s'excusèrent en disant que l'Empereur leur avait donné l'ordre exprès de ne laisser aucun médecin anglais, autre que le docteur Arnott, approcher de son lit de mort. Ils dirent que quand il n'aurait plus l'usage de la parole, ils ne pourraient supporter ses regards s'il venait à les tourner sur eux pour leur reprocher leur désobéissance.

Le même jour, vers deux heures, le prêtre Vignani administra au malade le sacrement de l'extrême onction. Quelques jours auparavant, Napoléon lui avait expliqué la manière dont il voulait que son corps fût exposé, dans un appartement éclairé par des torches, ce que les catholiques appellent une *chambre ardente*. « Je ne suis, dit-il, en répétant la même phrase que nous avons déjà citée, je ne suis ni philosophe ni incrédule; je crois en Dieu, je suis de la religion de mon père; n'est pas athée qui veut. Je suis né dans la religion catholique; je veux remplir les devoirs qu'elle impose, et recevoir les secours qu'elle administre. » Il se tourna alors vers Antomarchi, qu'il soupçonnait, à ce qu'il paraît, d'incrédulité, quoique le docteur repoussât cette inculpation. « Pouvez-vous la pousser à ce point? lui dit-il; pouvez-vous ne pas croire en Dieu? car enfin tout proclame son existence, et puis les plus grands esprits l'ont cru. »

Comme pour marquer un dernier point de ressemblance entre Cromwell et Napoléon, une tempête horrible s'éleva le 4 mai, veille du jour où devait se terminer l'existence mortelle de cet homme extraordinaire. Un saule sous lequel l'exilé aimait à prendre le frais, fut déraciné par la violence de l'ouragan, et presque tous les arbres qui entouraient Longwood partagèrent le même sort.

Le 5 mai 1821 arriva au milieu du vent et de la pluie. L'âme de Napoléon, prête à s'échapper, saisie par le délire, était en proie à une lutte plus terrible que celle des élémens.

Les mots *tête d'armée,* les derniers qui s'échappèrent de ses lèvres [1], annoncèrent que ses pensées erraient au milieu d'un champ de bataille, et assistaient à un combat. A six heures moins onze minutes du soir, Napoléon, après une agonie qui indiquait la force première de sa constitution, rendit le dernier soupir !

Les officiers de la maison de Napoléon voulaient faire l'autopsie de son corps en secret;

[1] D'autres relations disent : *tête.... armée....* (*Édit.*)

mais sir Hudson Lowe avait un sentiment trop profond de la responsabilité qui pesait sur lui et sur son pays pour le permettre : il déclara que, dût-il employer la force, l'ouverture ne se ferait qu'en présence des médecins anglais.

Les généraux Bertrand et Montholon, Marchand, valet-de-chambre du défunt, assistèrent à l'opération, qui eut lieu le 6 mai. Elle eut aussi pour témoins sir Thomas Leade et quelques officiers d'état-major anglais ; les docteurs Thomas Shortt, Archibald Arnott, Charles Mitchell, Matthieu Livingstone, tous médecins, étaient aussi présens. La cause de la mort était assez évidente ; un large ulcère couvrait l'estomac presque en entier : c'était l'adhérence intime des parties attaquées de cet organe à la surface concave du lobe du foie, qui avait prolongé la vie du malade en empêchant le contenu de l'estomac de s'échapper dans la cavité abdominale. Toutes les autres parties du viscère furent trouvées assez saines. Le rapport fut signé par tous les médecins anglais présens ; le docteur Antomarchi allait le signer à son tour, lorsque, d'après des renseignemens que nous avons lieu de croire exacts, le général Bertrand l'empêcha de le faire, parce que le procès-verbal portait qu'il était relatif au corps du *général Buonaparte*. Le rapport du docteur

Antomarchi ne diffère pas beaucoup de celui des médecins anglais, quoiqu'il en tire des conclusions qui semblent incompatibles avec la conviction même du malade, et avec l'horrible évidence résultant de l'autopsie. Il continua à prétendre que Napoléon n'était pas mort du cancer que nous avons décrit, ou, en termes de médecine, d'un squirrhe au pylore, mais d'une *gastro-hépatite chronique*, maladie qu'il soutenait être endémique à Sainte-Hélène, quoique nous ne trouvions nulle part l'assertion ou la preuve que l'hôpital de l'île ait offert un seul cas semblable à celui de Napoléon. [1]

Les officiers de la suite de Buonaparte désiraient que son cœur fût conservé et remis à leur garde; mais sir Hudson Lowe ne crut pas pouvoir prendre sur lui d'y consentir; il permit cependant que le cœur fût déposé dans un vase

[1] Sans entrer dans de longs détails sur cette question médicale devenue une question politique, on peut faire observer à sir Walter Scott qu'on remarque dans toute maladie la *cause prédisposante* et la cause *prochaine*. Prolonger le séjour d'un homme sujet à une maladie dans un climat qui peut en favoriser le développement, le soumettre aux influences morales capables d'en hâter la conclusion funeste, ajouter enfin la *cause prochaine* à la *cause prédisposante*, c'est administrer un poison dont l'effet est aussi sûr que celui d'aucune substance chimique. (*Édit.*)

d'argent rempli d'esprit-de-vin, et enterré avec le corps, afin que, si les instructions qu'il recevrait d'Angleterre l'y autorisaient, il pût être exhumé ensuite et envoyé en Europe.

Le lieu de la sépulture devint ensuite le sujet de la discussion. Napoléon n'avait pas été d'accord avec lui-même sur cet article. Dans son testament, il témoignait le désir que ses cendres reposassent sur les bords de la Seine; désir auquel il ne pouvait supposer un instant qu'on accédât, et qui paraît n'avoir été exprimé que pour produire de l'effet. Une minute de réflexion eût suffi pour lui rappeler que, lorsqu'il était sur le trône, il n'aurait pas accordé à Louis un tombeau dans la terre de ses ancêtres; et, sans chercher des suppositions, il ne voulut pas permettre que les restes du duc d'Enghien reçussent d'autre sépulture que celle du dernier des criminels, qui est jeté dans la terre au lieu même où il est mort. D'ailleurs, l'état d'agitation où se trouvait l'esprit public, surtout dans toute l'Italie, rendait la mesure impossible.

Il ne restait donc d'autre alternative que de creuser une tombe pour l'Empereur des Français dans les limites de l'île, sur ce rocher où ses dernières années s'étaient vues resserrées; et, prévoyant même qu'il en serait sans doute ainsi, il avait indiqué lui-même la place où il désirait reposer. C'était une petite vallée retirée, appelée *vallée de Slane* ou *de Haine*, où était une source à laquelle ses domestiques chinois avaient coutume de remplir les vases d'argent qu'ils portaient à Longwood pour l'usage de Napoléon; il s'y trouvait plus d'ombre et de verdure que dans aucun autre endroit des environs, et l'illustre exilé allait souvent se reposer sous les beaux saules pleureurs qui entouraient la source. Le corps, après avoir été exposé sur un lit de parade dans sa petite chambre à coucher, où toutes les personnes de distinction de l'île vinrent le voir successivement, fut conduit le 8 mai au lieu de la sépulture. Le drap mortuaire qui couvrait le cercueil était le manteau que Napoléon avait porté à la bataille de Marengo. Toutes les personnes de sa maison accompagnaient le convoi, en habits de deuil; suivies du gouverneur, de l'amiral et de toutes les autorités civiles et militaires de l'île. Toutes les troupes furent sous les armes dans cette occasion solennelle. Comme la route ne permettait pas au char funèbre d'arriver jusqu'au lieu de la sépulture, des grenadiers anglais eurent l'honneur de porter le cercueil sur leurs épaules. L'abbé Vignani récita les prières accoutumées. Des coups de canon furent tirés de minute en minute par le vaisseau amiral. Enfin le cercueil fut descendu dans la tombe, sous trois salves d'artillerie consécutives, de quinze coups chacune. Une énorme pierre fut ensuite abaissée sur la tombe, et couvrit l'espace borné qui suffisait alors à celui pour qui l'Europe avait été trop étroite.

CONCLUSION.

Arrivé à la fin de cette histoire importante, le lecteur sera peut-être bien aise de s'arrêter un moment pour réfléchir sur le caractère de l'homme étonnant que la fortune avait comblé de tant de faveurs au commencement et au milieu de sa carrière, mais qu'à la fin de sa vie elle accabla de si grandes et de si terribles afflictions.

L'extérieur de Napoléon n'avait rien d'imposant au premier coup d'œil; sa taille n'était que de cinq pieds six pouces d'Angleterre. Maigre dans la jeunesse, il avait pris de l'embonpoint avec l'âge; d'une constitution en apparence plus délicate que robuste, personne ne savait mieux que lui supporter les privations et la fatigue. Il n'avait pas bonne grâce à cheval, et il ne maniait pas son coursier avec cette aisance qui distingue l'écuyer accompli; aussi paraissait-il à son désavantage, lorsqu'on le voyait à côté d'un cavalier tel que Murat; mais il ne craignait rien, se tenait ferme sur la selle, aimait un galop rapide, et était en état de continuer cet exercice plus long-temps que la plupart des autres hommes. Nous avons déjà vu combien la qualité des alimens lui était indifférente, et comment il savait supporter la faim. Un morceau à manger et un flacon de vin suspendus à l'arçon de la selle, suffisaient, dans ses premières campagnes, à sa nourriture de plusieurs jours. Pendant les dernières guerres il allait plus souvent en voiture, non pas, comme on l'a fait entendre, par suite de quelque indisposition particulière, mais parce qu'il ressentait dans un corps si constamment en exercice, les effets prématurés de l'âge.

Il n'est presque personne à qui la figure de Napoléon ne soit familière, d'après les descriptions qu'on en a faites, et les portraits qu'on en trouve partout. Ses cheveux étaient d'un brun foncé, et la manière dont ils étaient arrangés prouvait qu'il faisait peu d'attention à sa toilette. La forme de sa figure était plus carrée qu'elle ne l'est d'ordinaire dans l'espèce humaine. Ses yeux étaient gris et pleins d'expression; les prunelles assez grandes, et les sourcils peu marqués. Le front et le haut de la figure avaient quelque chose de ferme et d'imposant; il avait le nez et la bouche parfaitement faits; sa lèvre supérieure était très courte; ses dents n'étaient pas belles, mais il les montrait peu en parlant[1]. Son sourire était d'une douceur peu commune, et l'on dit même irrésistible. Il avait le teint olive clair, mais du reste pas de couleurs. Le caractère dominant de sa figure était une expression de gravité, même de mélancolie, mais sans aucune trace de sévérité ni de rudesse. Après sa mort, l'air tout à la fois noble et calme qui resta empreint sur tous ses traits, leur donna une beauté remarquable, et fit l'admiration de tous ceux qui purent le voir.

Tel était Napoléon à l'extérieur; son caractère personnel, considéré dans la vie privée, n'avait rien que d'aimable, excepté pourtant dans un seul cas; c'était lorsqu'il recevait ou qu'il croyait avoir reçu quelque outrage: alors surtout si cet outrage lui était personnel, il était emporté et vindicatif; cependant il était facile, même à ses ennemis, de l'apaiser, pourvu qu'ils s'abandonnassent à sa merci; mais il n'avait pas cette sorte de générosité qui respecte le courage d'un brave et loyal adversaire. D'un autre côté, personne ne récompensait plus libéralement les services de ses amis. Il était bon

[1] A Sainte-Hélène, il se plaignait souvent de maux de dents et de douleurs aux gencives.

époux, bon parent, et, toutes les fois que la raison d'État n'intervenait pas, excellent frère. Le général Gourgaud, dont les récits ne sont pas toujours à l'avantage de Napoléon, dit que c'était le meilleur des maîtres, cherchant à être utile à tous ses serviteurs, toutes les fois qu'il en trouvait l'occasion; faisant beaucoup valoir les qualités qu'ils pouvaient avoir, et leur en attribuant même quelquefois qu'ils n'avaient point.

Il avait de la douceur, et même quelque chose de plus tendre encore, dans le caractère. Il était vivement affecté lorsqu'il parcourait à cheval les champs de bataille, que son ambition avait jonchés de morts et de mourans; et non seulement il éprouvait le désir de secourir les victimes, donnant à cet effet des ordres qui trop souvent n'étaient pas et ne pouvaient pas être exécutés, mais il paraissait même sentir l'influence de cette espèce de sympathie plus vive qu'on appelle sensibilité. Il racontait lui-même une circonstance qui indique que son âme était susceptible d'émotions. En traversant un champ de bataille en Italie avec quelques uns de ses généraux, il vit un chien abandonné, étendu sur le corps de son maître. Dès qu'il les aperçut, le pauvre animal s'avança vers eux, puis retourna près du cadavre en poussant des cris douloureux, comme pour demander du secours. « Soit disposition du moment, dit l'Empereur, soit le lieu, l'heure, le temps, l'acte en lui-même, ou je ne sais quoi, toujours est-il vrai que jamais rien sur aucun champ de bataille ne me causa une impression pareille. Je m'arrêtai involontairement à contempler ce spectacle. Cet homme, me disais-je, a peut-être des amis, et il gît ici abandonné de tous, excepté de son chien! Ce qu'est l'homme! et quel n'est pas le mystère de ses impressions! J'avais sans émotion ordonné des batailles qui devaient décider du sort de l'armée; j'avais vu d'un œil sec exécuter des mouvemens qui amenaient la perte d'un grand nombre d'entre nous, et ici je me sentais ému, j'étais remué par les cris et la douleur d'un chien! Ce qu'il y a de bien certain, c'est qu'en ce moment j'eusse été plus traitable pour un ennemi suppliant; je concevais mieux Achille rendant le corps d'Hector aux larmes de Priam.[1] » Cette anecdote montre tout à la fois que l'âme de Napoléon était susceptible de sentimens humains, mais qu'il savait les faire fléchir devant les préceptes rigoureux du stoïcisme militaire. Il avait coutume de dire, dans son langage expressif, que

[1] Las-Cases, tome II, seconde édition, page 36.

le cœur d'un politique devait être dans sa tête; mais quelquefois il se surprit lui-même dans des sentimens plus doux.

Calculateur par nature et par habitude, Napoléon aimait l'ordre, et par conséquent les mœurs, qui en sont le plus sûr garant. Les libelles du temps ont raconté quelques histoires scandaleuses pour prouver le contraire, mais rien n'autorise à croire ces assertions. Napoléon se respectait trop lui-même et connaissait trop bien le prix de l'opinion publique, pour se plonger de gaîté de cœur dans la débauche.

A considérer ses inclinations naturelles, on peut donc présumer que si Napoléon fût resté dans les limites obscures de la vie privée, et que les passions ou l'esprit de vengeance ne lui eussent point offert de trop fortes tentations sur sa route, il aurait été regardé généralement comme un homme dont on devait, sous tous les rapports, désirer l'amitié, et dont il fallait craindre d'encourir la haine.

Mais l'occasion que lui offrirent les circonstances, et l'activité de ses grands talens militaires et politiques, l'élevèrent avec une célérité sans exemple à une grande puissance, sphère dangereuse où il trouva des tentations plus grandes encore. Avant d'examiner l'usage qu'il fit de son élévation, passons rapidement en revue les causes qui lui en aplanirent le chemin.

Les conséquences de la révolution, quelque funestes qu'elles fussent d'ailleurs pour les familles privées, créèrent des armées telles que l'Europe n'en avait jamais vu, et telles, il faut l'espérer, qu'elle n'en reverra jamais. Il n'y avait plus de sûreté, d'honneur ou même d'existence dans aucune autre profession que dans celle des armes; aussi devint-elle l'asile de tout ce qu'il y avait de meilleur et de plus brave dans la jeunesse de France; de sorte que l'armée ne se recruta plus, comme chez la plupart des peuples, de gens pauvres et sans aveu, et de l'écume de la nation, mais elle fut tirée en quelque sorte du corps et du sein même de l'État, et se composa de l'élite de la France, sous le rapport de la force, des qualités morales et de l'élévation de l'esprit. Avec de pareils hommes, les généraux de la république remportèrent de grandes et nombreuses victoires, mais sans pouvoir en tirer tous les résultats qu'elles devaient produire; ce qui provenait en grande partie de la dépendance dans laquelle ils étaient des chefs de la république à Paris, dépendance expliquée par la nécessité où ils se trouvaient d'avoir recours à eux pour la solde et pour l'entretien de leurs armées. Du moment que Napoléon eut franchi les Alpes, il intervertit cet ordre de choses ; et non seulement il fit défrayer l'armée par les pays conquis, au moyen d'impôts et de confiscations, mais même il les fit contribuer aux charges de l'État. Ainsi la guerre, qui jusqu'alors avait été un fardeau pour la république, devint entre ses mains une source de revenus; tandis que le jeune général, venant au secours du gouvernement auquel ses prédécesseurs étaient à charge, put s'assurer l'indépendance, qui fut le premier but de son ambition, et correspondre avec le Directoire presque sur le pied de l'égalité. Ainsi ses talens comme militaire et sa position comme général victorieux, l'élevèrent bientôt de l'égalité à la prééminence.

Ses talens n'embrassaient pas moins le plan général d'une campagne que les dispositions de détail d'un combat. Dans chacune de ces deux grandes branches de la guerre, Napoléon n'était pas simplement l'élève des maîtres de l'art les plus célèbres, il perfectionnait, il innovait, il inventait.

Dans la stratégie, il appliqua sur une échelle plus étendue les principes de Frédéric de Prusse; et il gagnait une capitale ou un royaume, lorsque Frédéric aurait pris une ville ou une province. Son système était de concentrer la plus grande partie possible de ses forces sur le point le plus faible de la position des ennemis, de paralyser ainsi les deux tiers de leur armée, tandis qu'il taillait en pièces l'autre tiers, et alors de décider la victoire en détruisant le reste en détail. Dans ce but, il apprenait aux généraux à diviser leurs corps d'armée pendant la marche, afin que les mouvemens fussent plus rapides et les approvisionnemens plus faciles, puis à les réunir au moment du combat, sur le point où l'attaque étant moins prévue, la résistance serait plus faible. Pour la même raison, il fut le premier à débarrasser l'armée de toute espèce de bagages qui n'étaient pas strictement nécessaires; il suppléa au manque de magasins par des contributions levées en masse sur le pays, ou sur les particuliers, d'après un système régulier de maraude, et supprima l'usage des tentes, bivouaquant avec ses soldats, lorsqu'il ne se trouvait pas de hameau dans les environs, et qu'on n'avait pas le temps de construire une cabane. Son système était désastreux en ce qu'il multipliait les morts prodigieusement, puisque souvent même il se dispensait d'établir des hôpitaux militaires; mais quoique Moreau appelât Napoléon un conquérant à raison de dix mille hommes par jour, du moins ce sacrifice répondit pendant long-temps au but dans lequel il était fait. Les ennemis qui étaient restés dans leurs vastes retranchemens, se portant les uns d'un côté, les autres d'un autre, à la nouvelle que différentes colonnes approchaient par divers chemins, étaient surpris et taillés en pièces par les forces combinées de l'armée française, qui avait opéré sa jonction au moment et dans l'endroit où on s'y attendait le moins. Ce ne fut qu'en acquérant l'art d'effectuer leur retraite avec la même promptitude qu'ils étaient attaqués, que les Alliés apprirent à déjouer les efforts des colonnes mobiles de Napoléon.

Napoléon n'avait pas des idées moins neuves en fait de tactique qu'en fait de stratégie. Ses manœuvres sur le champ de bataille avaient la promptitude et la vivacité de l'éclair. Au moment même où il engageait le combat, de même que dans les apprêts qu'il avait faits pour l'amener, son système était d'amuser l'ennemi sur plusieurs points, tandis qu'il tombait sur un seul à l'improviste avec la plus grande partie de ses forces. Cette ligne qu'il venait de rompre, cette position qu'il venait de tourner, il y pensait depuis le commencement de l'action; mais il avait d'abord caché son plan sous une foule de démonstrations préalables, et il n'en avait tenté l'exécution que lorsque les forces morales et physiques de l'ennemi étaient épuisées par la longueur du combat. C'était alors qu'il faisait avancer sa garde, qui, brûlant d'impatience et s'indignant de rester oisive, attendait depuis long-temps le signal, et qui, s'élançant comme le chien de chasse dont on brise le lien, avait la tâche glorieuse, et glorieusement remplie, de décider la victoire. On peut ajouter encore, comme un trait distinctif de sa tactique, qu'il préférait ranger son armée par colonnes plutôt que par lignes; peut-être parce qu'il pouvait compter sur la valeur intrépide des officiers français qui dirigeaient les colonnes.

Napoléon avait su se concilier l'affection des soldats en leur distribuant fréquemment des honneurs et des récompenses, en parlant familièrement à chacun d'eux, et en veillant à ce qu'ils ne manquassent de rien. Si l'on considère en outre l'autorité absolue et indépendante qu'il avait eu l'adresse de s'arroger, on ne s'étonnera pas que les troupes se soient montrées prêtes à soutenir leur général dans la révolution du 18 brumaire, et à le placer à la tête des affaires. La plus grande partie de la nation était alors vraiment fatiguée de la forme toujours vacillante et incertaine du gouvernement, et des variations continuelles qu'elle avait éprouvées, depuis les folles visions des Girondins, et la férocité brutale et sanglante des Jacobins, jusqu'à la versatilité sordide et la lâche indécision du Directoire. Le peuple en général désirait un nouvel ordre de choses, une forme de gouvernement fixe, moins libre peut-être, mais plus durable, et plus propre à garantir le respect des propriétés et la liberté individuelle, qu'aucune de celles qui s'étaient succédé depuis la chute de la monarchie. Un autre général, également victorieux, mais d'un caractère plus timide, ou d'une conscience plus étroite que Napoléon, aurait peut-être tenté de rétablir les Bourbons; mais Napoléon prévit les difficultés sans nombre qui se présenteraient si l'on essayait de concilier le rappel des émigrés avec la garantie de la vente des biens nationaux, et il conclut avec raison que les partis qui déchiraient la France se confondraient plus aisément sous l'autorité d'un homme qui était en grande partie étranger à tous.

Arrivé au pouvoir suprême, à cette hauteur qui trouble et éblouit tant de têtes, Napoléon parut occuper la place pour laquelle il était né, et à laquelle ses talens supérieurs et la brillante carrière de succès qu'il avait parcourue, lui donnaient, dans tous les cas, un droit irrécusable. Il se mit donc à examiner avec calme et sagesse les moyens de donner de la stabilité à sa puissance, de détruire l'esprit républicain, et d'établir une monarchie, dont il se proposait d'être le chef. Essayer de faire revivre, en faveur d'un officier de fortune, une forme de gouvernement qui avait été rejetée avec des acclamations universelles par ce qui semblait être la voix de la nation, aurait paru à la plupart des hommes un acte de désespoir. Les partisans de la république étaient des hommes d'État supérieurs, accoutumés aussi à gouverner la turbulente démocratie, et à organiser ces intrigues qui avaient renversé le trône et l'autel; et il n'était guère présumable que de pareils hommes, ne fût-ce que par une sorte de pudeur, pussent souffrir qu'un jeune général, dont les victoires ne pouvaient faire oublier l'âge, effaçât avec son épée les traces de leurs dix années de travaux.

Mais Napoléon les connaissait et se connaissait lui-même; il eut la confiance intime que ceux qui avaient été associés à la puissance par suite des révolutions antérieures, s'abaisseraient désormais à n'être que les instrumens de son élévation et les agens secondaires de son autorité, contens de recevoir une part du butin telle que celle que le lion jette au chacal.

A chaque nouveau pas qu'il faisait vers le pouvoir, il montrait ses titres aux Français, c'est-à-dire un génie supérieur, attesté par les succès les plus signalés; et il mit sur sa tête la couronne de France en adoptant cette fière devise : *detur dignissimo*. Personne n'était tenté de lui contester la validité de ses titres; jusque-là aucune de ses actions n'y avait donné droit. Brillante de gloire au-dehors, l'administration était, à peu d'exceptions près, libérale et modérée au-dedans. L'horrible assassinat du duc d'Enghien était l'acte d'une vengeance sauvage; mais, en général, les premiers pas de Napoléon dans sa nouvelle carrière furent marqués par des actions dignes des plus grands éloges. La bataille de Marengo avec ses grands résultats, la fureur des discordes civiles apaisée, la réconciliation avec l'Église de Rome, le rappel des émigrés, et la révision entière de la jurisprudence nationale, à laquelle il donna une nouvelle vie, étaient des événemens de nature à flatter l'imagination, et même à gagner les affections du peuple.

Mais, avec une adresse qui lui était particulière, Napoléon sut, tout en abolissant la république, faire en quelque sorte entrer de force à son service ces principes démocratiques qui avaient donné lieu à la révolution, et grâce auxquels on avait espéré établir un état républicain. Sa sagacité n'avait pas manqué d'observer que l'opposition générale à l'ancien gouvernement provenait moins d'aucun sentiment hostile pour l'autorité royale en elle-même, que d'une répugnance ou plutôt d'une aversion prononcée pour les priviléges accordés par elle aux nobles et au clergé, qui avaient seuls le droit de remplir les premières places dans toutes les professions, et qui barraient ainsi le chemin à tous les autres, quelque supériorité de mérite qu'ils pussent avoir. Lorsque Napoléon établit donc sa nouvelle forme de gouvernement monarchique, il considéra avec raison qu'il n'était pas lié, comme les souverains héréditaires, par aucune obligation résultant d'anciens usages, mais qu'étant lui-même le fondateur de la puissance qu'il exerçait, il était libre de l'organiser comme il le jugerait convenable. En même temps il s'était élevé si facilement au trône par l'ascendant reconnu de son génie, qu'il n'avait pas eu besoin d'y être porté par un parti; par conséquent, n'étant restreint par aucun engagement antérieur, ni par la nécessité de récompenser d'ancien partisans, ou d'en acquérir de nouveaux, il avait le rare avantage de pouvoir agir avec une liberté entière et illimitée.

Après avoir atteint l'apogée de la puissance humaine, il songea donc, avec autant de sagesse que de prudence, à établir les fondemens de son trône sur ce principe démocratique qui lui avait ouvert à lui-même la carrière; c'était de laisser la route des honneurs, dans toutes les branches du gouvernement, ouverte au mérite, sans qu'il eût besoin d'être appuyé d'aucun autre titre. Telle était la clef secrète de la politique de Napoléon; et il sut si bien s'en servir, à l'aide du tact exquis avec lequel il savait juger les hommes, et de la bonté naturelle qui le caractérisait, lorsqu'il était de sang-froid, que jamais, dans toutes les vicissitudes de sa fortune, il ne laissa échapper une occasion de se concilier la multitude et de lui plaire, en sachant à propos distinguer et récompenser le talent. Il le disait lui-même continuellement; c'était par là qu'il croyait mériter, et qu'il méritait en effet les plus grands éloges. Nous n'hésitons pas à le répéter : ce fut en ouvrant ainsi une libre carrière aux talens de tout genre, qu'il jeta les fondemens les plus solides de sa puissance et de sa gloire. Malheureusement, sa prédilection pour le mérite, et son empressement à le récompenser, n'avaient point exclusivement pour base un zèle patriotique pour le bien de son pays, bien moins encore un désir purement bienveillant de récompenser ce qui était digne d'éloges, mais un principe d'égoïsme en politique, auquel il faut rapporter une grande partie de ses succès, comme de ses infortunes, et presque tous ses crimes politiques.

Nous avons cité ailleurs le portrait que Lucien fit de son frère, sans doute dans un moment d'humeur, mais qui nous a été confirmé par presque toutes les personnes qui ont approché de Napoléon, et que nous avons eu l'occasion d'interroger : « Sa conduite, dit son frère, n'est réglée que par sa politique, et sa politique n'est fondée que sur l'égoïsme. » Jamais peut-être aucun homme, sauf les restrictions dont il va être parlé, n'eut à un pareil point ce principe d'égoïsme qui est si commun dans l'espèce humaine. Il fut implanté dans son cœur par la nature, et entretenu par l'éducation moitié monastique, moitié militaire, qui le sépara de si bonne heure de la société; le sentiment intime de ses talens, qui lui révélait qu'il n'était pas à sa place parmi les hommes ordinaires, au milieu desquels le sort l'avait placé, donna de nouveaux développemens à ce principe, qui devint en quelque sorte une habitude invétérée, par suite de l'isolement où il se trouva dès son premier pas dans la vie, sans ami, sans protecteur. Les éloges, l'avancement qu'il recevait, étaient accordés à son génie, et non à sa personne; et celui qui sentait au fond de son cœur qu'il s'était frayé lui-même le chemin, n'était guère lié par la reconnaissance à ceux qui ne lui avaient fait place que parce qu'ils n'avaient pas osé l'arrêter. Son ambition était une modification de l'égoïsme, sublime sans doute dans ses effets et ses résultats, mais qui, soumise au creuset d'une sévère analyse, ne donnait guère que de l'égoïsme pour produit.

Nos lecteurs ne doivent pas supposer cependant, que ce défaut eut dans Napoléon ce caractère vil et méprisable qui, dans la vie privée, n'enfante d'ordinaire qu'avarice, que fraude et qu'oppression, ou qui, sous des traits plus doux, borne les efforts de l'égoïste aux entreprises qui peuvent tourner à son avantage personnel, et ferme son cœur à tout sentiment de patriotisme ou de bienveillance générale. Non, l'égoïsme et l'amour-propre de Napoléon étaient d'une nature beaucoup plus noble et plus élevée, quoique la source en fût la même. Ainsi les ailes de l'aigle, qui dans son essor rapide s'élève jusqu'au milieu des régions du soleil, meuvent d'après les mêmes principes que celles qui ne peuvent soulever la pesante volatile au-dessus des murs de la basse-cour.

Pour nous faire encore mieux comprendre, nous ajouterons que Napoléon aimait la France, parce que la France était son bien. Il faisait tout pour elle, parce que l'avantage revenait à son Empereur, soit qu'elle reçût de nouvelles institutions, ou qu'elle s'enrichît de nouvelles provinces. Il représentait, comme il s'en vantait lui-même, le peuple en même temps que le monarque de France; il réunissait dans sa personne ses libertés, sa gloire, sa grandeur, et toutes ses actions devaient avoir pour but d'illustrer tout à la fois l'empire et l'empereur. Cependant, le souverain et l'État pouvaient être, et finirent en effet, par être séparés; et, après cette séparation, le caractère essentiellement personnel de Buonaparte sut trouver de l'amusement et de l'intérêt sur le petit théâtre de l'île d'Elbe, où son génie se vit alors concentré [1]. Comme la tente magique des contes arabes, ses facultés pouvaient s'étendre jusqu'à embrasser la moitié de l'univers, avec tous ses intérêts et toutes ses destinées, ou se rétrécir à volonté pour se concentrer sur un petit rocher de la Méditerranée, s'occupant des petites coteries de l'île, et songeant à tirer le meilleur parti possible de sa nouvelle position. Nous sommes persuadé que tant que la France reconnut Napoléon pour son Empereur, il eût volontiers donné sa vie pour elle; mais nous doutons fort que s'il n'eût eu besoin que de lever un doigt pour assurer son bonheur sous les Bourbons, ce doigt (à moins toutefois que le mérite de l'action eût pu ajouter à sa propre

[1] *Voyez* tome VIII.

gloire), eût jamais été levé. En un mot, son intérêt personnel était le point central d'un cercle dont la circonférence pouvait se rétrécir à volonté, mais dont le centre restait toujours fixe et immobile.

Il est superflu d'examiner à quel degré ce soin assidu, et nous devons ajouter, éclairé, qu'il prenait de ses intérêts, facilita l'élévation rapide de Buonaparte. Nous voyons tous les jours des hommes qui n'ont que des talens très ordinaires, s'appliquant exclusivement et sans relâche à atteindre le but qu'ils se proposent, sans être jamais distraits par la séduction du plaisir, l'attrait de l'indolence, ou par d'autres empêchemens, finir par réussir à force de persévérance. Si maintenant nous nous représentons l'immense génie de Napoléon, animé par une vivacité d'imagination sans bornes, et une tenacité invincible dans ses desseins, marchant d'un pas ferme, sans dévier, sans s'arrêter, à l'accomplissement de son projet, qui n'était rien moins que de conquérir le monde, nous ne serons pas surpris de la hauteur prodigieuse à laquelle il s'éleva.

Mais l'égoïsme qui guidait toutes ses actions, soumis toujours à l'exercice de son excellent jugement, et à la conservation de son influence sur l'esprit public, tout en favorisant en grande partie le succès de ses diverses entreprises, finit par lui faire beaucoup plus de mal que de bien, en ce qu'il lui suggéra ses projets les plus désespérés, et fut la source de ses actions les plus inexcusables.

Les politiques modérés avoueront qu'après avoir substitué le régime impérial au gouvernement républicain, il était nécessaire que le premier magistrat prît et déployât une autorité ferme et vigoureuse, pour rétablir l'ordre intérieur, et maintenir l'état de choses existant, seul moyen de prévenir le retour de continuelles révolutions. Si Napoléon en fût resté là, sa conduite eût été à l'abri de tout reproche, et n'eût été blâmée de personne, si ce n'est des serviteurs les plus dévoués de la maison de Bourbon, à laquelle la Providence semblait avoir fermé pour jamais les portes du royaume. Mais ses principes d'égoïsme ne furent satisfaits que lorsqu'il eut détruit jusqu'au moindre vestige de ces institutions libres, acquises au prix de tant de sang et de tant de larmes, et qu'il eut réduit la France, sauf l'influence invincible de l'opinion publique, à l'état de Constantinople ou d'Alger. C'était un mérite d'avoir relevé le trône; il était naturel que celui qui l'avait relevé, y montât lui-même, puisque, en le cédant aux Bourbons, il aurait trahi ceux des mains desquels il acceptait le pouvoir; mais dépouiller ses sujets des priviléges auxquels ils avaient droit en leur qualité d'hommes libres, c'était commettre un parricide. La nation perdit, par ses empiétemens successifs, ce que l'ancien gouvernement lui avait laissé de liberté. Franchises politiques, intérêts individuels, propriété des communes, éducation, sciences, morale, le gouvernement envahit tout.... La France était une immense armée, sous l'autorité absolue d'un commandant militaire, qui n'était soumis à aucun contrôle, à aucune responsabilité. Dans cette nation, si récemment agitée par les assemblées nocturnes de milliers de clubs politiques, aucune classe de citoyens, dans quelque circonstance que ce pût être, n'avait le droit de se réunir pour manifester ses opinions. Il ne restait au peuple, ni dans les mœurs ni dans les lois, aucun moyen de relever les fautes, ou de résister aux abus de l'administration. La France ressemblait au cadavre politique de Constantinople, moins l'insubordination des pachas, la sourde résistance des ulémas, et les fréquentes et tumultueuses révoltes des janissaires.[1]

[1] *Histoire de la Guerre de la Péninsule*, par le général Foy.

Tandis que Napoléon renversait successivement toutes les barrières des libertés publiques, tandis qu'il bâtissait de nouvelles prisons d'État, et qu'il établissait une haute police, remplissant la France d'espions et de geôliers; tandis qu'il accaparait la presse exclusivement, sa politique, et tout à la fois son égoïsme, lui firent entreprendre ces immenses travaux publics, plus ou moins utiles suivant l'occasion, mais qui devaient rester comme des monumens de la splendeur de son règne. Le nom que lui donnaient les classes ouvrières, l'Entrepreneur général, n'était nullement mal appliqué; mais combien ces sortes d'entreprises réussissent-elles mieux, lorsqu'elles sont exécutées par l'adresse et l'industrie de ceux qui cherchent à utiliser ainsi leurs capitaux, que lorsque le double d'argent est employé d'après la volonté arbitraire d'un despote! Cependant, il eût encore été à désirer que des ponts, des routes, des ports et des édifices publics eussent été les seules compensations offertes aux Français par Napoléon, pour les libertés qu'il leur enlevait. Mais, pour noyer tous les souvenirs pénibles et humilians, il les fit boire, et but lui-même avec eux, dans la coupe enivrante et funeste de la gloire militaire et de la domination universelle. Mettre tout l'univers aux pieds de la

France, tandis que la France, la nation des camps, ne serait elle-même que la première des esclaves de son Empereur, était le projet gigantesque auquel il travaillait avec une ardeur infatigable. C'était la pierre de Sisyphe qu'il roula au sommet du rocher, à une telle hauteur, qu'elle retomba soudain et l'écrasa sous sa chute.

Les principaux plans de cette immense entreprise furent ceux qu'il accomplit lorsque son esprit d'ambition était dans toute sa force; et personne n'osait, même dans ses conseils, combattre les résolutions qu'il avait adoptées. Si le succès eût couronné moins constamment ses armes, peut-être se serait-il arrêté et eût-il préféré la gloire d'assurer à un seul royaume une existence libre et heureuse, fruit d'une douce paix, à un vain orgueil de subjuguer toute l'Europe. Mais le bonheur constant qui a signalé toutes les entreprises de Napoléon, même dans les circonstances les plus délicates, ainsi que la confiance aveugle qu'il avait en son étoile, conspirèrent à le bercer de l'idée qu'il n'était pas comme le commun des hommes, et l'engagèrent à hasarder les plus folles entreprises, comme s'il cédait moins à l'impulsion de la raison qu'à l'assurance qu'il avait intérieurement de réussir. Lorsqu'enfin la fortune changea, on dit qu'après de grands revers il montrait souvent un accablement profond; c'est ce qui lui fit déserter quatre fois son armée, lorsqu'il trouva sa position embarrassante, comme s'il n'avait plus de confiance en son génie, ou qu'il se crût abandonné de son étoile. Les mêmes inégalités, à en croire le général Gourgaud, se faisaient remarquer dans sa conversation. Il y avait des momens où il parlait comme un Dieu, et d'autres où il s'exprimait comme le mortel le plus ordinaire.

C'est encore à l'égoïsme de Napoléon que nous pouvons attribuer le système suivi de déception qui signalait sa politique publique, et même, lorsqu'il parlait de sujets qui lui étaient personnels, sa conversation particulière.

Profitant de sa position, il avait si complétement asservi la presse, que la France ne savait rien que par les bulletins de Napoléon. Il ne fut question de la bataille de Trafalgar que plusieurs mois après qu'elle avait eu lieu, et alors la vérité fut tout-à-fait défigurée : le voile qui couvrait les événemens qui intéressaient le plus le peuple était si épais, que le soir même où se donna la bataille de Montmartre, *le Moniteur,* principal organe des nouvelles publiques, ne contenait qu'une discussion sur la nosographie, et un article sur un drame de *la Chaste*

Susanne. De cacher la vérité, à fabriquer un mensonge, il n'y a qu'un pas; et, comme l'éditeur du journal, obligé de donner des nouvelles tous les jours, Napoléon se rendit si célèbre sous ce double rapport, que « mentir comme un bulletin » devint une expression proverbiale, qui se conservera sans doute long-temps dans la langue française, et qui fait d'autant plus de honte à Napoléon, qu'on sait que c'était presque toujours lui qui écrivait ces documens officiels.

Ce plan même de déception, ce système de tenir la nation dans une ignorance complète, ou de la tromper par des mensonges, prouvait un certain respect pour l'opinion publique. Les hommes aiment les ténèbres, lorsque leurs actions sont coupables. Napoléon n'aurait pas osé mettre sous les yeux du public la relation nue et fidèle de sa conduite envers l'Espagne, de cette guerre déloyale et perfide, violation la plus insigne du droit des gens et de la foi des traités. Il n'aurait pas aimé davantage à soutenir, devant le tribunal de l'opinion, son système continental, adopté dans une profonde ignorance des maximes de l'économie politique, et dont les conséquences furent d'abord de causer une détresse générale, et ensuite de soulever tout le continent contre le joug de la

France. Il n'est pas non plus à présumer que si le public avait pu émettre d'avance son opinion sur l'issue probable de la campagne de Russie, cette téméraire entreprise eût jamais eu lieu. En étouffant partout la voix des hommes sages et prudens, des patriotes éclairés et des politiques habiles, et en n'écoutant que les conseillers qui étaient les échos de ses volontés, Napoléon, comme le roi Lear, « tuait son médecin, et nourrissait son mal des honoraires qu'il eût donnés au docteur. »

C'était là une chose d'autant plus funeste, que, si l'on excepte l'Italie, Napoléon ne connaissait que très imparfaitement la politique, les intérêts et le caractère des cours étrangères. Peut-être la paix d'Amiens n'eût-elle pas été rompue, peut-être la bonne intelligence eût-elle continué à régner entre la France et la Suède, si Napoléon eût compris la constitution anglaise, cette loi de liberté qui permet à tout individu d'imprimer et de publier tout ce qui lui plaît; ou s'il eût pu se persuader que les institutions de la Suède ne permettaient pas au gouvernement de mettre les flottes et les armées suédoises à la disposition d'une puissance étrangère, ou de faire descendre l'ancien royaume des Goths au rang d'un État dépendant et secondaire.

Un amour-propre aussi irritable que celui de Napoléon devait surtout redouter l'arme du ridicule ; aussi les sarcasmes des journaux anglais et les caricatures des boutiques de Londres furent les aiguillons secrets qui l'excitèrent, en grande partie, à rompre la paix d'Amiens. On interdit au Français, né malin, l'usage de la satire, qui, libre et indépendante du temps de la république, n'était, même sous la monarchie, punie que de quelques jours de prison à la Bastille. Pendant qu'il était consul, Napoléon apprit qu'un opéra-comique à peu près dans le genre de la farce anglaise de *High Life below stairs* [1], avait été composé par M. Dupaty, et qu'on venait de le représenter. On prétendait que, dans cette pièce insolente, trois laquais singeaient les manières, et même le costume des trois Consuls, mais que lui surtout n'était pas épargné. Il dit qu'il fallait vérifier les habits, et que, si leur similitude avec les costumes consulaires était reconnue, on en revêtirait les acteurs en place de Grève, et on les ferait déchirer sur eux par la main du bourreau. Il ordonna en même temps que l'auteur fût envoyé à Saint-Domingue, et mis, comme réqui-

[1] *Le Salon dans l'Antichambre*, ou *les Valets maîtres*, par Garrick. (*Édit.*)

sitionnaire, à la disposition du général en chef. La sentence ne reçut pas son exécution, parce que l'offense n'avait pas eu lieu, ou du moins n'avait pas été portée aussi loin qu'on l'avait cru dans le premier moment [1]; mais l'intention seule suffit pour montrer comment Napoléon entendait la liberté de la scène, et quel eût été le sort de l'auteur du *Beggar's opera* [2], s'il eût écrit pour l'Opéra-Comique français.

Mais ni les lumières de la raison ni les conseils de la prudence ne pouvaient rien sur cette ambition personnelle qui faisait désirer à Napoléon que l'administration du monde entier dépendît, non pas d'une manière éloignée, mais directement et immédiatement, de sa seule volonté. Lorsqu'il distribuait des royaumes à ses frères, il était bien entendu qu'ils devaient se conformer en tout à la ligne de politique qu'il leur tracerait; en un mot, il semblait ne créer des États dépendans que dans l'intention de les reprendre. Il détrôna son frère Louis, pour avoir refusé de se prêter aux mesures oppressives qu'au nom de la France il imposait à la Hollande; et il eut l'idée de retirer Joseph de l'Espagne, quand il vit de quel beau

[1] *Mémoires sur le Consulat*, p. 148.

[2] L'opéra du Gueux, par Gay. (*Édit.*)

royaume il l'avait déclaré roi. En proie à ce désir insatiable et extravagant d'administrer en personne tous les États dont il faisait la conquête, les caprices de sa grande âme ressemblaient assez à ceux de l'enfant gâté qui n'est pas content qu'il ne tienne dans ses mains l'objet que son œil a convoité. Un système basé sur une ambition aussi désordonnée, portait dans son excès même le principe de sa ruine. Le coureur qui ne s'arrête jamais pour prendre du repos doit finir nécessairement par tomber de fatigue. Si Napoléon eût réussi en Espagne et en Russie, il ne se serait pas arrêté qu'il n'eût trouvé ailleurs les désastres de Baylen et de Moscou.

Les conséquences des agressions incalculables de Napoléon furent des massacres, des incendies, des calamités de toute espèce, toutes provenant de l'ambition d'un seul homme, qui, ne donnant jamais le moindre signe de repentir des maux qu'il avait causés, semblait au contraire les justifier et s'en faire gloire. Cette ambition, tout à la fois insatiable et incurable, autorisa l'Europe à s'assurer de sa personne, comme de celle d'un frénétique, dont la rage désordonnée ne se dirigeait pas contre un individu, mais contre le monde civilisé; l'Europe, qui, presque abattue sous ses coups, et ne s'étant relevée qu'avec peine, avait naturellement le droit de se mettre en garde contre le retour des folles entreprises d'un être qui, sous l'influence apparente de passions surhumaines, semblait capable d'employer pour les assouvir des moyens plus qu'humains.

Le même égoïsme, le même esprit de déception qui avait signalé sa longue et prodigieuse carrière de succès, le suivit dans l'adversité. Il façonna des apologies, à l'usage de sa petite société de serviteurs fidèles, de même qu'il avait fabriqué des bulletins pour la Grande Nation. Ceux à qui ces plaidoyers étaient adressés, Las-Cases et les autres personnes de la suite de Napoléon, étaient trop dévoués et trop généreux pour réfuter après sa chute des assertions qu'il eût été dangereux de contredire au temps de sa puissance; ils recevaient toutes ses paroles comme des vérités sorties de la bouche d'un prophète, et mettaient sans doute sur le compte de l'inspiration celles que, malgré tous leurs efforts, ils ne pouvaient accorder avec l'évidence. Les maux horribles qui avaient pesé sur l'Europe pendant son règne, leur étaient représentés, et peut-être cherchait-il à se bercer lui-même de cette illusion, comme des conséquences que l'Empereur ne désirait ni ne prévoyait pas, mais qui étaient nécessairement attachées à l'exécution des grands desseins que l'Homme du Destin avait été appelé sur la terre pour accomplir, semblables à la queue livide et effrayante qui suit le cours rapide d'une brillante comète, que les lois de l'univers ont jetée dans l'immensité du ciel.

Il commit des crimes d'une autre nature, qui ne pouvaient être attribués, comme les divers fléaux de la guerre, à l'exécution des projets politiques ou des entreprises militaires qu'il accomplissait, mais qui ne durent prendre leur source que dans un caractère naturellement haineux et vindicatif. En tête de la liste est l'assassinat du duc d'Enghien, acte gratuit de trahison et de cruauté, qui, étant avéré, fit soupçonner Napoléon d'autres crimes plus secrets : des meurtres de Pichegru et de Wright, de la disparition de M. Windham, dont on n'entendit jamais parler, et d'autres actions également atroces. Nous nous arrêterons avant de lui imputer aucune de celles qui n'ont pas été clairement prouvées ; car s'il est certain qu'il était animé de l'amour de la vengeance qu'on dit propre à son pays natal, il n'est pas moins évident que, violent par caractère, il était doux et modéré par politique ; et que s'il eût voulu se livrer à ses penchans, il pouvait le faire si sûrement, grâce à la funeste action de sa police, que ses fureurs eussent égalé celles d'un des empereurs romains. Il s'aperçut, mais trop tard, de la haine générale que lui attira le meurtre du duc d'Enghien, et il ne paraît pas avoir été disposé à s'y exposer davantage pour satisfaire son ressentiment personnel. Cependant les archives de sa police, et les persécutions éprouvées par ceux qu'il regardait comme ses ennemis particuliers, prouvent que, du moins par intervalles, la nature reprenait le dessus, et que celui qui n'était retenu par aucun frein, si ce n'est par son respect pour l'opinion publique, cédait de temps en temps à la tentation de venger ses injures personnelles. Il regardait comme un trait de faiblesse de la part de César, son héros favori, de laisser à ses ennemis les moyens de lui nuire; et Antomarchi, qui rapporte cette observation, convient qu'en regardant Napoléon, il ne put s'empêcher de penser qu'il n'était pas homme, lui, à tomber dans une pareille faute.

Lorsque Buonaparte mit de côté toute réserve, et qu'il exprima ce qui était sans doute ses véritables sentimens, il s'efforça de justifier les actes de son gouvernement qui violaient les droits de la justice et de la morale, en alléguant la nécessité politique et la raison d'Etat, ou, en d'autres mots, son intérêt personnel. Au reste, c'était une excuse qu'il réservait exclusivement pour ses propres actions, ne permettant jamais à aucun autre souverain d'en faire usage. Il se croyait le privilége de transgresser la loi des nations, lorsque ses intérêts le commandaient; mais il ne faisait pas valoir avec moins de chaleur le droit commun, lorsqu'il prétendait que ce droit avait été enfreint par d'autres États, que s'il eût toujours respecté lui-même l'inviolabilité des principes qu'il invoquait.

Mais quoique Napoléon alléguât parfois la raison d'État comme la cause première de ces actes qu'il ne pouvait justifier autrement, il s'efforçait plus souvent de déguiser ses fautes en les désavouant, ou de les excuser par des apologies dénuées de fondement. Il prétend, dans son testament, que, d'après les aveux du duc d'Enghien, le comte d'Artois entretenait à sa solde soixante assassins pour lui ôter la vie [1], et que ce fut pour ce motif que le duc

[1] Les termes précis du testament semblent vouloir dire que ce fut des aveux du comte d'Artois que résultait cette accusation. Mais jamais de tels aveux ne furent faits; ou, s'ils le furent, ils ne pouvaient être connus de Napoléon à l'époque du jugement; ou même, s'ils lui étaient connus, ils ne pouvaient constituer une preuve de culpabilité contre l'accusé, qui n'était nullement complice du fait prétendu. L'assertion est complétement fausse dans tous les cas; mais, en admettant la dernière interprétation, elle est aussi inapplicable. Le duc d'Enghien pouvait être con-

d'Enghien fut jugé, convaincu, et mis à mort. L'interrogatoire du duc [1] ne contient nullement cette confession; au contraire on y trouve le désaveu formel d'une imputation si odieuse, et l'on ne tenta même pas de produire aucun témoin pour la soutenir. Ce fut ainsi qu'il fit un legs à un misérable qui avait voulu assassiner le duc de Wellington [2], en l'accompagnant de cette étrange réflexion, que l'assassin avait autant de droit de tuer son rival et son vainqueur, que les Anglais de le retenir prisonnier à Sainte-Hélène. Cette clause, insérée dans le testament d'un homme qui se meurt, ne frappe pas seulement par son atrocité, mais par la fausseté même du raisonnement. Car de deux choses l'une : d'après le parallèle établi par Napoléon, ou le tort était égal des deux côtés, ou tous deux avaient raison. S'ils avaient tort, pourquoi récompenser un assassin en lui faisant un legs? s'ils avaient raison, pourquoi se plaindre que le gouvernement anglais retînt son prisonnier à Sainte-Hélène?

Mais, dans le fait, ce qui frappe dans la vie de Napoléon, telle qu'il l'a écrite lui-même,

vaincu par ses propres aveux, mais certainement non par ceux de son parent.

[1] *Voyez* l'Appendice du tome v. (*Édit.*)

[2] Le sous-officier Cantillon. (*Édit.*)

c'est son désir de diviser l'espèce humaine en deux classes : ses amis et ses ennemis ; les premiers, pour les louer et les justifier ; les autres, pour les avilir, les censurer, les condamner, sans s'inquiéter d'être juste, véridique ou conséquent. Pour en donner un exemple, il affirma positivement que les trésors qui avaient été emportés de Paris, en avril 1814, et laissés à Orléans, avaient été pris et partagés par les ministres des puissances alliées, Talleyrand, Metternich, Hardenberg et Castlereagh ; et que dans ces sommes se trouvait la dot de l'impératrice Marie-Louise [1]. Si l'histoire eût été vraie, elle eût fourni à Napoléon un moyen bien simple de se venger de lord Castlereagh, en mettant le public anglais dans la confidence.

Il n'est pas moins remarquable que Napoléon, quoique général lui-même, et général distingué, n'accorda jamais un tribut sincère d'éloges aux troupes et aux généraux qu'il eut à combattre. En parlant de ses victoires, il vante souvent le courage et l'intrépidité de ceux qu'il avait vaincus. C'était une manière nouvelle et

[1] Voyez *la Voix de Sainte-Hélène*, du docteur O'Meara, qui paraît trouver lui-même l'assertion un peu forte. Ce qui la rend encore plus extravagante, c'est que Napoléon, dans son testament, dispose d'une partie de ce même trésor, comme s'il était encore entre les mains de Marie-Louise.

plus délicate de faire son éloge et celui de son armée, qui avait remporté l'avantage; mais il n'accorde jamais aucun mérite à ceux qui le vainquirent à leur tour. Il déclare que jamais il ne vit les Prussiens se bien conduire qu'à Iéna, les Russes qu'à Austerlitz. Les armées de ces mêmes nations, dont il ne sentit que trop la force dans les campagnes de 1812 et de 1813, et devant lesquelles il fit des retraites aussi désastreuses que celles de Moscou et de Leipsick, n'étaient, suivant lui, que de la canaille.

De même, lorsqu'il raconte une affaire dans laquelle il a remporté l'avantage, il ne manque pas de se vanter, comme le Grec des anciens temps (et peut-être avec beaucoup de justice), que la fortune n'y a été pour rien; tandis que ses défaites sont entièrement et exclusivement attribuées à la fureur des élémens, à la combinaison de quelques circonstances extraordinaires et inattendues, à la faute de l'un de ses lieutenans ou de ses maréchaux, ou enfin à l'obstination des généraux ennemis, qui, par pure stupidité, et de bévues en bévues arrivaient à la victoire par le chemin même qui aurait dû les conduire à leur perte.

En un mot, dans les écrits de Napoléon, il serait impossible de trouver, d'un bout à l'autre, l'aveu d'une seule faute, de la moindre imprudence, à moins qu'elle ne provienne d'un excès de confiance ou de générosité, parce qu'alors on se fait secrètement un titre de gloire de ce qu'on a l'air d'abandonner à la censure. Si nous ajoutons foi à ses paroles, nous devons croire que c'était un être parfait et impeccable; sinon nous devons le regarder comme un homme qui ne se faisait aucun scrupule, lorsqu'il s'agissait de sa réputation, d'arranger les faits à sa manière, sans aucun égard pour la vérité.

Peut-être fût-ce par suite de cette indifférence pour la vérité, que Napoléon admit dans sa faveur ces officiers français qui avaient manqué à leur parole en s'évadant d'Angleterre. C'était, disait-il, par voie de représailles; le gouvernement anglais en ayant fait autant, à ce qu'il prétendait. Le fait est faux; mais, quand même il serait vrai, il ne pourrait justifier un souverain, ni un général, d'approuver un militaire qui a manqué à l'honneur. Les officiers français qui avaient acquis leur liberté à ce prix, n'en étaient pas moins des hommes déshonorés et indignes de servir dans l'armée française, quand même ils auraient pu citer avec vérité des exemples d'une infamie pareille en Angleterre. [1]

[1] Il serait à propos de discuter jusqu'à quel point le

Mais où l'on reconnaît, de la manière la plus frappante et en même temps la plus extraordinaire, le système de déception de Buonaparte, et sa détermination de se montrer, dans toutes les circonstances possibles, sous le jour le plus favorable, c'est lorsqu'il se représente comme le partisan et le protecteur des idées libérales. Il avait détruit en France jusqu'au moindre vestige de la liberté; il avait persécuté comme idéologues tous ceux qui semblaient la regretter; il s'était vanté d'avoir rétabli le gouvernement monarchique; la guerre entre les Constitutionnels et lui, suspendue; après son retour de l'île d'Elbe, par une trêve factice, s'était rallumée de nouveau, et les Libéraux avaient été expulsés de la capitale; il avait légué dans son testament, l'épithète de *traître* à La Fayette, l'un des plus sincères de leurs chefs; cependant, malgré cette opposition constante au parti qui les professe, il a osé se donner pour le partisan des idées libérales. Il l'a osé, et il a été cru.

Il n'y a qu'une manière d'expliquer de si étranges contradictions. Les amis de la révolu-

traitement atroce des prisonniers en général, peut dégager un prisonnier de sa parole. L'auteur a évité dans cet ouvrage de s'appesantir sur *le régime des pontons anglais*. (*Édit.*)

tion sont, par principes, les ennemis des anciennes monarchies et des gouvernemens établis. Napoléon devint par circonstance l'adversaire de ces gouvernemens, non qu'il leur contestât leur existence légale, mais parce qu'ils refusèrent de l'admettre dans leur cercle de légitimité; et quoiqu'il n'y eût pas et qu'il ne pût y avoir de rapport véritable entre son système et celui des Libéraux, cependant, comme ils avaient les mêmes adversaires, chacun aima dans l'autre l'ennemi de ses ennemis. Napoléon s'étudia dans les derniers temps à s'assurer, autant que des protestations pouvaient le faire, l'appui et l'attachement de tous les partis, tandis que, d'un autre côté, ce ne pouvait être une chose indifférente pour celui auquel il faisait des avances, de compter, même à la douzième heure, Napoléon au nombre de ses disciples. Ces arrangemens bizarres ressemblaient assez à ce qui arrive quelquefois, dans l'Église catholique, lorsqu'un pécheur riche et puissant reçoit sur son lit de mort l'absolution de l'Église à des conditions faciles, et, après une vie toute licencieuse, meurt ceint de la corde et enveloppé de la robe de quelque ordre d'une règle bien rigoureuse. La mémoire de Napoléon, après une vie toute de despotisme et de conquêtes, a été bénie et consacrée à l'admiration par des hommes qui s'appellent avec emphase les amis de la liberté.

Les fautes de Buonaparte (nous concluons comme nous avons commencé) furent celles du souverain et du politique, plutôt que de l'individu. C'est la sagesse même qui a écrit que, si nous disons que nous sommes sans péchés, nous nous trompons nous-mêmes, et la vérité n'est pas en nous. Ce fut son ambition désordonnée qui le rendit le fléau de l'Europe; ce furent ses efforts pour déguiser ce principe d'égoïsme, qui lui firent employer tout à la fois la force et l'astuce, et établir un système régulier pour tromper ceux qu'il ne pouvait soumettre. Si son caractère eût été froidement cruel, comme celui d'Octave, et qu'il se fût abandonné à la fougue de ses passions, comme d'autres despotes, l'histoire de sa vie privée, ainsi que celle de ses campagnes, aurait dû être écrite en lettres de sang; si, au lieu d'affirmer qu'il n'avait jamais commis un tel crime, il se fût borné à dire, dans son panégyrique, qu'au faîte du pouvoir il avait résisté à la tentation d'en commettre un grand nombre, personne ne l'eût contredit; et ce n'est pas un petit éloge.

Son système de gouvernement était complétement faux; il comprenait l'esclavage de la France, et tendait à la conquête du monde;

mais la France reçut beaucoup en échange du riche joyau qu'il lui dérobait. Napoléon lui donna un gouvernement régulier, des écoles, des institutions, des cours de justice et un code de lois. En Italie, son administration ne fut ni moins glorieuse ni moins utile. Les heureux effets qui résultèrent pour les autres pays de son règne et de son caractère, commencent aussi à se faire sentir, quoique, assurément, ils ne soient pas de la nature de ceux qu'il voulait produire. Ses invasions ont apaisé les discordes qui existaient dans plusieurs États entre les gouvernans et les gouvernés; elles leur ont appris à se réunir contre l'ennemi commun, ont contribué à relâcher les liens de la féodalité, à éclairer tout à la fois le prince et les sujets, et ont amené un grand nombre de résultats admirables, qui, pour s'être développés lentement et sans secousses, n'en seront ni moins durables ni moins utiles.

En terminant la VIE DE NAPOLÉON BUONAPARTE, nous devons faire remarquer qu'il fut mis à l'épreuve dans les deux extrêmes, de la plus haute puissance et de l'infortune la plus inouïe; et que s'il parut parfois présomptueux, lorsqu'il était soutenu par les armes de la moitié du globe, ou trop enclin à se plaindre lorsqu'il se vit enfermé dans les étroites limites de Sainte-Hélène, il n'est pas à la portée de ceux qui ne sont jamais sortis de la moyenne région de la vie, d'apprécier la force des tentations auxquelles il succomba, ni l'énergie de caractère qu'il opposa à celles qu'il parvint à dompter.

APPENDICE.

PROTESTATION DE NAPOLÉON BUONAPARTE.

« Je proteste solennellement ici, à la face du ciel et des hommes, contre la violence qui m'est faite, contre la violation de mes droits les plus sacrés, en disposant par la force de ma personne et de ma liberté.

« Je suis venu librement à bord du *Bellérophon;* je ne suis point prisonnier; je suis l'hôte de l'Angleterre. J'y suis venu à l'instigation même du capitaine, qui a dit avoir des ordres du gouvernement de me recevoir, et de me conduire en Angleterre, avec ma suite, si cela m'était agréable. Je me suis présenté de bonne foi pour me mettre sous la protection des lois d'Angleterre. Aussitôt assis à bord du *Bellérophon,* je fus sur le foyer du peuple britannique. Si le gouvernement, en donnant des ordres au capitaine du *Bellérophon,* de me recevoir ainsi que ma suite, n'a voulu que tendre une embûche, il a forfait à l'honneur et flétri son pavillon. Si cet acte se consommait, ce serait en vain que les Anglais voudraient parler à l'Europe de leur loyauté, de leurs lois, et de leur liberté. La foi britannique *se trouvera perdue dans l'hospitalité du Bellérophon.* J'en appelle à l'histoire; elle dira qu'un ennemi, qui fit long-temps la guerre au peuple anglais, vint librement, dans son infortune, chercher un asile sous ses lois. Quelle plus éclatante preuve pouvait-il lui donner de son estime et de sa confiance? Mais comment répondit-on en Angleterre à une telle magnanimité? On feignit de tendre une main hospitalière à cet ennemi, et quand il se fut livré de bonne foi, on l'immola.

« *Signé* NAPOLÉON. »

A bord du *Bellérophon*, 4 août 1815.

Déjà, dans le texte, nous avons complétement réfuté l'allégation que Buonaparte avait été attiré à bord du *Bellérophon* comme dans un piége. Le capitaine Maitland ne prononça pas un mot qui n'annonçât positivement qu'il n'avait pas été autorisé à traiter avec Napoléon, ou à lui accorder des conditions d'aucune espèce; et tout ce qu'il put répondre, lorsqu'on lui demanda son opinion particulière, ce fut qu'il n'avait pas lieu de supposer que Napoléon fût mal reçu en Angleterre. Ces conférences eurent lieu en présence du capitaine Sartorius et du capitaine Gambier, dont le capitaine Maitland invoqua le témoignage. Nous ne croyons pas inutile, lorsqu'il s'agit d'un fait aussi important, de transcrire ici la correspondance qui eut lieu entre lord Keith, d'un côté, et les capitaines Maitland, Sartorius et Gambier, de l'autre. [1]

[1] A notre tour, nous devons répéter ici que le comte de Las-Cases vient de publier une réfutation de la relation du capitaine Maitland, dont sir Walter Scott n'a pu encore avoir connaissance. (*Édit.*)

A bord du *Tonnant*, à l'ancre sous Berryhead, le 7 août 1815.

« MONSIEUR,

« Le comte de Las-Cases m'ayant dit ce matin qu'étant à bord du *Bellérophon*, dans la rade des Basques, chargé d'une mission du général Buonaparte, il avait compris, d'après vos paroles, que vous étiez autorisé à recevoir le général et sa suite sur le vaisseau que vous commandez, pour les conduire en Angleterre; et que vous l'aviez assuré, en même temps, que le général et sa suite y seraient bien reçus: vous voudrez bien m'adresser, pour mon instruction, les observations que vous croirez devoir faire sur ces assertions.

« Je suis, monsieur, votre très humble et très obéissant serviteur,

« KEITH, amiral. »

Au capitaine Maitland, à bord du *Bellérophon*.

A bord du *Bellérophon*, rade de Plymouth, le 8 août 1815.

« MILORD,

« J'ai l'honneur d'accuser réception à votre seigneurie de sa lettre, en date d'hier, qui m'annonce que le comte Las-Cases lui a dit qu'étant à bord du *Bellérophon*, dans la rade des Basques, chargé d'une mission du général Buonaparte, il avait compris, d'après mes paroles, que j'étais autorisé à recevoir le général et sa suite à bord du vaisseau que je commande, pour les conduire en Angleterre, et que je l'avais assuré, en même temps, que le général et sa suite y seraient bien reçus: votre seigneurie m'invite à lui adresser, pour son instruction, les observations que je croirais devoir faire sur ces assertions. Je vais, en conséquence, lui exposer, du mieux que je puis m'en souvenir, tout ce qui s'est passé, le 14 juillet, entre le comte Las-Cases et moi, au sujet de l'embarquement de Napoléon Buonaparte. Je prie votre seigneurie d'invoquer, à l'appui de mon témoignage, celui du capitaine Sartorius, pour ce qui s'est dit le matin, et celui de ce même officier et du capitaine Gambier (le *Myrmidon* nous ayant rejoints dans l'après-midi), pour ce qui s'est passé le soir.

«Votre seigneurie ayant déjà été informée de l'envoi du parlementaire que je vis arriver le 10 juillet, ainsi que de tout ce qui se passa dans cette occasion, je me bornerai aux faits arrivés le 14 du même mois.

« Ce jour-là, de grand matin, l'officier de quart vint me dire qu'on voyait approcher une goëlette sous pavillon parlementaire. Lorsqu'elle eut joint le vaisseau, vers sept heures du matin, le comte Las-Cases et le général Lallemand vinrent à bord. Ils furent introduits dans la chambre, et Las-Cases me demanda si j'avais reçu quelque réponse à la lettre que j'avais envoyée à sir Henry Hotham, pour savoir s'il serait permis à Napoléon Buonaparte de passer en Amérique, soit à bord des frégates, soit sur un bâtiment neutre. Je lui répondis qu'il ne m'en était point encore parvenu, mais que je m'attendais à tout moment à voir arriver sir Henry Hotham, par suite de ces dépêches; et que, comme j'avais dit à M. Las-Cases, la dernière fois qu'il était venu à bord, que j'enverrais ma barque porter la réponse aussitôt que je la recevrais, il était tout-à-fait inutile d'envoyer un parlementaire pour cet objet. La conversation en resta là pour le moment. Dès leur arrivée à bord, j'avais fait un signal pour prier le capitaine du *Slaney* de venir, désirant avoir un témoin de tout ce qui se passerait.

« Après le déjeuner, pendant lequel le capitaine Sartorius vint à bord, nous passâmes dans la chambre d'arrière. Alors M. Las-Cases ramena la conversation sur ce même sujet, et dit : « L'Empereur a tellement à cœur d'empêcher que le sang ne coule davantage, qu'il se rendra en Amérique de telle manière qu'il plaira au gouvernement anglais, soit sur bâtiment neutre, sur une frégate désarmée, ou sur un vaisseau de guerre anglais ! » Je répondis: « Je ne suis pas autorisé à permettre aucune de ces mesures; mais s'il veut venir à bord du vaisseau que je commande, je crois pouvoir prendre sur moi, en vertu des ordres d'après lesquels j'agis, de le recevoir et de le conduire en Angleterre; mais si je le fais, je ne saurais répondre en aucune manière de l'accueil qu'il pourra recevoir. » Je répétai ces derniers mots à plusieurs reprises. M. Las-Cases dit alors : « Je ne doute guère que, dans ces circonstances, vous ne voyiez l'Empereur à bord

du *Bellérophon.* » Après quelques instans d'une conversation plus générale, au milieu de laquelle ce qui précède fut pourtant répété plusieurs fois, M. Las-Cases et le général Lallemand se retirèrent. Je puis assurer à votre seigneurie que jamais, et d'aucune manière, je n'ai fait la moindre promesse sur l'accueil qui serait fait au général; et même il n'avait pas encore été réglé définitivement alors qu'il viendrait à bord du *Bellérophon.* Dans le cours de la conversation, M. de Las-Cases me demanda si je pensais que Napoléon serait bien reçu en Angleterre. Je lui fis la seule réponse que je pusse lui faire dans ma position, « que je ne savais nullement quelles étaient les intentions du gouvernement anglais, mais que je n'avais nulle raison de supposer qu'il ne fût pas bien reçu. » Il est à remarquer que, lorsque M. de Las-Cases vint à bord, il m'assura que Buonaparte était alors à Rochefort, et qu'il serait nécessaire qu'il s'y rendît pour lui rapporter l'entretien que nous avions eu ensemble. Ce furent ses propres paroles; je puis le prouver par le témoignage du capitaine Sartorius, et par celui du premier lieutenant de ce vaisseau, auquel je les rendis à l'instant même. Et cependant le fait était faux, Buonaparte n'ayant jamais quitté l'île d'Aix, ou les frégates, depuis le 3.

« Je fus donc fort étonné de voir M. de Las-Cases revenir le soir même avant sept heures; et l'une des premières questions que je lui fis, fut s'il avait été à Rochefort. Il me répondit qu'en retournant à l'île d'Aix, il avait trouvé Buonaparte qui venait d'y arriver.

« Monsieur Las-Cases me remit alors la lettre écrite par le comte Bertrand pour m'annoncer que l'intention de Buonaparte était de venir à bord de mon vaisseau (copie de cette lettre a été transmise à votre seigneurie par sir Henry Hotham); et ce fut seulement alors qu'il fut convenu que je le recevrais. Aussitôt, M. de Las-Cases ou le général Gourgaud (je ne sais pas positivement lequel, parce que j'étais moi-même occupé à faire mes dépêches), écrivit à Bertrand pour l'en informer. Pendant qu'on cherchait du papier pour écrire la lettre, je dis de nouveau à M. Las-Cases : « Vous vous rappellerez que je ne suis pas autorisé à faire aucune espèce de conditions. » M. Las-Cases lui-même n'a jamais dit un mot qui pût faire entendre le contraire; ce n'est qu'avant-hier qu'il s'en est avisé pour la première fois. Buonaparte n'en avait nulle idée, non plus que le reste de sa suite, comme je le prouverai par les conversations qu'ils ont eues avec moi.

« Comme ce n'est que depuis quelques jours qu'on a mis en avant une pareille supposition, je ne détaillerai pas toutes les conversations antérieures; je me bornerai à celles qui ont eu lieu depuis lors.

« Le soir même où l'escadre jeta l'ancre sous Berry-head, Buonaparte m'envoya chercher vers dix heures, et me dit que Bertrand venait de lui apprendre que j'avais reçu des ordres pour le faire passer à bord du *Northumberland*, et qu'il désirait savoir si la chose était vraie. Sur une réponse affirmative, il me pria d'écrire une lettre à Bertrand pour lui faire part de ses ordres, afin qu'il ne parût point qu'il s'y était rendu de son propre mouvement, mais qu'on sût qu'il y avait été forcé. Je lui dis que j'étais prêt à le faire, et j'écrivis effectivement une lettre, que votre seigneurie approuva ensuite, en m'autorisant à lui donner, s'il le demandait, copie des ordres qui m'avaient été transmis.

« Cette affaire arrangée, j'allais me retirer lorsque Buonaparte me pria de demeurer parce qu'il avait encore quelque chose à me dire. Il commença alors par se plaindre de la manière dont on le traitait, en le forçant d'aller à Sainte-Hélène. Il fit entre autres cette remarque : « On dit que je n'ai point fait de conditions ; certainement je n'en ai point fait ; comment un particulier pouvait-il faire des conditions à une nation ? Je ne leur demandais rien que l'hospitalité, ou, comme auraient dit les anciens, l'air et l'eau. Je me suis abandonné à la générosité des Anglais. J'ai réclamé une place sur leurs foyers, et mon seul désir était d'acheter une petite propriété et de terminer tranquillement ma vie. » Après quelques autres phrases dans le même sens je pris congé de lui.

« Le matin du jour où il passa du *Bellérophon* sur le *Northumberland*, il me fit appeler de nouveau, et me dit : « Je vous ai envoyé chercher pour vous remercier de vos procédés à mon égard pendant le temps que j'ai passé à bord du vaisseau que vous commandez. Ma réception en Angleterre a été bien différente de ce que j'attendais ; mais en toute occasion vous avez agi en homme d'honneur, et je vous prie d'accepter mes remercîmens, et de les transmettre aux officiers et à l'équipage du *Bellérophon.* »

« Bientôt après le général Montholon vint me trouver de la part de Buonaparte; mais, pour l'intelligence de ce qui se passa entre lui et moi, il est nécessaire que je commence par rapporter une conversation que j'eus avec madame Bertrand pendant la traversée.

« Je ne rappellerai point le commencement de l'entretien, parce qu'il n'avait nullement trait à l'affaire dont il s'agit. Madame Bertrand me dit que Buonaparte avait l'intention de me faire présent d'une tabatière renfermant son portrait enrichi de diamans. Je répondis : « J'espère que non; car je ne pourrais l'accepter. — Ce serait l'offenser sensiblement, reprit-elle. — S'il en est ainsi, lui dis-je, je vous prie de faire en sorte que ce présent ne me soit point offert parce qu'il m'est absolument impossible de l'accepter; et je désire lui épargner à lui la mortification et à moi la peine d'un refus. » La chose en resta là, et je n'en entendis plus parler qu'environ une demi-heure avant que Buonaparte quittât *le Bellérophon.* M. Montholon vint alors à moi, et me dit que Buonaparte l'avait chargé de lui exprimer la haute estime que lui inspirait ma conduite dans toute cette affaire; que son intention avait été de m'offrir une boîte contenant son portrait, mais qu'il avait appris que j'étais déterminé à ne point l'accepter. Je répondis que dans ma position il m'était impossible de recevoir de lui un présent, mais que j'étais infiniment flatté du témoignage qu'il rendait de la droiture de ma conduite. Montholon ajouta : « Ce qui lui fait surtout regretter de n'avoir pu obtenir une entrevue avec le prince régent, c'est qu'il voulait demander, comme une faveur, que vous fussiez promu au rang de contre-amiral. — Cela eût été impossible, répliquai-je, mais je n'en suis pas moins sensible à cette intention bienveillante. » Je dis alors : « Je suis blessé que M. de Las-Cases prétende que je lui aie fait aucune promesse sur l'accueil que Buonaparte recevrait en Angleterre. — Oh! reprit-il; Las-Cases a été trompé dans son attente; et, comme c'est lui qui a négocié l'affaire, il s'impute la position où se trouve l'Empereur; mais je puis vous assurer que l'Empereur est convaincu que toute votre conduite a été celle d'un homme d'honneur. »

« Votre seigneurie ayant entendu une partie de la conversation qui eut lieu entre Las-Cases et moi, sur le tillac du *Bellérophon*, je ne la détaillerai point; mais, dans cette circonstance, je niai positivement d'avoir rien promis relativement à la réception de Buonaparte et de sa suite; et je crois que votre seigneurie fut d'avis qu'il n'avait pu citer aucune preuve à l'appui de son assertion. Il est extrêmement désagréable pour moi d'être obligé d'entrer dans des détails de ce genre; mais le faux jour sous lequel Las-Cases a présenté ma conduite à votre seigneurie, m'a obligé de produire des preuves de la manière dont Buonaparte et les personnes de sa suite avaient envisagé l'affaire.

« Je répète de nouveau que les capitaines Gambier et Sartorius peuvent attester la plus grande partie de ce que j'ai exposé, surtout en ce qui concerne l'accusation portée contre moi par le comte Las-Cases.

« J'ai l'honneur d'être, de votre seigneurie,

« Le très humble et très obéissant serviteur,

« FRÉDÉRIC L. MAITLAND. »

Au très honorable vicomte
Keith, etc., etc., etc.

A bord du *Slaney*, dans la rade de
Plymouth, le 15 août 1815.

« MILORD,

« J'ai lu la lettre que le capitaine Maitland a écrite à votre seigneurie, le 8 du courant, pour répondre aux assertions faites la veille par le comte Las-Cases. J'atteste, de la manière la plus complète, l'exactitude de l'exposé du capitaine, en tant qu'il se rapporte aux conversations qui ont eu lieu en ma présence.

« J'ai l'honneur d'être, de votre seigneurie,

« Le très humble et très obéissant serviteur,

« G. R. SARTORIUS,

« Capitaine du vaisseau de S. M. britannique
le Slaney. »

Au très honorable vicomte
Keith, etc., etc., etc.

Il se trouva que l'attestation du capitaine Gambier ne fut pas communiquée au capitaine Maitland; mais, en ayant obtenu une copie de la bienveillance de M. Meike, secrétaire de lord Keith, nous pouvons ajouter cette nouvelle preuve à celles qui sont déjà si positives :

« J'ai lu la lettre précédente (celle du capitaine Maitland), et j'atteste pleinement l'exactitude de ce que le capitaine Maitland rapporte, pour tout ce qui concerne ce qui s'est passé en ma présence dans la soirée du 14 juillet.

« ROBERT GAMBIER,

« Capitaine du vaisseau de S. M. britannique *le Myrmidon*. »

Tableau *des variations du thermomètre de* Fahrenheit, *à Deadwood, île de Sainte-Hélène, pendant douze mois pleins, du 1er septembre* 1820 *au* 31 *août* 1821, *inclusivement.*

Ce tableau a été dressé à Deadwood, qui n'est tout au plus qu'à un mille de distance de Longwood ; il donne donc la température exacte du climat dans lequel vivait Napoléon, température plus douce et plus égale que celle de la plupart des contrées du monde connu. Sous le rapport de l'humidité, le docteur Shortt ne pense pas que Sainte-Hélène diffère essentiellement de toute autre île de la même étendue située entre les tropiques. On a déjà vu quelle était son opinion sur l'état général de la santé parmi les troupes.

Mois.	Thermomètre.			Remarques.
	Maximum.	Medium.	Minimum.	
Septembre 1820.	66	64	62	Vent sud-est.
Octobre.	68	65	62	*Idem.*
Novembre.	72	66	61	Généralement sud-est. Six jours, nord-ouest.
Décembre.	72	66	61	Vent sud-est.
Janvier 1821.	76	70	68	*Idem.*
Février.	76	70	67	*Idem.*
Mars.	76	71	67	*Idem.*
Avril.	74	70	66	*Idem.*
Mai.	72	68	64	*Idem.*
Juin.	70	65	57	Généralement sud-est. Un jour, ouest.
Juillet.	71	66	57	*Idem.*
Août.	68	64	62	Vent sud-est.

(Certifié par) Thomas Shortt,
Médecin des armées de Sa Majesté, et médecin en chef à Sainte-Hélène.

ENTREVUE DE NAPOLÉON BUONAPARTE AVEC HENRY ELLIS, ÉCUYER, TROISIÈME COMMISSAIRE DE L'AMBASSADE DE LORD AMHERST EN CHINE.

Quoique je connusse, comme tout le monde, les moindres détails de la situation actuelle de Buonaparte, et qu'on pût supposer par conséquent que j'étais complétement revenu de ce premier étonnement dans lequel un revers de fortune si extraordinaire est si propre à plonger, j'avouerai qu'en entrant, à la vue d'un homme qui avait fait tout à la fois la terreur et l'admiration du monde civilisé, j'eus peine à conserver quelque présence d'esprit. Seul, sans suite, dépouillé de tous ces prestiges qui environnent le trône, il ne m'en parut pas moins grand. Quelque haut rang qu'il eût occupé, ses actions l'avaient élevé encore plus haut; les puissantes armes qu'il avait maniées n'étaient qu'un poids léger pour sa force de géant; la splendeur de sa cour, la tenue, la discipline et le nombre de ses armées qui auraient suffi pour constituer la grandeur personnelle d'un monarque héréditaire, ajoutaient à peine à l'effet produit par l'énergie terrible, mais malheureusement mal dirigée de son âme. Leur absence n'ôtait donc rien à l'ascendant exercé par son seul caractère. C'était la première fois que je me trouvais en présence d'un homme qui parût être, je ne dirai pas seulement d'un esprit, mais même en quelque sorte d'une nature si différente de la mienne; et j'étais peu en état de satisfaire ma curiosité en cherchant à apprendre les motifs qui avaient guidé sa conduite dans les grands événemens de sa vie. Je vins disposé à écouter et à retenir, et non à faire des questions ou des remarques. Lord Amherst m'ayant présenté, Napoléon commença par dire que mon nom ne lui était pas inconnu; qu'il savait que j'avais été à Constantinople, et qu'il avait un souvenir vague de quelque personne de mon nom qui avait été employée en Russie. Je lui répondis que j'étais passé par Constantinople en me rendant en Perse. « Oui », reprit-il, « c'est moi qui vous ai montré le chemin de ce pays. Eh bien! comment se porte mon ami le Schah? Qu'est-ce que les Russes font maintenant par là? ». Je lui appris que le résultat de la dernière guerre avait été la cession de tout le territoire occupé militairement par leurs troupes. « Oui », dit-il, « la Russie est à présent la puissance le plus à redouter; Alexandre peut avoir autant d'armées qu'il voudra. Bien différent des Français et des Anglais, les sujets de l'empire russe améliorent leur position en devenant soldats. Si j'appelais un Français sous les armes pour l'envoyer combattre sur une terre étrangère, c'était lui dire de renoncer au bonheur. Le Russe, au contraire, est esclave tant qu'il est paysan; il devient libre et heureux lorsqu'il est soldat. Un Français perd toujours au change en quittant son pays; l'Allemagne, la France et l'Italie valent bien mieux que le pays natal des Russes. Ils ont aussi leurs immenses corps de cosaques qui sont formidables ; leur manière de voyager ressemble à celle des Bédouins du Désert ; ils s'avancent avec confiance dans les régions les plus inconnues. » Il raconta alors cet exemple pour prouver combien les Arabes avaient la vue perçante : Un jour, lorsqu'il était en Égypte, il prit sa lunette pour examiner un Arabe qui était encore à quelque distance. Avant qu'il eût eu le temps de constater son identité, à l'aide de son instrument, un Bédouin placé près de lui avait reconnu celui qui s'avançait de leur côté, et avait même distingué le costume de la tribu à laquelle il appartenait. « La Russie », ajouta-t-il, « a des vues sur Constantinople. Le grand désir de l'empereur Alexandre était d'obtenir mon acquiescement à ses projets sur la Turquie ; mais ce fut en vain. Je lui dis que je ne souffrirais jamais que la croix grecque fût ajoutée à la couronne des czars. L'Autriche était disposée à s'unir à la Russie contre les Turcs, pourvu qu'on lui laissât les provinces contiguës à son empire. La France et l'Angleterre sont les seules puissances intéressées à s'opposer à leurs desseins ; je l'ai toujours senti, et c'est pour cela que j'ai toujours soutenu les Turcs, quoique, comme barbares, je les haïsse. Si la Russie », ajouta-t-il, « organise la Pologne, personne ne pourra lui résister. » Alors Napoléon passa rapidement en revue le caractère militaire des nations de l'Europe ; et, sans faire attention à ce qu'il venait de dire au sujet des Russes, il déclara que les Français et les Anglais étaient les seules troupes qui se fissent remarquer par leur discipline et leurs qualités morales. « Les Autrichiens et les Prussiens étaient bien inférieurs », dit-il : « dans le fait, il n'y avait de bons soldats qu'en France et en Angleterre. » Le reste de sa harangue (car son habitude étant de ne jamais attendre, ni même écouter la réponse, le mot conversation est inapplicable) roula sur l'état actuel de l'Angleterre, qui, selon lui, était déplorable ; ce qui provenait de sa manie, si contraire à la saine politique, de se mêler des affaires du continent. L'empire des mers, le monopole du commerce, voilà ce qu'il regardait comme la seule base véritable de notre prospérité nationale. « Vous avez toujours votre bravoure antique ; mais, avec quarante-cinq mille hommes, vous ne serez jamais une puissance militaire. » En sacrifiant nos affaires maritimes, nous agissions comme François Ier à la bataille de Pavie, qui, après que son général eut fait prendre une position admirable à son armée, et eut placé quarante-cinq pièces de canon, batterie comme on n'en avait jamais vu à cette époque, sur un point où elle eût assuré la victoire, vint, sa grande épée à la main, à la tête de ses gendarmes et des troupes de sa maison, se placer entre la batterie et l'ennemi, et perdit ainsi l'avantage que la supériorité de son artillerie lui donnait. « Voilà ce que vous faites, « ajouta-t-il » ; aveuglés par un moment de succès, vous masquez la seule batterie que vous ayez, votre prééminence sur mer ; tant qu'elle vous restera, vous pourrez bloquer toute l'Europe. Je connais les effets d'un blocus. Avec deux petites machines de bois, vous tenez en échec toute une ligne de côtes, et vous paralysez un pays tout entier, qui n'est plus que comme un corps frotté d'huile, dont la transpiration se trouve ainsi arrêtée. Moi, je souffre à présent », dit-il, « de ce défaut de transpiration; eh bien! le blocus produit le même effet sur une nation. Qu'avez-vous gagné à la guerre? De vous emparer de ma personne, et de donner un exemple au monde de votre peu de générosité. En mettant les Bourbons sur le trône, vous avez porté atteinte au principe de la légitimité, car je suis le souverain naturel de la France. Vous pensiez qu'il n'y avait que Napoléon qui pût vous fermer tous les ports de l'Europe; mais maintenant il n'est point de si petit prince qui ne vous insulte en prenant des mesures restrictives contre votre commerce. L'Angleterre est déchue depuis qu'elle s'est mêlée des affaires du continent : vous auriez dû songer à tout ce que j'avais fait pour développer l'industrie sur tous les points de mon empire, et vous payer des dépenses de la guerre en prenant des mesures coercitives pour assurer de grands débouchés à vos produits. Qui a mis le roi de Portugal sur le trône? N'est-ce pas l'Angleterre? N'aviez-vous donc pas droit à une indemnité, et cette indemnité ne pouvait-elle pas consister dans le droit de commerce exclusif avec le Brésil pendant cinq ans? Cette demande était raisonnable, et ne pouvait être repoussée. » Je fis l'observation qu'un pareil procédé n'aurait pas été en harmonie avec notre système politique, et que le roi de Portugal, le sachant, aurait résisté, d'autant plus qu'une fois sur le trône, il n'avait plus besoin de nos secours. « Aussi était-ce dans le principe qu'il aurait fallu faire cette demande », reprit-il, « lorsque vous auriez pu tout exiger; mais, à présent, il est trop tard, et la faute en est à vos ministres, qui ont complétement négligé les intérêts de l'Angleterre. La Russie, l'Autriche, la Prusse, ont toutes gagné à la guerre; l'Angleterre seule y a perdu. Vous avez même négligé ce pauvre royaume de Hanovre. Pourquoi n'avoir pas ajouté trois ou quatre millions d'âmes à sa population? Lord Castlereagh, toujours fourré parmi les souverains, devint courtisan, et il songea plus à leur agrandissement qu'aux intérêts de son pays. Votre bonheur et mes *fautes*, mes *imprudences*, ont amené un état de choses que Pitt n'osa même jamais espérer; et quel en est le résultat? Votre peuple meurt de faim, et votre pays est en proie à des émeutes. La situation de l'Angleterre est vraiment curieuse : elle a gagné tout, et pourtant elle est ruinée. Croyez-en un homme habitué à examiner les questions politiques : l'Angleterre ne doit songer qu'à son commerce et à sa marine; elle ne sera jamais une puissance continentale, et, si elle veut tenter de le devenir, elle se perdra. Gardez l'empire de la mer, et vous pourrez envoyer des ambassadeurs aux cours de l'Europe demander ce que vous voudrez. Les souverains connaissent votre détresse actuelle, et ils vous insultent. » Il répéta : « Quarante-cinq mille hommes ne feront jamais de vous une puissance militaire;

cela n'est point dans l'esprit de votre nation. Chez vous, il n'y a que l'écume du peuple qui s'enrôle; la profession des armes n'est point aimée. » Il n'écouta pas l'observation que je lui fis, que l'armée de terre se composait presque tout entière de milices, qu'il semblait confondre avec les volontaires.

Napoléon continua: « La suspension de l'*habeas corpus* n'arrêterait pas les émeutes; il faut que le peuple ait du pain. La stagnation du commerce diminue vos exportations, et vos ouvriers meurent de faim. Il est absurde de dire que c'est un mal momentané. Wellesley a raison en cela; la détresse est générale et sera durable. Arrêter le mal en suspendant l'*habeas corpus*, c'est appliquer un topique lorsque la maladie est dans toute la machine : le topique n'arrête qu'une éruption locale; ici le mal s'étend sur tout le corps. Lord Chatham comprenait bien les véritables intérêts de l'Angleterre quand il disait : « Si nous sommes justes pendant vingt-quatre heures, nous sommes perdus. » Donner une immense extension au commerce, faire en même temps des réductions et des réformes, c'était le seul moyen d'empêcher la crise actuelle en Angleterre. « Quant à lui, il voudrait que tout fût calme et tranquille, puisque c'était la seule chance qu'il pût avoir d'être mis en liberté. « Il y a plus », dit-il; « une armée considérable est incompatible avec votre constitution, à laquelle vous êtes, avec raison, si attachés. » Je lui fis observer que nos ministres reconnaissaient pleinement que c'était sur la mer que toute l'attention de l'Angleterre devait se porter, et qu'ils seraient charmés de retirer de France le contingent de troupes qu'elle avait fourni (mesure à laquelle il avait paru faire allusion); que la détresse actuelle en Angleterre provenait du système de crédit public adopté pour faire face aux dépenses de la guerre, et dont les résultats étaient de nature à se faire longtemps sentir; mais que ces résultats avaient été prévus, et qu'il fallait espérer que le mal n'était pas sans remède. « Oui », dit Napoléon, « vos ressources sont grandes; mais si vous persistez dans votre politique actuelle, votre ruine est certaine. Vos ministres ont affecté de la générosité, et ils ont ruiné l'Angleterre. Ce n'est pas ainsi qu'en agissaient vos ancêtres; ils ne faisaient jamais un traité de paix sans y gagner ou sans essayer d'y gagner quelque chose; c'étaient de vrais marchands qui remplissaient leurs bourses; mais vous avez voulu faire les grands messieurs, et vous vous êtes perdus. Quoique la paix, à la fin de la guerre d'Amérique, fût honorable pour la France, puisqu'elle força l'Angleterre à reconnaître l'indépendance de l'Amérique, le traité de 1783 n'en fut pas moins fatal au commerce français; et pourquoi pensez-vous qu'il fut conclu? Les ministres français savaient très bien qu'il aurait de funestes conséquences; mais l'Angleterre menaçait de la guerre, et ils n'avaient pas d'argent pour la soutenir. » Buonaparte disait que ce qu'il avançait était prouvé par des mémoires conservés au ministère des affaires étrangères.

Pendant la conversation, qui, malgré la variété des

sujets qui furent, je ne dirai pas traités, mais effleurés, ne dura pas plus d'une demi-heure, Buonaparte répéta plusieurs fois quelques phrases qu'il semblait affectionner, telles que celle-ci : « L'Angleterre est déchue ; avec quarante-cinq mille hommes vous ne serez jamais une puissance continentale. » Il n'écoutait jamais la réponse que ses remarques suggéraient naturellement ; mais il continuait à développer son opinion sans s'inquiéter de celle des autres ; il soignait peu l'arrangement de ses phrases ; mais il exprimait ses idées aussi rapidement qu'elles se succédaient dans son imagination. Son ton, lorsqu'il parle de politique, est si caustique et si tranchant, que si ses actions n'eussent pas répondu à ses paroles, on eût pu l'accuser de charlatanisme. On ne peut refuser à Buonaparte une grande éloquence, et ce genre de talent oratoire qui convient aux assemblées populaires, et qui est si propre à entraîner ceux qui sont déjà disposés à écouter favorablement l'orateur. Dans le premier cas, ses phrases vives et saccadées eussent produit un grand effet ; dans le second, la confiance avec laquelle il s'exprimait, comme s'il eût débité des oracles, ne pouvait manquer d'inspirer la conviction. En général, ses manières étaient affables, et elles offraient un mélange de simplicité et de grandeur tel que je n'en ai jamais vu. L'expression de sa figure annonce une intelligence supérieure, mais sans avoir rien d'imposant. Loin d'être surchargé d'embonpoint, il paraît capable de supporter les plus grandes fatigues, et je dirais même qu'il est aussi en état que jamais de faire la guerre. J'ai oublié de rapporter une comparaison dont Buonaparte se servit, en parlant de la conduite des ministres anglais au Congrès. «Vous avez fait,» dit-il, «comme le chien de la fable, qui laissa tomber sa proie dans l'eau en regardant son image. Vous aviez le commerce du monde, et vous n'avez pris aucune mesure pour le conserver. Il n'y avait qu'une grande extension de commerce qui pût vous fournir les moyens de payer vos taxes énormes, et vous n'avez fait aucun effort pour l'obtenir.» Buonaparte estropie les noms et les mots anglais comme je ne l'ai jamais entendu faire à aucun étranger qui eût la moindre connaissance de notre langue; et, malgré ses lectures et l'attention qu'il a sans doute donnée à ce sujet, il paraît peu au fait de notre système de gouvernement intérieur. Ses plans, comme toute sa conduite, sont ceux d'un despote, et ils sont conçus sans le moindre égard pour les formes constitutionnelles.

Dans son entretien avec lord Amherst, il s'étendit beaucoup sur sa situation actuelle, et se plaignit amèrement, mais avec une grande injustice, de sir Hudson Lowe. Il était évident que le discours de lord Bathurst avait soulevé sa bile, et il exprima son étonnement que lord Sidmouth et lord Liverpool, avec lesquels il prétendait avoir été autrefois en relations intimes, eussent paru approuver un pareil langage, ainsi que le traitement qui lui était fait. Il dit que c'était un homme comme lord Cornwallis qu'on eût dû mettre à la place de sir Hudson Lowe. Il est difficile de s'imaginer des plaintes plus mal fondées que celles de Buonaparte, relativement à la conduite du gouverneur. Jamais peut-être on ne laissa autant de liberté à un prisonnier dont la garde et la surveillance fussent aussi importantes. Accompagné d'un officier, il peut aller partout où il veut dans l'île. Il a, pour se promener, un espace de quatre milles, où il est entièrement libre et à l'abri de toute surveillance; de huit milles, s'il veut se soumettre à une légère surveillance; de douze milles enfin, mais alors il est soumis à une surveillance active. Ce n'est que la nuit que les sentinelles se rapprochent et gardent l'enceinte même de Longwood. La maison est petite, mais bien meublée, et, à tout prendre, aussi commode que possible dans de pareilles circonstances. Je ne puis expliquer sa pétulance et ses plaintes continuelles que de deux manières : ou il veut par là intéresser l'Europe à son sort, et plus particulièrement l'Angleterre, où il se flatte d'avoir un parti; ou bien son esprit, qui ne peut rester dans l'inaction, trouve un certain plaisir dans les tracasseries qu'il suscite au gouverneur. Si c'est là le véritable motif, le gouverneur aura beau faire, il ne pourra jamais être en bonne intelligence avec son prisonnier, du moment qu'il remplira son devoir.

Buonaparte, en terminant les observations qu'il jugea convenable de m'adresser, fit un signe de la main à lord Amherst pour l'inviter à faire entrer le capitaine Maxwell et les personnes de l'ambassade. Ils vinrent, accompagnés des généraux Bertrand, Montholon et Gourgaud. Un cercle se forma sous la direction du grand-maréchal, et lord Amherst ayant présenté le capitaine Maxwell, Buonaparte dit : « Je vous connais déjà ; c'est vous qui prîtes une de mes frégates, *la Pauline* : vous êtes un méchant. Parbleu ! le gouvernement n'a rien à vous dire pour avoir perdu votre vaisseau ; car vous en avez pris un auparavant. » En voyant le fils de lord Amherst, il fit la remarque qu'il devait ressembler à sa mère, et il lui demanda d'un ton enjoué ce qu'il avait rapporté de la Chine, un bonnet ou un mandarin ? Il demanda à M. Mac-Leod, chirurgien de l'*Alceste*, depuis quel temps il servait, et s'il avait été blessé ; et il répéta la question en anglais. M. Abel lui ayant été présenté comme naturaliste, il s'informa s'il connaissait sir Joseph Banks, disant que le nom de ce savant avait toujours été un passe-port, et que même pendant la guerre tout ce qu'il avait demandé lui avait toujours été accordé. Il voulut savoir si M. Abel était membre de la Société Royale, ou s'il aspirait à le devenir. Buonaparte parut faire quelque méprise à l'égard d'un fils de sir Joseph Banks, qu'il prétendait avoir entrepris une expédition en Afrique. Le nom de M. Cook le conduisit naturellement à demander s'il descendait du célèbre Cook le navigateur, et il ajouta : « C'était là un grand homme ! » En apprenant que le docteur Lynn était médecin, il s'informa à quelle université il avait étudié. Sur la réponse que c'était à Édimbourg : « Ah ! dit-il, vous êtes un *Brownien* en pratique ; saignez-vous et donnez-vous autant de mercure que nos docteurs de

Sainte-Hélène ? » Il demanda à M. Griffiths, le chapelain, qu'il appelait « monsieur l'Aumônier », quelle était la religion en Chine. Celui-ci lui dit que c'était une sorte de polythéisme. Comme il ne paraissait pas comprendre ce mot, prononcé en anglais, Bertrand le lui expliqua, *pluralité des dieux*. « Ah! pluralité des dieux. Croient-ils à l'immortalité de l'âme ? — Ils ont quelque idée d'un état futur », fut la réponse. Il demanda alors à M. Griffiths à quelle université il appartenait; et dit en plaisantant à lord Amherst : « Il fautlui faire avoir un bon bénéfice à votre retour en Angleterre », et il ajouta : « Je vous souhaite d'être prébendier. » Il demanda ensuite à M. Hayne, comment et où il avait été élevé : sur la réponse qu'il avait été élevé chez lui, par son père, il lui tourna le dos; et ayant alors dit quelque chose à chacun de nous, il nous congédia.

TESTAMENT

DE

NAPOLÉON.

NAPOLÉON.

Cejourd'hui, 15 avril 1821, à Longwood, île de Sainte-Hélène. Ceci est mon testament, ou acte de ma dernière volonté.

I.

1°. Je meurs dans la religion apostolique et romaine, dans le sein de laquelle je suis né il y a plus de cinquante ans.

2°. Je désire que mes cendres reposent sur les bords de la Seine, au milieu de ce peuple français que j'ai tant aimé.

3°. J'ai toujours eu à me louer de ma très chère épouse Marie-Louise; je lui conserve jusqu'au dernier moment les plus tendres sentimens; je la prie de veiller pour garantir mon fils des embûches qui environnent encore son enfance.

4°. Je recommande à mon fils de ne jamais oublier qu'il est né prince français, et de ne jamais se prêter à être un instrument entre les mains des triumvirs qui oppriment les peuples de l'Europe. Il ne doit jamais combattre, ni nuire en aucune manière à la France; il doit adopter ma devise : *Tout pour le peuple français.*

5°. Je meurs prématurément, assassiné par l'oligarchie anglaise et son ***; le peuple anglais ne tardera pas à me venger.

6°. Les deux issues si malheureuses des invasions de la France, lorsqu'elle avait encore tant de ressources, sont dues aux trahisons de Marmont, Augereau, Talleyrand, et de La Fayette. Je leur pardonne; puisse la postérité française leur pardonner comme moi!

7°. Je remercie ma bonne et très excellente mère, le Cardinal, mes frères Joseph, Lucien, Jérôme, Pauline, Caroline, Julie, Hortense, Catherine, Eugène, de l'intérêt qu'ils m'ont conservé; je pardonne à Louis le libelle qu'il a publié en 1820 : il est plein d'assertions fausses et de pièces falsifiées.

8°. Je désavoue le *Manuscrit de Sainte-Hélène*, et autres ouvrages sous le titre de Maximes, Sentences, etc., que l'on s'est plu à publier depuis six ans : ce ne sont pas là les règles qui ont dirigé ma vie. J'ai fait arrêter et juger le duc d'Enghien, parce que cela était nécessaire à la sûreté, à l'intérêt et à l'honneur du peuple français, lorsque le comte d'Artois entretenait, de son aveu, soixante assassins à Paris. Dans une semblable circonstance, j'agirais encore de même.

II.

1°. Je lègue à mon fils les boîtes, ordres, et autres objets, tels qu'argenterie, lit de camp, armes, selles, éperons, vases de ma chapelle, livres, linge qui a servi à mon corps et à mon usage, conformément à l'état annexé, coté (A). Je désire que ce faible legs lui soit cher, comme lui retraçant le souvenir d'un père dont l'univers l'entretiendra.

2°. Je lègue à lady Holland le camée antique que le pape Pie VI m'a donné à Tolentino.

3°. Je lègue au comte Montholon deux millions de francs, comme une preuve de ma satisfaction des soins filiaux qu'il m'a rendus depuis six ans, et pour l'indemniser des pertes que son séjour à Sainte-Hélène lui a occasionnées.

4°. Je lègue au comte Bertrand cinq cent mille francs.

5°. Je lègue à Marchand, mon premier valet-de-chambre, quatre cent mille francs. Les services qu'il m'a rendus sont ceux d'un ami. Je désire qu'il épouse une veuve, sœur, ou fille d'un officier ou soldat de ma vieille garde.

6°. Idem, à Saint-Denis, cent mille francs.

7°. Idem, à Noverraz, cent mille francs.

8°. Idem, à Pierron, cent mille francs.

9°. Idem, à Archambaud, cinquante mille francs.

10°. Idem, à Cursor, vingt-cinq mille francs.

11°. Idem, à Chandellier, idem.

12°. A l'abbé Vignali, cent mille francs. Je désire qu'il bâtisse sa maison près de Ponte-Novo di Costino.

13°. Idem, au comte Las-Cases, cent mille francs.

14°. Idem, au comte Lavalette, cent mille francs.

15°. Idem, au chirurgien en chef Larrey, cent mille francs. C'est l'homme le plus vertueux que j'aie connu.

16°. Idem, au général Brayher, cent mille francs.

17°. Idem, au général Lefèvre-Desnouettes, cent mille francs.

18°. Idem, au général Drouot, cent mille francs.

19°. Idem, au général Cambrone, cent mille francs.

20°. Idem, aux enfans du général Mouton-Duvernet, cent mille francs.

21°. Idem, aux enfans du brave Labedoyère, cent mille francs.

22°. Idem, aux enfans du général Girard, tué à Ligny, cent mille francs.

23°. Idem, aux enfans du général Chartrand, cent mille francs.

24°. Idem, aux enfans du vertueux général Travost, cent mille francs.

25°. Idem, au général Lallemand l'aîné, cent mille francs.

26°. Idem, au comte Réal, cent mille francs.

27°. Idem, à Costa de Bastilica en Corse, cent mille francs.

28°. Idem, au général Clausel, cent mille francs.

29°. Idem, au baron de Menneval, cent mille francs.

30°. Idem, à Arnault, auteur de *Marius*, cent mille francs.

31°. Idem, au colonel Marbot, cent mille francs. Je l'engage à continuer à écrire pour la défense de la gloire des armées françaises, et à en confondre les calomniateurs et les apostats.

32°. Idem, au baron Bignon, cent mille francs. Je l'engage à écrire l'histoire de la diplomatie française de 1792 à 1815.

33°. Idem, à Poggi di Talavo, cent mille francs.

34°. Idem, au chirurgien Emmery, cent mille francs.

35°. Ces sommes seront prises sur les six millions que j'ai placés en partant de Paris en 1815, et sur les intérêts à raison de 5 p. °/o depuis juillet 1815; les comptes en seront arrêtés avec le banquier par les comtes Montholon, Bertrand, et Marchand.

36°. Tout ce que ce placement produira au-delà de la somme de 5,600,000 fr. dont il a été disposé ci-dessus, sera distribué en gratification aux blessés de Waterloo, et aux officiers et soldats du bataillon de l'île d'Elbe, sur un état arrêté par Montholon, Bertrand, Drouot, Cambrone, et le chirurgien Larrey.

37°. Ces legs, en cas de mort, seront payés aux veuves et enfans, et, au défaut de ceux-ci, rentreront à la masse.

III.

1°. Mon domaine privé étant ma propriété, dont aucune loi française ne m'a privé, que je sache; le compte en sera demandé au baron de La Bouillerie, qui en est le trésorier; il doit se monter à plus de 200,000,000 de fr; savoir, 1°. le portefeuille contenant les économies que j'ai, pendant quatorze ans, faites sur ma liste civile, lesquelles se sont élevées à plus de 12,000,000 par an, si j'ai bonne mémoire. 2°. Le produit de ce portefeuille. 3°. Les meubles de mes palais, tels qu'ils étaient en 1814; les palais de Rome, Florence, Turin, y compris. Tous ces meubles ont été achetés des deniers des revenus de la liste civile. 4°. La liquidation de mes maisons du royaume d'Italie, tels qu'argent, argenterie, bijoux, meubles, écuries; les comptes en seront donnés par le prince Eugène, et l'intendant de la couronne Campagnoni.

NAPOLÉON.

Deuxième feuille.

2°. Je lègue mon domaine privé, moitié aux officiers et soldats qui restent de l'armée française, qui ont combattu, depuis 1792 à 1815, pour la gloire et l'indépendance de la nation; la répartition en sera faite au prorata des appointemens d'activité: moitié aux villes et campagnes d'Alsace, de Lorraine, de Franche-Comté, de Bourgogne, de l'île de France, de Champagne, Forest, Dauphiné, qui auraient souffert par l'une ou l'autre invasion. Il sera de cette somme prélevé un million pour la ville de Brienne, et un million pour celle de Méri.

J'institue les comtes Montholon, Bertrand, et Marchand, mes exécuteurs testamentaires.

Ce présent testament, tout écrit de ma propre main, est signé, et scellé de mes armes.

NAPOLÉON.

(Sceau.)

ÉTAT (A) JOINT A MON TESTAMENT.

Longwood, île de Sainte-Hélène, ce 15 avril 1821.

I.

1°. Les vases sacrés qui ont servi à ma chapelle à Longwood.

2°. Je charge l'abbé Vignali de les garder et de les remettre à mon fils quand il aura seize ans.

II.

1°. Mes armes; savoir, mon épée, celle que je portais à Austerlitz; le sabre de Sobieski, mon poignard, mon glaive, mon couteau de chasse, mes deux paires de pistolets de Versailles.

2°. Mon nécessaire d'or, celui qui m'a servi le matin d'Ulm, d'Austerlitz, d'Iéna, d'Eylau, de Friedland; de l'île de Lobau, de la Moskowa, et de Montmirail; sous ce point de vue, je désire qu'il soit précieux à mon fils. (Le comte Bertrand en est dépositaire depuis 1814.)

3°. Je charge le comte Bertrand de soigner et conserver ces objets, et de les remettre à mon fils quand il aura seize ans.

III.

1°. Trois petites caisses d'acajou, contenant, la première, trente-trois tabatières ou bonbonnières; la deuxième, douze boîtes aux armes impériales; deux petites lunettes et quatre boîtes trouvées sur la table de Louis XVIII, aux Tuileries, le 20 mars 1815; la troisième, trois tabatières ornées de médailles d'argent, à l'usage de l'Empereur, et divers effets de toilette, conformément aux états numérotés I, II, III.

2°. Mes lits de camp, dont j'ai fait usage dans toutes mes campagnes.

3°. Ma lunette de guerre.

4°. Mon nécessaire de toilette, un de chacun de mes uniformes, une douzaine de chemises, et un objet complet de chacun de mes habillemens, et généralement de tout ce qui sert à ma toilette.

5°. Mon lavabo.

6°. Une petite pendule qui est dans ma chambre à coucher de Longwood.

7°. Mes deux montres et la chaîne de cheveux de l'Impératrice.

8°. Je charge Marchand, mon premier valet-de-chambre, de garder ces objets, et de les remettre à mon fils lorsqu'il aura seize ans.

IV.

1°. Mon médailler.

2°. Mon argenterie et ma porcelaine de Sèvres dont j'ai fait usage à Sainte-Hélène (états B et C).

3°. Je charge le comte de Montholon de garder ces objets, et de les remettre à mon fils quand il aura seize ans.

V.

1°. Mes trois selles et brides, mes éperons, qui m'ont servi à Sainte-Hélène.

2°. Mes fusils de chasse, au nombre de cinq.

3°. Je charge mon chasseur Noverraz de garder ces objets, et de les remettre à mon fils quand il aura seize ans.

VI.

1°. Quatre cents volumes choisis dans ma bibliothéque, parmi ceux qui ont le plus servi à mon usage.

2°. Je charge Saint-Denis de les garder, et de les remettre à mon fils quand il aura seize ans.

NAPOLÉON.

État (A).

1°. Il ne sera vendu aucun des effets qui m'ont servi; le surplus sera partagé entre mes exécuteurs testamentaires et mes frères.

2°. Marchand conservera mes cheveux, et en fera faire un bracelet avec un petit cadenas en or, pour être envoyé à l'impératrice Marie-Louise, à ma mère, et à chacun de mes frères, sœurs, neveux, nièces, au cardinal, et un plus considérable pour mon fils.

3°. Marchand enverra une de mes paires de boucles à souliers, en or, au prince Joseph.

4°. Une petite paire de boucles, en or, à jarretières, au prince Lucien.

5°. Une boucle de col, en or, au prince Jérôme.

État (A).

Inventaire de mes effets que Marchand gardera pour remettre à mon fils.

1°. Mon nécessaire d'argent, celui qui est sur ma table, garni de tous ses ustensiles, rasoirs, etc.

2°. Mon réveille-matin; c'est le réveille-matin de Frédéric II que j'ai pris à Potsdam (dans la boîte N°. III).

3°. Mes deux montres, avec la chaîne des cheveux

de l'impératrice, et une chaîne de mes cheveux pour l'autre montre. Marchand la fera faire à Paris.

4°. Mes deux sceaux (un de France, enfermé dans la boîte N° III).

5°. La petite pendule dorée qui est actuellement dans ma chambre à coucher.

6°. Mon lavabo, son pot à eau et son pied.

7°. Mes tables de nuit, celles qui me servaient en France, et mon bidet de vermeil.

8°. Mes deux lits en fer, mes matelas et mes couvertures, s'ils se peuvent conserver.

9°. Mes trois flacons d'argent où l'on mettait mon eau-de-vie que portaient mes chasseurs en campagne.

10°. Ma lunette de France.

11°. Mes éperons (deux paires).

12°. Trois boîtes d'acajou, N° I, II, III, renfermant mes tabatières et autres objets.

13°. Une cassolette en vermeil.

Linge de Toilette.

6 Chemises.
6 Mouchoirs.
6 Cravates.
6 Serviettes.
6 Paires de bas de soie.
4 Cols noirs.
6 Paires de chaussettes.
2 Paires de draps de batiste.
2 Taies d'oreillers.

2 Robes de chambre.
2 Pantalons de nuit.
1 Paire de bretelles.
4 Culottes-vestes de casimir blanc.
6 Madras.
6 Gilets de flanelle.
4 Caleçons.
6 Paires de guêtres.
1 Petite boîte pleine de mon tabac.
1 Boucle de col en or.
1 Paire de boucles à jarretières en or.
1 Paire de boucles en or à souliers.
} renfermées dans la petite boîte N° III.

Habillement.

1 Uniforme de chasseur.
1 d°. de grenadier.
1 d°. de garde national.
2 Chapeaux.
1 Capote grise et une verte.
1 Manteau bleu (celui que j'avais à Marengo).
1 Zibeline-pelisse verte.
2 Paires de souliers.
2 Paires de bottes.
1 Paire de pantoufles.
6 Ceinturons.

NAPOLÉON.

État (B).

Inventaire des effets que j'ai laissés chez M. le comte de Turenne.

1 Sabre de Sobieski. (C'est par erreur qu'il est porté sur l'état (A); c'est le sabre que l'Empereur portait à Aboukir, qui est entre les mains de M. le comte Bertrand.)
1 Grand collier de la Légion d'Honneur.
1 Épée en vermeil.
1 Glaive de consul.
1 Épée en fer.
1 Ceinturon de velours.
1 Collier de la Toison d'Or.
1 Petit nécessaire en acier.
1 Veilleuse en argent.
1 Poignée de sabre antique.
1 Chapeau à la Henri IV et une toque, les dentelles de l'Empereur.
1 Petit médailler.
2 Tapis turcs.
2 Manteaux de velours cramoisi brodés, avec vestes et culottes.

Je donne :
1°. à mon fils le sabre de Sobieski.
le collier de la Légion d'Honneur.
l'épée en vermeil.

Je donne :

à mon fils le glaive de consul.

l'épée en fer.

le collier de la Toison d'Or.

le chapeau à la Henri IV et la toque.

le nécessaire d'or pour les dents resté chez le dentiste.

2°. A l'impératrice Marie-Louise, mes dentelles.

A Madame, la veilleuse en argent.

Au Cardinal, le petit nécessaire en acier.

Au prince Eugène, le bougeoir en vermeil.

A la princesse Pauline, le petit médailler.

A la reine de Naples, un petit tapis turc.

A la reine Hortense, un petit tapis turc.

Au prince Jérôme, la poignée de sabre antique.

Au prince Joseph, un manteau brodé, veste et culottes.

Au prince Lucien, un manteau brodé, veste et culottes.

NAPOLÉON.

Avril, le 16, 1821. Longwood.

Ceci est un Codicille de mon Testament.

1°. Je désire que mes cendres reposent sur les bords de la Seine, au milieu de ce peuple français que j'ai tant aimé.

2°. Je lègue aux comtes Bertrand, Montholon, et à

Marchand, l'argent, bijoux, argenterie, porcelaine, meubles, livres, armes, et généralement tout ce qui m'appartient dans l'île de Sainte-Hélène.

Ce codicille, tout entier écrit de ma main, est signé, et scellé de mes armes.

(Sceau.) NAPOLÉON.

Ce 24 avril 1821. Longwood.

Ceci est mon Codicille ou acte de ma dernière volonté.

Sur la liquidation de ma liste civile d'Italie, tels qu'argent, bijoux, argenterie, linge, meubles, écurie, dont le vice-roi est dépositaire, et qui m'appartiennent, je dispose de deux millions que je lègue à mes plus fidèles serviteurs. J'espère que, sans s'autoriser d'aucune raison, mon fils Eugène Napoléon les acquittera fidèlement; il ne peut oublier les 40,000,000 de francs que je lui ai donnés, soit en Italie, soit par le partage de la succession de sa mère.

1°. Sur ces deux millions, je lègue au comte Bertrand, 300,000 fr. dont il versera 100,000 fr., dans la caisse du trésorier, pour être employés selon mes dispositions à l'acquit de legs de conscience.

2°. Au comte Montholon, deux cent mille francs, dont il versera 100,000 fr. dans la caisse pour le même usage que ci-dessus.

3°. Au comte Las-Cases, 200,000 fr., dont il versera 100,000 fr. dans la caisse pour le même usage que ci-dessus.

4°. A Marchand, 100,000 fr., dont il versera 50,000 fr. à la caisse pour le même usage que ci-dessus.

5°. Au comte Lavalette, 100,000 fr.

6°. Au général Hogendorf, hollandais, mon aide-de-camp, réfugié au Brésil, 100,000 fr.

7°. A mon aide-de-camp Corbineau, 50,000 fr.

8°. A mon aide-de-çamp Caffarelli, 50,000 fr. (cinquante mille francs).

9°. A mon aide-de-camp Dejean, 50,000 fr.

10°. A Percy, chirurgien en chef à Waterloo, 50,000 fr.

11°. 50,000 fr., savoir, 10,000 fr. à Pierron, mon maître-d'hôtel.
10,000 fr. à Saint-Denis, mon premier chasseur.
10,000 fr. à Noverraz.
10,000 fr. à Cursor, mon maître d'office.
10,000 fr. à Archambaud, mon piqueur.

12°. Au baron Menneval, 50,000 fr.

13°. Au duc d'Istrie, fils de Bessières, 50,000 fr. (cinquante mille francs).

14°. A la fille de Duroc, 50,000 fr.

15°. Aux enfans de Labedoyère, 50,000 fr.

16°. Aux enfans de Mouton-Duvernet, 50,000 fr.

17°. Aux enfans du brave et vertueux général Travost, 50,000 fr.

18°. Aux enfans de Chartrand, 50,000 fr.

19°. Au général Cambrone, 50,000 fr.

20°. Au général Lefèvre-Desnouettes, 50,000 fr.

21°. Pour être répartis entre les proscrits qui errent en pays étrangers, Français, ou Italiens, ou Belges, ou Hollandais, ou Espagnols, ou des départemens du Rhin, sur ordonnances de mes exécuteurs testamentaires, 100,000 fr.

22°. Pour être répartis entre les amputés ou blessés grièvement de Ligny, Waterloo, encore vivans, sur des états dressés par mes exécuteurs testamentaires, auxquels seront adjoints Cambrone, Larrey, Percy et Emmery; il sera donné double à la garde, quadruple à ceux de l'île d'Elbe; 200,000 fr. (deux cent mille francs).

Ce codicille est entièrement écrit de ma propre main, signé et scellé de mes armes.

(Sceau.) NAPOLÉON.

Ce 24 avril 1821, à Longwood.

Ceci est un troisième Codicille à mon testament du 15 avril.

1°. Parmi les diamans de la couronne qui furent remis en 1814, il s'en trouvait pour 5 à 600,000 fr. qui n'en étaient pas, et faisaient partie de mon avoir particulier; on les fera rentrer pour acquitter mes legs.

2°. J'avais chez le banquier Torlonia, de Rome, 2 à 300,000 fr. en lettres de change, produits de mes revenus de l'île d'Elbe, depuis 1815; le sieur de la Perruse, quoiqu'il ne fût plus mon trésorier, et n'eût pas de caractère, a tiré à lui cette somme; on la lui fera restituer.

3°. Je lègue au duc d'Istrie trois cent mille francs, dont seulement cent mille francs reversibles à la veuve, si le duc était mort lors de l'exécution du legs. Je désire, si cela n'a aucun inconvénient, que le duc épouse la fille de Duroc.

4°. Je lègue à la duchesse de Frioul, fille de Duroc, deux cent mille francs; si elle était morte avant l'exécution du legs, il ne sera rien donné à la mère.

5°. Je lègue au général Rigaud, celui qui a été proscrit, cent mille francs.

6°. Je lègue à Boisnod, commissaire-ordonnateur, cent mille francs.

7°. Je lègue aux enfans du général Letort, tué dans la campagne de 1815, cent mille francs.

8°. Ces 800,000 fr. de legs seront comme s'ils étaient portés à la suite de l'article 36 de mon testament, ce qui porterait à 6,400,000 fr. la somme des legs dont je dispose par mon testament, sans comprendre les donations faites par mon second codicille.

Ceci est écrit de ma propre main, signé, et scellé de mes armes.

(Sceau.) NAPOLÉON.

(*Au dos.*)

Ceci est mon troisième codicille à mon testament, tout entier écrit de ma main, signé et scellé de mes armes.

Sera ouvert le même jour, et immédiatement après l'ouverture de mon testament.

NAPOLÉON.

Ce 24 avril 1821. Longwood.

Ceci est un quatrième Codicille à mon testament.

Par les dispositions que nous avons faites précédemment, nous n'avons pas rempli toutes nos obligations, ce qui nous a décidé à faire ce quatrième codicille.

1°. Nous léguons au fils ou petit-fils du baron Dutheil, lieutenant-général d'artillerie, ancien seigneur de Saint-André, qui a commandé l'école d'Auxonne avant la révolution, la somme de 100,000 (cent mille francs) comme souvenir de reconnaissance pour les soins que ce brave général a pris de nous lorsque nous étions comme lieutenant et capitaine sous ses ordres.

2°. Idem, au fils ou petit-fils du général Dugommier, qui a commandé en chef l'armée de Toulon, la somme de cent mille francs (100,000); nous avons, sous ses ordres, dirigé ce siége et commandé l'artillerie : c'est un témoignage de souvenir pour les marques d'estime, d'affection et d'amitié que nous a données ce brave et intrépide général.

3°. Idem. Nous léguons cent mille francs (100,000) aux fils ou petits-fils du député à la Convention, Gasparin, représentant du peuple à l'armée de Toulon, pour avoir protégé et sanctionné de son autorité le plan que nous avons donné, qui a valu la prise de cette ville, et qui était contraire à celui envoyé par le comité de salut public. Gasparin nous a mis, par sa protection, à l'abri des persécutions de l'ignorance des états-majors qui commandaient l'armée avant l'arrivée de mon ami Dugommier.

4°. Idem. Nous léguons cent mille francs (100,000) à la veuve, fils ou petit-fils de notre aide-de-camp Muiron, tué à nos côtés à Arcole, nous couvrant de son corps.

5°. Idem (10,000) dix mille francs au sous-officier Cantillon, qui a essuyé un procès comme prévenu d'avoir voulu assassiner lord Wellington, ce dont il a été déclaré innocent. Cantillon avait autant de droit d'assassiner cet oligarque, que celui-ci de m'envoyer, pour périr, sur le rocher de Sainte-Hélène. Wellington, qui a proposé cet attentat, cherchait à le justifier sur l'intérêt de la Grande-Bretagne. Cantillon, si vraiment il eût assassiné le lord, se serait couvert, et aurait été justifié par les mêmes motifs, l'intérêt de la France, de se défaire d'un général qui d'ailleurs avait violé la capitulation de Paris, et par là s'était rendu responsable du sang des martyrs Ney, Labedoyère, etc., etc., et du crime d'avoir dépouillé les Musées contre le texte des traités.

6°. Ces 410,000 fr. (quatre cent dix mille francs) seront ajoutés aux 6,400,000 fr. dont nous avons disposé, et porteront nos legs à 6,810,000. Ces 410,000 doivent être considérés comme faisant partie de notre testament, article 36, et suivre en tout le même sort que les autres legs.

7°. Les 9000 livres sterling que nous avons donnés au comte et à la comtesse Montholon, doivent, s'ils ont été soldés, être déduits et portés en compte sur les legs que nous leur faisons par nos testamens; s'ils n'ont pas été acquittés, nos billets seront annulés.

8°. Moyennant le legs fait par notre testament au comte Montholon, la pension de 20,000 fr. accordée à sa femme, est annulée; le comte Montholon est chargé de la lui payer.

9°. L'administration d'une pareille succession, jusqu'à son entière liquidation, exigeant des frais de bureau, de courses, de missions, de consultations, de plaidoiries, nous entendons que nos exécuteurs testamentaires retiendront 3 (trois pour cent) sur tous les legs, soit sur les 6,800,000 fr., soit sur les sommes portées dans les codicilles, soit sur les 200,000,000 de fr. du domaine privé.

10°. Les sommes provenant de ces retenues seront déposées dans les mains d'un trésorier, et dépensées sur mandat de nos exécuteurs testamentaires.

11°. Si les sommes provenant desdites retenues n'étaient pas suffisantes pour pourvoir aux frais, il y sera pourvu aux dépens des trois exécuteurs testamentaires et du trésorier, chacun dans la proportion du legs que nous leur avons fait par notre testament et codicille.

12°. Si les sommes provenant des susdites retenues sont au-dessus des besoins, le restant sera partagé entre nos trois exécuteurs testamentaires et le trésorier, dans le rapport de leurs legs respectifs.

13°. Nous nommons le comte Las-Cases, et à son défaut, son fils, et à son défaut, le général Drouot, trésorier.

Ce présent codicille est entièrement écrit de notre main, signé, et scellé de nos armes.

(Sceau.) NAPOLÉON.

Ce 24 avril 1821. Longwood.

Ceci est mon Codicille, ou acte de ma dernière volonté.

Sur les fonds remis en or à l'impératrice Marie-Louise, ma très chère et bien aimée épouse, à Orléans, en 1814, elle reste me devoir deux millions, dont je dispose par le présent codicille, afin de récompenser mes plus fidèles serviteurs, que je recommande du reste à la protection de ma chère Marie-Louise.

1°. Je recommande à l'Impératrice de faire restituer au comte Bertrand les 30,000 fr. de rente qu'il possède dans le duché de Parme, et sur le Mont-Napoléon de Milan, ainsi que les arrérages échus.

2°. Je lui fais la même recommandation pour le duc d'Istrie, la fille de Duroc, et autres de mes serviteurs qui me sont restés fidèles, et qui me sont toujours chers; elle les connaît.

3°. Je lègue sur les deux millions ci-dessus mentionnés, trois cent mille francs au comte Bertrand, sur lesquels il versera 100,000 fr. dans la caisse du trésorier, pour être employés, selon mes dispositions, à des legs de conscience.

4°. Je lègue 200,000 fr. au comte Montholon, sur lesquels il versera 100,000 fr. dans la caisse du trésorier, pour le même usage que ci-dessus.

5°. Idem, 200,000 fr. au comte Las-Cases, sur lesquels il versera 100,000 fr. dans la caisse du trésorier, pour le même usage que ci-dessus.

6°. Idem, à Marchand 100,000 fr., sur lesquels il versera 50,000 dans la caisse, pour le même usage que ci-dessus.

7°. Au maire d'Ajaccio, au commencement de la révolution, Jean-Jérôme Levie, ou à sa veuve, enfans, ou petits-enfans, 100,000 fr.

8°. A la fille de Duroc, 100,000 fr.

9°. Au fils de Bessières, duc d'Istrie, 100,000 fr.

10°. Au général Drouot, 100,000 fr.

11°. Au comte Lavalette, 100,000 fr.

12°. Idem, 100,000 fr., savoir :

25,000 fr., à Pierron, mon maître d'hôtel.

25,000 fr. à Noverraz, mon chasseur.

25,000 fr. à Saint-Denis, le garde de mes livres.

25,000 fr. à Santini, mon ancien huissier.

13°. Idem, 100,000 fr., savoir :

40,000 fr. à Planat, mon officier d'ordonnance.

20,000 fr. à Hébert, dernièrement concierge à Rambouillet, et qui était de ma chambre en Égypte.

20,000 fr. à Lavigne, qui était dernièrement concierge d'une de mes écuries, et qui était mon piqueur en Égypte.

20,000 fr. à Jeanet Dervieux, qui était piqueur des écuries et me servait en Égypte.

14°. Deux cent mille francs seront distribués en aumône aux habitans de Brienne-le-Château qui ont le plus souffert.

15°. Les trois cent mille francs restant seront distribués aux officiers et soldats du bataillon de ma garde de l'île d'Elbe, actuellement vivans, ou à leurs veuves et enfans, au prorata des appointemens, et selon l'état qui sera arrêté par mes exécuteurs testamentaires : les amputés ou blessés grièvement auront le double. L'état en sera arrêté par Larrey et Emmery.

Ce codicille est écrit tout de ma propre main, signé, et scellé de mes armes.

(Sceau.) NAPOLÉON.

(*Au dos*:)

Ceci est mon codicille ou acte de ma dernière volonté, dont je recommande l'exécution à ma très chère épouse l'impératrice Marie-Louise.

(Sceau.) NAPOLÉON.

(Certifié par les témoins ci-après) :

MONTHOLON,
BERTRAND,
MARCHAND,
VIGNALI.
} Pièce de soie verte.

Sixième Codicille.

Monsieur Lafitte, je vous ai remis, en 1815, au moment de mon départ de Paris, une somme de près de six millions, dont vous m'avez donné un double reçu ; j'ai annulé un des reçus, et je charge le comte de Montholon de vous présenter l'autre reçu, pour que vous ayez à lui remettre, après ma mort, ladite somme, avec les intérêts, à raison de cinq pour cent, à dater du premier juillet 1815, en défalquant les paiemens dont vous avez été chargé en vertu d'ordres de moi.

Je désire que la liquidation de votre compte soit arrêtée d'accord entre vous, le comte Montholon, le comte Bertrand, et le sieur Marchand; et, cette liquidation réglée, je vous donne, par la présente, décharge entière et absolue de ladite somme.

Je vous ai également remis une boîte contenant mon médailler; je vous prie de la remettre au comte Montholon.

Cette lettre n'étant à autre fin, je prie Dieu, monsieur Lafitte, qu'il vous ait en sa sainte et digne garde.

NAPOLÉON.

Longwood, île de Sainte-Hélène,
ce 25 avril 1821.

Septième Codicille.

Monsieur le baron La Bouillerie, trésorier de mon domaine privé, je vous prie d'en remettre le compte et le montant, après ma mort, au comte Montholon, que j'ai chargé de l'exécution de mon testament.

Cette lettre n'étant à autre fin, je prie Dieu, monsieur le baron La Bouillerie, qu'il vous ait en sa sainte et digne garde.

NAPOLÉON.

Longwood, île Sainte-Hélène,
ce 25 avril 1821.

MÉMORANDUM DES PERSONNES COMPOSANT LA MAISON DE NAPOLÉON A LONGWOOD.

Le général Buonaparte. 1

Personnes de la maison.

Le général et madame Bertrand. . . . 2
Leurs enfans. 3
Le général et madame Montholon. . . 2
Leurs enfans. 2
Le général Gourgaud. 1
Le comte de Las-Cases. 1
Monsieur Las-Cases, son fils. 1
Le capitaine Prowtowski. 1

Domestiques étrangers au service du général Buonaparte. 12

Marchand. Noverraz.
Santini. Pierron.
Lepage. 1. Archambaud.
Aby. 2. Archambaud.
Cipriani. Gentilini.
Rousseau. Une cuisinière.

Bernard, sa femme et son fils, domestiques étrangers du général Bertrand. 3
Une domestique française au service du général Montholon. 1

30

D'autre part. 30

Domestiques anglais.

Un jardinier.	1
Soldats anglais (domestiques).	12
Un jeune garçon, fils de soldat.	1
Une servante du général Bertrand. . .	1
Deux servantes du général Montholon.	2
Domestiques noirs	3

Officiers anglais attachés à la maison de Buonaparte.

Le capitaine Poppleton, de la garde. . . .	1
Le docteur O'Meara, chirurgien.	1
Domestiques.	3
Total.	55

De ces personnes, le général Gourgaud, madame Montholon et ses enfans, le comte Las-Cases et son fils, Prowtowski et Santini retournèrent en Europe à diverses époques.

Cipriani, le maître d'hôtel, mourut dans l'île.

L'abbé Bonavita, le chirurgien Antomarchi, le prêtre Vignali et deux cuisiniers furent envoyés à Sainte-Hélène, en 1819.

L'abbé retourna en Europe en 1821, ayant quitté Sainte-Hélène au mois de mars de cette année.

Il n'est pas possible de vérifier encore ce qui arriva

à trois des domestiques, Pierron, Aby et Archambaud. On croit cependant que Pierron fut renvoyé à la suite d'une querelle au sujet d'une servante. Aby (probablement) mourut, et un des Archambaud s'en fut en Amérique.

La famille du général Bertrand en France, et les parens de sa femme en Angleterre (les Jerningham), lui envoyèrent plusieurs domestiques donton ignore les noms.

Extrait du journal manuscrit de M. de Las-Cases.

Décembre 1815. — Depuis notre départ de Plymouth, depuis notre débarquement dans l'île jusqu'à notre translation à Longwood, la maison de l'Empereur, bien que composée de onze personnes, avait cessé d'exister.

Personnes composant le service de l'Empereur.

CHAMBRE.

Marchand,	Ier valet-de-chambre.
Saint-Denis,	Valet-de-chambre.
Noverraz,	*Idem.*
Santini,	Huissier.
Cipriani,	Maître d'hôtel.

BOUCHE.

Pierron,	Officier.
Lepage,	Cuisinier.
Rousseau,	Argentier.

Suite de la Liste des personnes composant le service de l'Empereur.

LIVRÉE.

Archambaud aîné,	Piqueur.
Archambaud cadet,	*Idem.*
Gentilini.	Valet-de-pied.

Dès que nous fûmes tous réunis à Longwood, l'Empereur voulut régulariser tout ce qui était autour de lui, et chercha à employer chacun de nous suivant la pente de son esprit, conservant au grand-maréchal le commandement et la surveillance de tout en grand. Il confia à M. de Montholon tous les détails domestiques. Il donna à M. Gourgaud la direction de l'écurie, et me réserva le détail des meubles avec la régularisation des objets qui nous seraient fournis. Cette dernière partie me semblait tellement en contraste avec les détails domestiques, et je trouvais que l'unité sur ce point devait être si avantageuse au bien commun, que je me prêtai le plus que je pus à m'en faire dépouiller; ce qui ne fut pas difficile.

ENTREVUE DE BUONAPARTE AVEC LA VEUVE DE THÉOBALD WOLFE TONE.

A l'appui de ce que nous avons dit dans le texte sur la facilité avec laquelle on approchait de la personne de Napoléon, lorsqu'il était empereur, nous citerons le fait suivant, qui est tiré des *Mémoires de Théobald Wolfe Tone*, Mémoires que nous avons déjà eu occasion de citer. C'est la relation faite par sa veuve, d'une entrevue qu'elle eut avec l'Empereur; et il est seulement nécessaire d'ajouter, par forme de préambule, que mistriss Tone, ayant reçu une pension du gouvernement français après la sanglante catastrophe arrivée à son mari, désira aussi faire admettre son fils à l'École militaire de Saint-Cyr. N'ayant pu réussir auprès du ministre de la guerre, on lui conseilla de présenter un Mémoire à l'Empereur lui-même. Elle le fit en effet, et voici comment elle raconte cette scène, qui fait honneur à Napoléon par les sentimens qu'il manifesta pour la veuve et le fils d'un homme qui était mort à son service :

« Bientôt après, je vis s'arrêter la voiture où se trouvaient l'Empereur et l'Impératrice; les chevaux furent changés avec la rapidité de la pensée; mais je m'avançai, et je lui présentai mon Mémoire. Il le prit et se mit immédiatement à le parcourir. J'ai dit que je commençais par rappeler Tone à son souvenir. Dès la première ligne, il dit d'un ton expressif : « Tone! je m'en souviens bien. » Il lut le Mémoire d'un bout à l'autre, et deux ou trois fois il s'interrompit pour me regarder et me faire un léger salut de tête. Lorsqu'il eut fini, il me dit : « Maintenant, parlez-moi de vous. » J'hésitai, car je ne m'attendais pas à cette question, et je m'inquiétais peu de ce qui me regardait personnellement. Il continua : « Avez-vous une pension ? — Oui, sire, j'en ai une. — Est-elle suffisante ? avez-vous besoin d'un secours extraordinaire ? » J'avais eu le temps de me remettre, et je lui dis que les bontés de sa majesté ne me laissaient rien à désirer pour moi-même, mais que toutes mes pensées, toutes mes inquiétudes, se concentraient sur mon enfant, que je consacrais dès ce moment au service de sa majesté. Il répondit : « Eh bien, soyez tranquille sur son compte, soyez parfaitement tranquille. » J'aperçus un léger sourire sur ses lèvres, lorsque je dis : Mon enfant, j'aurais dû dire mon fils ; je le savais, mais je l'oubliai. La voiture était arrêtée depuis si long-temps, que la foule s'était rassemblée et se précipitait tout autour en criant *Vive l'Empereur !* Elle repoussa la garde, et un cheval se cabra tout près de moi. J'eus peur, et je me retirais lorsque l'Empereur me dit de demeurer où j'étais : « Restez, restez là. » Je ne sais si c'était pour que je fusse à l'abri de la foule, ou parce qu'il voulait parler encore ; mais il était impossible de se faire entendre à cause du bruit. J'étais tout près de la portière de la voiture, j'avais derrière moi les gardes à cheval ; et, à vrai dire, j'étais toute tremblante. L'Empereur salua le peuple, et fit donner deux napoléons par tête aux vieilles femmes et aux mères ayant deux enfans sur les bras, qui tendaient la main. La voiture partit alors, et en s'éloignant, il me fit deux ou trois signes de tête d'un air de familiarité affectueuse, et me dit : « Votre enfant sera bien naturalisé », appuyant avec emphase, et en souriant légèrement sur le mot enfant.

Le jeune homme fut admis à l'École militaire de Saint-Cyr. Voici la relation d'une visite que Napoléon fit un jour à cet établissement :

« L'Empereur visitait souvent l'École d'infanterie de Saint-Cyr, passait les élèves en revue, et leur faisait servir des collations froides dans le parc. Mais il n'avait jamais visité l'École de cavalerie depuis sa fondation, de sorte que nous en étions jaloux, et que nous faisions tous nos efforts pour l'attirer. Toutes les fois qu'il chassait, les élèves se trouvaient en grande tenue sur son passage, et criaient *vive l'Empereur* de toutes leurs forces; il ôtait son chapeau en passant devant eux; mais c'était tout ce qu'ils pouvaient obtenir. Ceux qui connaissaient l'Empereur insinuèrent qu'il ne viendrait jamais, tant qu'on paraîtrait l'attendre; qu'il aimait à les tenir sur le qui-vive, que c'était le mieux pour la discipline. Le général s'y prit donc autrement, et un jour que l'Empereur chassait, personne ne donna signe de vie au château; on eût dit un lieu abandonné. Mais cette ruse ne réussit pas mieux; l'Empereur passa, comme s'il n'y eût pas eu de château. Il y avait de quoi se désespérer. Maïs, tout à coup, le lendemain du jour où je lui avais parlé, il entra au grand galop dans la cour du château, et le cri de la sentinelle: *l'Empereur!* fut la première annonce qu'on eût de son arrivée. Il examina tout dans le plus grand détail. Les élèves étaient dans leur uniforme de tous les jours, tous étaient à l'ouvrage: c'était ce qu'il voulait. Dans les écoles militaires, les élèves mangeaient du pain de munition; ils étaient traités comme des soldats qui sont bien nourris; mais il n'y avait qu'un cri dans les cercles de Paris contre le pain de l'École de Saint-Germain. Les dames se plaignaient qu'on empoisonnât leurs fils; l'Empereur pensait que ce n'était que pure délicatesse; et il disait qu'un homme n'était pas propre à être officier, s'il ne savait manger du pain de munition. Cependant, lorsqu'il visita la maison, il demanda un pain; on le lui apporta, et il vit qu'il était affreux. Il entrait dans ce pain des pois, des fèves, du riz, des pommes de terre, de toutes les substances farineuses en un mot; mais de la farine, pas une once. L'Empereur déchira le pain en deux dans un accès de rage, et le lança contre le mur, où il resta collé, comme du mortier, à la grande mortification de ceux dont le devoir était de surveiller la nourriture des élèves. Il fit appeler le boulanger, et lui dit de regarder ce qui était collé sur le mur. Dans le premier moment, cet homme trembla de tous ses membres en voyant le courroux de l'Empereur; mais, prenant courage, il pria sa majesté de ne pas rompre son marché, s'engageant à fournir de bon pain à l'avenir. A ces mots, l'Empereur se mit dans une colère tout à la fois impériale et royale, et le menaça de l'envoyer aux galères; puis, changeant tout à coup d'idée, il lui dit qu'il le voulait bien; qu'il continuerait à être chargé de la fourniture de la maison, mais à condition qu'il donnerait de bon pain blanc de ménage, tel qu'on en vendait dans les boutiques de boulangers de Paris; qu'il pouvait choisir cela, ou la résiliation de son marché; et le boulanger s'empressa de promettre de fournir à l'avenir du pain blanc de bonne qualité pour le même prix.

FIN DU NEUVIÈME ET DERNIER VOLUME.

TABLE DES MATIÈRES
DU TOME NEUVIÈME.

CHAPITRE I.

CHAPITRE II.

CHAPITRE III.

CHAPITRE IV.

CHAPITRE V.

CHAPITRE VI.

CHAPITRE VII.

CHAPITRE VIII.

APPENDICE.

FIN DE LA TABLE DU NEUVIÈME ET DERNIER VOLUME.

CATALOGUE

DES LIVRES DE FONDS ET EN NOMBRE,

FRANÇAIS, ITALIENS, ANGLAIS, LATINS ET GRECS,

Qui se trouvent chez TREUTTEL et WÜRTZ, Libraires, à PARIS, rue de Bourbon, n° 17, ancien hôtel de Lauraguais; à STRASBOURG, rue des Serruriers; et à LONDRES, 30 Soho-Square.

(*Août* 1827.)

Nota. Les frais de reliure ne sont pas compris dans les prix de ce Catalogue; on les paye séparément.

ABRÉGÉ des ouvrages d'Emmanuel Swédenborg. Un gros vol. in-8. 1788 .... 5 fr.

Abrégé des principes de Géométrie, par Clavel. 1 vol. gr. in-8. fig 1796 .... 1 fr. 50 c.

Abrégé de l'Histoire de l'Eglise chrétienne, depuis sa naissance jusqu'à l'époque de la réformation; (par M. Boissard.) In-12. 1817 .... 40 c.

Actes du second Concile national de France, tenu en 1801. 3 vol. in-8 .... 10 fr. 50 c.

Administration (de l') de la Justice et de l'Ordre judiciaire en France, par M. d'E ***. 2 vol. in-8. 1824 .... 12 fr.

Dans l'ouvrage que nous annonçons, l'auteur expose en trente-six chapitres les principales théories de la législation nouvelle, les parties criminelle et civile et l'organisation personnelle proprement dite; en ayant soin de rattacher à chacune des parties de son ouvrage les analogies que lui présentent l'histoire et la législation des peuples modernes. Ami sincère de tout ce qui est conservateur, juste et légitime, l'auteur s'élève avec force contre les fausses applications que l'esprit de système ou de parti peut avoir fait des principes; sans jamais confondre les personnes avec les choses, il sait toujours allier l'intérêt de la vérité avec le respect dû aux institutions, et la sévérité des observations avec les égards personnels.

Agrostographie des départemens du nord de la France, par Desmazières. In-8. 1812.... * 3 fr.

Allemagne (de l'), par madame la baronne de Staël-Holstein; nouvelle édition revue et corrigée. 2 vol. in-8. 1820 .... 12 fr.

— Le même. 2 vol. in-12 .... 6 fr.

Almanach des Dames, pour l'année 1825. 1 vol. in-16, avec 8 gravures .... 5 fr.

— Le même, pour les années précédentes, chaque volume .... 5 fr.

Ce joli Almanach, qui paraît depuis vingt-trois ans, se recommande par le bon choix des pièces qui le composent. Il se vend aussi relié avec goût, dans les prix de 7 jusqu'à 36 fr.

Almanach de Saxe-Gotha, pour 1825. 1 vol. pet. in-18. fig. relié, avec étui .... * 5 fr.

Alphabet Mantchou, par L. Langlès, troisième édition augmentée. Vol. in-8. 1807.... * 12 fr.

Amours (les) de Psyché et de Cupidon, par Apulée; traduction nouvelle, ornée des figures de Raphaël, et publiée par Landon. 1 vol. in-fol. sur papier vélin, 1809 .... 36 fr.

Anecdotes curieuses relatives à la Révolution de France. Gr. in-18. 1791 .... 1 fr. 50 c.

Anecdotes de la vie de Frédéric II, roi de Prusse, avec portrait. In-8. 1788 .... 1 fr.

Anecdotes originales de Pierre-le-Grand, recueillies par M. de Staehlin. In-8. 1787...... 5 fr.

Animali (gli) parlanti, poema epico in venti sei Canti, di Giambatista Casti. 3 vol. grand in-8. sur papier vélin superfin. Edition originale .... * 39 fr.

Annales de l'Empire français, contenant un Précis de l'Histoire des Français depuis leur établissement dans les Gaules en 481 jusqu'en 1804, par M. Dampmartin. 1 fort vol. in-8. 1805.. 5 fr.

— Sur papier vélin .... 6 fr.

Annales des mines, ou Recueil de Mémoires sur l'Exploitation et sur les sciences qui s'y rapportent; rédigées par le Conseil général des Mines. Tome Ier (année 1816), in-8..... * 8 fr.

— Le même Recueil pour les années 1817 à 1824. In-8. Chaque année .... * 12 fr.

Annales du Musée et de l'École moderne des Beaux-Arts, Recueil de Gravures au trait, d'après les tableaux des anciens maîtres et les monuments antiques exposés successivement dans la grande galerie du Musée de France, depuis sa formation jusqu'à ce jour; les principaux ouvrages de Peinture, Sculpture ou projets d'Architecture qui, aux expositions des artistes vivants, ont remporté le prix, etc. par Landon. *Prem. collection.* 21 vol. in-8.... 322 fr. 50 c.

— *Idem. Seconde collection.* 4 vol. in-8 .... 60 fr.

— *Idem.* Galerie Giustiniani, 1 vol. in-8 .... 15 fr.

— *Idem.* Galerie de Massias, 1 vol. in-8 .... 15 fr.

——— Salon de 1808, 2 vol.; de 1810, 1 vol.; de 1812, 2 vol.; de 1814, 1 vol.; de 1817, 1 vol.; de 1819, 2 vol.; de 1822, 2 vol. Chaque volume .... 18 fr.

Annales du Musée et de l'Ecole moderne des beaux-arts. Recueil de Gravures au trait d'après les tableaux, statues et antiquités du Musée royal, aux différentes époques de son établissement et dans son état actuel, accompagné de descriptions, d'observations critiques et historiques, et d'un abrégé de la vie des Artistes, par C. P. Landon; seconde édition, entièrement refondue et mise en ordre. Tom. 1, 2, 3, 4 et 5; prix de chaque volume.................... 15 fr.

L'avantage de cette seconde édition sur la première est de réunir et de présenter, en trois classes distinctes et spéciales, toutes les productions de l'art que les divers Musées de France possèdent et ont possédées, tels que celui du Louvre, de Versailles, du Luxembourg, des Petits-Augustins, etc. La peinture, la sculpture, l'architecture ne sont plus confondues; les maîtres des différentes écoles sont séparés, classés méthodiquement, ainsi que leurs ouvrages; outre la mesure des tableaux et statues qui n'ont point été données dans la première édition, on y trouve l'estimation approximative de leur valeur pécuniaire d'après l'opinion des connaisseurs accrédités.

— — Choix de Tableaux et Statues des plus célèbres Musées et Cabinets étrangers. (*Voyez* Choix, etc.)

Anthologie arabe, ou Choix de poésies arabes inédites, trad. en français, avec le texte en regard, et accompagné d'une version latine littérale, par J. Humbert. 1 vol. in-8. 1819..... * 10 fr.

Annuaire diplomatique, par M. le baron Charles de Martens, pour l'année 1823. In-18. .* 5 fr.

Antimachiavel, ou Examen du Prince de Machiavel. 1789.......................... 2 fr. 25 c.

Arabesques (nouvelle collection d') propres à la décoration des appartemens, dessinés à Rome par Lavallée-Poussin, et gravés par Guyot, avec une Explication raisonnée des planches, qui sont au nombre de quarante, par M. Alex. Lenoir. 1 vol. grand in-4................ 25 fr.

Architecture hydraulique et civile de Wiebeking. — (*Voyez Œuvres.*)

Archives de l'Histoire des Insectes, par Fuessly. In-4. avec fig. col. Winterthur, 1794.. * 45 fr.

Archives des Découvertes et des Inventions nouvelles faites dans les sciences, les arts et les manufactures, tant en France que dans les pays étrangers, pendant les années 1809, 1810, 1811, 1812, 1813, 1814, 1815, 1816, 1817, 1818, 1819, 1820, 1821, 1822, 1823, 1824. 16 vol. in-8. *Paris*, 1810 à 1825. Chaque volume................................ 7 fr.

Les rapides progrès qu'ont faits, depuis quelques années, les sciences et les arts, et le nouvel essor qu'a pris l'industrie humaine, ont rendu nécessaire la publication d'un ouvrage qui pût offrir dans leur ensemble les résultats des travaux et des recherches de chaque nation. Les Archives que nous publions sont destinées à remplir cette tâche, et à fournir chaque année un répertoire aussi complet que possible des découvertes et des inventions qui ont été faites dans le cours de l'année révolue, tant en France que dans les divers pays étrangers. Les articles y sont classés par ordre de matières, et sont accompagnés d'une notice succincte, mais satisfaisante, avec l'indication des sources où l'on peut, si on le désire, puiser de plus grands détails.

Il en paraît un volume au commencement de chaque année.

Argus, Dogue d'Endlip, ou Correspondance de famille, trad. de l'angl. 4 vol. in-12. 1815.. 8 fr.

Ariosto (*G. L.*) *l'Orlando furioso* 5 vol. in-8. *Milano*, 1813.. .... 32 fr. 50 c.

Aristippe, par Wieland; trad. par Coiffier, avec portraits. 7 vol. in-12. 1805.......... 12 fr.

Arithmétique (l') enseignée par des moyens clairs et simples, par V***. In-8. 1807. 2 fr. 50 c.

Art (l') du blanchiment des Toiles, Fils et Cotons. In-8. fig. An VI................ 6 fr.

Art (l') de la Lithographie, ou Instruction pratique contenant la description des différens procédés à suivre pour dessiner, graver et imprimer sur pierre; précédée d'une Histoire de la Lithographie et de ses divers progrès, par M. Aloys Senefelder, inventeur de l'art lithographique. 1 vol. in-4. orné du portrait de l'auteur, et un Recueil de planches gr. in-4. offrant un modèle des différens genres auxquels la lithographie est applicable. 1819........ 36 fr.

— Le même, avec les planches in-folio.. 48 fr.

Art (supplément à l') du serrurier, ou Essai sur les Combinaisons mécaniques, etc. par J. Bottermann, trad. du hollandais. In-fol. avec fig.................................. 6 fr.

Atlas d'Histoire naturelle, ou Collection de Tableaux relatifs aux trois règnes de la Nature, par Chaisneau. 1 vol. in-4.. 15 fr.

Bas-reliefs antiques de Rome, gravés par Piroli, avec des explications en italien, par G. Zoega. 19 livraisons formant 2 vol. petit in-fol. 1809.................................. 95 fr.

Bible (la Sainte), ou le Vieux et le Nouveau Testament, trad. nouvellement en français sur les textes hébreu et grec par les pasteurs et les professeurs de l'Eglise et de l'Académie de Genève, 2 tomes en 1 vol. in-fol. *Genève*, 1805.................................. 24 fr.

— *Idem.* gr. in-fol. gros caractère.. 36 fr.

— *Idem.* fort vol in-12. *Paris*, 1805.. 5 fr.

Bible (la Sainte), contenant l'ancien et le nouveau Testament, et les livres dits *apocryphes*; revue sur les originaux, et retouchée dans le langage, par David Martin; avec l'indication des passages parallèles. Edition stéréotype d'Herhan, d'après son procédé perfectionné. Gr. in-8., pap. grand raisin. 1 fort vol. de 1600 pages, pouvant se relier en deux volumes. 1820... 10 fr.

— Sur papier grand raisin vélin.. 20 fr.

— La même version, édition petit in-12. *Genève*, 1820.................... 5 fr. 50 c.

Bible (la sainte) Ancien et Nouveau Testament, traduite sur la Vulgate par Lemaître de Sacy. Grand in-8. papier fin..* 10 fr.

Bibliographie générale de la France, ou Indicateur raisonné des Livres nouveaux en tous genres, cartes géographiques, estampes, œuvres de musique, etc., publiés en France, et classés par ordre de matières; années 1799 à 1824. 26 vol. in-8. à doubles colonnes......... 390 fr.

Cet ouvrage bibliographique, le seul en ce genre qui ait été publié en France depuis le commencement du siècle, réunit dans un même cadre tous les travaux des écrivains français, soit qu'ils se rapportent aux sciences, aux belles-lettres et aux arts utiles; il fournit de bonnes et courtes notices de tout ce qui se publie en France, en offre une collection complète, peu coûteuse, et commode à consulter, en rangeant les articles par ordre des matières. Il en paraît un volume tous les ans. — Prix de chaque année, ou volume........................ 15 fr.

On peut aussi se procurer cet ouvrage par cahiers mensuels, sous le titre de *Journal général de la Littérature de France*, etc. etc. Prix de l'année, franc de port.................................... 15 fr.

Bibliographie étrangère, ou Indicateur raisonné et analytique des Ouvrages intéressans en tous genres; publiés en langues anciennes et modernes dans les divers pays étrangers à la France, pendant les années 1801 à 1824. 24 vol., dont les six premiers d'un cadre plus étendu, gr. in-8.. 396 fr.

Ce second Recueil, créé pour les ouvrages étrangers, sur le même plan que la Bibliographie générale de la France pour les ouvrages français, lui sert, en quelque sorte, de complément.

On peut aussi se le procurer par cahiers mensuels, sous le titre de *Journal général de la Littérature étrangère*, etc. etc. Prix de l'année, franc de port.. 15 fr.

— De la dite Collection, la Table générale séparément, ou Catalogue systématique des ouvrages qui ont paru dans l'étranger pendant les années 1801 à 1820. 3 vol. in-8...... 16 fr. 20 c.

Bibliothèque classique latine, ou Collection des auteurs classiques latins, avec des Commentaires anciens et nouveaux, des Index complets, le Portrait de chaque auteur, des Cartes géographiques, etc.; par Lemaire :
Le prix de chaque volume, grand in-8, en papier fin satiné, est de............ * 6 fr.
quand il est au-dessous de 300 pages; — De.................................. * 10 fr.
quand il ne passe pas 544 pages; — De...................................... * 12 fr.
quand il ne passe pas 640 pages; — Et de................................... * 15 fr.
au-delà de ce nombre. Le prix du papier vélin est double.

Les cartes, plans et figures se paient à part, excepté les portraits. Prix des 30 livraisons, ou 60 vol. publiés, y compris 10 fr. qu'on paie à l'avance à compte du dernier volume.............................* 799 fr. 50 c.

Bibliothèque universelle des Voyages, ou Notice complète et raisonnée de tous les Voyages anciens et modernes dans les quatre parties du Monde, publiés tant en langue française qu'en langues étrangères, avec des extraits étendus de ceux d'entre eux qui sont le plus estimés sur chaque pays; par G. Boucher de la Richarderie. 6 forts vol. in-8. 1808.............. 36 fr.
— Le même ouvrage sur papier vélin.. 72 fr.

Le grand nombre de Relations de Voyages qui nous ont fait connaître successivement toutes les parties du Monde, a fait désirer depuis long-temps une *Bibliothèque universelle des Voyages*, soigneusement classée par ordre de pays et dans une série chronologique.

L'auteur a consacré dix années de sa vie à exécuter ce grand travail; et tout en faisant la nomenclature de tous les ouvrages publiés sur chaque contrée, il a eu l'ingénieuse idée de faire connaître ce que chaque pays offre de plus remarquable, en donnant l'extrait plus ou moins étendu du meilleur ouvrage qui en traite.

Botanique pour les Femmes, par Batsch. In-8. avec 101 figures coloriées. An IX...... 6 fr.

Brumaire (sur le dix-huit), par Lacretelle aîné. In-8. An VIII......................... 2 fr.

Byron (lord) en Italie et en Grèce, ou Aperçu de sa vie et de ses ouvrages, par le marquis de Salvo. 1 vol. in-8. papier vélin, avec le portrait de lord Byron, 1825.. .... 12 fr.

Campagnes de Napoléon, ou Tableaux historiques des campagnes d'Italie depuis l'an IV jusqu'à la bataille de Marengo, suivis du Précis des opérations de l'armée d'Orient et de la campagne d'Allemagne, terminée par la bataille d'Austerlitz et la paix de Presbourg. 1 vol. gr. in-fol. avec gravures d'après C. Vernet. Sur papier vélin..............................250 fr.

Campaign (the) of Waterloo, ou Histoire de la Campagne de Waterloo; ouvrage enrichi d'estampes en couleurs représentant les Quatre-Bras, la Belle-Alliance, Hougoumont, la Haie-Sainte, et plusieurs autres des principales scènes de l'action; avec un plan militaire de la bataille, une grande vue du terrain sur lequel elle a été livrée, et deux planches de portraits, en médaillon, de souverains et généraux qui y ont pris part; le texte en anglais, les estampes en couleurs. 1 vol. gr. in-fol. *Londres*, 1816, sur pap. vél........................ 75 fr.

Catalogue d'une Collection d'Empreintes de Médailles antiques. In-8. An VIII..... 1 fr. 50 c.

Catalogue des Livres de la Bibliothèque de feu M. P. Ginguené, composée de 2686 articles en français, latin, grec. et d'un choix de livres *italiens*, 1817, 1 vol. in-8............ 2 fr.

Catalogue raisonné des Livres nouveaux en tous genres; Cartes géographiques, etc. etc. publiés en France dans les années 1800 à 1824. 25 parties in-8. (Se continue tous les ans.) 20 fr.. 25 c.

Champs phlégréens, ou Observations sur les volcans des Deux-Siciles, par Hamilton. Nouvelle édition, revue et augmentée. Ouvrage destiné à faire suite à la Collection des Voyages pittoresques, notamment à ceux de Sicile, de l'abbé de Saint-Non et de M. Houel. Grand in-fol. livraisons 1 à 11, pap. ordinaire, figures en noir. An VII....... .... 200 fr.
— Le même, sur papier vélin, à planches doubles, les unes en noir, premières épreuves, les autres sur papier d'Hollande, coloriées.. 825 fr.
— Sur papier grand-aigle d'Hollande, tiré seulement à 25 exemplaires, en couleur.... 825 fr.

Charte constitutionnelle (la) du 4 juin 1814, précédée du discours du Roi et de celui de M. le chancelier de France. Edition stéréotype d'Herhan, d'après son procédé perfectionné, in-18. Paris, 1820. 15 cent. — Cinquante exemplaires pour................................ 5 fr.
— La même Charte constitutionnelle, sur papier vélin, prix doubles.

Choix de Biographie ancienne et moderne, à l'usage de la Jeunesse; ou Notice sur les Hommes illustres des diverses nations, avec leurs portraits gravés au trait; publié par Landon. 2 vol. in-12. avec 144 gravures. 1810........ 12 fr. — Sur papier vélin................ 24 fr.

Ce recueil, qui est admis dans plusieurs maisons d'éducation, a le double mérite d'instruire et d'amuser. C'est un des ouvrages les plus propres à être offerts en présent à la jeunesse.

Choix des plus belles peintures antiques. Recueil classique réduit et gravé au trait d'après les estampes de la Bibliothèque du Roi et des plus riches collections particulières; avec une Notice des peintres de l'antiquité dont il est fait une mention quelconque dans les auteurs grecs et romains, par C. P. Landon; trois livraisons formant un vol. grand in-4, enrichi de 145 planches. Ouvrage complet. Paris, 1820.................................... 75 fr.

— Le même ouvrage, format in-fol., sur papier vélin superfin.................. 150 fr.

Cet ouvrage forme les livraisons 20, 21 et 22, des Vies et Œuvres des peintres les plus célèbres, par Landon, dont chaque section se vend séparément.

Choix de Tableaux et Statues des plus célèbres Musées et Cabinets étrangers, ou Recueil de Gravures au trait, d'après les tableaux des grands-maîtres de toutes les Ecoles; et les Monumens de Sculpture ancienne et moderne le plus remarquables, sous le rapport de l'art, conservés dans les divers musées étrangers, et les plus célèbres collections particulières, avec des notices historiques et critiques; Ouvrage classique destiné à servir de suite et de complément aux Annales du Musée de France, par C. P. Landon. Livraisons 1 à 7........ 63 fr.

Cet ouvrage formera 6 volumes in-8. et sera distribué en 12 livraisons de 36 planches chaque, et d'environ 80 pages de texte historique et critique.

On y indique autant que possible les dimensions exactes des diverses peintures et sculptures, leur état de conservation, de quelle collection elles font partie, et les meilleures gravures, tant anciennes que modernes, exécutées d'après ces mêmes tableaux et statues.

Le prix de chaque livraison est de 9 fr. pour Paris et de 9 fr. 75 c. franc de port pour les départemens.

Code civil, édition stéréotype; suivi des Lois transitoires et d'une Table. In-8. Papier ordinaire.............................. 5 fr. — Sur papier vélin............... 10 fr.

— Le même, format in-18, sur papier vélin .... 3 fr. 50 c.

— Ledit Code, traduit en latin, 1 vol in-8. 1808................................ 5 fr.

Code civil, conforme à l'édition originale, *avec la traduction allemande*, faite par une société de Jurisconsultes, et accompag. de Notes explicatives par L. Spielmann. 1 fort v. in-8. 1808. 9 fr.

Code civil, avec des Notes indicatives des Lois romaines, etc. ou Conférence du Code civil avec les Lois anciennes; par H. J. B. Dard. 1 fort vol. in-4. 1807...................... 10 fr.

Code de commerce, édition stéréotype; suivi de l'Exposé des Motifs et d'une Table analytique et raisonnée, 1 vol. in-8............ 2 fr. 50 c. — Sur papier vélin.................. 5 fr.

— Le même, format in-18.. 1 fr. 50 c.

Code ecclésiastique, ou Recueil complet des dispositions des Codes civil et pénal, relatives aux ministres des cultes chrétiens, etc. in-12. 1811.................................. 1 fr.

Codes français (les cinq), complétés conformément à l'ordonnance du 17 juillet 1816, par l'addition des Lois postérieures, des Ordonnances royales, des Décrets, des Avis du Conseil d'état, des Instructions ministérielles, et généralement de tous les Actes de l'autorité publique qui les étendent, les modifient, les développent, les interprètent et en règlent l'application. expliqués, savoir: les Codes, par la conférence avec le texte, sans morcellement et au moyen de simples notes indicatives, 1°. des procès-verbaux du Conseil d'état contenant la discussion du Code civil, qui sont *en partie inédits*, des procès-verbaux *entièrement inédits*, de la discussion du Code de commerce, du Code de procédure civile, du Code d'instruction criminelle, et du Code pénal; 2°. des procès-verbaux *également inédits*, des sections du tribunat, contenant leurs observations sur le Code civil, le Code de commerce et le Code de procédure, et de la commission du corps législatif sur le Code d'instruction criminelle et sur le Code pénal; 3°. des exposés de motifs, rapports et discours, *même inédits ou peu connus*, auxquels la confection des Codes a donné lieu; et les lois subséquentes, par une conférence de la même nature avec les exposés des motifs et les discussions dans les deux Chambres. Le tout précédé de prolégomènes, où l'on rappelle le système, trop imparfaitement connu, de la formation de la loi qui existait en France lors de la confection des Codes, les attributions respectives des différentes autorités qui concouraient alors à l'exercice de la puissance législative, ainsi que les formes dans lesquelles elles procédaient; où l'on présente l'histoire de chaque Code; où l'on détermine l'autorité virtuelle et respective des divers élémens dont se compose ce livre; où l'on donne des règles pour les étudier avec fruit, s'en servir utilement dans la pratique, éviter ou combattre l'abus qu'il est possible d'en faire. Par le baron LOCRÉ, ancien secrétaire-général du conseil d'état, et chargé, en cette qualité, de recueillir et de rédiger les discussions du conseil auxquelles les Codes ont donné lieu; avocat à la cour royale de Paris, officier de l'ordre royal de la légion d'honneur, auteur de *l'Esprit du Code civil*, de *l'Esprit du Code de Commerce*, de *l'Esprit du Code de Procédure*, etc. etc. 20 vol. in-8, qui seront publiés par souscription, et par volumes de mois en mois. (Sous presse.)

L'ouvrage dont nous venons de détailler le titre présentera tout à la fois le Complément, l'Histoire et le Commentaire *officiel* de nos Codes, commentaire fait par le législateur lui-même, et dont, par cette raison, l'autorité n'est pas inférieure à celle de la loi, de laquelle il révèle l'esprit.

Si le nom qu'on rencontre à la tête d'un livre de la nature de celui-ci pouvait ajouter à son importance, aucun ne se recommanderait davantage à l'attention publique. On sait que M. le baron Locré, formé dès sa plus tendre jeunesse par des études profondes à l'éminente science de la législation, en a fait l'occupation de sa vie entière. On n'oubliera jamais avec quelle distinction il a exercé la charge, alors si importante, de secrétaire-général au Conseil d'Etat. On connaît généralement les savans ouvrages sur la Législation française, qui, aussi répandus dans l'étranger qu'en France, lui ont acquis une réputation vraiment européenne.

Le nouvel ouvrage que nous annonçons paraîtra par volumes d'environ 35 feuilles d'impression, grande justification, dont le prix est fixé à 7 fr. pour les souscripteurs. Lorsque la souscription sera fermée, le prix de l'ouvrage sera porté à 9 fr. le volume.

Un Prospectus détaillé de l'ouvrage se distribue gratuitement.

Collection d'Auteurs classiques, latins et grecs, dite de Deux-Ponts, en 189 vol. in-8. d'un format uniforme. (*Voyez-en la notice détaillée à la fin du présent Catalogue.*)

Collection des auteurs classiques italiens, publiée à Milan, d'un format uniforme, 260 vol. in-8. (*Voyez-en le détail à la fin du présent Catalogue.*)

Collection de 196 estampes de la plus belle exécution, représentant des sujets de l'Histoire d'Angleterre, gravées en taille-douce par les artistes les plus distingués du pays, et accompagnées d'une explication historique de chaque sujet; (en anglais). Un vol. grand in-fol. *Londres*, 1812; sur pap. vél. .... 720 fr.

Collection de Gravures, au nombre de 16, représentant les principaux événemens de la révolution française, soigneusement exécutées au burin, pour l'*Histoire de la Révolution française*, de M. Ch. Lacretelle, ainsi que pour son *Histoire de France pendant le 18e siècle*. . . 8 fr.

— La même Collection, épreuves avant la lettre et eaux fortes........ 16 fr.

Collection des Portraits des grands Hommes, Femmes illustres et sujets mémorables de la France, gravés au lavis et imprimés en couleurs, par Blin. 48 livraisons avec explication. In-4. 384 fr.

Collection des Vases grecs de M. le comte de Lamberg, expliquée et publiée par M. Alexandre de Laborde. Livraisons 1 à x in-fol. atlantique, papier vélin, les planches imprimées en couleur. Chaque livraison........ * 50 fr.

— Le même ouvrage avant la lettre; chaque livraison........ * 50 fr.

Collection choisie de pierres gravées antiques, tirées de plusieurs cabinets particuliers d'Angleterre, dessinées et gravées à la manière de Rembrandt, par Worlidge, avec leur explication en anglais. 1 vol. in-4. avec 180 planches........ 250 fr.

Collection de 24 Vues coloriées représentant des lieux célèbres dans l'Histoire-Sainte, tels que Jérusalem, Sion, Béthléem, Bethsaïde, fontaine de Siloam, sépulcres des rois de Juda, sépulcres des juges d'Israël, tombeau d'Absalon, Béthanie, sépulcre de Rachel, Corinthe, Rhodes, Samos, Ephèse, Laodicea, Josaphat, Gnide, tombeau d'Arimathie, etc. etc.; choisies de la Collection de Rob. Ainslie, et accompagnées d'une explication géographique et historique de chaque Vue; (en angl.). Vol. grand in-4. publié à Londres. Fort pap. vélin........ 88 fr.

Confession (la) d'Augsbourg, présentée à l'empereur Charles V par plusieurs princes, états et villes d'Allemagne; nouvelle traduction, suivie de notes critiques; et précédée d'un Précis historique sur cette présentation, composé par feu Charles de Villers, (auteur de l'*Essai sur l'Esprit et l'Influence de la réformation de Luther.*) vol. in-12. 1817........ 1 fr. 25 c.

Conseil de Guerre privé sur l'événement de Gibraltar, en 1792 (par le chevalier d'Arçon), 1 vol. in-8. fig. 1785. Ouvrage rare........ * 12 fr.

Considérations sur l'Influence des mœurs dans l'état militaire des nations. In-8. 1790.... 4 fr.

Corinne, ou l'Italie, par mad. de Staël; nouv. édition revue et corrigée. 2 vol. in-8, 1820. 12 fr.

— Le même ouvrage, 2 vol. in-12........ 6 fr.

Correspondance choisie de Benjamin Franklin, trad. de l'anglais d'après l'édition publiée par W. T. Franklin son petit-fils. Vol. in-8. 1817........ * 6 fr.

A la suite de ce volume, le même éditeur a publié depuis les *Mémoires sur la Vie politique et privée du Docteur Franklin*, en 2 vol. in-8. 1818........ * 12 fr.

Correspondance inédite de l'abbé Ferd. Galiani avec madame d'Epinay, le baron d'Holbach, Grimm, etc. pendant les années 1765 à 1781; édition imprimée sur les lettres autographes de l'auteur, et accompagnée de notes par M***.; précédée d'une Notice sur la Vie et les Ecrits de l'abbé Galiani, par feu M. Ginguené, avec des Notes additionnelles, par M. Salfi, et accompagnée du Dialogue de l'abbé Galiani sur les Femmes. 2 vol. in-8. 1818........ 12 fr.

Costantini *Nuova Sceltà di Prose italiane*, (Nouveau Choix de Prose italienne, extrait des meilleurs auteurs, pour servir à l'étude de cette langue.) 2 vol. in-12. *Paris*, de l'imprimerie de P. Didot, 1822........ 6 fr.

— *Morale Poetica italiana*. Vol. in-12. *Londres*, 1821........ 4 fr. 20 c.

Costume (le) ancien et moderne, ou Histoire du Gouvernement, de la Milice, de la Religion, des Arts, Sciences et Usages de tous les peuples anciens et modernes, d'après les monumens de l'antiquité, et accompagné de dessins analogues au sujet; par le Doct. Jules Ferrario. Ouvrage grand in-4. ou petit in-fol., distribué en 4 divisions ou parties du monde, et publié par livraisons d'environ 10 planches coloriées, avec un texte explicatif fort étendu. *Milan*, 1818. Il en paraît 74 livraisons. Chaque livraison........ 20 fr.

Coup d'œil sur les démêlés des Cours de Bavière et de Bade, par M. Bignon. In-8. 1818.. 2 fr. 50 c.

Cours d'Agriculture pratique, divisé par ordre des matières, par Pflüger. 2 vol. in-8. 1809. 12 fr.

Curieuse (la) impertinente, 2 vol. pet. in-8. 1789 .... 5 fr.

Delphine, roman; nouvelle édition, revue et corrigée, terminée par un nouveau dénoûment, et précédée de réflexions sur le but moral de l'ouvrage, par mad. de Staël. 3 v. in-8. 1820. 18 fr.

— Le même ouvrage, 5 vol. in-12.......... 9 fr.

Description de l'Egypte. Ouvrage publié par ordre du Gouvernement. Seconde édition. 25 vol. in-8. et 900 gravures format in-fol. atlantique; ces dernières, distribuées en livraisons de cinq planches chaque. Il en paraît 155 livraisons de planches, à raison de * 10 fr. chaque livraison, et 13 volumes de texte, à raison de * 7 fr.

Description générale et particulière de la France, ou Voyage pittoresque de la France, ouvrage national, orné d'estampes, au nombre de 828, dessinées et gravées par les artistes les plus distingués de la capitale. 12 vol. gr. in-fol. (publiés en 86 livraisons, dont 6 de discours et 78 de planches; plus, les livraisons 52 et 60 *bis*.) *Paris*, 1781 à 1796.......... 1200 fr.

Ce grand et magnifique ouvrage a été publié immédiatement après les Tableaux ou Voyages pittoresques de la Suisse, du même format, et exécuté par les mêmes artistes.

Les personnes qui n'ont pas la totalité des 12 volumes ou 86 livraisons publiées, pourront, en pressant leur demande, se procurer séparément les livraisons qui leur manquent.

Description de Paris et de ses Edifices, avec un Précis historique et des observations sur le caractère de leur architecture, et sur les principaux objets d'art et de curiosité qu'ils renferment; par J.-G. Legrand, architecte, et Landon, peintre. Ouvrage divisé en 4 parties, savoir: la première, Eglises et Monumens religieux; la seconde, Palais; la troisième, Places, Fontaines, Marchés, Théâtres, Hôpitaux, et autres édifices d'utilité publique; la quatrième partie, Hôtels et Edifices particuliers. Seconde édition, corrigée avec soin dans toutes ses parties, et considérablement augmentée en texte et en planches. 2 vol. gr. in-8. enrichis de 120 planches, avec un plan de Paris et de ses embellissemens. 1818.......... 36 fr.

Pour donner une juste idée des monumens les plus remarquables de Paris, l'éditeur a pensé que des plans et des élévations géométriques qui détaillent à la fois l'étendue, la distribution et les justes proportions des édifices, étaient préférables à des vues perspectives, qui ne donnent qu'un seul aspect, et où l'on est obligé souvent de sacrifier à l'effet pittoresque les parties les plus précieuses de l'ensemble.

Cet ouvrage doit beaucoup intéresser les artistes, les amateurs, ainsi que les étrangers qui visitent la capitale, et qui, familiarisés d'avance avec les beaux monumens dont Paris offre un ensemble surprenant, les verront avec plus de fruit, et en conserveront mieux le souvenir.

Description des environs de Paris, considérés sous les rapports topographique, historique et monumental, par Al. Donnet, ingénieur; avec une jolie carte gravée par Michel, et 62 gravures en taille-douce, représentant les principaux Edifices et les Vues pittoresques des Sites les plus remarquables. 1 vol. grand in-8. *Paris*, 1824.......... 20 fr.

— Le même ouvrage, sur papier vélin superfin satiné.......... 40 fr.

Beaucoup d'auteurs ont écrit sur Paris; mais personne n'avait encore décrit avec exactitude les environs de cette capitale, de cette reine des cités. Paris est, pour ainsi dire, enveloppé d'une ceinture de monumens de tous genres qui, placés à distance inégale, et souvent groupés ensemble dans un rayon de quelques lieues, présentent le spectacle le plus varié et le plus intéressant pour toutes les classes de curieux.

En cinq excursions qui ont pour but un monument d'une haute importance, comme *Fontainebleau, Compiègne, Versailles*, etc. etc., l'auteur de l'ouvrage que nous annonçons conduit le voyageur dans tous les lieux qui méritent de fixer son attention, soit sous le rapport historique, pittoresque, manufacturier, soit par les monumens des arts qu'ils offrent à l'étude et à la curiosité. L'auteur a visité tous les lieux qu'il a décrits, mesuré et dessiné tous les monumens, tous les sites qu'il a représentés.

Les planches ont été dessinées et gravées avec un talent remarquable par M. Clémence, architecte, et par M. Beaugean.

Description de Londres et de ses édifices, par Barjaud et Landon. Ouvrage faisant suite à la Description de Paris. Un fort vol. in-8 avec 42 planches. 1810.......... 18 fr.

Description des Maladies de la Peau, observées à l'hôpital Saint-Louis, et Exposition des meilleures méthodes suivies pour leur traitement; par M. Alibert, médecin en chef, etc. 10 livraisons in-fol. fig. coloriées.......... * 500 fr.

Description des Médailles chinoises du cabinet impérial de France, précédée d'un Essai de numismatique chinoise, avec des Eclaircissemens sur le commerce des Grecs avec la Chine; par G. Hager. 1 vol. in-4. papier grand raisin vélin, avec gravures. 1805.......... 36 fr.

Description de l'Art de fabriquer les Canons, par Monge; imprimée par ordre du Gouvernement. 1 gros vol. in-4. avec beaucoup de planches. An II.......... 50 fr.

Description d'une suite d'Expériences sur la compression de la chaleur, par J. Hall; trad. par Pictet. In-8. 1807.......... 4 fr.

Description du Pachalik de Bagdad, suivie d'une Notice historique sur les Wahabis, etc. par M. ***, et publiée par M. Silvestre de Sacy. 1 vol. in-8. 1809.......... 4 fr. 50 c.

Dialogues français, italiens, allemands et anglais. 1 fort vol. in-12. *Milan*, 1818.......... 4 fr.

Dictionnaire des Artistes dont nous avons des Estampes, avec une Notice détaillée de leurs ouvrages gravés. Tomes 1 à 4. Grand in-8. *Leipzic*, 1788 à 1790.......... * 50 fr.

Dictionnaire historique, littéraire et bibliographique des Françaises et des Etrangères naturalisées en France, connues par leurs écrits depuis l'établissement de la monarchie jusqu'à nos jours, par madame F. Briquet. In-8 .... 6 fr.

Dictionnaire chinois, français et latin, publié par ordre du Gouvernement français, par M. de Guignes. 1 très gros vol. grand in-fol. 1813 .... 75 fr.

— *Idem*, un très petit nombre d'exemplaires sur papier vélin .... 120 fr.

Dictionnaire (nouveau) français-allemand et allemand-français, à l'usage des deux nations. 7e édit. 2 très-gros vol. in-8. imprimé sur bon papier .... * 24 fr.

— Le même Ouvrage, en 2 vol. in-4.; *idem* .... * 24 fr.

Dictionnaire (nouveau) de poche, allemand-français et français-allemand, par Martin, 7e édition, in-16. *Leipsick* 1821 .... 5 fr.

Dictionnaire (nouveau) de poche, français-allemand et allemand-français, rédigé par Thibault. 5e édition, in-8. *Leipzig*, 1821, bon papier .... 11 fr.

Dictionnaire italien-français et français-italien, par B. Cormon. 4e édition. 2 vol. in-8. *Paris*, 1823 .... 18 fr.

Dictionnaire portatif français-italien et italien-français. 2 vol. in-16. 1812 .... 7 fr. 50 c.

Dictionnaire portatif français-italien-anglais, et italien français-anglais, et anglais-français-italien, soigneusement compilé des Dictionnaires de l'Académie française, de la Crusca, du docteur Johnson et autres, par *Botarelli*. 3 vol. in-8. *Venise* .... 15 fr.

Dictionnaire français-grec (Λεξικον της γαλλικης Γλωσσης), par Grégoire Zalikoglou, Tessalonien. Vol. in-8. 1809 .... * 12 fr.

Dictionnaire français-espagnol et espagnol-français, avec interprétation latine de chaque mot, par Gattel. 2 vol. in-4. 1803 .... 38 fr.

Dictionnaire anglais-espagnol et espagnol-anglais de Baretti. Nouvelle édition revue et corrigée. 2 vol. grand in-4. *Londres*, 1786 .... 24 fr.

Dissertation sur l'Extraction des corps étrangers des plaies, et spécialement de celles faites par des armes à feu; par Thomassin. In-8. fig. 1788 .... 2 fr. 50 c.

Dissertation de Maxime de Tyr, trad. du grec. 2 vol. in-8. 1802 .... 9 fr.

Don (dernier) de Lavater à ses amis. In-18. La douzaine .... 5 fr.

Education (de l') physique de l'Homme, par M. le docteur Friedlaender. 1 vol. in-8. 1815. 6 fr.

— *Idem*, sur papier vélin .... 12 fr.

Elémens de la Grammaire Turke, à l'usage des élèves de l'école royale et spéciale des Langues orientales vivantes; par M. Am. Jaubert. 1 vol. in 4. *Paris*, de l'imprimerie royale.... * 20 fr.

Elémens de la langue chinoise, ou Principes généraux du style antique et de la langue commune; par Abel Remusat. gr. in-8. Imprimerie royale, 1822 .... * 20 fr.

Elizabeth, par madame Cottin, avec des notes. Vol. in-18 sur papier vélin satiné, avec le portrait de mad. Cottin et une jolie gravure. *Londres*, 1823 .... 4 fr.

Encyclopédie des enfans, ou Abrégé de toutes les sciences à l'usage des jeunes personnes, par Formey. In-12. *Genève*, 1787 .... 1 fr. 50 c.

Enlèvement d'Hélène, poëme de Coluthus, trad. en français avec le texte grec, des notes, etc. par St. Julien. In-8. *Paris*, 1823 .... * 15 fr.

Ensaio sobre o homem de Alex. Pope, traduzido, verso por verso, por Franc. Bento Maria Targini Visconde de Saõ Lourenço, etc. — Essai sur l'Homme, d'Alexandre Pope, traduite vers pour vers, en langue portugaise, accompagné d'un grand nombre de notes. Très-belle édition publiée par une société privée. 3 v. in-4, pap. vél., avec grav. *Londres*, 1819. * 170 fr.

Entomologie ou Histoire naturelle des Insectes, par Olivier, 50 livraisons, formant 6 vol. grand in-4. avec planches enluminées. 1789 à 1797. Ouvrage complet .... * 750 fr.

Espagne (l') en 1808. Recherches sur l'état de l'Administration, des Sciences, des Lettres, des Arts, etc. etc. faites dans un voyage à Madrid en l'année 1808, par M. Rehfues. 2 vol. in-8, 1811 .... 10 fr.

— *Idem*, sur papier vélin .... 20 fr.

Esprit (l') dupe du cœur, ou Histoire du philosophe Towler, 2 vol. in-12. 1790.... 4 fr. 50 c.

Esprit (de l') de l'Instruction publique, par Lauth. In-18. *Strasbourg*, 1816 .... * 3 fr.

Esprit (l') de l'Eglise, par de Potter. 8 vol. in-8. 1821 .... 48 fr.

Essai sur l'Administration des Finances et la richesse nationale de la Grande-Bretagne, par Gentz. In-8. an IX .... 3 fr.

Essai d'un Art de fusion, à l'aide de l'air du feu, ou air vital, par Ehrmann; suivi des Mémoires de Lavoisier, sur le même sujet. In-8. avec fig. 1787 .... 4 fr. 50 c.

Essai sur l'Art d'observer et de faire des Expériences, par Sénébier. 3 vol. in-8. 1802.... 10 fr.

Essai sur les Causes de la supériorité des Grecs dans les arts d'imagination, par Leuliette. (Ouvrage couronné.) In-8. 1805........ 1 fr. 80 c. — Pap. vél .... 3 fr. 60 c.

Essai sur le Commerce des Nations de l'Europe, par Scrofani. In-8. an x........ 1 fr. 50 c.

Essai sur la connaissance de soi-même, trad. de l'anglais de Mason. In-12. 1817. * 2 fr 25 c.

Essai politique sur le royaume de la Nouvelle-Espagne, par Humboldt. 5 vol. in-8. 1821. * 40 fr.

Essai sur la Fièvre puerpérale, par P. Denman, trad. de l'angl. In-12. *Lyon*, an XII... 1 fr. 50 c.

Essai sur l'esprit et le but de l'Institution Biblique, par M. G. de Félice; ouvrage couronné par le Comité de la société Biblique protestante de Paris. 1 vol in-8. *Paris*, 1824...... * 6 fr.
— Le même ouvrage sur papier vélin superfin satiné.......................... * 12 fr.

Cet ouvrage n'est pas un simple mémoire académique; c'est un travail complet et très remarquable sur la grande et importante question des Sociétés Bibliques. Après avoir, dans un style simple, sévère et élégant, exposé l'influence salutaire de la lecture des saintes Ecritures sur la *foi*, sur l'*intelligence*, sur les *mœurs*, sur l'*ordre social*, sur la *paix et le bonheur domestiques*; l'auteur considère les Sociétés Bibliques qui tendent à propager la connaissance des livres saints, comme l'institution philantropique la plus essentielle aux sociétés, dont elle cimente la base ébranlée par l'incrédulité et l'indifférence. Il termine son ouvrage par l'énumération des immenses services que l'Institution Biblique a déjà rendus à la religion, à la morale et aux lumières.

Essai sur la nature, le but et les moyens de l'imitation dans les Beaux-Arts, par M. Quatremère de Quincy, membre de l'Institut. 1 vol. grand in 8. sur beau papier. *Paris*, de l'imprimerie de P. Didot, 1823.. 8 fr.

Essai politique sur le revenu public des peuples de l'antiquité, du moyen âge, des siècles modernes, et spécialement de la France et de l'Angleterre, depuis le milieu du quinzième siècle jusqu'en 1823, par Ganilh (auteur de la *Théorie* et des *Systèmes de l'Economie politique.*) Seconde édition, considérablement revue, corrigée et augmentée. 2 vol. in-8. *Paris*, 1823. 12 fr.

Essai philosophique sur la nature morale et intellectuelle de l'Homme, par G. Spurzheim. 1 vol. in-8. 1820.. 4 fr.

Essai sur les principes élémentaires de l'Education, par le même. 1 vol. in-8. 1822... 3 fr. 60 c.

Essai sur l'Esprit et l'Influence de la Réformation de Luther; ouvrage qui a remporté le prix décerné par l'Institut de France, par Ch. Villers. Édition in-8. sur pap. vélin...... 10 fr.
— Le même ouvrage, format in-12. *Paris*, 1820.......................... 3 fr.

Essai sur l'Etat civil et politique des Peuples d'Italie sous le gouvernement des Goths; Mémoire qui a remporté le prix proposé par l'Institut de France, par Sartorius, professeur à l'université de Goettingue. 1 vol. in-8. 1811.......... 5 fr. — Papier vélin................ 10 fr.

Essai historique et expérimental sur le Galvanisme, par Aldini. 2 vol in-8. avec fig. 1804.. 15 fr.

Essai sur l'Influence des Croisades; ouvrage qui a partagé le prix décerné par l'Institut de France; par A. H. L. Heeren, professeur d'Histoire à l'université de Goettingue, etc. trad. de l'allemand par Ch. Villers, etc. 1 vol. in-8. 1808...... 6 fr. — Pap. vél........... 12 fr.

Essai sur l'instruction des aveugles, par Guillié. 2e édition, in-8. fig. 1819..........* 10 fr.

Essai sur les Jardins, par Curten aîné. Vol in-8. fig. *Lyon*, 1807................... 1 fr.

Essai sur la Langue et la Littérature chinoises, par Rémusat. In-8. 1811.............. 6 fr.

Essai sur la Littérature espagnole. 1 vol. in-8. 1810.......................... 3 fr.

Essai sur les Médailles antiques des îles de Céphalonie et d'Ithaque, par C P. de Bosset. Petit vol. in-4. avec 3 planches et 2 vignettes. *Londres*, 1815; pap. vél................. 15 fr.

Essai sur les Montres à répétition, dans lequel on traite toutes les parties qui ont rapport à cet art, etc. par Crespe. In-12. *Genève*, 1804.............................. 3 fr.

Essai sur le Paysage, dans lequel on traite des diverses méthodes pour se conduire dans l'étude du Paysage; suivi de courtes Notices sur les plus habiles peintres en ce genre, par Le Carpentier, peintre. In-8. fig. 1817.. * 4 fr.

Essai sur le plan formé par le Fondateur de la Religion chrétienne, pour le bonheur du genre humain, par Reinhard, trad. de l'allemand par Dumas. Vol. in-12. *Dresde*, 1809..... 4 fr.

Essais politiques, économiques et philosophiques, par Benj., comte de Rumford. Dixième essai; sur la construction des cuisines, etc. 2 vol. in-8. *Paris*, 1802 et 1804:............. 9 fr.

Essai sur la Vie, les Ecrits et les Opinions de M. de Malesherbes, suivi de Notes, de Lettres et de Pièces inédites, par M. le comte de Boissy-d'Anglas, pair de France. 2 vol. in-8., et un petit vol. de supplément. 1819 à 1821... 13 fr. 80 c. — Le même, sur papier vélin.... 27 fr. 60 c.

Etat du Commerce de la Grande-Bretagne avec toutes les parties du monde, depuis 1697 jusqu'en 1822, de son commerce séparé avec chacune d'elles, de la valeur officielle du commerce d'importation et d'exportation, etc. etc. par Moreau, vice-consul de France à Londres. Grande feuille in-fol. *Londres*, 1824.. * 7 fr.

Etat commercial de la France au commencement du dix-neuvième siècle, par Blanc-de-Volx. 3 vol. in-8. An XI.. 12 fr.

Etat (de l') civil des personnes et de la condition des terres dans les Gaules, par Perreciot. 2 vol. in-4. *Besançon*, 1786.. 24 fr.

Evangile (le Saint) de N. S. Jésus-Christ, selon les quatre évangélistes, trad. par Le Maistre de Sacy. Nouv. édition, ornée de 51 planches d'après les tableaux de Raphaël, de Paul Véronèse, du Poussin, etc. publié par Landon. Grand in-4. 1818.......................... 36 fr.

Examen maritime, théorique et pratique, ou Traité de Mécanique, appliqué à la construction et à la manœuvre des vaisseaux, etc., par Juan; trad. de l'espagnol, avec des additions par Lévêque. 2 vol. in-4. *Nantes*, 1783.. 26 fr.

Examen impartial des nouvelles vues de M. Rob. Owen et de ses établissemens à New-Lanarck en Ecosse, pour le soulagement et l'emploi le plus utile des classes ouvrières et des pauvres, et pour l'éducation de leurs enfans, avec des observations par H. S. Macnab; traduit de l'anglais, avec une préface, par M. Laffon de Ladebat. Vol. in-8. fig. 1821 ....* 5 fr.

Exercices de Piété, par Croiset. 2 vol. in-12. *Lyon*, 1804 .... 5 fr.

Expédition (l') des Argonautes, ou la Conquête de la Toison d'or; poëme par Apollonius de Rhodes, traduit du grec par Caussin. In-8. An v .... 5 fr. 50 c.

Explication de la Fable par l'histoire et les hiéroglyphes des Egyptiens, par Lionnois. 3 vol. in-12. avec fig. 1804 .... 5 fr.

Explication (nouvelle) des Hiéroglyphes, par Alex. Lenoir 3 vol. in-8. fig. 1809 ..... * 36 fr.

Exposition des Familles naturelles et de la Germination des Plantes, par Jaume-Saint-Hilaire, contenant 1°. la description de 2337 genres de botanique, et d'environ 4000 espèces les plus utiles et les plus intéressantes; 2°. 117 planches, dont les figures dessinées par l'auteur et gravées par Sellier, représentent les caractères des familles naturelles et les différens modes de germination. 4 vol. grand in-8. pap. grand raisin, fig. en noir. 1805 .... 36 fr.

— Le même, 2 vol. in-4. planches en couleur, papier ordinaire .... 96 fr.

— Le même, 2 vol. in-4. les planches en couleur, papier vélin .... 192 fr.

Exposition d'une nouvelle Théorie de l'organisation végétale, par M. Brisseau-Mirbel. 1 gros vol. in-8. imprimé sur papier d'Hollande, avec 3 grandes planches. 1808 .... 7 fr. 50 c.

Extraits sur la nécessité et l'utilité de la lecture de la Sainte Bible, par Van Ess. (trad. de l'allemand.) In-8. *Bruxelles* .... * 5 fr. 50 c.

Fables de Lessing (en allemand.) In-12. 1821 .... 1 fr.

Fabliaux et Contes des Poètes français des XI, XII, XIII, XIV et XVe siècles, tirés des meilleurs Auteurs; publiés par Barbazan. Nouvelle édition, augmentée et revue par Méon. 4 vol. in 8. ornés de figures. 1808 .... 36 fr.

— *Idem*, sur papier fin .... 40 fr.

— *Idem*, sur papier vélin ou d'Hollande ....* 108 fr.

— *Idem*, les tomes III et IV séparément, contenant l'*Ordène de Chevalerie* et le *Castoiement*, papier ordinaire .... 18 fr.

Fièvre (de la) en général, de la Rage, de la Fièvre jaune et de la Peste, du traitement de ces maladies, par le docteur Reich; trad. de l'allemand. In-12. 1800 .... 1 fr.

Figures coloriées des espèces rares des Champignons décrits dans l'ouvrage intitulé: *Synopsis methodica fungorum*, par Persoon. 4 livraisons in-4. 1803 .... 36 fr.

— Les mêmes, sur papier vélin .... 48 fr.

Florence Macarthy, nouvelle irlandaise, de lady Morgan, traduite de l'anglais sous les yeux de l'auteur, enrichie de notes et d'une préface de sa main, qui ne se trouvent point dans l'édition originale, et ornée de son portrait gravé par Mecou. 4 vol. in-12. 1819 .... 12 fr.

Fragmens de Lettres originales de madame Charlotte-Elisabeth de Bavière, veuve de MONSIEUR, frère unique de Louis XIV, écrites de 1715 à 1720. 2 vol. in-12. 1788 (*épuisé.*) ..... * 5 fr.

Fragmens d'un Voyage en Afrique, fait en 1785, 1786 et 1787, dans les contrées occidentales de ce continent, par Golberry. 2 vol. in-8. cartes et fig. An x .... 15 fr.

— Sur papier vélin .... 30 fr.

Français (les) justifiés du reproche de légèreté; par J.-J. Lemoine. Ouvrage couronné par l'Académie de Dijon. 1 vol. in-8. 1815 .... 4 fr.

— *Idem*, sur papier vélin .... 8 fr.

France (la), par lady Morgan, ci-devant miss Owenson; 3e édition. 2 vol. in-8. 1818 ... 11 fr.

France (la) littéraire, contenant les Auteurs franç. de 1771 à 1805, par Ersch. 5 v. in-8. . 40 fr.

Galerie antique, ou Collection des chefs-d'œuvre d'architecture, de sculpture et de peinture antiques. Première division, *la Grèce*. 12 livraisons in-fol. sur papier ordinaire ..... 96 fr.

— Le même ouvrage, les planches sur papier d'Hollande .... 144 fr.

— Du même ouvrage, un très-petit nombre d'exemplaires sur papier vélin, les planches terminées au lavis à l'encre de la Chine .... 480 fr.

Cet ouvrage est particulièrement destiné aux études des architectes, peintres, sculpteurs et amateurs des beaux-arts et de l'antiquité.

On s'est proposé, en le formant, de leur offrir un choix de ce que les beaux siècles de la Grèce ont produit de plus pur et de plus élégant, et de leur épargner les grands prix d'acquisition qu'occasionne la collection des ouvrages de luxe qui ont les arts de la Grèce pour objet.

Les douze livraisons publiées, qui forment un volume, renferment le Parthenon, les Propylées, l'Erechtéum, les temples de Minerve-Poliade et de Pandrose, les monumens choragiques de Thrasillus et de Lysicrates, le plan de l'Acropolis, la tour des Vents, enfin le portique d'Auguste. L'importance de ces monumens, types originaux de l'architecture grecque, rend ce volume infiniment recommandable. L'on peut dire que seul il compose un cours complet, où les trois ordres grecs, dorique, ionique et corinthien sont démontrés par les plus beaux et les plus riches exemples.

Galerie de S. A. R. Madame la duchesse de Berry. Ecole française. Peintres modernes. Publiée par M. le chevalier Bonnemaison, en 25 livraisons de 4 planches avec texte. Il paraît présentement 15 livraisons. Prix de la souscription pour chaque livraison .... 15 fr.

Galerie historique des Hommes les plus célèbres de tous les siècles et de toutes les nations, contenant leurs portraits gravés au trait, avec un Abrégé de leurs vies, etc.; publiée par Landon. 13 vol. in-12. 1805 à 1811.... 117 fr. — *Idem*, sur papier vélin........ 234 fr.

La galerie historique peut tenir lieu de Dictionnaire historique. Elle en présente les principaux avantages sans en offrir les inconvéniens. La plupart de ces Dictionnaires sont ou trop volumineux, et contiennent une foule de personnages dont on n'a guère le désir de consulter l'histoire; ou trop abrégés, et ne présentent qu'une réunion, toujours trop nombreuse, d'articles arides, qui ne contiennent ordinairement que des dates ou des titres. La Galerie historique, au contraire, est un recueil de portraits graphiques et historiques des personnages les plus célèbres de tous les siècles et de toutes les nations. Chaque notice est de 2, 4, 6 ou 8 pages et plus, suivant l'importance des articles. Pour justifier l'accueil que le public a fait à cet ouvrage, il suffit de nommer les principaux collaborateurs, MM. Auger, de Barante, Biot, Bourdois, Cuvier, Durdent, Feuillet, Landon, le Breton, Quatremère de Quincy, etc. etc. Les portraits qui accompagnent chaque notice ont été gravés au trait d'après les meilleurs originaux et les plus authentiques. Cet ouvrage se compose de 936 portraits et d'autant de notices, qui ont été distribuées aux souscripteurs en 26 livraisons, formant 13 volumes. Les personnes qui ne possèdent pas la collection complète peuvent encore se procurer ce qui leur manque.

Galerie mythologique, Recueil de monumens pour servir à l'étude de la mythologie, de l'histoire de l'art, de l'antiquité, etc. par A. L. Millin. 2 vol. in-8. avec 200 planches gravées au trait. 1811........* 56 fr. — Sur papier vélin..............................* 72 fr.

Galerie des peintres célèbres, avec des remarques sur le genre de chaque maître; par A. Lecarpentier. 2 vol. in-8, 1821...* 12 fr.

Galerie des peintres flamands, hollandais et allemands, ouvrage enrichi de 201 planches gravées d'après les meilleurs tableaux de ces maitres, par les plus habiles artistes de France, de Hollande et d'Allemagne, etc.; par J. B. P. Lebrun, peintre. 3 volumes grand in-folio. 1792 à 1796.. 300 fr.

Cet ouvrage, composé des seules productions d'une école distincte et séparée, est accompagné d'un texte, dans lequel M. Lebrun a développé toute l'étendue des connaissances qu'une étude particulière de la peinture, une longue expérience et de fréquens voyages dans les pays étrangers lui ont fait acquérir. — Quoique commencé en 1776, il n'a été terminé qu'en 1796, et se trouvait, par la mort de l'auteur, sous le scellé depuis plusieurs années. Il consiste en :

1°. Douze livraisons, de 12 planches chaque, un premier supplément de 50 planches; un second supplément de 7 planches.

2°. Trois volumes de texte; savoir : le tome I, de 77 feuilles d'impression; II, de 29 feuilles; III, de 19 feuilles.

Les personnes qui n'ont pas la totalité de l'ouvrage, pourront le compléter pendant six mois.

Galerie de Saint-Bruno, par Lesueur, gravée au trait, avec une description analytique et raisonnée de chaque tableau, par M. L. R. F. 1 vol. in-8. avec 26 gravures............ 9 fr.

Géographie de Büsching, nouv. édit. originale revue et augmentée. 16 vol. in-8......... 60 fr.

Géographie de la France, par Büsching, séparément de son grand ouvrage. 2 vol. in-8... 8 fr.

Géralwood, ou le voleur et l'Enfant trouvé; trad. de l'anglais. 4 vol. in-12. 1804.... 7 fr. 50 c.

Germaine (nouvelle), par l'auteur des Orphelins de Flower-Garden. In-12. 1804.... 1 fr. 50 c.

Glossaire de la Langue romane, contenant l'étymologie et la signification des mots usités dans les XI, XII, XIII, XIV, XV et XVIe siècles, etc. Ouvrage utile à ceux qui voudront consulter ou connaître les écrits des premiers Auteurs français, par Roquefort. 2 forts vol. grand in-8. avec gravure. 1808............... 24 fr. — *Idem*, sur papier fin................. 30 fr.

— *Idem*, sur papier vélin ou d'Hollande......................................* 72 fr.

Grammaire analytique et pratique de la langue allemande, par Goebel. In 8............ 5 fr.

— *Idem*, ou Nouveaux principes de la Langue allemande, par Junker. 2e édit. In 8. 1802.. 4 fr.

Grammaire allemande (Abrégée de la), d'après les principes de Gottsched et Junker, avec un petit Dictionnaire de mots les plus nécessaires. In-12. en parch.............. 1 fr. 80 c.

— *Idem*, allemande, à l'usage des Français, par Meidinger. 9e édit. orig. In-8. 1818.. 4 fr. 50 c.

— *Idem*, par Mozin. In-8.. 4 fr. 50 c.

— *Idem*, par Oger. 3e édit. in-12.. 2 fr.

Grammaire espagnole, composée par l'Académie royale, et publiée par Chalumeau de Verneuil. 2 vol. in-8. 1821.. 12 fr. 75 c.

Grammaire française, à l'usage des Allemands, par Meidinger. 29 édit. orig. in-8. 1813.. 4 fr. 50 c.

— *Idem*, par Mozin. In-8.. 4 fr. 50 c.

Grammaire italienne, à l'usage des Français, par Meidinger. Edition originale. In-8... 4 fr. 50 c.

Guide aux Droits civils et commerciaux des étrangers en Espagne, ou Recueil des traités, pactes, etc. depuis le XVIIe siècle jusqu'en octobre 1819, par G. Lobé. In-8, 1821.* 7 fr. 50 c.

Guide des Voyageurs en Europe, par Reichard. Nouvelle édition originale. 4 vol. petit in-8. dont un de cartes *Weimar*, 1818..* 36 fr.

Gumal et Lina, ou les Enfans africains; histoire religieuse, instructive et amusante, imitée de l'allemand du prof. Lossius, par M. Dumas 3 vol. in-12. avec 3 fig. Nouv. édit. 1818... 6 fr.

Cet utile ouvrage a pour principal but d'inspirer à la jeunesse, sous une forme agréable, et dans un conte plein d'intérêt, dont la scène est en Afrique, des idées saines et pures, sur la religion chrétienne. L'ingénieux auteur, après avoir développé à son élève les principes de la religion naturelle, le conduit insensiblement à connaître et à goûter les sublimes vérités de la religion révélée, et les douces jouissances qu'elle procure. Il a eu soin de ne pas toucher au dogme, en sorte que son livre convient également à toutes les communions chrétiennes, puisqu'il ne contient rien qui blesse les préceptes d'aucune d'elles.

Héloïse (la Nouvelle), par J.-J. Rousseau. 4 vol. in-8. fig. *Paris*, 1808.............. 16 fr.

Herman et Dorothée, de Goethe, traduit par Bitaubé. In-18. fig. an IX.......... 1 fr. 50 c.
— *Idem*, sur papier grand raisin vélin, fig. avant la lettre.......................... 5 fr.
Heures de Garde. (quarante-huit) *Voyez Quarante.*
Histoire de l'Anatomie, par Thomas Lauth, professeur, in-4. tome 1 *Strasbourg*, 1815. * 18 fr.
Histoire naturelle des Aranéides, par C. A. Walkenaer. In-12. oblong, avec figures coloriées. Livraisons 1 à 5.. 25 fr.
Histoire de l'Ancien et du Nouveau Testament, et des Juifs, pour servir d'introduction à l'Histoire ecclésiastique de l'abbé Fleury, par Calmet. 5 vol. in-12 avec cartes. 1770... 12 fr. 50 c.
Histoire de l'Art par les Monumens, depuis sa décadence au quatrième siècle, jusqu'à son renouvellement au seizième; par M. Séroux d'Agincourt. 6 vol. in-fol. avec 325 planches. *Paris*, de l'imprimerie de Didot l'aîné, 1823. (Ouvrage complet)...................... 720 fr.

L'ouvrage de M. d'Agincourt sert à combler, dans l'histoire de l'esprit humain, un vide de douze siècles. L'entreprise était de longue haleine, hérissées de difficultés de toute espèce; M. d'Agincourt s'y est livré tout entier, avec ce zèle persévérant qui finit par triompher des plus grands obstacles. Fixé à Rome depuis l'époque où il lui fut permis de quitter les affaires, il a employé les trente dernières années de sa vie, à recueillir et à ordonner les matériaux du grand ouvrage dont il avait depuis long-temps conçu et arrêté le plan. L'ardeur qui l'animait s'est communiquée à un grand nombre de savans et d'artistes, avec lesquels ses goûts et ses études le mettaient en relation, et ils ont répondu à son appel, en lui adressant de toutes parts les résultats des recherches qu'il avait provoquées. De cette longue succession de travaux constamment dirigés vers un même but, de cette longue accumulation de documens puisés partout aux meilleures sources; enfin de ce rare concours des plus vives lumières, habilement réfléchies sur tous les points du plus vaste sujet, est enfin résultée l'*Histoire de l'Art pendant le moyen âge*, dont la publication a été vivement désirée et si long-temps attendue dans le monde littéraire.

Ici, nous ne pouvons mieux faire que de laisser l'auteur exposer lui-même le plan de son ouvrage :

« Je l'ai commencé, dit-il dans sa préface, par un *Tableau historique de l'état civil et politique de la Grèce et de l'Italie, depuis la première époque de la décadence de l'Art, jusqu'à celle de son renouvellement complet.*

« Après ce tableau général du moyen âge, j'entre en matière, et parcourant mon sujet dans ses trois grandes divisions, j'offre successivement l'histoire de l'*Architecture*, celle de la *Sculpture*, et celle de la *Peinture*.

« Le titre de mon ouvrage, *Histoire de l'Art par les Monumens*, indique assez clairement le but que je me suis proposé d'atteindre, pour faire prévoir la marche que j'ai suivie. Ce que les historiens des beaux-arts se sont contentés de dire, je voulais le montrer dans mon livre : ici, c'étaient surtout les monumens qui devaient parler..... Trente années des études les plus assidues, des recherches les plus actives, et les secours abondans que j'ai reçus de toutes parts, ont à peine suffi pour rassembler ces immenses matériaux, et pour les ordonner convenablement entre eux sur les planches de mon ouvrage. Celles-ci sont au nombre de *trois cent vingt-cinq*, dont *soixante-treize* appartiennent à l'Architecture, *quarante-huit* à la Sculpture, et *deux cent quatre* à la Peinture. Les monumens dont elles offrent une représentation soit entière soit partielle, excèdent le nombre de *quatorze cents*, et plus de *sept cents* sont inédits : gravées sous mes yeux par les plus habiles artistes, elles sont exécutées avec une fidélité dont il y a peu d'exemples.

« Il était indispensable de les accompagner d'une notice détaillée de tous les objets qu'elles présentent : c'est ce que j'ai fait, en rédigeant, avec l'attention la plus scrupuleuse, une *table analytique des planches*, qui contient, outre l'indication précise de tout ce qu'il importe de savoir sur chaque monument, une foule de documens précieux qui ne pouvaient entrer dans le tissu des Discours historiques..... Cet inventaire détaillé des plus intéressantes productions de l'art pendant douze siècles, forme à lui seul plus d'un tiers du texte de l'ouvrage; et j'ose penser qu'il offre, sur le sujet que j'ai traité, la collection de faits la plus nombreuse et la plus soigneusement vérifiée qui existe en aucune langue. »

Pour donner une juste idée du mérite de l'ouvrage de M. d'Agincourt, nous transcrirons ici le jugement qu'en porte dans le *Journal des Savans*, M. Quatremère de Quincy, membre de l'Institut, qui, depuis long-temps fait autorité en pareille matière par la profondeur de ses connaissances et par la sûreté de son goût. — « *L'ouvrage de M. d'Agincourt*, dit-il, *a d'autant plus de droits à la reconnaissance publique, qu'il est du nombre de ceux qu'on ne devait guère espérer de voir entreprendre, et que très probablement on ne refera jamais.....*

« *Il a fallu qu'il se rencontrât un homme qui fît d'un tel ouvrage sa passion unique, qui, indifférent aux jouissances habituelles de la société, employât son revenu de trente annés, à des dépenses sans nombre de voyages, de correspondances, de dessins et de gravures; enfin, qui, heureusement placé dans un centre où aboutissent les curieux, les savans, les artistes de toute l'Europe, fût à même de recueillir des documens et des matériaux, dont la recherche personnelle aurait consumé la vie entière d'un homme.*

« *On peut comparer l'ouvrage de M. d'Agincourt, pour le travail et l'utilité, à ces grandes collections de matériaux pour l'histoire, que le zèle des savans bénédictins n'eut pas le temps d'achever. C'est un de ces ouvrages féconds en d'autres ouvrages; et aucun écrivain, qui voudra remonter au-delà du seizième siècle, ne pourra se passer de le consulter.*

« *Il n'est donc point de bibliothèque qui ne doive le ranger au nombre des collections historiques les plus indispensables.* »

Cet important ouvrage, publié par livraisons successives au nombre de vingt-quatre, est aujourd'hui entièrement terminé. Les personnes qui n'auraient pas encore fait retirer les dernières livraisons, pourront se compléter pendant six mois.

Histoires de la Bible, ou Récits tirés des Saintes-Ecritures, à l'usage de la jeunesse chrétienne; par M. le pasteur Boissard. 2e édition. 1 vol. in-12. 1816.......................... * 2 fr.
Histoire critique de l'Etablissement des Colonies grecques. Ouvrage qui a remporté le prix proposé par la Classe d'histoire et de littérature ancienne de l'Institut en 1813; par M. Raoul-Rochette. 4 vol. in-8. 1815.. 30 fr.
— *Idem*, sur papier vélin.. 60 fr.
Histoire critique de l'Inquisition d'Espagne, depuis l'époque de son établissement par Ferdinand V, jusqu'au règne de Ferdinand VII; tirée des pièces originales des Archives du conseil

de la *Suprême*, et de celles des tribunaux subalternes du Saint-Office; par D. Jean Ant. Llorente, ancien secrétaire de l'Inquisition de la Cour; dignitaire écolâtre et chanoine de l'église primatiale de Tolède; chancelier de l'Université de cette ville; chevalier de l'ordre de Charles III; membre des Académies de l'histoire et de la langue espagnole de Madrid, de celle des Belles-lettres de Séville, etc. Seconde édition, revue. 4 forts vol. in-8. 1818...... 26 fr.

Histoire de l'Assemblée constituante, par M. Ch. Lacretelle, 2 vol. in-8. *Paris*, 1821... 12 fr.

Cet ouvrage, qui forme un travail complet sur une des époques les plus mémorables des temps modernes, n'a aucun rapport avec celui de J. P. Rabaut. Il forme aussi les tomes I et II de l'*Histoire de la Révolution française*, par M. Ch. Lacretelle, et les tomes VII et VIII de son *Histoire de France pendant le dix-huitième siècle*. On peut ajouter à cet ouvrage la collection ci-après :

— Collection de Portraits de députés à l'Assemblée nationale constituante, au nombre de 216, gravés par Le Vachez, formant 2 vol. in-4.. 75 fr.

Histoire des plus importants événemens dans les Annales de l'Europe durant les quatre dernières années, rédigée d'après les documens les plus authentiques (en anglais), avec une Collection de 19 Vues, dont 4 doubles, très-soigneusement exécutées en couleur, et représentant *Moscou*, le *Kremlin*, *Smolensk*, *Dantzick*, *Hambourg*, *Berlin*, *Dresde*, *Leipzig*, *Hanau*, *Francfort*, *Amsterdam*, *Lahaye*, *Rosière*, *Paris* et l'*île d'Elbe*, plus une Carte, une planche de Portraits et le *fac simile* des principaux personnages qui ont joué un rôle pendant lesdits événemens. 1 vol. in-fol. sur papier vélin. *Londres*, 1816........................ 264 fr.

— Le même ouvrage, sur grand papier vélin, format atlantique.................. 518 fr.

Histoire de l'Enfant prodigue, en douze Tableaux, tirée du Nouveau Testament, dessinée et gravée par Duplessis-Bertaux, en 1815, accompagnée d'un texte historique, imprimé sur papier vélin par Didot aîné. In-4.. 12 fr.

Histoire de l'Expédition française en Egypte pendant les années 1798 à 1804, par P. Martin. 2 vol. in-8. 1815.. 10 fr.

Histoire de France, depuis la Révolution de 1789, écrite d'après les Mémoires et Manuscrits contemporains, recueillis dans les dépôts civils et militaires, par F. E. Toulongeon, membre de l'Institut et de la Légion d'honneur, avec cartes et plans. 7 vol. in-8. de l'imprimerie de Didot jeune, 1801 à 1818. Ouvrage terminé........................ 45 fr.

— Le même ouvrage en 4 vol in-4. avec cartes et plans........................ 66 fr.

N. B. Il a été tiré un très petit nombre d'exemplaires sur papier vélin de l'un et de l'autre format.

Histoire de France pendant le dix-huitième siècle, par M. Charles Lacretelle, de l'Académie française. Tomes 1 à 12. in-8. 1819 à 1825........................ 66 fr.

— Sur papier vélin.. 132 fr.

N. B. Les tomes 7 à 12 de l'ouvrage ci-dessus, qu'on peut se procurer séparément, paraissent aussi sous le titre de :

Histoire de la Révolution française, par Ch. Lacretelle, de l'Académie française. Tomes 1 à 6. (L'ouvrage entier formera 8 vol. Les deux derniers sont sous presse.) Prix de chaque volume.. 6 fr.

— Pour lesdits ouvrages, une Collection de 16 gravures soigneusement exécutées au burin, et représentant les principaux événemens de la révolution........................ 8 fr.

— La même Collection de gravures, avant la lettre et avec les eaux fortes............ 16 fr.

Histoire générale et raisonnée de la Diplomatie française, ou de la Politique de la France, depuis la fondation de la monarchie jusqu'à la fin du règne de Louis XVI, avec des tables chronologiques de tous les Traités conclus par la France, par M. de Flassan. Seconde édition, corrigée et considérablement augmentée. 7 forts vol. in-8. 1811........................ 45 fr.

— Le même ouvrage, sur papier vélin.. 90 fr.

Histoire des Français, par M. Simonde de Sismondi (auteur de l'*Histoire des Républiques italiennes*, de la *Littérature du midi de l'Europe*, de *Julia Severa*, etc.) in-8. tomes 1 à 6. 45 fr.

— Le même ouvrage, sur papier vélin superfin satiné........................ 90 fr.

Après avoir présenté l'Histoire de l'Italie sous un jour absolument nouveau, M. de Sismondi a entrepris de même de faire sortir de ses antiques monumens une véritable Histoire des Français, exempte de toute prévention nationale et de tout esprit de parti. Les peuples éprouvent le besoin de connaître l'influence qu'exerça sur eux, aux diverses époques de leur histoire, le gouvernement auquel ils obéissaient; quelles circonstances accélérèrent ou retardèrent le développement de leur intelligence, favorisèrent ou détruisirent leur industrie, leur moralité et leur repos; quelles furent les révolutions de la condition privée; par quelles calamités des troupeaux d'hommes avaient été réduits à n'être plus que la propriété de maîtres souvent barbares; par quels progrès réguliers, ou par quelles secousses, ces mêmes esclaves s'élevèrent graduellement à la condition de serfs, de vassaux, de sujets, de citoyens. M. de Sismondi a tracé le tableau de ces vicissitudes de la nation française. Six volumes, déjà publiés, conduisent cette Histoire nationale au travers de huit siècles; ainsi l'auteur a déjà parcouru plus de la moitié de la durée de la monarchie. Les divisions chronologiques par dynastie et par règne, qui s'adaptent si bien à l'Histoire des rois, n'ont point autant de vérité pour l'Histoire des peuples : celle-ci ne se divise proprement qu'en périodes morales. Déjà M. de Sismondi a présenté deux invasions des Gaules par les Barbares, sous les Mérovingiens et les Carlovingiens, et la fusion de ces conquérans avec les anciens habitans; il a montré ensuite la France, pendant les règnes des premiers Capétiens, partagée entre un nombre infini de chefs indépendans, et unie seulement par le lien fédéral de la féodalité. Il lui reste à faire voir d'abord le pouvoir monarchique constitué au milieu d'elle, au treizième siècle, avec l'aide des hommes de loi; le pouvoir absolu ne se fut pas plus tôt étendu sur la nation, que trois systèmes de guerre, qui caractérisent trois époques différentes, résultèrent de son établissement. La possession de ce pouvoir causa les premières : ce furent les guerres de succession avec les Anglois; les prétentions au dehors de ceux qui l'exerçaient, causèrent les secondes : ce furent les guerres de succession des trônes étrangers, de Naples et de Milan; les prérogatives auxquelles ils prétendaient au-dedans, causèrent les troisièmes : ce furent les guerres de religion. Le pouvoir absolu se reposa ensuite dans ce qu'il croyait sa force. Cette force n'était que faiblesse; elle amena la révolution. Telle est la suite des périodes morales que M. Sismondi a encore à parcourir; il ne marche qu'appuyé sur des preuves puisées aux sources originales, et tout ce qu'il dit est le résultat d'une étude approfondie et consciencieuse.

Histoire généalogique de la maison souveraine de Hesse, depuis les temps les plus reculés jusqu'à nos jours (par M. le baron de Türckheim, ancien ministre de la cour de Hesse-Darmstadt.) 2 forts vol. in-8. avec tableaux. *Strasbourg*, 1820........................ * 18 fr.

Histoire générale des Sciences et de la Littérature, depuis les temps antérieurs à l'Histoire grecque jusqu'à nos jours, par l'abbé. Andrès Tome 1er, in-8. *Paris*, 1805.............. * 5 fr.

Histoire de la Législation, par M. le marquis de Pastoret. In-8. Tomes 1 à 7, de l'Imprimerie Royale, 1817 à 1824........................ * 45 fr.

Histoire métallique de Napoléon Bonaparte, ou Recueil des Médailles et Monnaies qui ont été frappées depuis la première campagne de l'armée d'Italie jusqu'à son abdication en 1815, par Millin, conservateur des médailles et antiquités à la Bibliothèque du Roi : ouvrage servant de complément à son Histoire métallique de la Révolution française. 1 vol. gr. in-4. avec 60 planch. *Londres*, 1819........................ * 110 fr.

— *Idem*, supplément, 1821........................ * 28 fr. 50 c.

Histoire littéraire de la France. Ouvrage commencé par les Religieux bénédictins de la congrégation de saint Maur, et continué par des membres de l'Académie royale des Inscriptions et Belles-Lettres. Tomes XIII, XIV, XV et XVI. 4 forts vol. in-4. 1814 à 1824. Chaque vol........................ * 21 fr.

Histoire de l'origine et des dix premières années de la société biblique britannique et étrangère, traduite de l'anglais du Rév. J. Owen. 2 vol. in-8. 1820........................ 10 fr.

Histoire des troubles des Cévennes ou de la guerre des Camisards, sous le règne de Louis XIV. par M. Court. 3 vol. in-12, nouvelle édition, 1819........................ 10 fr.

Histoire de l'occupation de la Bavière par les Autrichiens, en 1778 et 1779, par N. François de Neufchâteau. An XIV........................ 5 fr.

Histoire de l'Origine, des Progrès et de la Décadence des Sciences dans la Grèce, trad. de l'allemand de Meiners, par Ch. Lavaux. 5 vol. in-8. an VII (1799)........................ * 25 fr.

Histoire de la Maison de Bade, par M. V.***. 2 vol. in-8. 1807........................ 7 fr. 50 c.

Histoire naturelle des Oiseaux, par MM. de Buffon et Guéneau de Montbéliard. 10 vol. in-folio. très grand papier (Imprimerie royale.) 1783 à 1786........................ 720 fr.

— Collection de 1008 planches d'Oiseaux enluminés, pour servir à l'intelligence de l'Histoire naturelle des Oiseaux, par Buffon; format grand in-folio........................ 1008 fr.

— La même Collection, format grand in-4........................ 756 fr.

« Cette Collection de planches enluminées de Buffon, dit M. le baron Cuvier, est devenue la Collection fondamentale et classique de figures pour l'étude de l'Ornithologie, celle qui comprend le plus d'espèces et les fait mieux connaître, celle que les naturalistes sont toujours obligés de consulter et de citer, malgré les ouvrages infiniment plus magnifiques dont cette branche de la science a été enrichie dans ces derniers temps. »

M. le baron Cuvier ajoute : « Aucune des Collections existantes n'est plus complète à beaucoup près; on pourrait dire même qu'en ayant égard à tout ce qu'un pareil ouvrage exige, aucune n'est aussi parfaite; car il n'en est aucune où les détails des formes du bec et des pieds, ces parties si essentielles à la détermination des genres, aient été exprimés avec autant de soins. »

Histoire de Pierre III, empereur de Russie, imprimée sur un manuscrit trouvé dans les papiers de M. de Montmorin, et composée par un agent secret de Louis XV à la cour de Pétersbourg. 3 vol. in-8. avec fig. 1799........................ 12 fr.

Histoire raisonnée des Maladies observées à Naples pendant l'année 1764, par Sarcone, trad. de l'italien par Bellay. 2 vol. in-8. *Lyon*, 1805........................ 9 fr.

Histoire des Républiques italiennes du moyen âge; par J. C. L. Simonde de Sismondi. 16 vol. in-8. Nouvelle édition. (Sous presse.)

Un petit nombre d'exemplaires sur pap. vélin........................ 192 fr.

— Du même ouvrage, les tomes IX à XVI séparément, sur papier ordinaire. 1818...... 48 fr.

Histoire des principaux Lazarets de l'Europe, par J. Howard, trad. de l'anglais par Bertin; suivi d'un Traité sur la Peste, par Mead. In-8. 1801........................ 5 fr.

Histoire de la Rivalité de Carthage et de Rome, par Dampmartin. 2 vol. in-8. 1789..... 8 fr.

Histoire du Siége de Gibraltar (en 1782) In-8. *Cadix*, 1783........................ 2 fr. 50 c.

Histoire de la Secte des Amis, par madame Adèle de Thon. in-12. *Londres*, 1821. * 6 fr. 50 c.

Homme (l') physique et moral, par Ganne, médecin. in-8. grand pap. 1791........ 5 fr.

Hygrologie, ou Exposé chimico-physiologique des Humeurs contenues dans le corps humain, par Plenck; trad. du latin par Pitt. In-8. *Lyon*, an VIII........................ 2 fr.

Iconographie grecque, avec des Notices chronologiques et historiques, par E. Q. Visconti, membre de l'Institut. 3 vol. in-4. avec un Atlas de 59 gr. planch. in-fol. atlant. 1811.* 240 fr.

Iconographie romaine, tome Ier, Hommes illustres. Plus une planche et 12 articles de supplément

à l'Iconographie grecque, par E. Q. Visconti. Vol. in-4. de texte, et un Atlas de 17 planches in-fol. 1818........ * 72 fr.
— Le même, continué par Mongez, tome 2, format in-4, et un Atlas gr. in-fol. de 21 pl. * 100 fr.
Iliade (l') d'Homère, traduite en vers français, suivie de Notes critiques, etc.; par E. Aignan, membre de l'Institut. 2e édit. 2 vol. in-8. 1812........ 12 fr.
Imitation de Jésus-Christ, traduction nouvelle faite d'après une édition latine, revue sur les textes les plus authentiques, et principalement sur le plus ancien manuscrit en quatre livres, inédit, et conservé à la Bibliothèque du Roi; par M. J. B. M. Gence. Edition stéréotype d'Herhan d'après son procédé perfectionné en matrices mobiles de cuivre. 1 vol. in-18 de 426 pages, 1820. 2 fr.
Sur papier vélin........ 4 fr.
— Le même ouvrage, format in-12. Pap. ordin........ 2 fr. 50 c. — Papier fin........ 3 fr.
Sur papier vélin........ 5 fr.
Importance (de l') dont Paris est à la France, et du soin que l'on doit prendre de sa conservation. Mémoire inédit du maréchal de Vauban. In-8, fig. *Londres*, 1821........ 2 fr. 25 c.
Improvisateur (l') français, par S....... (Recueil de pensées, d'anecdotes, de bons mots, d'épigrammes, etc., appliqués à presque chaque mot de la langue française, et classés en forme de dictionnaire). 21 vol. in-12, 1804 à 1806........ 63 fr.
Ce curieux ouvrage, pendant long-temps sous le scellé, manquait dans le commerce. Il n'en reste plus qu'un petit nombre d'exemplaires.
Influence (de l') des Passions sur le bonheur des individus et des nations, par madame de Staël. Nouvelle édition, revue et corrigée. 1 vol. in-12. 1820........ 3 fr.
Institution des Enfans, ou Conseils d'un père à son fils, traduction libre du latin de Muret, en vers français, par François de Neufchâteau; accompagnée d'une traduction en vers allemands, à pages de regard, et suivie de l'original latin. Petit vol. in-12. à l'usage des maisons d'éducation. La douzaine........ 4 fr. 50 c.
Intérêt (de l') de la France à l'égard de la traite des Nègres, par M. de Sismondi. In-8. 1 fr. 50 c.
Introduction à l'étude de l'Art de la Guerre, par le comte de la Roche-Aymon. 4 vol. in-8. et 5 cahiers in-fol de cartes et plans. 1802 à 1804........ * 66 fr.
Italie (l') avant la domination des Romains, par M. Jos. Micali; ouvrage traduit sur la seconde édition italienne, par MM. ***, et accompagné d'un Discours préliminaire et de Notes, par M. Raoul Rochette, de l'Académie des Inscriptions et Belles-Lettres 4 vol. in-8. et un Atlas in-fol. de 67 planches gravées en taille-douce, avec une carte de l'Italie ancienne. *Paris*, 1824........ 75 fr.
Itinéraire de poche de l'Allemagne et de la Suisse, avec les routes de Paris et de Pétersbourg. Ouvrage extrait du *Passager allemand* de Reichard, avec une carte des postes. 1 vol. in-12. imprimé en petit caractère, sur papier vélin........ * 9 fr.
Journal des Observations minéralogiques dans une partie des Vosges et de l'Alsace, par de Sivry. In-8. 1792........ 1 fr. 80 c.
Journal d'un Voyage en Prusse et en Allemagne, par le comte de Guibert (de l'Académie française.) 2 vol in-8. fig. an XII........ 7 fr 50 c.
Julia Sévéra, ou l'an quatre cent quatre-vingt-douze (tableau des mœurs et des usages lors de l'établissement de Clovis dans les Gaules), par M. Simonde de Sismondi (auteur de l'*Histoire des Républiques italiennes*, de l'*Histoire des Français*, etc. etc.) 3 vol. in-12. *Paris*, 1822........ 7 fr. 50 c.
Langue hébraïque (la) restituée, et le véritable sens des mots hébreux, rétabli et prouvé, par Fabre d'Olivet. 2 vol. in-4. 1805........ * 40 fr.
Leçons (les) de la Parole de Dieu, sur l'étendue et l'origine du mal dans l'homme, par Moulinié. In-8. *Genève*, 1821........ * 5 fr. 50 c.
Leçons de Belles-Lettres, par M. Mermet. 3 vol. in-12. 1802........ 6 fr.
Lettre sur la Campagne du général Macdonald dans les Grisons, en 1800 et 1801, par Ph. Ségur. In-8. an X........ 1 fr. 50 c.
Lettres inédites de Voltaire. 1 vol. in-8. 1818........ 4 fr.
Lettres sur Paris, ou Correspondance de M.*** pendant son séjour à Paris, dans les années 1806 et 1807. 1 vol. petit in-8. 1809........ 5 fr. 60 c.
Lettres particulières du baron de Vioménil, sur les affaires de Pologne en 1771 et 1772; précédées d'une Notice historique, et de Souvenirs contenant des faits inconnus jusqu'ici, sur le démembrement de la Pologne en 1772. 1 vol. in-8........ 4 fr.
— Le même ouvrage, sur papier vélin........ 8 fr.
Lettres de la Vendée, roman historique (par mad. E. de Toulongeon.) 2 vol. in-12. An IX. 3 fr.
Lettres sur la Vie et le Règne de Frédéric II. 3 vol. in-8. 1789........ 10 fr. 50 c.
— Le même, en 3 vol. pet. in-8. ou in-12........ 7 fr. 50 c.
Lettres de madame du Deffand à Horace Walpole, de 1766 à 1780. 4 vol. in-8. 1812. pap. vél. 48 fr.
Lettres sur les écrits et le caractère de J. J. Rousseau, par mad. de Staël. Nouvelle édition, revue et corrigée. Petit vol. in-12. 1820........ 1 fr. 20 c.
Lettres sur l'Angleterre, par M. le baron de Staël. 1 vol. in-8. 1825........

Liliacées (les), par J. P. Redouté. 80 livraisons, formant 8 vol. grand in-fol. pap. vél. avec fig. coloriées. Ouvrage terminé........ 2400 fr.
— Le même ouvrage, grand in-fol. atlantique, les planches retouchées par l'auteur. Edition tirée à un très petit nombre d'exemplaires........ 4500 fr.
Liste alphabétique (nouvelle) des Postes, dressée en faveur des Voyageurs qui partent de Strasbourg pour l'Allemagne. Nouvelle édition 1809........ 1 fr.
Littérature (de la) du Midi de l'Europe, par J. C. L. Simonde de Sismondi (auteur de l'*Histoire des Républiques italiennes*). Nouv. édit. revue et corrigée. 4 vol. in-8. 1819........ 24 fr.
Littérature (de la) considérée dans ses rapports avec les institutions sociales; par madame de Staël. Nouvelle édition, revue et corrigée. Fort vol. in-12. 1820........ 4 fr.
Livre élémentaire de morale, par M. le professeur Saltzmann 2 vol. petit in 8. 1785........ 8 fr.
Livre de Prières et de Méditations religieuses, à l'usage des Chrétiens éclairés de l'église catholique; ouvrage traduit de l'allemand du docteur Brunner, curé catholique, et revu par M. Gence. 1 vol. in-12. *Paris*, 1822........ 5 fr.
Lusiadas (os), poema do grande Luis di Camoēs. 2 vol. gr. in-18. 1818........ 6 fr.
Machiavelli (Nic.) Opere. 10 vol. in-8. *Milano*, 1804........ 60 fr.
Magazin (historisches,) ou Magasin historique pour l'esprit et le cœur. Ouvrage de lecture agréable en langue allemande, approprié aux besoins de ceux qui étudient cette langue, et adopté dans les Lycées et Pensionnats. 8e édition, avec un Vocabulaire explicatif des mots et des phrases difficiles à traduire. 3 parties in-8. 1823........ 4 fr. 50 c.
Magasin des Enfans, par mad. Leprince de Beaumont. 4 part. in-12. 1808........ 6 fr. 50 c.
Magnétisme animal. — Annales de la Société harmonique des Amis-Réunis de Strasbourg, ou Cures que les membres de cette Société ont opérées par le magnétisme animal. Tome 3e. In-8. 1789........ 6 fr.
— Aphorismes de M. Mesmer, ou Détails servant de suite aux Aphorismes de Mesmer, publ. par M. Caulet de Veaumont. Tome 2e. In-12, 1786........ 1 fr. 50 c.
— Essai sur la Théorie du Somnambulisme magnétique, par M. T. in-8. 1785........ 2 fr. 50 c.
— Lettres pour servir de suite à l'Essai sur la Théorie du Somnambulisme, par M. T. In-8. 1787........ 2 fr.
— Mémoire de F. A. Mesmer, sur ses découvertes. Petit in-8. *Paris*, an VII........ 2 fr.
— Observations adressées aux commissaires chargés par le Roi de l'examen du Magnétisme animal, etc. par un médecin de province. In-8. 1784........ 2 fr.
— *Idem.* Par un médecin de Paris, in-8........ 1 fr. 50 c.
— Exposé des différentes Cures opérées par différens membres de la Société harmonique à Strasbourg. Deuxième édition grand in-8. 1788........ 3 fr.
— Extrait du Journal d'une Cure magnétique. In-8. 1787........ 1 f. 50 c.
— Journal du Traitement magnétique de la demoiselle N., par T. de N. 2 vol. grand in-8. 1786........ 6 fr.
— Journal du Traitement magnétique de madame B., par T. de M. In-8. 1787........ 3 fr.
— Lettres sur la seule explication satisfaisante des phénomènes du magnétisme animal et du Somnambulisme, déduite des vrais principes fondés dans la connaissance du Créateur de l'homme et de la nature, et confirmées par l'expérience. In-8. 1788........ 1 fr.
— Lettre adressée à M. le marquis de Puységur, sur une observation faite à la lune, précédée d'un Système nouveau sur le Mécanisme de la Vue, par M. M***. In-8. 1787........ 1 fr. 80 c.
— Mémoires pour servir à l'Histoire et à l'Etablissement du magnétisme animal, par le marquis de Puységur. In-8. 1786........ 6 fr.
— Prospectus d'un nouveau Cours théorique et pratique du magnétisme animal, par le docteur Würtz In 8. 1789........ 1 fr. 20 c.
Maître espagnol (le), à l'usage des Français; cinquième édition, entièrement refondue par Cormon. In-8, 1820........ 5 fr.
Manuel de l'Amateur d'Estampes, faisant suite au Manuel du Libraire, par F. E. Joubert père. 3 vol. in-8, 1820 et 1821........ * 30 fr.
Manuel diplomatique, ou Précis des agens diplomatiques, par M. le baron de Martens. 1 fort vol. gr. in-8. *Paris*, 1822........ * 9 fr.
Manuel du Muséum français, contenant une description analytique et raisonnée, avec une gravure au trait de chaque tableau, tous classés par écoles et par œuvres des grands maîtres. Par F. E. T., membre de l'Institut et de la Légion d'Honneur. Format in-8. — Ire livraison, OEuvre du Poussin, avec 19 gravures, 3 fr. — IIe. OEuvre du Dominiquin, avec 20 gravures, 3 fr. — IIIe. OEuvre de Rubens, avec 48 gravures, 9 fr. — IVe. OEuvre de Raphaël, avec 39 gravures, 9 fr. — Ve. OEuvre de Lebrun, avec 35 gravures, 9 fr. — VIe. OEuvre de Van Ostade, Gérard-Dow et Vandyck, avec 49 gravures, 9 fr. — VIIe. OEuvre de Vernet, avec 30 gravures, 7 fr. 50. — VIIIe. OEuvre du Titien, avec 24 gravures, 6 fr. — IXe. OEuvre de P. Véronèse, avec 17 gravures, 6 fr. — Xe. OEuvre de Lesueur, avec 26 gravures, 9 fr. — La collection des 10 livraisons, publiée de 1802 à 1808........ 70 fr. 50 c.

— Le même ouvrage, sur pap. vélin et d'Hollande........................ 141 fr.

Cet ouvrage donne une description historique et raisonnée des tableaux des grands maîtres composant le Muséum français. On a pensé que ce serait rendre un service réel aux arts que d'indiquer dans chacune de leurs productions les beautés qui les rendent supérieures, et les négligences qui rentrent dans le médiocre.

L'ouvrage est divisé par livraisons de plus ou moins d'étendue, chaque livraison donnant l'œuvre d'un grand maître, avec une notice sur sa vie, et une copie au trait de chaque tableau. La copie gravée d'un tableau ne rend jamais la peinture ; elle ne peut rendre que la composition, et pour cela un trait nettement esquissé nous a paru suffire.

Le Manuel du Muséum français sera un guide précieux pour ceux qui voudront voir avec fruit cette immense réunion de chefs-d'œuvre. Chaque volume se vend séparément.

Manuel de Religion et de Morale, en forme de livre de prières, ou Réflexions et Sentimens, rédigés selon le véritable esprit de la religion de Jésus-Christ, par M. Oegger, premier vicaire de l'église de Notre-Dame à Paris. 1 gros vol. in-12 1822........................ 4 fr.

Manuel du Voyageur en Italie. 1 fort vol. in 12 avec une carte. *Milan*, 1818 .... * 12 fr.

Manuel du Voyageur en Suisse, par Ebel. 3 vol. in-8. fig. Nouv. édit. *Zuric*, 1818. ... * 30 fr.

Maximes et Réflexions morales du duc de La Rochefoucault, avec son portrait écrit par lui-même, et une Notice sur sa vie. Edition stéréotype d'Herhan, d'après son procédé perfectionné. 1 vol. in-18, 1820.................. 1 fr. — Sur papier vélin.................. 2 fr.

— Le même ouvrage, format in-12....... 1 fr. 50 c. — Sur papier vélin.............. 3 fr.

Médecine perfective, ou Code des bonnes Mères, par J. A. Millot. 2 vol in-8. 1809...... 12 fr.

Medjnoun et Leila, poëme traduit du persan de Djamy, par Chezy. 2 vol. in-16. 1807... * 3 fr.

Mélanges historiques et politiques, par M. A. H. L. Heeren, professeur d'histoire à l'Université de Gœttingue (auteur de l'*Essai sur l'influence des Croisades*). 1 vol. in-8. 1817......... 4 fr.

Mémoire adressé au Consistoire de l'Eglise évangélique luthérienne de Paris, sur une institution pieuse, etc., par le docteur Würtz. In-8. 1811.............................. 1 fr. 50 c.

Mémoire sur l'amélioration du Commerce maritime de la France, par la colonisation de la Guyanne française, présenté au Roi par le docteur Würtz. In-8. *Paris*, 1822............. 2 fr. 50 c.

Mémoires sur diverses antiquités du département de la Drôme, et sur les différens peuples qui l'habitaient avant la conquête des Romains; ouvrage posth. de l'abbé de Chalieu.. In-4. fig. *Valence*.. * 6 fr.

Mémoires de Henri de Campion, contenant des faits inconnus sur une partie du règne de Louis XIII, et les onze premières années de celui de Louis XIV. 1 vol. in-8. 1807........... .... 5 fr.

Mémoires (Abrégé des) ou Journal du marquis de Dangeau, extrait du manuscrit original, contenant beaucoup de particularités et d'anecdotes sur Louis XIV, sa cour, etc., avec des notes et un abrégé de l'Histoire de la Régence, par madame de Genlis, 4 vol. in-8. 1817... * 21 fr.

Mémoires sur la Vie politique et privée du docteur Franklin, écrits par lui-même, et continués par M. Temple Franklin son petit-fils. 2 vol. in-8. avec portrait. 1818............. * 12 fr.

A ces 2 volumes on peut joindre le volume de la Correspondance de Franklin. Ensemble 3 volumes in-8.* 18 fr.

Mémoires et Correspondances de Duplessis-Mornay, pour servir à l'Histoire de la Réformation et des Guerres civiles et religieuses en France, sous les règnes de Charles IX, Henri III, Henri IV et Louis XIII, depuis l'an 1571 jusqu'en 1623. Edition complète publiée sur les manuscrits originaux, et précédée des *Mémoires de madame de Mornay* sur la vie de son mari, écrits par elle-même pour l'instruction de son fils. 15 forts vol. in-8. avec le portrait de Mornay. Cet ouvrage se publie par livraisons de 2 vol. Les cinq premières livraisons formant les tomes 1 à 10 paraissent. Prix de chaque volume.............................. 7 fr.

— Le même ouvrage, sur papier vélin superfin satiné; chaque volume................ 14 fr.

Philippe de Mornay est, sans contredit, un des plus beaux caractères de l'Histoire moderne. Il fut le ministre, le conseiller et l'ami de Henri IV, qu'il servit de sa plume et de son épée Tout le monde se rappelle le portrait qu'en fait Voltaire dans *la Henriade*.

Mornay ayant eu part à tous les grands événemens qui ont marqué la fin du seizième et le commencement du dix-septième siècle, les papiers qu'il a disposés dans les dernières années de sa vie, pour servir à l'Histoire de son temps, contiennent une foule de documens du plus grand intérêt. Peu après sa mort, Daillé (son secrétaire) en publia deux volumes à la Forêt-sur-Sèvre, et plus tard deux volumes en Hollande, chez les Elzevir. Ces volumes sont peu connus en France, et difficiles à trouver. Daillé élagua beaucoup de pièces intéressantes, notamment des pièces qui pouvaient compromettre des hommes encore vivans. Aussi les Mémoires qu'il publia offrent une grande lacune qui va être remplie. Les manuscrits originaux de Duplessis-Mornay, qui furent religieusement conservés (on les soumettra à l'inspection des curieux), et confiés aux soins des éditeurs, leur permettent de publier la partie la plus essentielle de la correspondance et des travaux politiques de Duplessis. Dans cette collection, toutes les pièces importantes qui avaient été supprimées seront rétablies ; la nouvelle édition comprendra plus du double de l'ancienne. On y trouvera, de plus, les observations de Duplessis-Mornay sur l'Histoire du président de Thou, observations dont tous les biographes avaient trop prématurément déploré la perte, et que nous avons eu le bonheur de retrouver écrits de sa propre main.

Les Mémoires de Mornay ne font point partie de l'ancienne Collection des *Mémoires sur l'Histoire de France*, ni de la nouvelle Collection récemment publiée par M. Petitot ; ils forment à eux seuls un ouvrage important et complet, et prendront rang à côté des *Economies Royales de Sully*, dont ils feront le pendant nécessaire.

Mémoires de Charlotte Arbaleste sur la vie de Duplessis-Mornay son mari, publiés pour la première fois sur le manuscrit autographe. 1 fort vol. in-8. 1824................. 7 fr. 50 c.

Ce volume est imprimé séparément de la Collection des *Mémoires de Duplessis-Mornay* dont il forme le tome premier.

Mémoires et Lettres du maréchal de Tessé, contenant des Anecdotes et des Faits historique inconnus, sur une partie des règnes de Louis XIV et de Louis XV. 2 vol. in-8. 1806.... 9 fr.
— Sur pap. vel.. 18 fr.
Mémoires historiques et politiques du règne de Louis XVI, depuis son mariage jusqu'à sa mort; ouvrage composé sur des pièces authentiques, fournies à l'auteur avant la Révolution, par plusieurs militaires et hommes d'état, et sur les pièces justificatives recueillies après le 10 août dans les cabinets de Louis XVI, à Versailles et au château des Tuileries, par J. L. Soulavie aîné. 6 vol. in-8. avec 7 tableaux, et 3 grandes planches gravées, représentant 114 portraits de personnages remarquables de ce règne. An x....... 30 fr. — Sur pap. vél...... 60 fr.
Mémoires sur les Fièvres de mauvais caractère du Levant et des Antilles, avec un aperçu du Sayd, et un Essai sur la topographie de Sainte-Lucie; par Pugnet. In-8. *Lyon*, 1804. 4 fr.
Mémoire sur la réoccupation de Hambourg par les Français, par Aubert. In-8. 1825. * 2 fr. 50 c.
Mémoires de Frédéric, baron de Trenck. 3 vol. in-8. avec 10 gravures. 1789.......... 15 fr.
Mémoires (nouveaux) sur la guerre de sept ans, par Retzow, officier général prussien. 2 forts vol. in-8. 1803, sur pap. vélin.. 24 fr.
Mémoire pour servir à l'Histoire du siége de Gibraltar. In-8. *Cadix*, 1783.......... 1 fr. 25 c.
Mémoires sur la dernière Guerre entre la France et l'Espagne, dans les Pyrénées occidentales, par le C. B**., avec une carte militaire. In-8. an x.......................... 4 fr.
Mémoire sur l'établissement des Ecoles de médecine-pratique, par Würtz. In-8. 1784. 1 fr. 20 c.
Mémoires sur la Respiration, par Spallanzani. In-8. 1813.......................... 3 fr. 60 c.
Mémoires pour servir à l'Histoire des Insectes, par Réaumur. 6 vol. in-4. fig. 1786 *..... 90 fr.
Mémoires concernant l'Histoire, les Sciences, les Arts, les Mœurs, les Usages, etc. des Chinois, par les missionnaires de Pékin, tome XVI, suivis du Traité de la chronologie chinoise, par le père Gaubil. 2 parties en un vol. in-4. 1814.................................. 24 fr.
Mémoires sur la Minéralogie du Dauphiné; par Guettard. 2 vol. in-4. avec fig. 1779..... 30 fr.
Mémoires (nouvelle Collection de) sur différentes parties intéressantes des sciences et des arts. Ouvrage orné de 173 planches, par Guettard. 3 vol. in-4. 1786..................... 45 fr.
Memoirs of the Life of Artemi, of Wagarshapat, near mount rarat in Armenia; from the original Armenian written by himself. Vol. in-8. papier vélin, avec gravures. *London*, 1822.. 15 fr.
Memorials of Columbus, or a Collection of authentic Documents of that celebrated Navigator, now first published from the original manuscripts by order of the Decurions of Genoa. In-8. avec portrait, *fac simile*, etc., sur papier vélin. *Londres* et *Paris*, 1824............ 24 fr.
Merveilles (les) du corps humain, ou Notions familières d'Anatomie, à l'usage des enfans et des adolescens, par Jauffret. In-18.. 1 fr. 50 c.
Messiade, collection de vingt Estampes représentant les sujets de la Messiade, poëme épique de Klopstock, gravées par John d'après les dessins de Füger, avec leur description tirée de la Messiade, et publiée par M. de Meermann. 1 vol. in-fol. 1813.................. * 75 fr.
Metastasio Opere, Edite dall'Abate Pezzana. Grand in-4. 12 vol. avec gravures; belle édition, en gros caractères, sur papier d'Hollande. *Paris*, 1780-82......................... 144 fr.
Mœurs (des) et de leur influence sur la prospérité des Empires, par Soulavie. In-8. *Paris*, 1784.. 1 fr. 50 c.
Mœurs et Costumes des Russes, représentés en 50 planches coloriées, accompagnées d'un texte explicatif; par A. C. Houbigant. 1 vol. in-fol., 1821.............................. 36 fr.

Cette intéressante collection, exécutée d'une manière large et hardie, offre le rare mérite d'une grande exactitude dans la représentation du costume, et d'une vérité frappante dans la peinture du caractère national; un docteur russe ne voyait jamais ces dessins sans dire qu'il se croyait transporté dans sa patrie.

Monarchie (de la) prussienne sous Frédéric-le-Grand, par Mirabeau. 8 vol. in-8. et atlas, 1788........... 48 fr. — Le même ouvrage en 4 vol. in-4. et atlas................ 72 fr.
Monumens de la France, classés chronologiquement, etc., par M. Alex. de Laborde. 3 vol. grand in-fol. divisés en 36 livraisons. Prix de chaque livraison sur papier fin.................. 18 fr.
— Sur papier vélin, avec la lettre..... * 30 fr. — Avant la lettre................ 50 fr.

Il en paraît vingt-trois livraisons.

Monumens anciens et modernes de l'Indoustan, décrits sous le double rapport archéologique et pittoresque, etc.; par L. Langlès. Ouvrage complet, orné de trois cartes et de 144 planches. 2 vol. in-fol., 1821.. 390 fr.
— *Idem*, sur papier vélin, fig. avec la lettre...................................... 624 fr.
— *Idem*, sur papier vélin grand-aigle, figures avant la lettre....................... 936 fr.
Monumens de la Grèce, ou Collection des chefs-d'œuvre d'Architecture, de Sculpture et de Peinture antiques, gravés d'après les meilleurs auteurs comparés entre eux, et accompagnés d'un texte historique, analytique et descriptif. Tome 1er, grand in-fol. avec 100 planches soigneusement gravées au trait: 1808.. 96 fr.
— Le même, les planches sur papier d'Hollande..................................... 144 fr.
— Le même, sur papier vélin et les planches au lavis à l'encre de la Chine.......... 480 fr.

Monument de l'empereur Yu, ou la plus ancienne inscription de la Chine, suivie de 32 différentes formes des plus anciens caractères de ce vaste empire, avec des remarques par J. Hager. 1 vol. grand in-fol. pap. grand raisin vélin superfin double. (1802.) .... 36 fr.

La Bibliothèque royale de France est le seul dépôt littéraire, en Europe, qui possède une copie fidèle de ce monument de la plus haute antiquité; elle la doit au zèle du Père Amyot, missionnaire en Chine. Dans l'édition que nous en publions, on a mis un soin scrupuleux à figurer les caractères dans leur forme et grandeur primitives.

Monumenti etruschi o di etrusco Nome, designati, incisi, illustrati e pubblicati dal Caval. Fr. Inghirami, fascicule 1 à 40, gr. in-4. *Florence*. Chaque livraison à 11 fr. 50 c... * 460 fr.

Musée des Protestans célèbres, ou Portraits et Notices biographiques et littéraires des personnages les plus éminens dans l'histoire de la réformation et du protestantisme; publié par G. Doin. In-8. Tomes 1, 2, 3, 4 et 5. *Paris*, 1821 à 1824 .... * 45 fr.

Cet ouvrage formera 6 à 7 forts vol. in-8., chacun divisé en 2 parties.

Muses (les) et le Génie de la Peinture, de la Sculpture et de l'Architecture. Collection d'Estampes au nombre de 27, dessinées par Angelica Kauffmann; avec l'explication des figures, et un coup d'œil sur les beaux-arts. 1 vol. grand in fol. 1789 .... 36 fr.

— Le même, avec figures imprimées en couleur, et retouchées au pinceau .... 72 fr.

Narrative of a Voyage round the world, in the Uranie and Physicienne corvettes, commanded by Captain Freycinet, during the years 1817, 1818, 1819 *et* 1820, *in a series of Letters by J. Arago; with* 26 *engravings*. Vol, in-4. *London*, 1823 .... 96 fr.

Notice abrégée des Sectes religieuses en Angleterre, par Vincent. In-8. 1822 .... 1 fr. 50 c.

Notice sur la Vie de M. Necker, par M. de Staël-Holstein. 1 vol. in-8. avec portrait. 1821.. 5 fr.

— Sur papier vélin .... 10 fr.

Notice sur le caractère et les écrits de madame de Staël; par madame Necker de Saussure. 1 vol. in-8., avec le portrait de madame de Staël. 1820 .... 5 fr.

— Papier vélin .... 10 fr.

— Le même ouvrage, format in-12, sans portrait .... 2 fr. 50 c.

Numismatique du Voyage d'Anacharsis, ou Médailles des beaux temps de la Grèce, par C. P. Landon, peintre du duc de Berry; accompagnées de Descriptions et d'un Essai sur la Science des Médailles, par T. M. Dumersan, employé au Cabinet des Médailles antiques du Cabinet du Roi. 2 vol. in-8. ornés de 90 pl. gravées au burin avec le plus grand soin. 1809 .... 36 fr.

— Papier vélin .... 72 fr.

Cet ouvrage scientifique mérite, par l'érudition et les recherches dont l'auteur du texte a enrichi les descriptions des Médailles, et par l'exécution parfaite des planches gravées au burin, de trouver place à côté de l'Atlas du Voyage auquel l'éditeur, M. Landon, a eu l'intention de le rattacher.

Numismatique du Voyage du jeune Anacharsis, édition économique, par C. P. Landon, peintre. 1 vol. in-8. contenant 90 médailles. 1824. Prix .... 8 fr.

— Le même, in-18 .... 5 fr.

Toutes les médailles données dans l'édition en 2 vol. in-8. se retrouvent dans celle-ci. Les planches ne diffèrent que par leur exécution. Les premières sont ombrées au burin, et d'un fini très précieux; celles-ci ne sont qu'au simple trait, mais rendues avec exactitude. Le texte, à l'exception de l'Essai sur la science des médailles, qui a été conservé en entier, n'est qu'un abrégé très succinct de celui de la première édition.

Observations sur la Phrænologie, ou la Connaissance de l'Homme moral et intellectuel, fondée sur les fonctions du système nerveux, par M. le D. Spurzheim. In-8. fig. 1818 .... 6 fr.

Observations sur la Folie, ou sur les Dérangemens des Fonctions morales et intellectuelles de l'Homme, par M. le docteur Spurzheim. 1 vol. in-8. avec deux planches. 1818 .... 5 fr.

Observations sur les Maladies qui proviennent d'une âcreté, d'une dégénérescence ou d'une corruption du sang et de la lymphe, avec l'indication des propriétés curatives, constatées par une longue expérience, d'un remède connu sous le nom de *Dépuratif général ou universel*. Seconde édition revue, corrigée et augmentée. Brochure petit in-8. 1816 .... 60 c.

Observations sur les Troubadours, par l'éditeur des Fabliaux. Brochure in-8. 1781 ...... 1 fr.

Observations sur l'Unité religieuse, en réponse au Livre de M. de La Mennais, intitulé: *Essai sur l'Indifférence en matière de Religion, dans la partie qui attaque le protestantisme*, par J. L. S. Vincent, pasteur à Nismes. In-8. *Paris*, 1820 .... 3 fr.

Observations sur la Voie d'autorité appliquée à la religion, par le pasteur Vincent. In-8. 1821 .... 1 fr. 80 c.

OEuvre complet du Dominiquin, précédé d'une notice sur sa vie, réduit et gravé au trait, et publié par Landon. 3 livraisons formant 1 fort vol. grand in-4. (Ouvrage complet)... 75 fr.

— *Idem*, sur papier vélin, in-fol .... 150 fr.

OEuvre complet de Raphaël, précédé d'une notice sur sa vie, réduit et gravé au trait, et publié par Landon. 8 livraisons formant 4 vol. grand in-4. (Ouvrage complet) .... 200 fr.

— *Idem*, sur papier vélin, in-fol .... 400 fr.

OEuvre complet du Poussin, réduit et gravé au trait, et publié par Landon. 4 livraisons formant 2 vol. grand in-4. (Ouvrage complet) .... 100 fr.

— *Idem*, sur papier vélin, in-fol. . . . . 200 fr.

OEuvre complet de Michel-Ange, précédé d'une notice sur sa vie, réduit et gravé au trait, et suivi d'un Choix de l'OEuvre de Baccio Bandinelli et de celui de Daniel de Volterre, avec leur portrait et un Abrégé de leur Vie, et publié par Landon. 2 livrais. formant un vol. grand in-4. (Ouvrage complet). . . . . 50 fr.

— *Idem*, sur papier vélin, in-fol. . . . . 100 fr.

OEuvre complet d'Eustache Lésueur, précédé d'une notice sur sa vie, réduit et gravé au trait, et publié par Landon. 2 livraisons, formant 1 vol. grand in-4. (Ouvrage complet). . . . . . . 50 fr.

— *Idem*, sur papier vélin, in-folio. . . . . 100 fr.

OEuvre complet du Corrège, précédé d'une notice sur sa vie, réduit et gravé au trait, et publié par Landon. 2 vol. grand in-4. . . . . 50 fr.

— *Idem*, sur papier vélin, in-fol. . . . . 100 fr.

OEuvres choisis de Léonard de Vinci, du Titien, du Guide et de Paul Véronèse. 1 vol. gr. in-4. 1824. . . . . 25 fr.

— *Idem*, sur papier vélin in-folio. . . . . 50 fr.

Réunir en un seul corps d'ouvrage tous les travaux du même maître dispersés dans une foule de cabinets et dans différens pays, en rendre la composition avec une fidélité scrupuleuse, les offrir en un format uniforme, gravés avec une grande pureté et pour un prix extrêmement modéré, tel est le plan que l'éditeur des Œuvres ci-dessus s'est proposé, et qu'il a rempli avec une louable persévérance. Quand on considère toute l'influence qu'exercent les beaux-arts sur les mœurs et les habitudes d'une nation, ainsi que sur ses produits industriels, on doit former le vœu que ce Recueil, si propre à en propager le goût, devienne, en quelque sorte, le manuel de tous les artistes, et soit placé dans toutes les bibliothèques.

Chaque Maître se vend séparément.

OEuvres d'Athénée, ou le Banquet des Savans; trad. du grec, tant sur les textes imprimés que sur plusieurs manuscrits, par Lefebvre de Villebrune. 5 vol. in-4. *Paris*, 1789. . . . . . . 60 fr.

— Les mêmes, sur grand papier d'Annonay. . . . . 120 fr. — Sur grand papier vélin. . 150 fr.

OEuvres complètes de Claudien, avec le texte latin en regard. 2 vol. in-8. an VI. . . . . 10 fr.

OEuvres de Valentin Jamerai-Duval, né simple berger d'un pauvre village en Lorraine, et mort bibliothécaire de l'empereur, contenant les Mémoires de sa Vie, et sa Correspondance galante et badine avec une dame de la cour de Russie. 2 vol. in-8. fig. 1784. . . . . 8 fr.

OEuvres (les) d'Euclide, trad. en français, par Peyrard. 1 vol. in-4. . . . . 50 fr.

OEuvres complètes de Frédéric II, roi de Prusse. 20 vol. in-8. sur beau papier, avec portrait, 1788, édition originale. . . . . 60 fr.

— Sur grand papier vélin anglais. . . . . *150 fr.

OEuvres posthumes de Frédéric II, roi de Prusse, en 15 vol in-8. et 1 vol. de supplément; ensemble 16 vol in-8. 1788. . . . . 45 fr.

OEuvres historiques de Frédéric II, roi de Prusse, détachées de la collection complète de ses OEuvres, contenant les *Mémoires de Brandebourg*, l'*Histoire de mon temps*, 1740 à 1745; l'*Histoire de la guerre de sept ans; Mémoires de* 1763 à 1775. 6 vol. in-8. . . . . 24 fr.

OEuvres d'Homère, trad. nouvelle, par Dugas Montbel. 4 vol. in-8. 1813 à 1818. . . . * 24 fr.

OEuvres de Louis XIV, contenant ses Mémoires politiques et militaires, ses instructions pour le Dauphin, son fils; ses agenda, notes et Lettres particulières; ses opuscules littéraires en vers et en prose, avec une collection de pièces intéressantes, inédites ou peu connues, et une notice sur sa personne et son règne, publiées par MM. Grouvelle et de Grimoard, 6 gros vol. in-8. avec portrait et 22 planches représentant le *fac simile* de l'écriture de Louis XIV, et de celle des principaux personnages du temps. 1806. . . . . 36 fr.

— Papier vélin. . . . . 72 fr.

Cette collection des écrits originaux de Louis XIV a été imprimée, pour la plus grande partie, sur des manuscrits authentiques et inédits, dont les plus importans et les plus considérables avaient été remis en 1786, par le feu roi Louis XVI, à M. le général Grimoard. Ceux-ci ont été collationnés avec les minutes et fragmens autographes et autres qui existent à la Bibliothèque royale.

Les Œuvres de Louis XIV sont accompagnées de notices historiques, d'explications, de notes, de preuves choisies, classées et rédigées avec un soin digne du sujet.

OEuvres complètes de Louis de Saint-Simon, pour servir à l'Histoire des cours de Louis XIV, de la Régence du duc d'Orléans et de Louis XV, avec des notes, des explications et des additions, par l'abbé Soulavie. 13 vol. in-8. 1791, bon papier. . . . . 39 fr.

— Le même, pap. commun. . . . . 24 fr.

OEuvres mêlées du comte de Tilly. In-8. 1803. . . . . 4 fr.

OEuvres diverses de Lacretelle aîné (de l'Académie française); mélanges de philosophie et de littérature. 3 gros vol. in-8. an X. . . . . . 15 fr. — Sur papier vélin. . . . . 30 fr.

OEuvres de Napoléon Bonaparte. 5 vol. in-8. 1821. . . . . 30 fr.

OEuvres complètes de Plutarque, trad. par Amyot, nouvelle édit. 25 vol. in-8. sur papier grand raisin fin, avec fig. . . . . 225 fr.

OEuvres complètes de J.-J. Rousseau; édition publiée par Mercier, chez Poinçot, avec fig. 39 vol. in-8. dont 1 contient les planches de botanique enluminées. . . . . * 200 fr.

OEuvres de P. P. Rubens et A. Van Dyck, gravés par Schelt et Boetius à Bolswerte, Luc Vosterman, Paul Pontius, etc., et publiés par Hodges. Grand in-fol. atlantique. 25 livraisons, contenant 96 planches et les portraits de Rubens et Van Dyck. 1804 à 1808............ * 720 fr.

OEuvres complètes de M. Necker, contenant un grand nombre de morceaux inédits. Edition publiée par les soins de M. le baron de Staël, son petit-fils. 15 v. in-8. avec un beau portrait de M. Necker, gravé par Muller, 1821.. 90 fr.

— Sur papier vélin.. 180 fr.

Cette collection sert de pendant aux Œuvres complètes de madame de Staël.

Œuvres complètes de madame la baronne de Staël, contenant un grand nombre de morceaux inédits et des additions importantes faites par l'auteur à quelques-uns des ouvrages qui ont paru de son vivant : édition publiée par les soins de M. le baron de Staël, son fils, et ornée d'un beau portrait de madame de Staël, d'après Gérard. 17 vol. in-8. 1821.......... 102 fr.

— La même Collection, en 17 vol. format in-12, avec portrait....................... 51 fr.

OEuvres inédites de madame de Staël, extraites de ses OEuvres complètes, et comprenant *Dix années d'Exil*, *Essais dramatiques*, *etc. etc.* 3 vol. in-8. 1821..................... 18 fr.

OEuvres d'Emanuel Swedenborg. Du Ciel et de ses merveilles, et de l'Enfer, d'après ce qui y a été entendu et vu. Traduit du latin, par J. P. Moët. 1 vol. in-8. 1819.............. * 6 fr.

— La vraie Religion chrétienne, contenant la théologie universelle de la nouvelle Eglise, traduite par le même. 2 forts vol. in-8. 1819.. * 15 fr.

— Doctrine de la Vie pour la nouvelle Jérusalem, d'après les commandemens du Décalogue. In-8. 1821...* 1 fr. 50 c.

— De la Nouvelle Jérusalem, et de sa Doctrine céleste. 1 vol. in-8. 1821...............* 3 fr.

— De la Sagesse angélique sur le divin Amour et sur la divine Sagesse. In-8. 1822...* 3 fr. 50 c.

— La Sagesse angélique sur la Divine Providence. 1 vol. in-8. 1823 ....* 5 fr.

— L'Apocalypse révélée. 2 vol. in-8 1823...* 14 fr

— Délices de la Sagesse sur l'Amour conjugal. 1 vol. in-8. 1824...............* 7 fr. 50 c.

— Du dernier Jugement et de la Babylone détruite. 1 vol. in-8. 1824..................* 2 fr.

— Des Terres dans notre monde solaire. 1 vol. in-8. 1824...........................* 2 fr.

N. B. Il paraîtra successivement une traduction française, plus fidèle et plus conforme à l'original latin que celles qui ont été publiées jusqu'ici, de tous les ouvrages théologiques d'Em. Swedenborg. Cette traduction, faite par M. Moët, ancien sous-bibliothécaire du Roi à Versailles, est le fruit de vingt années de travaux. Les personnes qui désireront recevoir les volumes au fur et à mesure qu'ils paraîtront, sont invitées à se faire inscrire à la librairie Treuttel et Würtz.

OEuvres de Turgot, ministre d'état. 9 vol. in-8. 1809.............................* 45 fr.

OEuvres de Ph. Wouvermans, gravé d'après ses meilleurs tableaux, par J. Moyreau, graveur du roi; collection de 100 planches. Grand in-fol. oblong.............................. 200 fr.

OEuvres d'Architecture de M. de Wiebeking, en français et en allemand; savoir :

——— Architecture hydraulique, théorique et pratique; *en allemand*, 3 forts vol. grand in-4. de texte, et 1 vol. très grand in-fol. atlant. *Munich*, 1811................. * 510 fr.

——— Traité sur la science de construire les ponts, etc., *en français*, 1 vol. in-4. 1810, 17 planches très grand in-fol... * 110 fr.

——— Architecture civile, *en allemand*, 2 vol. gr. in-4. et atlas in-folio atlantique cartonnés. *Munich*, 1821.. * 230 fr.

OEuvres de E. Q. Visconti. Musée Pio-Clémentin, traduit de l'italien par Sergent Marceau. 7 vol. in-8. avec grand nombre de gravures. *Milan*.................................. 259 fr. 50 c.

Format in-4.. 473 fr.

— *Idem*, le Musée Chiaramonti, 1 vol. in-8...* 32 fr. — Le même format, in-4........... 64 fr.

Ce volume forme aussi le tome huitième de l'ouvrage précédent.

Olbie, ou Essai sur les moyens de réformer les mœurs, par Say. In-8. An VIII.... 2 fr. 50 c.

Opuscules de Rollin. 2 vol. in-12. *Paris*, 1772.................................... 4 fr.

Organisation civile et religieuse des Israélites de France et du royaume d'Italie, décrétée le 17 mars 1808; suivie de la Collection des Actes de l'Assemblée des Israélites de France et du royaume d'Italie, et de celle des procès-verbaux et décisions du Grand-Sanhédrin. 1 fort vol. in-8. 1808... 6 fr.

Palais (le) de Scaurus, ou description d'une maison romaine; fragmens d'un voyage fait à Rome, vers la fin de la république, par Mérovée, prince des Suèves. (Cadre ingénieux pour peindre les mœurs romaines, qui rappelle celui du *Voyage du jeune Anacharsis* pour la Grèce), par M. Mazois. Seconde édition. 1 vol. in-8, orné de 12 figures gravées par les premiers artistes, 1822, papier fin... 10 fr.

— Le même, sur papier vélin, format in-8.......................................* 15 fr.

— Sur papier vélin superfin, format in-8..* 30 fr.

Panthéon chinois, ou Parallèle entre le culte religieux des Grecs et celui des Chinois; par M. Hager. 1 vol. in-4. papier grand-raisin vélin, avec gravure. 1806............... 36 fr.

Papillons d'Europe, par Ernst. 28 livraisons formant 29 cahiers, contenant, outre le texte, 542 planches enluminées avec soin. Grand in-4. 1779 à 1793........................ 672 fr.

Paradis (le), poème du Dante, traduit de l'italien, précédé d'une introduction et de la vie du poète ; suivi de notes explicatives pour chaque chant, et d'un catalogue de 80 éditions de la *Divine Comédie* de l'auteur. Par un Membre de la Société colombaire de Florence, etc. 1 vol. in-8. avec fig. 1811 .... 6 fr. — Sur papier vélin .... 12 fr.

Parthénéide (la), ou le Voyage aux Alpes. Idyllè de M. Baggesen, traduite de l'allemand par M. Fauriel, avec des Réflexions sur ce poëme et sur la poésie lyrique en général. Très joli volume in-12. fig. 1810, pap. fin .... 5 fr. — Sur pap. vélin .... 6 fr.

Passions (des), de leur expression générale et particulière sous le rapport des beaux-arts, avec fig. d'après les célèbres artistes. Livraisons 1 à 4, grand in-8 .... 28 fr.

Peintre Graveur (le), par Bartsch, tomes 1 à 21, in-8 fig. *Vienne*, 1802 à 1823 ...... * 220 fr.

Peintures de vases antiques, vulgairement appelés *Etrusques*, gravées par A. Clener, et accompagnées d'explications, par A. L. Millin. 2 vol. gr. in-fol. pl. noires .... 450 fr.

— Les mêmes, avec planches coloriées au pinceau .... 1125 fr.

Pensées de Cicéron, latin, français et italien, par d'Olivet. In-8. *Paris*, 1799 .... 3 fr.

Pensées, Maximes et Réflexions morales de madame Cottin, recueillies par A. Bernays. 1 vol. in-18. jolie édition sur papier vélin anglais. *Londres*, 1820 .... 3 fr.

Petrarca, F. Rime, col. Commento di C. Biagioli. 4 vol. in-8. 1821 .... 36 fr.

Philosophie de la Nature, ou Traité de Morale pour le genre humain, tiré de la philosophie, et fondé sur la nature, par M. Delisle de Sales, 7e édition. 10 vol. in-8. fig. 1804 .... 60 fr.

Plans et Dessins tirés de la belle Architecture, ou Représentations d'édifices exécutés ou projetés, en 115 planches en taille-douce, avec les explications nécessaires, par le docteur Stieglitz. 1 vol. in-fol. *Leipsic*, 1800 .... 150 fr.

Plans raisonnés de toutes les espèces de jardins, par G. Thouin. *Paris*, 1823, 1 vol. in-fol. avec planches en noir .... * 110 fr.

— Le même ouvrage, planches en couleur .... * 165 fr.

Plantes equinoxiales recueillies au Mexique, aux Andes de la Nouvelle-Grenade, et au Pérou, par MM. de Humboldt et Bonpland, pendant leur voyage aux régions équinoxiales du nouveau continent, avec leur description. 17 livraisons formant 2 vol. in-fol. avec 144 planches. (Ouvrage complet.) .... 520 fr.

Plantes de la France, décrites et peintes d'après nature, par Jaume Saint-Hilaire. 54 livraisons, formant la première partie complète, grand in-8. avec planches en couleur .... 486 fr.

— Le même, format in-4. papier vélin .... 864 fr.

— Du même ouvrage, la deuxième partie, grand in-8. .... 480 fr. et in-4. 900 fr.

Poètes français, (les) depuis le douzième siècle jusqu'à Malherbe, avec une Notice historique et littéraire sur chaque poète, 6 vol. in-8. *Paris*, 1824. (Ouvrage terminé.) ...... * 48 fr.

Ports et Côtes de France de Dunkerque au Hâvre, publiés par J.-F. Osterwald, format grand in-4. première livraison de 5 planches avec texte. (*Dunkerque* et *Gravelines*.) — En noir. * 10 fr.

— Les mêmes, en couleur .... * 20 fr.

Précis des événemens militaires, ou Essais historiques sur les campagnes de 1799 à 1814, avec cartes et plans ; par M. le lieutenant-général comte Mathieu Dumas. — Campagne de 1799, nouvelle édition entièrement refondue. 2 vol. in-8. et un atlas in-fol. oblong. 1817 ... 21 fr.

— Campagne de 1800. 2 vol. in-8. et un atlas in-fol. oblong. 1816 .... 30 fr.

— Campagne de 1801. 2 vol. in-8. et un atlas in-fol. oblong. 1817 .... 24 fr.

— Campagne de 1802. 2 vol. in-8. et un atlas in-fol. oblong. 1819 .... 24 fr.

— Campagne de 1803 et 1804, 2 vol. in-8. et un atlas in-fol. oblong. 1820 .... 24 fr.

— Campagne de 1805. 4 vol. in-8. et un atlas in-fol. oblong. 1822 .... 48 fr.

— Campagne de 1806. 2 vol. in-8. et un atlas in-fol. oblong, 1824 .... 50 fr.

Un petit nombre d'exemplaires sur papier vélin, prix double.

Cet ouvrage, recommencé en 1817, a reçu du public éclairé le plus favorable accueil. L'auteur, qui l'avait présenté comme une espèce de chronique raisonnée, et ainsi qu'il le disait lui-même dans son prospectus, *comme une indication de matériaux préparés pour ceux qui voudraient un jour écrire l'histoire*, paraît, d'après le jugement des meilleurs critiques, avoir tenu plus qu'il n'avait promis. C'est en effet une grande composition, un tableau général de tous les événemens politiques et militaires. Les campagnes successives ont servi à l'auteur de divisions chronologiques ; mais il ne s'est pas borné à représenter la série des faits, il n'a pas non plus prétendu établir ni justifier ce qu'on a improprement appelé le nouveau système de guerre. Il a même évité les formes didactiques pour que le fond de l'ouvrage, c'est-à-dire la narration historique, remarquable par sa lucidité et son impartialité, pût convenir à tous les temps et à toutes les classes de lecteurs. On ne trouve dans le texte que les observations qui naissent du sujet, et qui servent de transitions naturelles pour enchaîner les événemens et les circoustances dont la diversité est le caractère distinctif de cette période la plus mémorable de l'histoire moderne. Les opinions particulières de l'auteur sont consignées dans des notes qu'il a écrites plus librement et consciencieusement.

Le style de cet ouvrage est correct, soutenu, et même oratoire à la manière des anciens.

Les pièces justificatives sont pour la plupart des documens originaux et authentiques, et qu'on ne trouverait dans aucun autre recueil.

Précis de l'Histoire d'Angleterre, depuis les premiers temps jusqu'à nos jours, par A. F. Théry, professeur au Collège royal. 1 vol. in-8 1824 .... 5 fr.

Quoique cet ouvrage soit destiné surtout à la jeunesse, parce que c'est en elle surtout qu'il est utile d'exciter les émotions généreuses, il peut être lu par tous les âges avec intérêt et avec fruit. L'auteur s'est proposé de ramener l'histoire à son premier et à son plus légitime objet. Il n'a point écrit son ouvrage en écrivain politique, mais en écrivain moral. Les faits qui n'auraient excité qu'une stérile curiosité n'embarrassent point ce *Précis*, où viennent se ranger, comme autant de leçons vivantes, tous les détails qui peuvent intéresser l'âme du lecteur. L'auteur a consulté les sources originales, persuadé que l'exactitude des faits ajoute à la puissance des leçons. Enfin, il a joint à son ouvrage un tableau synoptique des principaux faits de l'histoire d'Angleterre et de l'histoire de France.

Précis historique de la Révolution française; par J. P. Rabaut et Charles Lacretelle 6 vol. in-18. avec figures. Nouvelle édition........ 30 fr.

— Le même ouvrage, sur papier vélin, avec figures avant la lettre et à l'eau forte...... 60 fr.

Ces six volumes sont : *Assemblée constituante*, par Rabaut, 1 vol. — *Assemblée législative*, par Lacretelle jeune, 1 vol. — *Convention nationale*, par le même, 2 vol. — *Directoire exécutif*, par le même, 2 vol. Chaque section se vend aussi séparément, à raison de 5 fr. le volume sur papier ordinaire.

Précis historique de la Révolution française, *Assemblée constituante*, par Rabaut. 1 vol. in-32. pap. ordin........ 1 fr. 50 c.

— Pap. vélin........ 3 fr.

Précis sur la défense relative au service de campagne, à l'usage de l'officier d'infanterie, par Fossé. In-18. an x........ 75 c.

Précis de Géographie moderne, par Fred. Lamp. 2 vol. in-12. 1821........ * 6 fr.

Précis du Système hiéroglyphique des anciens Egyptiens, ou Recherches sur les élémens premiers de cette écriture sacrée, sur leurs diverses combinaisons, les rapports de ce système avec les autres méthodes graphiques égyptiennes, par M. Champollion le jeune. 2 vol. grand in-8. dont un de planches. *Paris*, 1824........ * 25 fr.

La découverte de l'Alphabet des hiéroglyphes phonétiques, publiée en 1822 par M. Champollion le jeune, sous le titre de *Lettre à M. Dacier*, et appliquée seulement aux monumens égyptiens, du temps des Ptolomée et des empereurs romains, fut accueillie dans l'Europe savante sans contradiction, et excita la plus vive espérance de pénétrer enfin complètement les mystères des écritures égyptiennes. Quelques savans, notamment en Angleterre, doutèrent toutefois que cet Alphabet, qu'ils jugeaient être dû à l'influence des Grecs en Egypte, fût applicable aux inscriptions hiéroglyphiques, antérieures à leur domination. Le nouvel ouvrage de M. Champollion le jeune tranche toutes les questions, lève toutes les difficultés, et nous présente enfin l'ensemble du système graphyque de l'ancienne Egypte. Après avoir examiné un nombre immense de monumens et de faits exposés et discutés dans les huit premiers chapitres de l'ouvrage, l'auteur déduit la théorie générale du système graphique égyptien, et l'expose dans un ordre très méthodique dans le chapitre neuvième et dernier. 16 planches jointes au texte, et un volume supplémentaire de planches, avec leur explication, renferment tous les exemples sur lesquels l'auteur s'est appuyé; de longues inscriptions hiéroglyphiques y sont analysées et traduites entièrement; 450 signes ou groupes les plus fréquens sur les monumens, y sont également analysées et traduits; enfin 10 planches présentent l'Alphabet harmonique des trois copies d'écritures égyptiennes, comparées ligne par ligne aux alphabets hébreu, grec et cophte. L'ouvrage sort des presses de l'Imprimerie royale.

Précis historique de la Vie de Martin Luther, trad. du latin de Melanchton, par Ch. Villers, avec portrait et des notes. In-12........ 1 fr. 20 c.

Preuves (des) et de l'autorité de la Révélation chrétienne, par Th. Chalmers; trad. de l'anglais par Vincent. In-8. 1810........ * 4 fr.

Prières à l'usage du culte domestique, suivies des exercices de préparation à la sainte Cène. In-12. 1815........ * 75 c.

Principes de Médecine et de Chirurgie, par Vallars. In-8. *Lyon*, 1797........ 3 fr.

Principes de Philosophie morale et politique, traduits de l'anglais sur la 19e édition, de W. Paley, par J. L. S. Vincent. 2 vol. in-8. 1818........ 10 fr.

Procès instruit contre le général Moreau, Georges, Pichegru, et autres, prévenus de conspiration contre la personne du premier consul. 6 vol. in-8. avec un recueil de 30 portraits... 36 fr.

Promenade d'un voyageur prussien en diverses parties de l'Europe, de l'Asie et de l'Afrique, en 1813, 1814 et 1815, en forme de lettres, contenant des observations et des anecdotes sur la Prusse; la Suède, l'Autriche, la Hongrie, les îles Ioniennes, l'Egypte, la Syrie, la Palestine, l'île de Chypre, l'île de Rhodes, la Morée, Athènes, la Calabre, Naples, le Tyrol, la Bavière, la Hollande et le Danemarck, par M. Bramsen. 2 vol. in-8. 1818........ 12 fr.

Promenades Alsaciennes, par M. P. M. ***, 1 vol. in-8. avec 6 planches et le portrait de M. le pasteur Oberlin. 1824........ * 6 fr.

Promenades philosophiques et religieuses aux environs du Mont-Blanc. Nouvelle édition, par C. F. Moulinié. In-12. *Genève*, 1820........ * 5 fr. 50 c.

Quarante-huit heures de garde au château des Tuileries, pendant les journées des 19 et 20 mars 1815; par un grenadier de la garde nationale (M. le comte Alex. de Laborde). gr. in-4. fig. avant la lettre........ 12 fr.

— *Idem*, avec texte en 3 langues, français, allemand et anglais. Epreuves à lettre blanche, dites avant la lettre........ 20 fr.

Rapports de l'air avec les êtres organisés, par Senébier. 3 vol in-8. 1817........ 12 fr.

Recherches sur l'Art statuaire, considéré chez les Anciens et chez les Modernes, par M. Em. David: ouvrage couronné par l'Institut de France. 1 vol. in-8. 1805........ 6 fr.

Recherches sur l'église métropolitaine de Cambrai, par M. A. Leglay. 1 vol. in-4. avec 12 planches, 1825........ * 12 fr.

Recherches sur les coutumes, les mœurs, les usages religieux, civils et militaires des anciens peuples, d'après les auteurs célèbres et les monumens antiques; ouvrage mêlé de critiques et de préceptes utiles aux jeunes peintres, sculpteurs, architectes et autres artistes ou amateurs. Par J. Malliot, ancien directeur de l'Académie des Arts de Toulouse, etc. Publié par P. Martin, membre de la Commission des Monumens d'Egypte. 3 forts vol. in-4. 1809, avec 296 planches gravées au trait, de l'imp. de Didot ainé........................ 72 fr.

— Le même. sur papier vélin........................ 150 fr.

Cet ouvrage a pour but de faciliter aux artistes l'étude des costumes et des mœurs des peuples de l'antiquité, et de leur épargner un temps précieux.

L'auteur, en consacrant à ce travail plus de trente années de sa vie, a voulu offrir un ouvrage élémentaire complet sur le costume des Anciens, et ne présenter que des exemples dont l'authenticité est prouvée par des monumens et par des auteurs célèbres, dont il a eu soin d'indiquer le nom à côté de chaque sujet.

Le premier volume contient, dans un très grand détail, le costume, les mœurs, les usages, etc. des Romains, d'après les médailles et plusieurs autres monumens antiques, en suivant les différens âges, depuis Romulus jusqu'aux derniers empereurs de Constantinople.

Le second volume renferme des détails du même genre sur plus de trois cents peuples ou villes de l'Europe, de l'Asie et de l'Afrique, notamment sur les Grecs, les Gaulois, les Etrusques et les Egyptiens, et de même sur les Chrétiens des premiers siècles de l'Eglise.

Le troisième volume, qui offre un grand intérêt, est exclusivement consacré aux costumes, mœurs et usages des Français, depuis le commencement de la monarchie jusqu'au règne de Louis XIV. Les gravures sont toutes tirées des médailles et des monumens de chaque époque. Chaque volume se vend aussi séparément.

— Le même ouvrage, avec un texte en langue allemande. In-4........................ 72 fr.

Recherches sur les langues Tartares, ou Mémoires sur la Grammaire et la Littérature des Mantchous, des Mongols, des Onigones et des Tibétains, par M. Abel-Remusat. In-4. tome 1er, 1820........................ * 25 fr.

Recherches asiatiques, ou Mémoires de la Société établie au Bengale pour faire des recherches sur l'histoire et les antiquités, les arts, etc. de l'Asie, traduites par A. Labeaume, revues et augmentées de notes par MM. Langlès, Cuvier, Delambre, Lamarck et Olivier. 2 forts vol. grand in-4. 1805, avec figures........................ 24 fr.

Recherches sur les causes et les effets de la *Variolæ Vaccinæ*, par le docteur Jenner, trad. de l'anglais. In-8. *Lyon*, 1800........................ 75 c.

Recherches sur la découverte de l'essence de Rose; par M. Langlès. Petit vol in-18. papier vélin. Imprimerie royale, 1804........................ 5 fr.

Recherches et observations sur le Phosphore, et sur les effets extraordinaires de ce remède dans le traitement de différentes maladies internes, par Lobstein. In-8. 1815........ * 2 fr. 50 c.

Recherches (nouvelles) sur l'origine et la destination des Pyramides d'Egypte, avec une Dissertation sur la fin du globe terrestre, par M. de Vimes. In-8. 1812........................ 2 fr. 50 c.

Recherches sur la population de l'Angleterre et de l'Irlande, par Eden. In-4. An x... 1 fr. 50 c.

Recherches sur les principales nations établies en Sibérie et dans les pays adjacens, trad. du russe, par Stollenweck. 1 vol. in-8........................ 5 fr.

Recherches sur la force de l'Armée française depuis Henri IV jusqu'en 1806. 1 vol. in-8. 3 fr. 50 c.

— Le même, pap. vél........................ 7 fr. 20 c.

Recherches sur l'Homme au masque de fer, par Roux. In-8. An x........................ 2 fr. 25 c.

Recherches sur les lois de l'imagination, par Bonstetten. 2 vol. in-8. 1807........................ 6 fr.

Recueil d'Architecture, représentant en 34 planches, palais, châteaux, hôtels, maisons de plaisance, églises, jardins à l'anglaise, etc. exécutées sur les dessins de M. d'Ixnard. 1 vol. in-fol. atlant. 1791........................ 24 fr.

Recueil des Costumes religieux et militaires de toutes les Nations, par F. C. Bar. Ouvrage publié en 56 livrais., formant 6 vol. in-fol. ornés de près de 800 sujets peints d'après nature. 1200 fr.

Recueil de Fragmens de Sculpture antique en terre cuite, par M. Seroux d'Agincourt (auteur de l'*Histoire de l'Art par les monumens*, etc.) 1 vol. grand in-4. avec 37 planches et le portrait de l'auteur. 1814........................ 24 fr.

— *Idem*, sur pap. vél........................ 36 fr.

Recueil de Cantiques à l'usage des chrétiens évangéliques, par MM. les pasteurs de l'Eglise de la confession d'Augsbourg, à Paris. In-12. 1819........................ * 2 fr.

— *Idem*. Les Airs pour chanter ces Cantiques. In-8........................ * 1 fr.

Recueil d'Histoires instructives et amusantes, suivies d'un choix d'Idylles de Gessner, en français et en allemand. In-8. An vi........................ 2 fr. 50 c.

Recueil des Mémoires et Observations pratiques sur l'Epizootie, par le docteur Barberet, avec des Notes de M. Bourgelat, Buniva et Revolat. In-8. *Lyon*, 1808........................ 2 fr.

Recueil d'observations astronomiques, d'opérations trigonométriques, et de mesures barométriques, faites pendant le voyage de MM. de Humboldt et Bonpland, aux régions équinoxiales du nouveau continent. 9 livraisons formant 2 vol in-4. avec deux planches. *Paris*, 1810. 192 fr.

— Le même ouvrage sur papier vélin........................ 288 fr.

Recueil de Poésies choisies pour l'instruction de la jeunesse, et particulièrement pour les jeunes demoiselles. In-12. *Lyon*, 1802........................ 2 fr. 50 c.

Recueil de Traités conclus entre la République française et les différentes Puissances de l'Europe, depuis 1792 jusqu'à la paix générale. 4 vol. petit in-8. 1803........................ * 21 fr.

Recueil des principaux Traités conclus par les puissances de l'Europe, tant entre elles qu'avec les Puissances et Etats dans d'autres parties du monde, depuis 1761 jusqu'à présent, par M. de Martens. Nouvelle édition. 16 vol. in-8., dont 9 de supplément. *Goettingue*, 1818... * 180 fr.

Recueil choisi des plus belles vues d'optique des palais, châteaux et maisons royales de Paris et des environs, dessinées d'après nature, et gravées par F. Rigaud, au nombre de 121 pièces. Grand in-fol. en noir.. 121 fr.

— Les mêmes, enluminées avec soin.. 480 fr.

Recueil de Peintures antiques, trouvées à Rome; imitées fidèlement d'après les dessins coloriés par Pietro Sante Bartoli et autres dessinateurs, et publié par Caylus, Mariette, Barthélemy et Rive. 3 vol. grand in-fol. avec 60 planches très-soigneusement peintes, et les doubles épreuves au trait. 1783 à 1787.. 1200 fr.

— Le même, sur papier d'Hollande, dont il n'a été tiré que six exemplaires......... 2400 fr.

Réflexion sur l'Art de la Peinture, par Armand. *Paris*, 1808.................. 2 fr. 50 c.

Réflexions sur l'évidence intrinsèque de la vérité du christianisme, trad. de l'anglais, d'Erskine, sur la 4e édition. in-12. 1822.. * 2 fr.

Relation de l'Egypte, par Abd-Allatif, médecin; traduite de l'arabe, et accompagnée de notes; suivie de plusieurs morceaux inédits, extraits de divers écrivains orientaux; par M. Silvestre de Sacy. 1 vol. in-4. 1810.. 24 fr.

— Le même, sur papier fin collé............. 36 fr. — Sur papier vélin............. 48 fr.

Relation historique et chirurgicale de l'Expédition de l'armée d'Orient en Egypte et en Syrie, par D. J. Larrey. In-8. 1803.. 5 fr. 50 c.

Relation des Evénemens politiques et militaires qui ont eu lieu à Naples en 1820 et 1821, par le général Pépé. In-8. *Paris*, 1822.. 2 fr. 50 c.

— Le même ouvrage en langue italienne.. 2 fr. 50 c.

Relation des Batailles et combats de la Guerre de sept ans, Campagnes de 1756 et 1757, par Gadow, officier saxon. 1 vol. in-4. et un cahier grand in-fol. contenant 10 plans détaillés des combats de Lowositz, Reichenberg, Prague, Kolin, Hastenbeck, Gros-Jaegerndorf, Moys, Rosbach, Breslau, Leuthen. 1781.. 48 fr.

Religions de l'antiquité, considérées principalement dans leurs formes symboliques et mythologiques; ouvrage traduit de l'allemand du docteur Creuzer, refondu en partie, complété et développé par J. D. Guigniaut. *Première* livraison, formant 3 vol. in-8. dont un de pl. 1825. *30 fr.

— Le même, sur papier vélin.. *60 fr.

N. B. Les deux autres livraisons de l'ouvrage suivront à de courts intervalles.

Revue historique et chronologique des Evénemens mémorables de la guerre dans la Péninsule, depuis l'embarquement du Prince régent du Portugal pour le Brésil, et l'emprisonnement du roi d'Espagne en France, (en français et en anglais); avec une Esquisse du pays, du caractère et du costume en Portugal et en Espagne, prise pendant les campagnes de 1808 et 1809, par le D. G. Bradford. Ouvrage enrichi de 54 planches coloriées avec un grand soin, et représentant des Vues des principaux points de l'Espagne et du Portugal, et des scènes et costumes caractéristiques des deux pays. 1 vol. grand in-folio sur papier vélin superfin. *Londres*, 1813.. 264 fr.

Richesse minérale (de la). Considérations sur les Mines, Usines et Salines des différens états, présentées comparativement, 1°. sous le rapport des produits et de l'administration, dans une première division intitulée : *Division économique;* 2°. sous le rapport de l'état actuel de l'art des Mines et Usines, dans une seconde division intitulée : *Division technique;* par M. Héron de Villefosse. 3 vol. in-4. de texte, et un Atlas in-fol. de 65 planches, intitulé : Atlas de la Richesse minérale, recueil de faits géognostiques et de faits industriels, constatant l'état actuel de l'art des Mines et Usines, par des exemples authentiques tirés de célèbres établissemens, et rendus sensibles à l'œil au moyen de la représentation géométrique des objets. Les 3 vol. in-4. et atlas in-fol. *Paris*, 1810 à 1819.. * 170 fr.

— Un très-petit nombre d'exemplaires sur papier vélin.. * 270 fr.

— Du même ouvrage les tomes 2 et 3 et atlas in-fol. publiés en 1819. Sur pap. ordin. . * 140 fr.

— Sur papier vélin.. * 220 fr.

Pour faire mieux apprécier l'utilité de cet ouvrage, nous transcrirons ici littéralement l'Extrait d'un Rapport fait par M. Cuvier à l'Académie royale des Sciences.

« M. Héron de Villefosse a rendu à l'art de l'Exploitation des Mines un bien grand service, par son ouvrage intitulé : « *De la Richesse minérale*. Le premier volume, qui avait pour objet l'administration des mines, imprimé dès 1810, « est connu et apprécié depuis long-temps. Le second, où il est traité de leur exploitation, a été présenté à l'Académie. « L'auteur y réunit à toutes les directions que donnent les sciences nombreuses d'où dérive la théorie, une immense « quantité de faits pratiques qu'il a recueillis dans ses voyages et dans l'exercice de ses fonctions, en sorte que les « préceptes y sont appuyés sur des exemples qui n'ont rien d'imaginaire, mais qui sont tous réalisés en quelques lieux. « Un magnifique atlas offre à l'œil tout ce que ces exemples ont de sensible; on y voit des cartes géologiques du Hartz « et de la Saxe, les pays les plus célèbres par l'ancienneté de leurs mines; des plans et des coupes de toutes les manières

« d'être du minéral dans le sein de la terre, ainsi que des voies que l'art a su ouvrir pour l'en retirer, et des mécaniques « de tous genres que l'on emploie à cet effet, et presque tous ces matériaux sont inédits et rassemblés sur les lieux par « l'auteur. On ne peut mettre en doute la grande utilité de cet ouvrage. »

Roses (les), par P. J. Redouté. Ouvrage divisé en 30 livraisons de 6 planches chaque, imprimées en couleur, avec texte sur papier vélin. in-fol. petit pap. Ouvrage terminé. .... 750 fr.
— Sur grand papier vélin superfin .... 1500 fr.
Rudiment théorique et pratique de la langue latine, calqué sur Lhomond par Dantal. In-12. 1810 .... 2 fr. 50 c.
Runakefli le Runic Rimstok, ou Calendrier Runique, avec l'explication des divers caractères, fêtes, etc., qui sont gravés sur les anciens bâtons, par Wolf. In-8. 1820 .... * 4 fr.
Sacontala, ou l'Anneau fatal, drame traduit de la langue sanskrite, avec une explication du Système mythologique des Indiens. In-8. An XI .... 4 fr.
Salfi (F.) *Discorso su la Storia dei Greci*. In-8. *Parigi*, 1817 .... 2 fr.
Satire di Salvator Rosa, con notizie della sua vita, e con ritratto. Vol. in-8. sur papier vélin. *Londres* et *Paris*, 1825 .... * 10 fr.
Science de l'Histoire, développée par tableaux synoptiques, par Chantreau; tomes 1 et 2. In-4. 1803 .... 39 fr.

Le tome premier contient la *Chronologie*, et le second la *Géographie* de l'Europe.

Séances des Ecoles normales, recueillies par des Sténographes, et revues par les professeurs. Nouvelle édition. 13 vol. in-8. et un cahier de planches .... 48 fr.
Septennalité (la) du Parlement d'Angleterre, ou Journal des Discussions qui ont eu lieu dans les deux Chambres lors de cette proposition; suivi des Opinions de plusieurs publicistes anglais. In-8. 1824 .... 4 fr.
Sermons prononcés à Strasbourg dans l'Eglise française de la Confession d'Augsbourg, par J. J. Goepp. 1 vol. in-8. 1809 .... * 3 fr.
Sermons de M. Zollicoffre, traduits de l'allemand. 2 vol. in-8. 1798 .... 8 fr.
Situation de la France et de l'Angleterre à la fin du dix-huitième siècle, par Fonvielle. 2 vol. in-8 .... 6 fr.
Sutamilli, Découverte sur le Croup, ou Asthma synanchicum acutum. 1 vol. in-4. *Moscou*, 1817 .... * 36 fr.
Système (nouv.) de Bibliographie alphabétique, seconde édit. divisée en trois parties, ornée d'un portrait de Toth. In-12. 1821 .... * 4 fr. 50 c.
Système mécanique des fonctions nerveuses, par Adamucci. 2 vol. in-8. 1806 .... 9 fr.
Systèmes (des) d'Économie politique, de la valeur comparative de leurs doctrines, et de celle qui paraît la plus favorable aux progrès de la richesse. Seconde édition, avec de nombreuses additions relatives aux controverses récentes de MM. Malthus, Buchanan, Ricardo, sur les points les plus importans de l'économie politique; par M. Ganilh, (auteur de la *Théorie de l'Economie politique*, et de l'*Essai sur le revenu public*) 2 v. in-8. 1821 .... 12 fr.
Tableau des Etats danois, par M. Catteau (auteur du Tableau de la Suède). 3 vol. in-8. avec une grande carte des possessions danoises. An X .... 15 fr.
— Papier vélin .... 30 fr.
Tableau général de la Russie moderne, par V. C. 2 vol. in-8. avec deux cartes. An X .... 9 fr.
Tableau des Révolutions de l'Europe dans le moyen âge, jusqu'à l'an 1453, par M. Koch; ouvrage accompagné de 52 Tables généalogiques, de Tablettes chronologiques et d'une Table des matières raisonnée. 3 vol. in-8. 1790 .... 8 fr.

Le Tableau des Révolutions de l'Europe, dont M. Koch a publié une édition en 4 vol. in-8. offre un tableau général de toute l'histoire moderne; celui que nous annonçons est spécialement consacré à l'histoire du moyen âge, et comprend une foule de détails (entre autres une suite de 220 pages aux périodes IV et V, depuis l'an 1074 jusqu'en 1453) qu'on chercherait vainement dans le nouvel ouvrage, auquel celui que nous annonçons sert de pendant nécessaire.

Tableaux historiques de la Révolution française, contenant les gravures de différentes scènes de la Révolution, depuis l'Assemblée des Notables jusqu'au 18 brumaire, avec un texte historique et les portraits des personnes les plus remarquables. 3 vol. in-fol. sur pap. vélin. 1804. 678 fr.
Tableau de Saint-Pétersbourg, ou Lettres sur la Russie, écrites en 1810, 1811 et 1812, par M. Muller. 1 fort vol. in-8, avec un plan de Pétersbourg .... * 9 fr.
Tableau historique de la Guerre de la Révolution de France, depuis son commencement, en 1792, jusqu'à la fin de 1794, précédé d'une introduction générale, contenant l'exposé des moyens défensifs et offensifs sur les frontières du royaume, en 1792, et des recherches sur la force de l'armée française, depuis Henri IV jusqu'à la fin de 1806; accompagné d'un Atlas militaire, de 19 cartes et plans enluminés; par MM. de Grimoard et Servan. 3 vol. in 4. 1808... 60 fr.
— Le même, sur papier vélin .... 120 fr.

Cet important ouvrage a pour auteurs deux généraux distingués, qui, par leur rang et leurs fonctions, ont été à même de puiser les matériaux dans les sources les plus authentiques.

Tableaux de la Suisse, ou Voyage pittoresque fait dans les treize Cantons du Corps helvétique; par MM. de Laborde et de Zurlauben. *Paris*, 1780 à 1786. Ouvrage complet; première édition grand in-fol. 4 vol. pouvant se relier en 5, lorsque l'on veut que les planches, au nombre de 430, sous 277 numéros, soient interfoliées dans le texte.................... 600 fr.

— Seconde édit. 13 tomes formant 8 vol. in-4. de texte et 2 vol. grand in-fol. de planc. 450 fr.

La Suisse, riche des plus curieux phénomènes comme des plus beaux sites de la nature, a constamment attiré les voyageurs, et il n'en est aucun qui, après l'avoir parcourue, n'ait désiré de pouvoir, à l'aide des arts, retracer à son imagination les tableaux enchanteurs dont il avait joui, ou qui, de retour dans ses foyers, n'ait été jaloux de donner à sa famille et à ses compatriotes une idée de ses jouissances, en leur présentant des images fidèles de tant d'objets remarquables qui avaient fixé son attention ou charmé ses yeux.

Placée presque au centre de l'Europe, et considérée par les géographes comme la contrée la plus élevée de cette partie du monde, la Suisse est aussi la plus intéressante dans son développement intérieur. C'est du sommet des Alpes que jaillissent les sources du Rhin, du Rhône, du Tésin, de l'Aar, de la Reuss, de l'Inn et de l'Adda. Les lacs qui ornent, les chaînes de tous les ordres de montagnes qui entrecoupent la Suisse, les eaux minérales qui sourdent de ses rochers, et les plantes salutaires qu'on y découvre, sont autant d'objets dignes de l'observation du physicien et du naturaliste.

L'histoire de ce pays, les mœurs et les usages de ses habitans, fournissent des tableaux et des traits infiniment intéressans. Les Suisses sont la seule nation républicaine et belliqueuse qui, contente de sa liberté, ait été toujours exempte de l'esprit de conquête.

Les Tableaux ou Voyages pittoresques de la Suisse, entrepris dans la vue de faire bien connaître tout ce que cet intéressant pays offre de curieux dans tous les genres, tant au physique qu'au moral, a été exécuté par le concours de plusieurs savans littérateurs et artistes recommandables. La description minéralogique est traitée avec beaucoup de soins et d'exactitude. Ce qui est relatif à l'histoire et aux institutions des cantons de la ligue, est en grande partie l'ouvrage de M. le général *Zurlauben de Zoug*, membre de l'ancienne Académie des Inscriptions, et homme d'état profondément versé dans la connaissance des annales civiles et militaires, de même que des antiquités de sa patrie. La topographie est calquée sur *Fæsi*, le plus exact et le plus complet des géographes indigènes de l'Helvétie. L'accueil favorable qui a été fait à cet ouvrage, dès son origine, a fait voir combien il était désiré; et le succès complet qu'il a obtenu doit faire présumer qu'il a rempli l'attente du public.

N. B. Il ne reste plus qu'un très-petit nombre d'exemplaires de la première édition. On pourra se procurer séparément les dernières livraisons et la table générale des matières, qui manquent dans beaucoup de bibliothèques.

Tableau (Analyse du) de la Transfiguration de Raphaël d'Urbin, trad. en anglais d'après la traduction française faite par M. Croze Magnan de l'original espagnol, de Ben. Pardo di Figueroa, avec les Remarques et Observations de Vasari, Mengs, Reynolds, Fuesli et autres artistes distingués qui ont écrit sur ce célèbre Tableau. Ouvrage enrichi de 17 têtes dessinées d'après le tableau original, et gravées de la même grandeur, à la manière au crayon par M. Gaubaud, ancien directeur de l'Académie de Marseille, et aujourd'hui premier peintre de S. A. R. le prince d'Orange; avec le portrait de Raphaël et une gravure au trait du Tableau de la Transfiguration. 1 vol. grand in-fol. atlant. sur papier vélin. *Londres*, 1817. Ouvrage de la plus belle exécution.................................... 200 fr.

Tables généalogiques des Maisons souveraines de l'Europe (*du Sud et de l'Ouest;* savoir, celles des empereurs d'Allemagne, des Maisons de France et de ses branches latérales, d'Espagne, de Portugal, de Savoie, de Naples, de la Grande-Bretagne, de Nassau-Orange, etc.), par M. Koch (auteur du Tableau des Révolutions de l'Europe.) Volume de 75 tables, très grand in-4. en caractères petit texte. 1782, cartonné.................................... 40 fr.

Tables chronologiques de l'Histoire universelle, depuis 1700 jusqu'à la paix générale en 1802, par l'abbé Mann. In-4. 1804.................................... 7 fr. 50 c.

Tablettes d'un Amateur des arts, contenant la gravure au trait de plusieurs des principaux ouvrages de peinture et de sculpture qui se trouvent en Allemagne, avec leur description. 5 cahiers in-8. *Berlin*.................................... 10 fr.

Tablettes généalogiques des illustres maisons des ducs de Zaeringen, Margraves et grands-ducs de Bade, par M. le B. de Turkheim. In-8. *Darmstadt,* 1810.................... 4 fr. 50 c.

Testament (le Nouveau) de Notre Seigneur Jésus-Christ, traduit sur la Vulgate, par Le Maistre de Sacy. Edition stéréotype. 1 vol. grand in-8. caractère cicéro à deux colonnes. Imprimerie de Firmin Didot. 1816.................................... * 3 fr. 50 c.

Testament (le Nouveau) de Notre Seigneur Jésus Christ; traduction de D. Martin avec la citation des passages parallèles. Edition stéréotype d'Herhan, d'après son procédé perfectionné. 1 vol. grand in-8. de 348 pages à deux colonnes. 1820. Papier grand raisin............ 2 fr. 50 c.

Sur papier grand raisin vélin.................................... 5 fr.

— Le même ouvrage, format in-18. Edition stéréotype d'Herhan. Vol. de 792 pages. 2 fr. 25 c.

Sur papier vélin.................................... 4 fr. 50 c.

Théorie de l'Economie politique, par M. Ganilh (auteur des *Systèmes d'Economie politique* et de l'*Essai sur le revenu public.*) Seconde édition, entièrement revue, corrigée et augmentée. 2 vol. in-8. *Paris,* 1822.................................... 12 fr.

Théorie des Lois de la Nature, par Pauctou. In-8. 1781.................................... 5 fr.

Théorie du Galvanisme, par Pétitin. In-8.................................... 75 c.

Traité des Arbitrages, par Ruelle. Deuxième édition. Vol. in-8. *Lyon,* 1793.................... 7 fr.

Traité des Assolemens, par Ch. Pictet. In-8. 1801.................................... 4 fr.

Traité de Chronologie chinoise, composé par le père Gaubil, missionnaire à la Chine, et publié par M. Silvestre de Sacy. 1 vol. in-4. 1814.................................... 15 fr.

Traité d'Astronomie théorique, par Schubert. 3 vol. in-4. *Saint-Pétersbourg,* 1822...* 45 fr.

Traité des Effets de la Musique sur le corps humain, par Roger. In-8. *Lyon*, 1805........ 4 fr.
Traité philosophique sur la Nature de l'âme et ses facultés, 1 vol. in-12. 1823........ 2 fr.
Traité sur l'Usage et les Effets des Vins dans les maladies dangereuses et mortelles, et sur la falsification de cette boisson, par Lœbenstein-Lœbel. In-8. 1817........* 3 fr. 50. c.
Traité des Mines, à l'usage des Militaires, par Etienne. Grand in-4. fig. 1779........ 10 fr.
Traité théorique et pratique des Opérations secondaires de la guerre, à l'usage des Officiers de toutes armes et de tous grades, par M. A. Lallemand, chef de bataillon au corps royal d'État Major; 2 vol. in-8. et un atlas gr. in-4. de 45 planches avec leur explication. 1825...... 48 fr.

• Pour donner une idée du degré d'intérêt qu'offre cet ouvrage nouveau, nous nous bornerons à imprimer ici l'extrait d'une lettre adressée aux éditeurs par M. le général comte Mathieu Dumas, dont l'opinion fait autorité en pareille matière.

Je viens de faire une lecture très attentive du Traité des Opérations secondaires de la guerre, par le colonel Lallemand. Elle a confirmé l'opinion que j'avais conçue de cet excellent travail : je trouve que le plan en est bon et que l'auteur l'a bien rempli. Je ne balance pas à dire que c'est un livre *classique* qui manquait à l'enseignement militaire. Tous les chapitres s'enchaînent fort naturellement, et chacun, selon la matière, est traité *ex professo*. Je n'ai aperçu dans aucun de ces chapitres de principe erroné; les applications sont exactes et les exemples bien choisis. Enfin cet ouvrage, fruit d'une longue expérience et d'une immense lecture, servira beaucoup les progrès de la science; ce sera un véritable *Catéchisme* des opérations militaires que les officiers éclairés et éprouvés de tout grade s'empresseront d'accueillir.

Triomphe de l'Evangile. 4 gros vol. in-8. 1805........ 20 fr.
Univers (l'), narration épique, par Boiste. 2 vol in-8........ 12 fr.
Vade-mecum du Médecin, ou Précis de Médecine-pratique. 1 vol. in-12. An IV........ 2 fr. 50 c.
Vasari (G.) Vite de' più eccellenti Pittori e Scultori. 16 vol. in-8. *Milano*, 1807........ 114 fr.
Vers dorés de Pythagore, expliqués et traduits pour la première fois, précédés d'un discours sur l'essence et la forme de la poésie chez les principaux peuples de la terre; par Fabre d'Olivet. 1 vol. in-8. 1813........ 6 fr. — Sur pap. vél........ 12 fr.
Veuve (la) de Catane, par M. Cordier-Delaunay, grand in-8........ 2 fr. 50 c.
Viaggj in alcune Città del Lazio, che diconsi fundate dal re Saturno (publié par Mad. Dionigi). 1 vol. in-fol. oblong, avec beaucoup de gravures. *Roma*, 1809........ * 84 fr.
Vie de Saint-Bruno, peinte par Le Sueur, et gravée par Villerey. 1 vol. in-8. fig........ 30 fr.
Vie de Frédéric II, roi de Prusse, par J. Ch. Lavaux. 7 vol. in-12. avec portrait... 17 fr. 50 c.
— Le même ouvrage, en 7 vol. grand in-8........ 32 fr.
— Séparément, les tomes V, VI et VII, gr. in-8. 10 fr. 50 c. — Petit in-8. ou in-12 7 fr. 50 c.
Vie de Laurent de Médicis, trad. de Will. Roscoë, par Fr. Thurot. 2 vol. in-8. An IV.... 10 fr.
Vies et Œuvres des Peintres les plus célèbres de toutes les écoles. Recueil classique, réduit et gravé au trait, et publié par Landon. Tomes I à XXV, grand in-4. (Ouvrage terminé.) 625 fr.
— Le même ouvrage, in-fol. pap. vél........ 1250 fr.

Cette collection se compose des Œuvres suivants : *Dominiquin* et choix de l'*Albane*, 3 vol.; *Raphaël*, 8 vol.; *Poussin*, 4 vol.; *Michel-Ange*, *Baccio Bandinelli* et *Daniel de Volterre*, 2 vol.; *Le Sueur* et Choix de *Jouvenet*, 2 vol.; *Corrège*, 2 vol; *Léonard de Vinci*, *Titien*, *le Guide*, *P. Véronèse*, 1 vol., et peintres antiques, 3 vol. L'ouvrage de chaque maître se vend séparément.

Voyageurs (les trois), Essai philosophique, par M. Lemoine. 2 vol. in-8. 1819........ 9 fr.
Voyage d'un Français en Angleterre pendant les années 1810 et 1811, avec des observations sur l'état politique et moral, les arts et la littérature de ce pays; par M. Simond. Seconde édit., revue, corrigée et augmentée. 2 vol. in-8. ornés de 15 planches et 13 vignettes. 1817... 21 fr.
Voyage en Grèce, de Xavier Scrofani Sicilien, fait en 1794 et 1795, avec une carte générale de la Grèce ancienne et moderne, et 10 tableaux de commerce. 3 vol. in-8. An IX........ 8 fr.
Voyage pittoresque autour du monde, fait sur le brick le *Rurik*, dans les années 1815 à 1818, dessinés par M. L. Choris, avec un texte descriptif et des notes, par MM. Cuvier, Gall, etc. In-fol. 22 livrais. de 5 pl. color. chaque. Ouvrage complet, 1822........ * 330 fr.
— *Idem*, les figures en noir........ * 165 fr.
Voyage de Moscou à Vienne, par Kiow, Odessa, Constantinople, Bucharest et Hermanstadt, ou Lettres adressées à Jules Griffith, par le comte de La Garde. 1 vol. in-8. 1824, avec le portrait de l'auteur........ 7 fr.

Ce Voyage, écrit avec beaucoup d'esprit, d'élégance et de grâce, est rempli de détails charmans, d'observations fines et judicieuses, d'anecdotes piquantes et peu connues. C'est l'ouvrage d'un homme du monde qui a voulu plaire et instruire en même temps : nulle part les mœurs ne sont observées et décrites avec plus de délicatesse et d'agrément.

Voyages à Peking, Manille, et l'île de France, faits dans l'intervalle des années 1784 à 1801, par M. de Guignes. 3 vol. in-8. avec un atlas in-folio.... 48 fr. — Sur pap. vélin.... 96 fr.
Voyages de Mirza Abu Taleb Khan, en Asie, en Afrique et en Europe, pendant les années 1799 à 1803; écrits par lui-même. 2 vol. in-8. 1811........ 9 fr.
Voyage (relation du) à la recherche de Lapérouse, fait dans les années 1791 à 1794, par M. Labillardière. 2 vol. in-8. avec un atlas in-folio........ 42 fr.
Voyage pittoresque de la France (Voyez *Description générale et particulière de la France*).
Voyage pittoresque de la Suisse (Voyez *Tableaux de la Suisse*)........
Voyage pittoresque de l'Oberland, ou Description des Vues prises dans l'Oberland, district du canton de Berne. 1 vol. gr. in-4. avec 15 pl. coloriées et une carte itinéraire, 1812.... 72 fr.

— *Idem*, avec les doubles planches coloriées et au trait........................ 84 fr.

La partie du canton de Berne, qui est l'objet de cet ouvrage, est la plus riche en scènes gracieuses et pittoresques; c'est le point de la Suisse le plus fréquenté par les voyageurs : en effet, l'étranger qui ne peut faire un long séjour en Suisse, ni parcourir plusieurs régions de la chaîne des Alpes, ne saurait mieux employer son temps qu'en visitant l'Oberland bernois. Les vues sont prises sur les bords et au midi du lac de Thoun, où la nature semble avoir déployé toute sa magnificence; elles sont exécutées par un artiste indigène, et coloriées avec beaucoup de soin et de fidélité. Le texte de l'ouvrage écrit avec un grand talent et une grande élévation d'idées, contient une foule de notices et de documens nouveaux; il ne peut qu'ajouter beaucoup aux jouissances de ceux qui iront visiter ce beau pays.

Voyage de MM. de Humboldt et Bonpland aux régions équinoxiales du nouveau continent. *Section de Botanique :* Plantes équinoxiales. 17 livraisons formant 2 vol. in-folio, avec 144 planches. (Ouvrage complet).. 520 fr.

— Le même ouvrage. *Section d'Astronomie :* Recueil d'observations astronomiques, d'opérations trigonométriques, et de mesures barométriques. 9 livraisons formant 2 vol. grand in-4. avec 2 planches. *Paris*, 1810. (Ouvrage complet)........................ 192 fr.
Sur papier vélin.. 288 fr.

Voyage pittoresque de l'Istrie et de la Dalmatie, enrichi d'estampes, cartes et plans, d'après les dessins de Cassas. 14 livraisons formant 1 vol. in-fol. Ouvrage terminé............ 210 fr.

— Le même, papier vélin............ 350 fr. — Avant la lettre .... 450 fr.

Voyage en Suisse, fait dans les années 1817, 1818 et 1819; suivi d'un Essai historique sur les mœurs et les coutumes de l'Helvétie ancienne et moderne, etc.; par M. Simond (auteur du *Voyage d'un Français en Angleterre*). Seconde édition entièrement revue et augmentée d'une Table raisonnée des matières. 2 forts vol. in-8. *Paris*, 1824.................. 15 fr.

Voyage pittoresque de Constantinople et des rives du Bosphore, d'après les dessins de M. Melling, dessinateur et architecte de la sultane Hadidgé, sœur de Sélim III; 2 vol. gr. in-fol. dont un de texte et un de planches, au nombre de 52, dans les plus grandes dimensions, sur papier vélin double superfin. — Ouvrage entièrement terminé. Epreuves avec la lettre... 1,560 fr.

— Epreuves avant la lettre.. 2,340 fr.

Ce Voyage pittoresque que la nouveauté et l'intérêt du sujet, la beauté des dessins et la perfection de la gravure ont déjà placé au premier rang des plus curieuses et des plus belles productions du même genre, est dû à un artiste distingué qui a séjourné dix-huit ans à Constantinople.

Il a pour objet de faire connaître, par les yeux et par l'esprit, une contrée célèbre dans les annales du monde, et riche des plus merveilleux dons de la nature; de représenter avec une scrupuleuse fidélité, et dans une suite systématique de tableaux, les sites pittoresques de l'Hellespont, l'aspect incomparable de Constantinople, et les points de vue ravissans qu'offre de toutes parts le Bosphore; de peindre enfin une nation entière dans ses monumens publics et privés, dans son costume, dans ses travaux, dans ses cérémonies, dans ses fêtes, dans ses institutions diverses, dans ses moyens militaires et maritimes.

L'extrait suivant du Prospectus fera connaître les différens genres d'intérêt que réunit cet important ouvrage.

« Depuis que l'art de la gravure a donné naissance aux *Voyages Pittoresques*, il y a peu de contrées en Europe dont les sites principaux n'aient été explorés le crayon à la main, et reproduits dans des collections d'estampes accompagnées de descriptions. La capitale de l'empire Ottoman et ses magnifiques environs semblaient seuls, jusqu'à ce jour, avoir été oubliés de nos artistes. Et cependant, quel pays réunit à un plus haut degré toutes les conditions, tous les genres d'intérêt, qui constituent essentiellement le mérite d'un voyage pittoresque, que celui où tout est grand, riche et varié, dans les ouvrages de la nature; tout est nouveau, extraordinaire, dans ceux de l'homme, dans l'homme lui-même ?

« On avait donc lieu d'être surpris qu'aucun des artistes qui visitaient *Constantinople et ses superbes environs*, n'eût encore tenté de nous en offrir le spectacle, dans une suite de vues prises sur les lieux. Mais l'étonnement cessait, lorsqu'on venait à réfléchir aux difficultés de l'exécution d'un pareil ouvrage. Les mœurs et les préjugés du Musulman, qui excitent si vivement notre curiosité, semblent opposer un obstacle invincible à l'étranger qui tenterait de la satisfaire. Naturellement méfiant, il porte à un tel point son aversion pour les arts d'Europe et pour ceux qui les cultivent, qu'un dessinateur lui paraît presque toujours un ennemi.

« M. Melling était venu très jeune à Constantinople. L'attrayante nouveauté des objets l'avait frappé, et il employait ses crayons à les reproduire aussi fréquemment que les circonstances le lui permettaient. Heureusement la fortune sembla se plaire à favoriser ces travaux. Les Turcs, dont il avait gagné l'affection par une longue habitude, par sa facilité à parler leur langue, et par des manières analogues aux leurs, finirent par le voir sans peine se livrer au milieu d'eux à des occupations qui, s'il avait eu moins de titres à leur confiance, n'auraient pas manqué de leur donner de l'ombrage. Bientôt il fut appelé près de la sultane Hadidgé, sœur du Sultan Sélim III, pour diriger, comme architecte, les embellissemens de son palais. Son travail plut au sultan lui-même, qui le chargea peu après de construire dans sa maison de plaisance de Beschik-Tasch, un pavillon et une galerie. Dès lors l'emploi que l'on faisait de ses talens leva jusqu'au moindre obstacle qui aurait pu en contrarier l'exercice, et tout lui fut ouvert, jusqu'à l'intérieur même du Sérail. C'est de cette époque que, soumettant à un plan régulier des travaux si nombreux et si variés, il combina celui-ci de manière que tout ce que Constantinople et les rives du Bosphore offrent de sites pittoresques et d'objets intéressans se trouva distribué dans *quarante-huit* tableaux liés entre eux comme les parties d'un seul tout, et cependant présentant chacun une scène distincte et complète.

« Après dix-huit années de séjour, M. Melling quitta Constantinople et vint s'établir à Paris, espérant y trouver plus facilement qu'ailleurs les moyens de publier la magnifique collection de ses dessins. Son attente n'a point été trompée : des éditeurs ont osé se charger de cette immense entreprise, et ils y ont été déterminés par les suffrages unanimes des hommes les plus éclairés; de ceux surtout que leurs propres travaux rendaient les meilleurs juges dans une pareille matière. « Cette collection, leur écrivait M. le baron Vivant-Denon, joint au mérite de la plus belle exécution un caractère de vérité, qui sera justement apprécié par les voyageurs instruits que l'amour des sciences et des arts a conduits « dans cette contrée. » — « Les vues de Constantinople et du Bosphore, que m'a montrées M. Melling, leur mandait « M. le comte de Choiseul, m'ont surpris par leur exactitude, leur vérité; et je ne connais rien de mieux exécuté dans « ce genre. La collection des estampes précieuses que vous allez publier deviendra un supplément nécessaire de mon

« ouvrage, pour ceux qui desirent se faire une idée parfaite de la capitale de l'empire Ottoman. C'est en grande partie « sous mes yeux que M. Melling a travaillé : je l'ai vu acquérir son talent par une constante étude de la nature. »

« Dans l'exécution d'un ouvrage tel que le VOYAGE PITTORESQUE DE CONSTANTINOPLE ET DES RIVES DU BOSPHORE, la partie la plus importante sans doute, et celle qui présentait le plus de difficultés, était la gravure des *quarante-huit* dessins de M. Melling. La grandeur des planches paraissait démesurée; mais elle était une condition indispensable, qui résultait évidemment du caractère spécial de l'ouvrage. Le développement des vues dessinées par M. Melling, répondant à l'étendue des sites, à la grandeur, à la magnificence du spectacle qu'il avait sous les yeux, la moindre réduction, en diminuant la valeur des détails, aurait affaibli l'effet de l'ensemble; on s'est donc déterminé à conserver aux planches les vastes dimensions des dessins originaux, et l'exécution en fut confiée aux premiers artistes de la capitale.

« La rédaction du texte, destiné à accompagner les planches, et à faire connaître tous les lieux et tous les objets dont elles offrent une fidèle représentation, exigeait en même temps la coopération d'un écrivain distingué.

« M. Charles Lacretelle a bien voulu se charger de rédiger ce texte sur les notes de M. Melling, et sur des descriptions rédigées avec soin par un voyageur français, homme très instruit qui lui-même avait observé chaque site, chaque point de vue, chaque circonstance des tableaux de M. Melling, et qui souvent décrivait à ses côtés les objets que celui-ci dessinait; enfin sur un grand nombre de communications offertes par diverses personnes à qui leurs lumières, leur goût pour les arts, et l'expérience acquise par un long séjour à Constantinople, ont inspiré le désir et fourni les moyens de seconder le zèle des éditeurs. Le travail de ce judicieux historien correspondant à chacune des planches, forme sous sa plume élégante une suite de tableaux non moins intéressans que ceux auxquels ils sont destinés à servir d'explication.

« Une troisième partie du *Voyage pittoresque* a dû être, à cause de son importance et de sa nouveauté, l'objet de la plus sévère attention; c'est la partie topographique. Pour publier un plan de la ville de Constantinople et de ses faubourgs, tant en Asie qu'en Europe, et une carte topographique du Bosphore et de ses environs, qui, par la grandeur des dimensions et par l'authenticité de ses détails, répondissent au reste de l'ouvrage, il fallait se livrer à un travail neuf, dont les élémens n'existaient encore que dans des dessins manuscrits. M. Barbier du Boccage a bien voulu se charger de cette tâche pénible, et il l'a remplie avec une supériorité égale à celle dont il a déjà fait preuve tant de fois dans la même carrière. Les deux magnifiques cartes qu'il a dressées pour ce *Voyage* ont été gravées par M. F. P. Michel: les descriptions qui les accompagnent garantissent leur fidélité, en indiquant les matériaux que l'auteur a employés pour les construire. On y a joint un plan indiquant, par la simple ouverture des angles qui y sont tracés, la direction et l'étendue de la plupart des vues dont se compose l'ouvrage. Il sert pour ainsi dire de lien à toutes les parties séparées de ce vaste ensemble.

« On a cru devoir placer en tête de l'ouvrage le portrait de Sélim III, très soigneusement gravé par M. Muller, parce que c'est sous son règne et par sa protection que M. Melling a exécuté la belle suite de ses dessins. Le chiffre impérial Ottoman, en or, orne le titre de l'ouvrage. Lorsqu'on s'efforçait de ne rien omettre de tout ce qui pouvait contribuer à la perfection du *Voyage pittoresque de Constantinople*, on n'a pu négliger de lui assurer l'avantage de la plus magnifique exécution typographique. Le papier vélin superfin double qu'on y a employé a été fabriqué exprès, et il porte dans sa pâte le titre de l'ouvrage : le texte a été imprimé par M. P. Didot, et c'est sans doute une des plus belles productions des presses de ce célèbre typographe. »

Ce magnifique ouvrage, aujourd'hui complet, a été publié en treize livraisons successives, dont la dernière renferme la partie topographique dressée et décrite par M. Barbié du Boccage, le frontispice et le portrait de Sélim III. Les personnes qui n'auraient pas la totalité de l'ouvrage, pourront, en pressant leurs demandes, se procurer séparément les dernières livraisons qui leur manquent.

Voyage dans la Haute-Egypte, au-dessus des Cataractes, avec des observations sur les diverses espèces de séné; par M. Nectoux. In-fol. avec 4 planches coloriées. . . . . * 16 fr.

Vues d'Egypte exécutées d'après les dessins originaux tirés du cabinet de M. Rob. Ainslie, et faits pendant son ambassade à Constantinople, par L. Mayer, avec une Relation historique de ce pays en français et en anglais. 1 vol. grand in-fol. pap. vél. avec 48 planches soigneusement coloriées. *Londres*, 1805. . . . . 300 fr.

— Les mêmes épreuves avant la lettre, sur très-grand papier vélin, format atlant. . . . . . . 600 fr.

Vues de la Palestine et de la Caramanie, d'après les dessins originaux de L. Mayer, avec une Relation historique de ce pays, etc., en français et en anglais. 1 vol. grand in-fol. avec 48 planches en couleur. *Londres*, 1804. . . . . 300 fr.

— Le même ouvrage, épreuves avant la lettre, sur très-grand pap. vélin, format atlant. 600 fr.

Vues des Provinces ottomanes en Europe et en Asie, et de quelques îles de la Méditerranée, exécutées d'après les dessins originaux faits pour M. Rob. Ainslie, avec une Relation historique de ces pays, en anglais et en français, par L. Mayer. 4 parties formant 2 vol. grand in-fol. avec 72 planches coloriées. *Londres*, 1810. . . . . 600 fr.

— Les mêmes, épreuves avant la lettre, sur très-grand pap. vél. double, format atlant. 1200 fr.

Vues (grandes) pittoresques des principaux sites et monumens de la Grèce et de la Sicile, et des sept collines de Rome, dessinées et gravées par Cassas et Bence, et accompagnées d'une explication des monumens, par Landon. 1 vol. in-fol. atlantique, 1813. . . . . 72 fr.

Weiss Kunig (der), Relation des faits et gestes de l'empereur Maximilien I, rédigée par l'empereur lui-même, et par le secrétaire impérial Marx Treitzsaurwein, *en vieux langage allemand*, avec 237 anciennes figures en bois, gravées dans le seizième siècle par H. Burgmaier. 1 gros vol. in fol. *Vienne*, 1775. . . . . 36 fr.

— Sur papier fin. . . . . 48 fr.

Cet ouvrage fait pendant au fameux Teuerdank.

Ouvrages périodiques, qui se continueront exactement pour l'année 1825.

Journal général de la Littérature de France, ou Indicateur bibliographique et raisonné des livres nouveaux en tous genres, estampes, cartes géographiques, etc. qui paraissent en France,

classés par ordre de matières. Grand in-8. — Année 1825. Un cahier par mois. Prix de la souscription pour l'année, franc de port.. 15 fr.
— la Collection des années 1799 à 1824 est de.................................. 590 fr.

Cet ouvrage périodique, qui a commencé en 1798, réunit dans un même cadre tous les travaux des écrivains français, et dresse, en quelque sorte, l'inventaire des richesses nationales, sous le rapport des talens et des lumières.

Il dit, sur chaque ouvrage, ce qui est nécessaire pour le faire connaître; fournit aux recherches des savans les plus promptes et les plus exactes indications; offre aux nations étrangères un aperçu de nos efforts et de nos progrès; il simplifiera pour l'avenir l'étude de la bibliographie, et prépare d'utiles et abondans matériaux à l'histoire littéraire de la France.

Journal général de la Littérature étrangère, ou Indicateur bibliographique et raisonné des livres nouveaux en tous genres, cartes géographiques, etc. qui paraissent dans les divers pays étrangers à la France, tous classés par ordre de matières. Grand-in-8. — Année 1825. Un cahier par mois. Prix de la souscription pour l'année, franc de port............ 15 fr.
La collection des 24 premières années, dont six d'un cadre plus étendu............ 591 fr.

Ce journal, créé sur le même plan que le Journal général de la Littérature de France, est destiné, en quelque sorte, à lui servir de complément. Pendant que l'un nous offre un tableau complet des productions scientifiques et littéraires de notre propre patrie, l'autre nous fait connaître les productions intéressantes des nations étrangères dont les travaux sont presque perdus pour nous. Réunis, ces deux ouvrages forment une bibliographie générale de l'Europe; séparés, ils fournissent sur la bibliographie de chaque nation les renseignemens les plus satisfaisans.

Journal des Savans. — La publication de ce journal, qui avait été interrompue en 1792, a été reprise en 1816 par ordre du roi. Depuis le 1er septembre 1816, il paraît tous les mois un cahier de huit feuilles d'impression in-4. Le prix de l'abonnement pour l'année est de *36 fr. pour Paris, et de *40 fr. franc de port pour les départemens.

Les hommes de lettres nommés par Monseigneur le chancelier pour rédiger le Journal des Savans, sont MM. Dacier, Silvestre de Sacy, Gosselin, Cuvier, Daunou, Tessier, Quatremere de Quincy, Biot, Vanderbourg, Raynouard, Gay-Lussac, Raoul Rochette, de Chezy, Cousin, Letronne.

Annales des Mines, ou Recueil de Mémoires sur l'exploitation des Mines, et sur les sciences qui s'y rapportent; rédigées par le Conseil général des Mines. Prix de la souscription pour l'année 1825, composée de 6 cahiers. * 20 fr. pour Paris, et * 24 fr. pour les départemens.
Les années antérieures, depuis 1816 jusqu'en 1824.................................* 104 fr.

Bulletin universel des Sciences et de l'Industrie, publié sous la direction de M. le baron de Férussac, et divisé en huit sections principales. — Année 1825. Un vol. in-8. de 39 feuilles par mois, lesquelles disposées par ordre de matière, forment 18 vol. par an; prix de l'année, franc de port, *132 fr. pour Paris; *156 fr. 50 c. pour les départemens; *181 fr. pour les pays étrangers.

Le Bulletin universel est une de ces entreprises qui appellent l'attention de tous les hommes éclairés. Offrant chaque mois, classés méthodiquement, tous les faits nouveaux qui concernent les sciences et l'industrie, et qui sont publiés dans les différentes parties du monde civilisé, elle a été considérée comme un besoin du siècle, et accueillie dans tous les pays avec un extrême intérêt.

Voici une idée de l'ensemble du Bulletin: un seul volume de 39 feuilles in-8., caractère petit romain, équivalant à plus de 54 feuilles des journaux ordinaires, présente chaque mois plus de 900 articles sur les principaux faits. Ces articles sont rédigés par le concours de plus de 200 savans choisis dans la capitale; ils recueillent la substance de tous les journaux qui se publient depuis la Nouvelle-Hollande jusqu'aux rives de l'Ohio, du nord au sud des deux Continens; ils annoncent ou bien analysent les ouvrages de tous les pays; ils indiquent les faits nombreux que fournit une correspondance très active avec les sociétés savantes et les hommes célèbres du monde. — Le Bulletin universel est destiné à mettre en rapport les savans et les hommes occupés dans toutes les contrées des diverses branches de l'industrie, et surtout de la librairie, à leur servir de lien de communication et de correspondance habituelle, à procurer entre toutes les nations un échange réciproque d'idées et de lumières, à signaler enfin aussitôt qu'ils sont connus, les ouvrages, les faits, les procédés, les machines et les découvertes.

Ce Recueil est divisé en huit sections. Cette division est basée sur les diverses espèces de goûts ou d'occupations qui partagent la grande partie de la société. Ainsi, Astronomes, Mécaniciens, Chimistes, Physiciens, Naturalistes, Médecins, Agriculteurs, hommes voués à l'industrie, Mathématiciens, Ingénieurs, Constructeurs, Géographes, Historiens, Archéologues, Philologues et Militaires, tous y puiseront de l'instruction.

Les huit sections du Bulletin universel paraissent aussi sous les titres spéciaux ci-après. On peut s'abonner pour chacune séparément:

Bulletin des Sciences mathématiques, physiques et chimiques, — Un cahier in-8. de 4 feuilles par mois; prix de souscription pour l'année, franc de port, *15 fr. pour Paris; *17 fr. 50 c. pour les départemens; *20 fr. pour les pays étrangers.

Bulletin des Sciences naturelles et de géologie. — Un cahier in-8. de 7 feuilles par mois; prix de l'année, franc de port, * 26 fr. pour Paris; * 30 fr. 50 c. pour les départemens; * 35 fr. pour les pays étrangers.

Bulletin des Sciences médicales, etc. — Un cahier in-8. de 6 feuilles par mois; prix de l'année, franc de port, * 22 fr. pour Paris; * 25 fr. 50 c. pour les départemens; * 29 fr. pour les pays étrangers.

Bulletin des Sciences agricoles, économiques, etc. — Un cahier in-8. de 4 feuilles par mois; prix de l'année, franc de port, *15 fr. pour Paris; *17 fr. 50 c. pour les départemens; * 20 fr. pour les pays étrangers.

Bulletin des Sciences technologiques. — Un cahier in-8. de 4 feuilles, et une planche par mois; prix de l'année, franc de port, *18 fr. pour Paris; * 21 fr. pour les départemens; * 24 fr. pour les pays étrangers.

Bulletin des Sciences géographiques, Economie publique, Voyages. — Un cahier in-8. de 6 feuilles par mois; prix de l'année, franc de port, * 22 fr. pour Paris; * 25 fr. 50 c. pour les départemens; *29 fr. pour les pays étrangers.

Bulletin des Sciences historiques, Antiquités, Philologie. — Un cahier in-8. de 5 feuilles par mois; prix de l'année, franc de port, *18 fr. pour Paris, *21 fr. pour les départemens; * 24 fr. pour les pays étrangers.

Bulletin des Sciences militaires. — Un cahier in-8. de 3 feuilles par mois; prix de l'année, franc de port, * 12 fr. pour Paris; *14 fr. pour les départemens; *16 fr. pour les pays étrangers.

N. B. Les souscriptions pour le Bulletin universel, dans son ensemble comme pour chacune des huit sections spéciales, ne sont reçues que pour l'année entière.

Livres latins et grecs.

Amoribus (de) Pancharitis et Zoroæ, poëma eroticon. 1 vol. in-8. .... 4 fr.

Auctores classici, latini et græci, editiones Bipontinæ (Voyez-en la notice et les prix page 55 du présent Catalogue).

Carmina Homerica. Ilias et Odyssea in pristinam formam redacta; cum Notis et Prolegomenis Payne; Knight. 1 vol. petit in-4, sur papier vélin. *Londres*, 1820. .... * 35 fr. 75 c.

Codex Civilis, è patrio in latinum sermonem translatus. .... 5 fr.

Corpus Juris civilis academicum, auct. Ch. H. Freiesleben. 2 vol. in-4. 1789. ....* 18 fr.

De Candolle. Prodromus Systematis universalis Regni vegetabilis, seu Enumeratio methodica ordinum, specierumque plantarum huc usque cognitarum. In-8. *Vol. primum.* 1824. . 18 fr.

Le nombre immense des végétaux connus aujourd'hui (nombre qui s'élève à plus de 50,000, tandis que les ouvrages les plus complets publiés jusqu'ici n'en comptent guère au-delà de 20,000) et le besoin absolu que les botanistes sentent chaque jour davantage d'une énumération complète des végétaux connus, faite d'après les principes de la méthode naturelle, dont ils apprécient de plus en plus l'utilité et l'importance, a décidé M. de Candolle à interrompre momentanément la publication de son *Systema*, pour donner, sous la forme la plus abrégée possible, un *Prodromus*, qui fera connaître l'état actuel de la science botanique, et présentera 1°. les caractères des classes et des familles naturelles réduits à leurs termes les plus simples, 2°. les caractères abrégés des genres avec l'indication de l'auteur qui l'a établi, et une description ou une figure où les détails du genre sont représentés; 3°. quant aux espèces, on y trouvera, pour chacune d'elles, son nom, l'indication de l'auteur dont la nomenclature est adoptée, la phrase caractéristique, le signe qui indique la durée, la patrie, etc., etc. Tous ces objets sont resserrés de telle sorte que chaque article d'espèce ne contient que trois à quatre lignes. On a donné un soin particulier à classer les espèces dans les genres de la manière la plus propre à faire voir les degrés réels des affinités réciproques des plantes.

Le premier volume du *Prodromus*, qui vient de paraître, contient l'énumération des cinquante-quatre familles composant actuellement la classe des Thalamiflores, et forme déjà un tout complet. Toutes les mesures sont prises pour que la publication des volumes suivans éprouve le moins de retard possible.

De Candolle. Regni vegetabilis Systema naturale; sive Ordines, Genera et Species Plantarum secundùm methodi naturalis normas digestarum et descriptarum. *Volumen primum:* sistens Prolegomena et Ordines quinque nempe: Ranunculaceas, Dilleniaceas, Magnoliaceas, Anonaceas, et Menispermeas. In-8. de 568 pages, 1818. .... 12 fr.

— Idem, *volumen secundum*, sistens ordines sex, nempe Barberidas, Podophylleas, Nymphæaceas, Papaveraceas, Fumariaceas et Cruciferas. In-8. de 750 pages 1821. .... 15 fr.

De Lessert. Icones Selectæ Plantarum quas in Systemate universali ex Herbariis Parisiensibus, presertim ex Lessertiano, descripsit A. P. de Candolle. Vol. I et II. *Cum 200 tabulis æn.* Grand-in-4. .... * 70 fr. — Sur papier vélin. .... * 100 fr.

— Le même ouvrage, grand in-folio, sur papier vélin superfin. .... * 140 fr.

Cet ouvrage est consacré à figurer un grand nombre de plantes nouvelles, décrites dans le grand ouvrage de M. de Candolle, intitulé: *Regni vegetabilis Systema naturale.*

Delaroche (F.) Eryngiorum nec non generis novi Alepideæ Historia. vol. in-fol. avec 32 planches, 1808. .... 36 fr.

Facciolati, (J.) totius latinitatis Lexicon, opera et studio Æg. Forcellini. 4 vol. in-fol. *Patavii*, 1805 .... * 120 fr.

— Appendix ad totius latinitatis Lexicon. In-fol. *Patavii*, 1816, avec portrait. .... * 10 fr.

Halebi historia (selecta ex), e Codice arabico bibliotecæ regiæ Parisiensis edidit, latine vertit et adnotationibus illustravit G. W. Freytag. Vol. in 8. de l'imprimerie royale. 1819. 12 fr.

— Sur grand papier vélin. .... 24 fr.

Hermanni, Prof. Arg., Tabula Affinitatum animalium, per totum Animale regnum in tribus foliis exposita, uberiore nunc commentario historiam naturalem animalium augente illustrata, 4. Argent. 1785. .... 7 fr. 50 c.

— *Tabula ipsa scorzim, sine commentario* .... 2 fr.

Herodoti Historiarum libri ix græcè, cum novâ vers. latinâ var. lect. ex xv Codd. Paris. cura Boissonnadii nuper collatis et emend. et locuplet. Wesselingii et Walckenarii aliorumque adnotat. et suas adjecit, cum indice Joh. Schweighaeuser. 6 tom. en 12 volumes. In-8. 1816, br. . 82 fr.

— *Idem*, sur papier vélin grand-raisin, cartonné à la Bradel. .... 156 fr.

Un seul exemplaire sur Vélin de la plus belle qualité.

Lexicon Herodoteum, quo et styli Herodotei universa ratio enucleate explicatur, et quam plurimi musarum loci ex professo illustrantur; passim etiam partim græca lectio, partim versio latina quas offert Argentoratensis editio vel vindicatur vel emendatur; instruxit Joh. Schweighæuser, Academiæ regiæ Inscrip., etc. 2 vol. in-8. à deux colon. 1824. . 20 fr.

— Le même ouvrage sur grand papier vélin. .... 55 fr.

Ce nouveau travail de M. Joh. Schweighæuser est disposé de manière à servir non seulement pour l'édition grecque d'Hérodote en 6 vol. in-8. qu'il a publiée en 1816, mais encore pour toutes les éditions grecques de cet historien, publiées jusqu'à ce jour.

Horatii Carmina, editio Oberlini. 1 vol. grand-in-4. sur papier vélin anglais. .... 48 fr

Imitatione (de) Christi, libri quatuor. 1 vol. petit in-folio, papier vélin, avec le tableau du Sauveur, gravé par Klauber, d'après Stella. Didot jeune (très belle édition). .... 48 fr.

Justiniani institutiones, cum notis Loccameri. in-12 .... 2 fr.
Kramp de Vi vitali arteriarum diatribe. In-8. 1787 .... 1 fr. 20 c.
Latreille (P. A.) Genera Crustaceorum et Insectorum secundum ordinem naturalem in familias dispositas, iconibus exemplisque plurimis explicata. 4 tom. in-8. *Parisiis* et *Argentorati*, 1806 à 1807 .... 45 fr.
— *Idem*, sur papier vélin, fig. coloriées .... 90 fr.
Lichtenberger (Jo. Fr.) Initia typographica. Opus celeberr. Schœpflini Vindicias typographicas elucubrans, nec non earum continuationem offerens. In-4. 1811 .... 8 fr.
— *Ejusdem libri Appendix, de Indulgentiarum litteris a. 1454 impressis.* In-4 .... 60 c.
Lydi (J. L.) De Ostentis quæ supersunt, una cum fragmento libri de mensibus ejusdem Lydi, etc. gr. et lat. vertit C. B. Hase. 1 vol. gr. in-8. *Paris*, 1823 .... 20 fr.
Lorenz (Joh. Mich. Prof. Argent.) Historiæ Gallo-Francicæ civilis et sacræ summa. 4 vol. in-8. 1790 .... 15 fr.

Cet ouvrage, fruit de quarante années de recherches, offre, en forme de table et par ordre chronologique, la réunion de tous les faits remarquables de l'histoire de France, avec l'indication scrupuleuse des sources où l'auteur a puisé. C'est une bibliothèque immense en abrégé, également précieuse pour l'étude de l'histoire et pour les recherches qui y ont rapport.

Nalus, Carmen sanscritum e Mahâbhârato. Edidit, latine vertit, et adnotationibus illustravit Francisc. Bopp; vol. in 8. *Londres*, 1819 .... 28 fr. 50 c.
Nestler (C. G.) Monographia de Potentilla præmissis nonnullis observationibus circafamiliam Rosacearum, cum tabulis æneis XII. In-4. 1816 .... * 6 fr.
Newtoni (Is. Eq. Aur.) Philosophiæ naturalis Principia mathematica, perpetuis commentariis illustrata communi studio PP. Lesueur et Jacquier. Editio nova, summa cura recensita. 4 vol. in-8. cum fig. *Glasguæ, Londini* et *Parisiis*, 1822 .... * 112 fr.
ΝΙΚΗΤΑΣ ΕΥΓΕΝΙΑΝΟΣ, etc. Nicetæ Eugeniani narrationem amatoriam et Constantini Manassis fragmenta, curante J. Fr. Boissonade. 2 vol. in-12. 1819 .... * 15 fr.
Oppiani Poëma de Venatione, ad manuscriptos cod. emend. et annot. auxit Belin de Ballu; græce et latine. 1 vol. in 8. 1786 .... 6 fr.
— *Idem*, grand in-4 .... 12 fr.
Ovidii Nasonis tristium libri V ex Ponto libri IV et I bis. Lectionis varietatem eruditorum conjecturas et clavem adjecit J. J. Oberlinus. Petit in-8. *Argentor.* 1778 .... 3 fr.
Persoon. Icones pictæ specierum rariorum Fungorum in synopsi methodica descriptorum. 4 fasciculi. In-4. fig. color. 1803 .... 36 fr.
— *Idem*, papier vélin .... 48 fr.
Pindaricorum carminum fragmenta, curavit J. G. Schneider. In-4. *Argentor.* 1776 .. 2 fr. 25 c.
Ploucquet (G. G. de) Litteratura Medica digesta, sive Repertorium Medicinæ practicæ, Chirurgiæ atque Rei obstetriciæ. 4 vol. grand. in-4. *Tubingæ*, 1809 .... * 112 fr.
— *Idem*, Supplem. I. In-4. maj. *Tubingæ*, 1814 .... * 16 fr.
Sanctio pragmatica, Germanorum illustrata, éd. Ch. G. Koch. Gr. in 4. fig. 1789 ...... 12 fr.
Schœpflini (J. D.) Vindiciæ typographicæ. In-4. avec planches, 1770 .... 3 fr. 60 c.
Schumlanski (D. A.) de structura renum, ed. G. C. Würtz. In-8. fig. 1788 .... 1 fr. 80 c.
Schweighæuser, (J.) Lexicon Herodot. (*Voyez Herodot.*)
Sœmmering (S. T.) de Corporis humani fabrica. 6 vol. in-8. *Francofurti*, 1794 à 1801 .. * 36 fr.
Sophoclis Tragœdiæ VII, græce, cum versione latina et notis criticis cur. Brunck. 2 vol. in-4. grand papier. *Argent.* 1786 : belle édition (épuisée et très rare) .... 120 fr.
— *Idem*, édition format in-8. 4 vol. grand papier (épuisée et fort rare) .... 96 fr.
— *Idem*, tomes 3 et 4 de l'édition in-8. contenant les anciennes Scholies, celles de Triclinius, et celles recueillies dans les anciens grammairiens, les Fragmenta, le Lexicon Sophocleum, et la Table. Ces deux volumes, pouvant servir à toute autre édition de Sophocle, se vendent aussi séparément, savoir :
Sur pap. sans colle. 12 fr. — Sur gr. pap. de France. — 18 fr. — Sur pap. d'Annonay. 30 fr.
Spielmann (Jac. Reinb.) Institutiones Materiæ medicæ; editio revisa. In-8. 1784 .... 6 fr.
— Pharmacopœa generalis. 1 gros vol. in-4. 1783, avec le portrait de l'auteur gravé par Guérin. Sur bon papier .... 15 fr.
Terentii Afri Comœdiæ VI ad fidem optim. cod. recensuit Brunck. 1 vol. grand in-4. sur papier vélin anglais, 1797 .... 42 fr.
— *Idem*, un seul exemplaire sur *Peau de Vélin.*
Tyrtæi Carmina, græce, cum vers. latina, itemque metrica italica, Lud. Lamberti ejusque annotat. Gr. in-8. 1801 .... 1 fr. 50 c.
Usteri Delectus Opusculorum botanicorum. 2 vol. in-8. maj. c. fig. 1793 .... 12 fr.
Vibius Sequester de fluminibus, fontibus, lacubus, nemoribus, paludibus, montibus, gentibus, quorum apud poetas mentio fit, Lectionis varietatem et integras doctorum commentationes adjecit et suas Jer. Jac. Oberlinus. Vol. in-8. *Argentorati*, 1778 .... 6 fr.

Virgilii Maronis Bucolica, Georgica et Æneis, ed. Brunck. 1 vol. gr. in-4. sur papier vélin anglais, 1789........ 42 fr.

— Du même ouvrage, un seul exemplaire sur *Peau de Vélin.*

Winslow (J. B.) Expositio anatomica structuræ Corporis humani. 4 vol. in-8. fig. 1753.. 10 fr.

Würtz (Georg. Christ.) Conamen Mappæ generalis Medicamentorum simplicium, secundum affinitates virium naturalium, nova methodo geographica dispositorum; juncta mappa eleg. æri incisa. In-4. 1778........ 4 fr. 50 c. — Sur papier bien collé........ 6 fr.

Cartes géographiques et Gravures.

			Cartes originales anglaises.	
Arrowsmith	Map of the World........	6 feuilles........		36 fr.
————	Map of Europe........	4 feuilles........		24 fr.
————	Map of Asia........	4 feuilles........		24 fr.
————	Map of Africa........	4 feuilles........		24 fr.
————	Map of America........	4 feuilles........		24 fr.
————	Map of India........	6 feuilles........		54 fr.

Cary's new Map of England and Wales. 1 vol. grand in-4. de 79 cartes........ 60 fr.

Carte de l'Espagne et du Portugal, d'après Lopez, en 6 feuilles........ 12 fr.

Carte des Environs de Paris, dressée par Donnet, gravée par Michel. In-4. 1824.. 1 fr. 50 c.

Carte du Royaume de France par départemens, d'après le Traité de paix de 1814, avec la division des anciennes provinces et les grandes routes. Une feuille........ 1 fr. 50 c.

Carte de l'Empire français et du Royaume d'Italie, rédigée par Picquet, et dressée par Lapie. Une grande feuille. 1808........ 5 fr.

Atlas (nouvel) de la Suisse, par Weiss, en 16 grandes feuilles........ 72 fr.

Parties intéressantes de la Suisse, glaciers, *idem*........ 6 fr.

Cartes du cours du Rhin de Bâle à Spire, en 3 petites feuilles........ 1 fr. 50 c.

Carte des environs de Munich, réduite sur celle faite par ordre de l'Electeur, 1 feuille... 1 fr.

Carte du Théâtre de la Guerre, comprenant la Prusse, la Pologne, une grande partie de la Russie, de la Turquie européenne et asiatique, jusqu'à la mer Caspienne, par Bonne.. 5 fr.

Carte de la Russie d'Europe, avec l'empire d'Autriche, la Suède, le Danemarck et la Norwège, la Perse et le grand duché de Varsovie, etc. etc. par Lapie, gravée par Tardieu 3 feuilles grand-aigle, papier fort........ 18 fr.

Carte générale de l'empire de Russie, par Poirson. 2 feuilles, 1807........ 6 fr.

Carte générale des Etats danois, par le même, 1 feuille........ 4 fr.

Carte de Gibraltar; savoir: de la ville et du promontoire, du détroit, de la baie, et deux vues, 5 feuilles, en noir........ 6 fr. — Enluminée........ 9 fr.

Carte générale de la Grèce, ancienne et moderne, avec les dénominations anciennes et nouvelles, 1 feuille........ 3 fr.

Carte générale d'Afrique, dressée par Lapie, 1 feuille........ 3 fr.

Carte de l'Indostan, gravée d'après Rennel, par Tardieu, 4 grandes feuilles........ 18 fr.

Plan (petit) de la ville de Paris, avec l'indication de ses princip. monumens, 1 feuille. 1 fr. 50 c.

Plan de Saint-Pétersbourg, d'après le plan original russe de l'Académie impériale, gravé par P. A. F. Tardieu. 1 feuille grand-aigle........ 6 fr.

* * *

Aquatinta (l') lithographique, ou manière de reproduire les dessins faits au pinceau; procédé de Al. Senefelder et comp. Gr. in-4. avec planches. 1824........ 10 fr.

Arabesques (nouv. collection d') propres à la décoration des appartemens, dessinés à Rome par Lavallée-Poussin, et gravés par Guyot, avec une explication des 40 planches qui la composent, par Lenoir, 1 vol. gr. in-4........ 25 fr.

C'est ici les différens Jeux des petits Polissons de Paris; collection de 6 planches gravées au burin (par Saint-Aubin)........ 6 fr.

Collection de 196 Estampes de la plus belle exécution, représentant des sujets d'histoire d'Angleterre; gravées en taille-douce par les artistes les plus distingués du pays, etc 1 vol. in-fol. grand format (*texte en Anglais.*) 1812. sur papier vélin........ 720 fr.

Collection de 16 Gravures représentant les principaux événemens de la révolution française, soigneusement exécutées au burin d'après Duplessis Bertaux, par M. Couché fils; format in-8. 1824........ 8 fr. — La même, avant la lettre et avec les eaux fortes........ 16 fr.

Collection de Portraits de MM. les Députés de l'Assemblée nationale constituante, en 216 planches. 2 vol. gr. in-4........ 75 fr.

Collection de Portraits des grands hommes, femmes illustres, et sujets mémorable de la France, gravés au lavis, et imprimés en couleurs, par Blin. 48 livraisons avec explication. In-4. 384 fr.

Collection de 24 Vues coloriées, représentant des lieux célèbres dans l'Histoire sainte, tels que Jérusalem, Sion, Béthléem, Bethsaïde, Fontaine de Siloam, Sépulcres des rois des Indes,

des Juges d'Israël, Tombeau d'Absalon, Béthanie, etc. etc. (*en anglais*), de la collection de Rob. Ainslie, avec des Notes sur chaque Vue. gr. in-4. *Londres*, pap. vel. très-fort.... 88 fr.

Collection de 1008 planches d'Oiseaux enluminées, pour servir à l'intelligence de l'Histoire naturelle des Oiseaux, par Buffon, format gr. in-fol.......................... 1008 fr.

— La même Collection, format grand in-4.......................... 756 fr.

Jupiter et Léda, gravée d'après Paul Véronèse, par Saint-Aubin.................... 3 fr.

Mes Gens, ou les Commissionnaires ultramontains, au service de qui veut les payer : petite collection de 7 planches, dessinées par Saint-Aubin, et gravées au burin par Tilliard.... 6 fr.

OEuvre de Ph. Wouvermans, gravé d'après ses meilleurs tableaux, par J. Moyreau, graveur du roi. Collection de 100 planches grand in-folio.......................... 200 fr.

OEuvres de P. P. Rubens et Van Dyck, gravés par Schelt et Boetius à Bolwerte, Luc Vosterman, Paul Pantius, etc. etc., publiés par Hodges. Gr. in-fol. atlantique. 25 livraisons contenant 96 planches, et les Portraits de Rubens et Van Dyck, 1804 à 1808.............. * 720 fr.

Portefeuille lithographique, ou Recueil de sujets dessinés et imprimés sur planches lithographiques de la nouvelle invention de M. A. Senefelder. in-fol. 12 feuilles, 1823.... 5 fr.

Portrait de S. M. l'empereur Alexandre Ier, gravé par Alex. Tardieu.............. 12 fr.

— *Idem*, avant la lettre.......................... 16 fr.

——— de madame Bricquet, auteur du Dictionnaire des femmes célèbres. In-8....... 1 fr.

——— De Calvin, gravé au pointillé.......................... 50 c.

——— de J. Delille, gravé à Londres par Young, d'après Lemonnier. Gr. in-4....... 5 fr.

——— de mad. Dudeffand, gravé par Forshell. In-8.......................... 2 fr.

——— de V. J. Duval, bibliothéc. de S. M. l'empereur d'Autriche, in-8.............. 1 fr.

——— de Frédéric II, roi de Prusse, gravé au burin par Huot. Format in-8.......... 1 fr.

——— de M. le comte de Lagarde, par Carbonnier, in-8.......................... 1 fr.

——— de Louis XIV, gravé par Al. Tardieu. Format in-8.......................... 2 fr.

——— de Luther, gravé au pointillé par Augrand.......................... 50 c.

——— de lady Morgan, peint par Scheffer, gravé par Mécou. In-8............ 1 fr. 50 c.

——— de M. Necker, gravé par M. Müller, in-8.......................... 2 fr.

——— de M. le professeur J. Schweighæuser, gravé par Thomson. In-8.............. 2 fr.

——— de Sieyes, gravé au burin par Huot. Format in-8.......................... 1 fr.

——— de mad. la baronne de Staël, gravé par M. Müller, in-8.......................... 2 fr.

——— de Fr. baron de Trenck, gravé au burin par Huot. Format in-8.............. 1 fr.

——— de J. R. Spielmann, doct. et prof. à Strasbourg, gravé par Guérin. Form. in-4... 2 fr.

——— du duc de Wellington, représenté comme il parut à Saint-Paul le jour des publiques actions de grâce; peint par Lawrence, peintre ordinaire du Roi, et gravé au burin par W. Browley. Grande planche in-fol. d'une très belle exécution, dédiée au prince Régent, et publiée à Londres en 1818.......................... 126 fr.

Recueil choisi des plus belles vues d'optique des Palais et Maisons royales de Paris et des environs, dessinées d'après nature, et gravées par F. Rigaud, au nombre de 121 pièces (ouvrage exécuté avant la révolution, pendant laquelle une partie des monumens représentés a été détruite) : grand in-folio oblong, fig. noires.......................... 121 fr.

— Les mêmes, enluminées avec soin.......................... 480 fr.

Recueil des costumes religieux et militaires de toutes les nations, par F. C. Bar, ouvrage publié en 56 livraisons formant 6 vol. in-fol. orné de près de 800 sujets peints d'après nature. 1200 fr.

Vies et OEuvres des peintres les plus célèbres de toutes les Ecoles. Recueil classique, réduit et gravé au trait et publié par Landon. 25 vol. in-4. ouvrage terminé.................. 625 fr.

— Les mêmes, 25 vol. in-fol. papier vélin.......................... 1250 fr.

La Vie de chaque maître se vend aussi séparément. Prix : 25 fr. et 50 fr. par volume.

Vues pittoresques (au nombre de six) des glaciers de la Savoie et de la Suisse, exécutés à Londres, au bistre. Grand in-folio impérial.......................... 150 fr.

AUTEURS CLASSIQUES LATINS ET GRECS,

Composant la Collection dite *de Deux-Ponts*, d'un format uniforme grand in-8., et qui se trouvent chez TREUTTEL et WÜRTZ, à Paris, à Strasbourg et à Londres.

NOTICE SUR CETTE COLLECTION.

L'ÉPOQUE de l'invention de l'Imprimerie fut celle de la renaissance des lettres. Le génie conservateur du bon goût porta d'abord l'attention des imprimeurs sur les auteurs classiques de l'ancienne Rome. Les ouvrages sublimes des Cicéron, des Virgile, des Horace et des autres grands écrivains de l'antiquité sortirent de leurs presses, et furent rendus à la société, même à la classe la moins fortunée du peuple. Cependant ces premières éditions furent en quelque manière informes. On se contenta de copier littéralement les manuscrits, transcrits pour la plupart par des moines ignorans qui souvent en avaient altéré le texte original; on en imita même le grand format, incommode pour l'usage de nos lecteurs. Nonobstant toutes les imperfections inhérentes à ces premières éditions, elles eurent un plein succès; les nombreuses réimpressions qui en furent faites et qui se succédèrent avec une étonnante rapidité, en sont la preuve. L'admiration qu'excita l'art de l'imprimerie, dont jusque-là on n'avait eu aucune idée, et qui parut tenir du prodige, contribua beaucoup à ces succès.

Ce ne fut qu'après que la multiplicité de ces copies eut satisfait la première curiosité, qu'on commença à les soumettre à une saine critique. On s'appliqua à collationner les manuscrits, à déchiffrer les passages inintelligibles et les abréviations; on corrigea les phrases défigurées par l'ineptie des scribes, on donna des soins particuliers à la ponctuation, en cherchant par ces divers moyens à rétablir la pureté du texte des auteurs classiques. Le quinzième siècle se distingua d'une manière éclatante dans ce genre de critique. Les Aldes, les Juntes et d'autres après eux, fournirent une quantité d'éditions également recommandables sous ce rapport. Alde Manuce, homme instruit et zélé pour la gloire de son pays, eut même l'idée de publier une suite d'auteurs latins d'un format uniforme et commode (in-8.), et lui et ses héritiers la poussèrent assez loin. Ces éditions, par leur correction et par la critique savante du texte, font encore de nos jours l'ornement des bibliothèques.

La collection que nous annonçons ici, et qui est connue depuis long-temps sous le titre de *Collection des Auteurs classiques des Deux Ponts*, est la plus riche qui ait paru jusqu'à ce jour, et formera, avec quelques volumes qui seront successivement publiés, une bibliothèque complète des auteurs classiques, d'un format uniforme. Elle est unique sous ce dernier rapport, et réunit à la netteté de l'impression et à la bonne qualité de papier, l'avantage d'une correction très soignée du texte et de la ponctuation, ce qui la rend digne d'une place dans toutes les bibliothèques; en outre, son prix modique la met à la portée de toutes les fortunes, et la rend surtout recommandable pour l'usage des écoles, des lycées et des autres établissemens d'instruction publique.

Les éditions modernes les plus recherchées et les plus estimées par les critiques, ont servi de base à la Collection des Deux-Ponts; mais on ne s'est pas astreint à les copier servilement; on les a soigneusement comparées avec les anciennes éditions ou avec les manuscrits conservés dans les dépôts publics, en profitant de même des lumières des commentateurs; les éditions de Deux-Ponts en ont acquis un nouveau mérite.

A la tête de chaque auteur se trouve une Notice sur sa vie et ses ouvrages; plus, un catalogue raisonné des différentes éditions qui en ont été publiées; et enfin la liste des traductions qui en ont paru dans diverses langues vivantes. Les historiens sont accompagnés de tables des matières pour faciliter les recherches, et quelques-uns même de tables de mots et de phrases.

Tel est en général le plan qu'on a cru devoir suivre en publiant la Collection des auteurs classiques des Deux-Ponts; cependant les éditeurs ne se sont pas toujours bornés à donner le simple texte des auteurs; leurs éditions de *Tacite*, de *Térence*, de *Salluste* et des *Epîtres de Sénèque*, sont enrichies de notes savantes; enfin, ils ont réuni tous les commentaires dans celles de *Végèce* et de *Varron de Lingua latina*, pour remplir une des lacunes qui se trouvent même dans la Collection *cum notis variorum*.

Quant aux auteurs grecs, on sait que les éditions qui font partie de la Collection sont toutes enrichies de notes, de variantes et de commentaires par des éditeurs très distingués, parmi lesquels on se borne à citer MM. Buhle, Heyne, Brunck, Schweighæuser, etc., ce qui les place au rang des meilleures éditions qu'on possède de ces auteurs.

La Collection des auteurs latins et grecs, publiée d'abord aux Deux-Ponts, puis continuée et en partie réimprimée à Strasbourg, se compose déjà comme suit :

Auteurs latins.

(*N. B.* Les auteurs marqués d'un * ne se vendent plus séparément.)

		Papier sans colle.	Papier collé.
* *Ammianus* Marcellinus	2 vol.	4 fr.	5 fr.
L. *Apuleius*	2 vol.	3 fr. 60 c.	4 fr. 50 c.
D. Magni *Ausonii* Opera	1 vol.	2 fr.	2 fr. 50 c.
C. Jul. *Cæsar*. Editio secunda	2 vol.	7 fr.	7 fr.
Catullus, Tibullus, Propertius, cum Galli fragmentis et Pervigilio Veneris. Editio secunda	1 vol.	2 fr. 50 c.	3 fr.
A. Corn. *Celsi* de Medicina libri. Nova editio, ex rec. et cum notis Leon. Targae	2 vol.	14 fr. 40 c.	14 fr. 40 c.
M. Tullii *Ciceronis* Opera, cum Indicibus locupletissimis et Clave latinitatis	13 vol.	40 fr.	50 fr.
* Cl. *Claudiani* Opera	1 vol.	2 fr. 50 c.	2 fr. 50 c.
Q. *Curtius* Rufus. Editio secunda	2 vol.	4 fr. 50 c.	4 fr. 50 c.
C. Valerii *Flacci* Argonauticon libri	1 vol.	2 fr.	2 fr 50 c.
L. Ann. *Florus*, et L. Ampelius	1 vol.	4 fr. 40 c.	5 fr.
Sex. Julii *Frontini* Opera	1 vol.	1 fr. 80 c.	2 fr. 25 c.
* Aul. *Gellius*	2 vol.	4 fr.	5 fr.
* Q. *Horatius* Flaccus. Editio secunda	1 vol.	2 fr. 75 c.	3 fr. 25 c.
Justini Historiæ Philippicæ. Editio secunda	1 vol.	4 fr.	4 fr.
L. Cœlii *Lactantii* Firmiani Opera	2 vol.	4 fr. 50 c.	5 fr. 50 c.
* T. *Livii* Historiarum libri, cum integris Jo. Freinshemii Supplementis	13 vol.	34 fr.	40 fr.
M. Annæi *Lucani* Pharsalia. Editio secunda	1 vol.	4 fr. 25 c.	4 fr. 75 c.
T. *Lucretii* Cari de rerum natura libri sex. Edit. sec.	1 vol.	5 fr.	5 fr. 75 c.
Aur. Theodosii *Macrobii* Opera	2 vol.	4 fr. 50 c.	5 fr. 50 c.
* M. Valerius *Martialis*	2 vol.	3 fr. 75 c.	4 fr. 50 c.
Pomp. *Melæ* de situ orbis libri III, cum not. liter. et Indice copiosissimo. Accedunt Sexti Rufi Avieni Descriptio orbis terræ et ora maritima : Prisciani Periegesis : Rutilii Itinerarium et Vibius Sequester.	1 vol.	6 fr. 50 c.	7 fr. 50 c.
* Cornelius *Nepos*. Editio secunda.	1 vol.	2 fr.	2 fr. 50 c.
P. *Ovidii* Nasonis Opera. Editio secunda	3 vol.	20 fr.	23 fr.
* A. *Persii* Flacci et Dec. Jun. *Juvenalis* Satiræ. Accedunt C. Lucilii fragmenta	1 vol.	2 fr. 25 c.	2 fr. 75 c.
Petronii Arbitri Satyricon. Accedunt veterum Poëtarum Catalecta	1 vol.	1 fr. 80 c.	2 fr. 25 c.
Phædri Fabulæ. Accedunt Publii Syri Sententiæ, Aviani et Anonymi veteris Fabulæ	1 vol.	4 fr. 80 c.	4 fr. 80 c.
M. Accii *Plauti* Comœdiæ, novissime recognitæ et emend. a Rich. Franc. Phil. Brunck	3 vol.	20 fr.	20 fr.
* C. *Plinii* Secundi Historiæ naturalis libri	5 vol.	12 fr. 50 c.	12 fr. 50 c.
C. *Plinii* Secundi Epistolæ et Panegyricus. Accedunt alii Panegyrici veteres	2 vol.	4 fr. 25 c.	5 fr. 25 c.
* M. Fab. *Quintiliani* Opera	4 vol.	8 fr. 60 c.	10 fr. 50 c.
C. Crispi *Sallustii* Opera. Editio tertia	1 vol.	4 fr. 50 c.	5 fr. 25 c.
Matth. Casimiri *Sarbievii* Carmina	1 vol.	4 fr. 50 c.	4 fr. 50 c.
Scriptores historiæ Augustæ minores	2 vol.	4 fr.	5 fr.
Scriptores Rei rusticæ veteres Latini, Cato, Varro, Columella, Palladius, quibus accedit Vegetius de			

		Papier sans colle.	Papier collé.
Mulomedicina et Gargilii Martialis fragmentum, cum Lexico rustico	4 vol.	10 fr. 50 c.	12 fr. 50 c.
M. Annæi *Senecæ* Rhetoris Opera. Editio nova	1 vol.	6 fr. 50 c.	6 fr. 50 c.
L. Annæi *Senecæ* Philosophi Opera. Editio nova	5 vol.	32 fr. 50 c.	52 fr. 50 c.
* L. Annæi *Senecæ* Epistolæ morales, ad fidem veterum librorum in his trium Mss. Argentoratensium, recognovit, emendavit, notisque criticis illustravit Joh. Schweighæuser	2 vol.	15 fr.	15 fr.
L. Annæi *Senecæ* Tragœdiæ	1 vol.	2 fr. 25 c.	2 fr. 75 c.
* C. *Silii* Italici Punicorum libri	1 vol.	2 fr. 25 c.	2 fr. 75 c.
C. Jul. *Solini* Polyhistor	1 vol.	1 fr. 80 c.	2 fr. 25 c.
P. Papinii *Statii* Opera	1 vol.	2 fr. 75 c.	3 fr. 25 c.
C *Suetonius* Tranquillus. Editio secunda	1 vol.	4 fr.	4 fr.
* C. Corn. *Taciti* Opera. Editio secunda	4 vol.	13 fr.	13 fr.
* Publii *Terentii* Comœdiæ, Notis et Indicibus illustratæ	2 vol.	4 fr. 25 c.	5 fr. 25 c.
Valerii Maximi dictorum factorumque memorabilium libri novem. Accedunt Julii Obsequentis quæ supersunt ex libro de Prodigiis	2 vol.	7 fr. 50 c.	7 fr. 50 c.
M. Ter. *Varronis* de Lingua latina Libri qui supersunt, cum ejusdem Fragmentis. Accedunt notæ Antonii Augustini, Adr. Turnebi, Jos. Scaligeri, et Auson. Popmæ	2 vol.	5 fr.	6 fr.
Fl. *Vegetius* Renatus de Re militari, cum Notis variorum et indicibus	1 vol.	5 fr.	5 fr.
Velleius Paterculus	1 vol.	6 fr. 50 c.	6 fr. 50 c.
Sex. Aurelius *Victor*, Sex. Rufus, Eutropius, Messala Corvinus	1 vol.	2 fr. 25 c.	2 fr. 75 c.
P. *Virgilii* Maronis Opera. Editio secunda	2 vol.	10 fr. 50 c.	11 fr. 50 c.
M. *Vitruvii* Pollionis de Architectura libri x. Accedit Anonymi Scriptoris veteris Architecturæ Compendium, cum indicibus	1 vol.	6 fr.	6 fr.
Johannis Schweighæuseri Opuscula Academica	2 vol.	7 fr.	7 fr.
Prix de la Collection	115 vol.	395 fr. 30 c.	439 fr. 20 c.

Auteurs grecs.

		Papier collé.	Papier fin.
ΑΡΙΣΤΟΤΕΛΗΣ, Aristotelis Opera omnia, Græce, ad optimorum exemplarium fidem recensuit, annotationem criticam, librorum argumenta, et novam versionem latinam adjecit Jo. Theoph. Buhle	vol. 1 à 5.	40 fr.	60 fr.
ΑΘΗΝΑΙΟΣ, Athenæi Deipnosophistarum libri quindecim. Ex optimis Codicibus manuscriptis Bibliothecæ Imperialis Parisinæ nunc primum collatis emendavit, et nova versione latina, Animadversionibus Is. Casauboni aliorumque doctorum virorum et suis, commodisque Indicibus illustravit Joh. Schweighæuser	14 vol.	126 fr.	
ΔΙΟΔΩΡΟΣ, Diodori Siculi Bibliothecæ historicæ libri qui supersunt, e recensione Petri Wesselingii, cum interpretatione latina Laur. Rhodomani atque annotationibus variorum integris Indicibusque locupletissimis. Nova editio, cum commentationibus Ill. Chr. Gottl. Heynii et cum argumentis disputationibusque Jer. Nic. Eyringii	vol. 1 à 10.	70 fr.	120 fr.
— Vol. xi. Indices complectens		10 fr.	15 fr.
ΛΟΥΚΙΑΝΟΣ, Luciani Opera quæ exstant, omnia, Gr. et Lat. ad editionem Tib. Hemsterhusii et J. Fred. Reitzii accurate expressi, cum varietate lectionis et annotat	10 vol.	70 fr.	100 fr.

		Papier sans colle.	Papier collé.
*ΠΛΑΤΩΝ, Platonis Philosophi Opera............	12 vol...	*épuisé.*	
Scriptores erotici græci : Achilles Tatius, Heliodorus, Longus et Xenophon Ephesius. Textum recognovit, selectamque lectionis varietatem adjecit Chr. Guil. Mitscherlich. 3 vol. IV partes.............	3 vol...	24 fr.	
ΚΟΙΝΤΟΥ ΤΑ ΜΕΘ ΟΜΗΡΟΝ. Quinti Smyrnæi Posthomericorum libri XIV. Nunc primum ad librorum Mss. fidem recensuit, restituit et supplevit Th. Christ. Tychsen. Accesserunt observationes Chr. Gottl. Heynii..........................	1 vol...	8 fr.	.... 15 fr.
ΘΟΥΚΥΔΙΔΗΣ, Thucydidis de bello Peloponnesiaco libri octo, Græce et Latine, ad edit. J. Wasse et C. A. Dukeri accurate expressi, cum varietate lectionis et annotationibus.....................	6 vol...	(*épuisé.*)	

ΗΡΟΔΟΤΟΥ. Herodoti Historiarum libri IX, Græce, cum nova versione latina : varias lectiones, ex quinque Codd. Mss. Parisiensibus, cura Boissonnadii nuper collatis, emendatas et locupletatas, Wesselingii et Valckenarii aliorumque adnotationes et suas adjecit, cum indice Joh. Schweighæuser, prof. Arg. 12 vol. gr. in-8. *sur bon pap. collé.* 1816. 82 fr.

— *Idem, sur papier vélin grand raisin,* cartonné à la Bradel.................... 156 fr.

— *Idem,* un seul exemplaire sur belle peau de vélin, orné du portrait de l'éditeur en dessin, fait et gravé aux soins du bibliographe Dibdin à Londres.

M. Schweighæuser, très-avantageusement connu par ses éditions d'*Appien*, de *Polybe*, des monumens de la Philosophie d'*Epictète*, d'*Athénée*, des Epîtres de *Sénèque*, etc. etc., en se chargeant de donner une nouvelle édition complète, et d'un format portatif, d'*Hérodote*, que Cicéron appelle *le père de l'Histoire*, a utilisé tous les matériaux recueillis par Wesseling, dont l'édition a été prise pour base de la sienne ; en outre, il a eu à sa disposition une collation exacte de cinq manuscrits de la Bibliothèque du Roi, dont Wesseling n'avait pu se procurer que des extraits fort imparfaits, et un excellent manuscrit sur vélin du dixième siècle, appartenant à M. le baron de Schellersheim, dont aucun des éditeurs ou commentateurs d'*Hérodote* n'avait eu connaissance.

Cette réunion de moyens nouveaux l'a mis en état de fixer beaucoup de leçons douteuses, d'introduire dans le texte un grand nombre de corrections certaines, et d'éclaircir le sens de beaucoup de passages qui avaient offert des difficultés insurmontables aux éditeurs et aux traducteurs précédens.

Son édition d'*Hérodote* forme six tomes grand in-8. très-forts, chacun divisé en deux parties pour la commodité des lecteurs.

Les premières parties des quatre premiers volumes contiennent le texte grec, soigneusement revu et corrigé, avec les variantes les plus essentielles qui ont paru nécessaires pour rétablir le véritable sens de l'historien, souvent méconnu par les précédens éditeurs ; et une traduction latine toute nouvelle et très-exacte.

La seconde partie de chacun de ces volumes contient les diverses variantes, avec une courte discussion critique et la justification des leçons reçues dans le texte. La table des matières (*Index rerum et verborum*), revue, corrigée et augmentée en plusieurs endroits, se trouve à la fin du quatrième volume.

Les tomes cinq et six contiennent les notes de Wesseling et de Valckenaer, auxquelles l'éditeur a joint les siennes propres.

Lexicon Herodoteum, quo et styli Herodotei universa ratio enucleate explicatur, et quam plurimi musarum loci ex professo illustrantur; passim etiam partim græca lectio, partim versio latina quas offert Argentoratensis editio vel vindicatur vel emendatur; instruxit Joh. Schweighæuser, Academiæ regiæ Inscript., etc., etc. 2 vol. in-8. à deux colonnes.......... 20 fr.

— Le même ouvrage, sur grand papier vélin.................................. 55 fr.

Ce nouveau travail de M. Joh. Schweighæuser est disposé de manière à servir non seulement pour l'édition grecque d'Hérodote en 6 vol. in-8. qu'il a publiée en 1816, mais encore pour toutes les autres éditions grecques de cet historien publiées jusqu'à ce jour.

COLLECTION DES AUTEURS CLASSIQUES ITALIENS,

PUBLIÉE A MILAN, format uniforme, in-8.

Et qui se trouvent chez TREUTTEL et WÜRTZ, à Paris et à Strasbourg.

(*N. B.* Les auteurs marqués d'une * ne se vendent plus séparément.)

*Alamanni, Luigi, *la Coltivazione :* et Rucellai *le Api.* (*De la collection le* numero 55.)	1 vol.	6 fr. 60 c.
Alberti, Leon Battista, *Trattato della Pittura, Scultura, etc.*.. . (n. 44.)	1 vol.	5 fr. 50 c.
Anguillara, Gio, Andrea, *le Metamorfosi, etc.* .... (n. 75, 78, 79.)	3 vol.	18 fr.
Ariosto (*G. L.*) l'*Orlando furioso.* In-8..........................	5 vol.	32 fr. 50 c.
Baldinucci, Filippo, *Arte dell' Intagliare in rame. — Vocabolario dell' arte del Disegno, etc.*.......................... (n. 146, 173, 177.)	14 vol.	97 fr. 30 c.
Bartolommeo da S. Concordio, *Volgarizzamento degli Ammaestramenti degli Antichi*................................ (n. 148.)	1 vol.	6 fr.
Bembo, Pietro, *Opere.* (n. 143, 147, 174, 179, 180, 181, 187, 188, 190, 196, 197, 200.)	12 vol.	70 fr.
Bentivoglio, cardinale, *Opere storiche*... (n. 102, 105, 106, 107, 111.)	5 vol.	35 fr.
Berni, Francesco, l'*Orlando innamorato, lè Rime burlesche.* (n. 99, 100, 101, 104, 108.)	5 vol.	23 fr. 50 c.
* Bibliografia degli autori componenti la grande collezione de' classizi italiani. 1814. In-8..........................	1 vol.	5 fr.
Boccaccio, Mess. Giovanni, *il Decamerone* et *la Vita di Dante.* (n. 15, 20, 28, 31.)	4 vol.	28 fr.
Borghini, Raffaello, *il Riposo*.................. (n. 115, 118, 124.)	3 vol.	15 fr.
Borghini, Vincenzo, *Discorsi*............... (n. 154, 157, 175, 178.)	4 vol.	29 fr. 50 c.
Bracciolini, Francesco, *lo Scherno delli Dei*.............. (n. 40.)	1 vol.	5 fr. 80 c.
Buommattei, Benedetto, *Due libri della Lingua Toscana*.. (n. 127, 134.)	2 vol.	13 fr. 50 c.
Caro, Annibale, *le Lettere*......... (n. 109, 113, 117, 121, 123, 126.)	8 vol.	48 fr.
Casa, (Mousig. Gio. della), *Opere*................ n. 87, 89, 91, 103.)	4 vol.	20 fr. 20 c.
*Castiglione, Baldassare, *il Cortigiano* .... (n. 23, 24.)	2 vol.	8 fr. 75 c.
Cavalcanti, Bartolommeo, *degli ottimi Regimenti delle Repubbliche.* (n. 59.)	1 vol.	4 fr.
* Cellini, Benvenuto, *la Vita,* etc......................... (n. 83.)	3 vol.	22 fr. 50 c.
Chiabrera, Gabriello, *Rime* etc.................. (n. 128, 132, 136.)	3 vol.	17 fr.
* Cinonio, Marcantonio Mambelli, *Osservazioni della Lingua Italiana.* (n. 17[illegible] 194.)	4 vol.	26 fr. 50 c.
Costanzo, (Angelo di), *Storia del Regno di Napoli*..... (n. 80, 81, 82.)	3 vol.	17 fr. 50 c.
Crescenzi, Pietro di, *dell' Agricoltura*.............. (n. 73, 74, 76.)	3 vol.	17 fr. 50 c.
Dante Alighieri, *la Divina commedia*............... (n. 53, 56, 97.)	3 vol.	19 fr. 60 c.
Dati, Carlo, *Vite de' Pittori antichi*...................... (n. 86.)	1 vol.	5 fr.
Davanzati, Bernardo, *Scisma d' Inghilterra,* ed *altre Operette*... (n. 129.)	1 vol.	5 fr.
*Davila, Arrigo Caterino, *Storia di Francia*.... (n. 112, 114, 116, 119, 122, 125.)	6 vol.	38 fr.
Erizzo, Sebastiano, *le sei Giornate*...................... (n. 63.)	1 vol.	6 fr.
Fiorentino, Ser Giovanni, *il Pecorone*................. (n. 47, 48.)	2 vol.	9 fr. 40 c.
* Firenzuola, Agnolo, *Opere complete*............ (n. 2, 4, 6, 8, 9.)	5 vol.	21 fr.
Fortiguerra (Nic.) *il Ricciardetto di Nic. Carteromaco* tratto da un nuovo Mss. colle varianti etc. 1813 In-8	3 vol.	17 fr. 50 c.
Galileo, Galilei, *Opere varie.* (n. 150, 172, 183, 192, 198, 205, 212, 213, 214.)	13 vol	101 fr.
Gelli, Gio' Battista *Opere* .... (n. 49, 70, 130)	3 vol.	12 fr. 50 c.
Guarini, Gio. Battista, *il Pastor fido*.................... (n. 133.)	1 vol.	7 fr. 50 c.
* Guicciardini, Francesco, *Storia d' Italia.* (n. 11, 13, 16, 19, 22, 26, 29, (30, 34, 35.)	10 vol.	47 fr. 50 c.
Lippi, Lorenzo, *il Malmantile*........................... (n. 120.)	1 vol.	8 fr. 30 c.
Lucrezio (Tito) Caro. *Della natura delle cose libri sei*, tradotti da Alessandro Marchetti. 1813. In-8..	1 vol.	7 fr. 50 c.
Macchiavelli, Nicolò, *Opere.* (n. 45, 46, 50, 57, 60, 64, 66, 67, 71, 72.)	10 vol.	60 fr.
Maffei, *Storia delle Indie*, tradotta dal Serdonati...... (n. 95, 96, 98.)	3 vol.	22 fr. 50 c.
Magalotti, Lorenzo, *Opere* .... (n. 84, 94.)	2 vol.	11 fr. 60 c.
Menzini, Bened., *Satire*............................... (n. 155.)	1 vol.	7 fr.

Molza, Franc. Maria, *Opere*	(n. 149.)	1 vol.	7 fr. 10 c.
*Pandolfini, Angelo, *Trattato del Governo della Famiglia*	(n. 10.)	1 vol.	4 fr.
Passavanti, Jacopo, *Specchio di Penitenza*	(n. 139, 142.)	2 vol.	11 fr.
Petrarca, M. Francesco, *le Rime*	(n 61, 62.)	2 vol.	11 fr. 50 c.
Poliziano, Angelo, *le Stanze et l'Orfeo*	(n. 141.)	1 vol.	4 fr. 60 c.
Pulci, Lodovico, *il Morgante maggiore*	(n. 85, 88, 92.)	3 vol.	15 fr.
Raccolta de' migliori *Lirici*	(n. 145.)	1 vol.	5 fr. 10 c.
——— *Satirici*	(n. 151.)	1 vol.	7 fr. 25 c.
——— di *Novelle*	(n. 36, 41, 193.)	3 vol.	18 fr.
——— d'*Orazioni, e Lettere de' migliori Prosatori.*	(n. 153, 161, 166.)	3 vol.	21 fr.
——— di *Pastorali e Rusticali*	(n. 158.)	1 vol.	7 fr. 50 c.
*——— di Didascalici; cioè *Baldi la Nautica. Fracastoro la Sifilide*, tradotta dal Benini con annotazioni. *Spolverini la coltivazione del Riso* colle varianti. 1813. In-8		1 vol.	6 fr. 60 c.
Redi, Francesco, *Opere varie.*	(n. 168, 176, 199, 202, 203, 206, 208, 209.)	9 vol.	58 fr.
Sacchetti, M. Francesco, *Novelle*	(n. 52, 54, 58.)	3 vol.	16 fr. 20 c.
Salviati, Lionardo, *Avvertimenti della Lingua, Dialogo dell' Amicizia*, etc.	(n. 164, 182, 184, 186, etc. 191.)	5 vol.	29 fr. 60 c.
Sanazzaro, Jacopo, l'*Arcadia*	(n. 93.)	1 vol.	4 fr. 50 c.
Segni, Bernardo, *Storie Fiorentine*	(n. 68, 69, 77.)	3 vol.	17 fr.
*Tasso, Torquato, *Opere*	(n. 39, 51, 53, 65.)	4 vol.	22 fr. 10 c.
Tassoni, Alessandro, *la Secchia rapita*	(n. 90.)	1 vol.	6 fr.
Teatro scelto d'ogni secolo.	(n. 152, 156, 158, 160, 162, 163, 165, 167, 170.)	10 vol.	60 fr.
Valvasone, Erasmo di, *la Caccia*, poema	(n. 157.)	1 vol.	4 fr.
Varchi, Bened., *la Storia* et l'*Ercolano*	(n. 21, 25, 27, 32, 37, 38, 42.)	7 vol.	37 fr.
Vasari, Giorgio, *Vite de' più eccellenti Pittori e Scultori*	(n. 131, 135, 140, 144, 159, 169, 185, 189, 195, 201, 204, 207.)	16 vol.	114 fr.
Vettori, Pietro, *Coltivazione degli Ulivi* et Soderini, Gio. Vettorio, *Coltivazione delle viti*	(n. 110.)	1 vol.	7 fr.
*Villani, Giovanni, *Storie Fiorentine*	(n. 1, 3, 5, 7, 12, 14, 17, 18.)	8 vol.	37 fr. 15 c.
Vinci, Leonardo da, *Trattato della Pittura*, etc. avec 60 grav.	(n 43.)	1 vol.	19 fr. 50 c.
Prix de la Collection des 250 volumes publiés			1527 fr. 70 c.

Autres ouvrages en langue italienne.

Alfieri, Tragedie. 6 vol. in-18. *Avignon*, 1818 .... 15 fr.

Ariosto, L. Orlando Furioso. 8 vol. in-18. 1816 .... 16 fr.

Bentivoglio, Lettere con note di Biagioli. 2e édition, in-12. 1819 .... 4 fr. 50. c.

Boccaccio, G. il Decamerone. 5 vol. in-18. *Firenze*, 1820 .... 10 fr.

Boccaccio, Novelle Scelte, in-18. *Firenze*, 1820 .... 1 fr. 50 c.

Casti Gli Annimali parlanti poema epico in venti sei Canti, di Giambattista Casti. 3 vol. gr. in-8. sur papier vélin superfin. Edition originale .... * 39 fr.

Costantini, Nuova scelta di prose italiane. 2 vol. in-12. 1823, Impr. de Didot aîné .... 6 fr.

— *Morale poetica italiana.* Vol. in-12. *London*, 1821 .... 4 fr. 20 c.

Dante Alighieri, la Divina Commedia, 3 vol. in-18. *Avignon*, 1816 .... 9 fr.

Metastasio Opere, edite dall' abbate Pezzana. 12 vol. gr. in-4. avec fig. Belle édition en gros caratères, sur papier d'Hollande. *Paris*, 1780 et 1782 .... 144 fr.

Metastasio, Opere, 7 vol. in-18. *Avignon*, 1819 .... 15 fr.

Satyre di Salvator Rosa, con notizie delle sua vita e con ritratto. In-8. sur pap. vél. *Londres* et *Paris*, 1824 .... * 10 fr.

Soave, Fr. Novelle morali, 2 vol. in-18. 1823 .... 4 fr.

Tasso, la Gerusalemme liberata et Aminta, 5 vol. in-18. 1816 .... 6 fr.

DE L'IMPRIMERIE DE CRAPELET, RUE DE VAUGIRARD, N° 9.

HISTOIRE
DES
RÉPUBLIQUES ITALIENNES
DU MOYEN ÂGE,

PAR M. J. C. L. SIMONDE DE SISMONDI. (1)

Nouvelle Édition, revue et corrigée,

16 *vol. in*-8°. PRIX, 112 *fr.*

A PARIS,
CHEZ TREUTTEL ET WÜRTZ, RUE DE BOURBON, N° 17;
A STRASBOURG, rue des Serruriers; à LONDRES, 30 Soho-Square.
1826.

Prospectus.

LORSQUE l'Europe commença à se relever de la dégradation et de la barbarie auxquelles le despotisme des empereurs romains et les invasions des peuples du Nord l'avaient condamnée, l'Italie fut la première contrée où l'on vit apparaître les germes d'une nouvelle civilisation; partout ailleurs l'ignorance brutale et la férocité dominaient encore; mais en Italie les souvenirs d'une ancienne gloire due aux vertus, aux lumières et à la liberté, aidaient les peuples à reconnaître ce qu'ils devaient rechercher pour eux-mêmes. Les Italiens ne pouvaient espérer que les maîtres barbares qui les avaient conquis songeassent à améliorer leur sort; ils voulaient cependant

(1) Auteur de l'*Histoire des Français* (dont les tomes 1 à 9 sont publiés); de *Julia Severa, ou l'An* 492 (tableau des mœurs et des usages à l'époque de l'établissement de Clovis dans les Gaules), et de *la Littérature du midi de l'Europe;* ouvrages qui se trouvent dans la même librairie.

retrouver l'ordre, la paix, les lois, les lumières, la prospérité dont avaient joui leurs ancêtres, et ils ne les demandèrent qu'à leurs propres efforts, et à leur accord mutuel. Plus en Italie que dans le reste de l'Europe barbare, de grandes cités demeuraient debout, et elles comptaient un plus grand nombre d'habitans; ceux-ci s'engagèrent par des sermens à se défendre les uns les autres contre la violence et l'oppression, ils s'armèrent, ils se partagèrent en compagnies de milice, ils se donnèrent des chefs, ils formèrent un trésor public par leurs contributions volontaires; et ne songeant qu'à se défendre contre le brigandage, ils se trouvèrent ainsi en possession du pouvoir, de la souveraineté, et d'un gouvernement républicain.

Cette confédération de bourgeois obscurs, qui fonda les Républiques italiennes du moyen âge, a changé les destinées de l'Europe et celles du genre humain : avec elle a commencé la période progressive dans laquelle nous nous trouvons aujourd'hui. Les hommes eurent de nouveau sous leurs yeux l'exemple de gouvernemens qui n'avaient pour but que l'utilité commune, que le bien-être et l'avancement de leurs subordonnés; qui ne prétendaient pas avoir des droits, mais des devoirs; qui ne parlaient pas de leur gloire, mais de l'avantage de l'État confié à leurs soins. Cinq siècles s'étaient écoulés depuis la chute de l'Empire romain jusqu'à la naissance de ces Républiques, et ces cinq siècles avaient été perdus pour le genre humain, qui n'avait pas fait un pas vers les lumières, vers la morale, vers la liberté : les peuples barbares s'étaient successivement arraché leur proie par le carnage et la perfidie, sans obtenir aucune garantie par leurs victoires; les dynasties s'étaient succédé les unes aux autres sans rien fonder, sans rien améliorer. Les Républiques italiennes mirent un terme à cette anarchique barbarie; elles se formèrent, elles grandirent quelque temps à l'ombre de leurs garanties municipales; mais au douzième siècle elles établirent leur indépendance par leurs victoires sur Frédéric Barberousse. Dès-lors le monde apprit qu'il peut y avoir des lois, qu'il peut y avoir des garanties, qu'il peut y avoir un ordre public à l'abri duquel les âmes s'ennoblissent; dès-lors aussi les mœurs se purifièrent, la raison humaine se développa, la population s'augmenta, l'industrie, le commerce prirent de l'extension, les richesses s'accumulèrent, les arts libéraux commencèrent à naître, et les hommes entrevirent le bonheur et le perfectionnement pour lequel ils furent créés. La supériorité dans les arts, dans l'activité, dans l'intelligence, que les Italiens durent à leur liberté, les mit en contact avec tous les peuples de l'Europe, parce que tous avaient besoin des produits de leur industrie; ils communiquèrent à tous les premières notions des droits des sujets, des devoirs des gouvernemens; ils apprirent aux villes de Provence, de Catalogne, de Flandre, à former leurs communes; et leur exemple, bientôt imité dans toute l'Europe occidentale, donna enfin cette impulsion vers l'amélioration de toutes les institutions politiques qui, nous devons l'espérer, ne s'arrêtera point, jusqu'à ce que le genre humain tout entier soit sorti de la barbarie.

L'Histoire des Républiques italiennes du moyen âge n'intéresse donc pas seulement les citoyens de ces villes d'Italie, redevenues pour la plupart obscures et dépendantes; elle se lie à celle de toutes les nations de l'Europe, car elle est pour chacune la cause peut-être cachée, mais toujours puissante, de sa civilisation. Chaque nation de l'Europe a vu commencer son industrie, son commerce, sa richesse, ses lumières, sa liberté, par l'affranchissement de ses propres communes; elle retrouve dans les Républiques d'Italie un fait analogue à cet événement domestique; mais un fait bien plus grand dans ses conséquences et bien mieux éclairé par l'histoire. Les communes du reste de l'Europe, trop faibles, trop pauvres, trop éloignées les unes des autres pour se défendre contre leurs redoutables voisins, ne s'élevèrent jamais jusqu'à l'indépendance; elles ne continrent jamais que des bourgeois; celles de l'Italie étaient peuplées de citoyens: les premières n'osaient prétendre qu'à mettre des bornes à la rapacité des seigneurs, et elles ne pouvaient se dérober à leur mépris; celles d'Italie donnèrent naissance à toutes les vertus républicaines; elles apprirent de nouveau au monde étonné ce qu'était l'héroïsme, dont le modèle avait disparu avec les républiques de l'antiquité, et elles devinrent les distributrices de la gloire. L'Italie fut le premier pays qui produisit des architectes, des sculpteurs, des peintres, des poètes et des historiens, et qui enseigna les règles et la pratique de tous les arts libéraux. Tous les grands hommes qui doivent l'immortalité au ciseau et aux pinceaux des uns, aux chants et aux récits des autres, ne l'auraient point obtenue sans les enseignemens des Italiens. Ainsi l'histoire des Républiques italiennes grandit par le développement de toutes les vertus, de tous les talens, de toutes les prérogatives de l'esprit qui ennoblissent la race humaine.

L'histoire de l'Italie avait été écrite à plusieurs reprises, mais avec des ménagemens toujours timides, quelquefois honteux pour ceux qui avaient détruit tout ce qui avait illustré cette contrée, tout ce qui avait mérité pour elle la reconnaissance du genre humain. M. de Sismondi le premier a montré sa vraie place dans l'histoire de la civilisation, dans celle de la liberté; au lieu de présenter à ses lecteurs comme seuls personnages historiques les maîtres des nations, qui souvent les dégradent, il a attaché ses regards sur les citoyens qui les ennoblissent. Il a cherché à faire comprendre la constitution de chaque État, ses développemens, ses révolutions; comme il n'a point épargné son travail, il ne s'est point cru obligé non plus à se renfermer dans les bornes étroites que prescrivent les lecteurs superficiels; il a conservé tous les détails qui lui ont paru propres à peindre les hommes, à éclairer la politique, à avancer la science du gouvernement. Ce ne fut pas sans inquiétude cependant qu'il présenta seize volumes au public français, sur une histoire étrangère; mais le succès a couronné ses efforts. L'Histoire des Républiques italiennes du moyen âge, traduite en allemand, adoptée par les Italiens comme un ouvrage national, a déjà eu une édition française en Suisse, et deux en France. Toutes sont épuisées aujourd'hui. Nous venons d'en achever une nouvelle édition revue et corrigée, que nous offrons avec confiance aux amis des études historiques. L'ouvrage est entièrement terminé.

DE L'IMPRIMERIE DE CRAPELET,
rue de Vaugirard, n° 9.

HISTOIRE
DES FRANÇAIS,

PAR

M. J. C. L. SIMONDE DE SISMONDI. (1)

24 vol. in-8°.

Ouvrage publié par livraisons successives de trois ou quatre volumes.

Les *trois* premières livraisons, formant les tomes 1 à 9, paroissent; prix. . . . . 69 fr.
— Les mêmes, sur papier vélin. . . . . 138 fr.

PARIS,

A LA LIBRAIRIE TREUTTEL ET WÜRTZ,
rue de Bourbon, n° 17;

A Strasbourg, rue des Serruriers;

A Londres, 30 Soho-Square.

Prospectus.

Après avoir présenté l'histoire de l'Italie sous un jour absolument nouveau, M. de Sismondi a entrepris de même de faire sortir une véritable histoire des Français

(1) Auteur de l'*Histoire des Républiques italiennes du moyen âge*, 16 vol. in-8.; de la *Littérature du midi de l'Europe*, 4 vol. in-8.; de *Julia Severa, ou l'An* 492, 3 vol. in-12; ouvrages qui se trouvent à la même Librairie.

de ses antiques monumens. Il en a déjà publié neuf volumes, où l'on a vu les faits et leur enchaînement prendre un aspect que ses devanciers avoient toujours dérobé à leurs lecteurs. Si l'on cherche à rendre raison de cette différence, on devra reconnoître qu'elle tient à ce que M. de Sismondi, en écrivant l'histoire, n'a point eu de système, si ce n'est celui de faire son travail en conscience : il s'est attaché uniquement aux écrivains originaux; il a repoussé toutes les suggestions de l'esprit de parti et des préventions nationales; il n'a jamais cherché ce qui pouvoit plaire, mais seulement ce qui étoit vrai; il a attendu d'avoir étudié les faits pour former son opinion, tandis que ses devanciers, arrivant avec des opinions toutes formées, songeoient seulement à faire accorder les faits avec leur système : il a consulté tous les contemporains, mais pour peser leur témoignage et le juger, tandis que d'autres empruntoient leur autorité pour s'en faire des armes dans le combat, afin de servir certaines opinions ou de gagner la faveur de certains pouvoirs.

Pour faire connoître le plan que l'auteur s'est tracé pour son travail, nous croyons ne pouvoir mieux faire qu'en transcrivant ici l'exposition qu'il fait lui-même de son sujet, vers le commencement de son septième volume.

« Nous nous sommes proposé, dit-il, de fixer l'attention de nos lecteurs sur le caractère propre à chacune des périodes de l'histoire des Français. C'est ainsi que cette histoire s'est partagée pour nous en neuf grandes divisions, dans chacune desquelles il nous semble que la nation est entraînée par une tendance différente, et que les mœurs changeant avec les institutions, les Français nous apparoissent autant de fois comme un peuple nouveau, avec un nouveau gouvernement. Il est difficile, toutefois, de donner à chaque période un nom qui fasse aisément comprendre son esprit et qui la distingue des précédentes : nous avons désigné les deux premières par le nom des deux dynasties, des Mérovingiens et des Carlovingiens : cependant ce n'étoit pas seulement la famille des rois qui étoit changée, la nation l'étoit davantage encore. La première invasion, des Francs Saliens avec Clovis, avoit amené dans la Gaule un peuple barbare qui soumit tout au droit de l'épée; la seconde invasion, des Francs Austrasiens avec Charles Martel, apporta les principes d'une organisation nouvelle, barbare encore, mais bien plus régulière, et dans laquelle le clergé prit un ascendant tout nouveau. La troisième fut celle des premiers Capétiens, que nous avons considérée comme participant de la nature d'une confédération : en effet, durant les deux cent trente-neuf ans qu'elle comprend, la France, partagée entre un nombre infini de chefs indépendans, ne conserva son caractère national qu'à l'aide du lien fédéral, de la féodalité.

« Nous arrivons aujourd'hui à une quatrième période, qui comprend le règne de Saint-Louis et de ses descendans, pendant cent deux ans, jusqu'au moment où la ligne directe se trouvant interrompue, la couronne passa pour la première fois à des collatéraux. Le caractère de cette période lui fut donné par les hommes de loi; ils travaillèrent avec zèle et persévérance à fonder le pouvoir absolu de la couronne : sans détruire le système féodal qui avoit dominé jusqu'alors, ils le subordonnèrent complétement au principe monarchique.

« Un homme éminent par ses vertus, par son désir constant d'accomplir son devoir, hérita, au commencement de cette période, d'un sceptre que son père et son aïeul avoient déjà élevé au-dessus des trônes de tous les princes qui se partageoient la France; Saint-Louis ne fut pas plus tôt parvenu à l'âge d'homme, qu'il se proposa, non d'augmenter son pouvoir ou de s'approprier les droits de ces feudataires qui, pendant sa minorité, avoient recommencé à ensanglanter le royaume par leurs querelles, mais seulement de faire succéder au règne de la violence le règne des lois, de mettre l'intelligence et le droit à la place de l'audace et de la force. Il ne songea point à se rendre absolu, mais il voulut supprimer les guerres privées et les combats judiciaires. Il ouvrit un recours à la justice pour remplacer le recours aux armes, qui lui paroissoit offenser Dieu. Il appela les légistes à décider entre les grands, pour épargner le sang des grands; et les légistes lui soumirent ces grands mêmes qu'ils devoient sauver. Saint-Louis fit sortir des rangs les plus obscurs ces hommes de la loi, qui, par reconnoissance comme par ambition, confondirent la loi avec le trône, et servirent l'autorité royale bien plus efficacement que n'auroient pu faire ses armées. Saint-Louis n'avoit en vue que la justice, et il ne chercha à recueillir de ses institutions d'autre fruit que cette justice même qu'il croyoit devoir à son peuple. Mais le corps nouveau qu'il avoit introduit dans l'État, auquel il avoit confié de la puissance en raison de son habileté, sut mettre à profit, sous les successeurs de Saint-Louis, cette habileté comme cette puissance. Les légistes, jaloux de la noblesse, à laquelle pour la plupart ils n'appartenoient pas, jaloux du clergé, qui, par une autre route, étoit arrivé à une même domination, employèrent le sceptre des rois à briser et l'épée des gentilshommes, et la crosse des prélats; ils savoient que les progrès de l'autorité royale leur profiteroient surtout à eux-mêmes qui en étoient dépositaires : sous Philippe III, et plus encore sous Philippe IV, ils firent de la loi, dont ils se disoient les interprètes, l'instrument d'une effrayante tyrannie. Tous les ordres de l'État furent à leur tour, au nom de la justice, traités avec une révoltante iniquité Les grands furent dépouillés de leurs fiefs héréditaires; la noblesse vit périr, sur les bûchers des Templiers, ses plus héroïques champions; le clergé fut outragé dans son chef et asservi dans ses membres; le commerce fut ruiné par les altérations des monnoies, les saisies et les confiscations des Juifs, des Lombards, des banquiers; et tous ces actes de tyrannie furent toujours commis par les légistes, au nom et par l'autorité des lois. Lorsqu'à Philippe IV, monarque cupide, cruel, ambitieux, mais habile, succédèrent l'un après l'autre ses trois fils, qui manquèrent autant de talens que de vertus, quelques légistes furent sacrifiés aux caprices de cour et périrent dans les supplices; mais l'ordre demeura, il conserva tout son pouvoir, sous condition de servir d'une manière plus abjecte les terreurs ou la déraison d'un maître méprisé; les supplices des lépreux, ceux des pastoureaux, ceux des sorciers, signalèrent à la fois la dégradation de la magistrature et le pouvoir absolu des rois qu'elle avoit rendus tout-puissans. Dans des temps postérieurs, la magistrature française s'est relevée noblement de cette première abjection : elle a abjuré une servilité si contraire au ministère auguste dont elle étoit revêtue, et elle s'est efforcée de placer au-dessus de tous les pouvoirs humains cette règle inflexible du juste et de l'injuste qu'elle étoit chargée d'appliquer. Mais autant elle contribua plus tard à épurer le caractère national, autant elle l'avoit dégradé en fondant le despotisme; les vertus des grands magistrats de la France ne doivent point nous faire fermer les yeux sur les vices des légistes leurs devanciers.

« Nous présentons donc aujourd'hui à la méditation de nos lecteurs cette période de cent deux ans, durant laquelle les légistes reconstituèrent le pouvoir des rois pour l'exploiter à leur profit. Mais avant de nous engager dans ces détails, nous jetterons aussi un coup d'œil sur les périodes qui la suivirent.

« Les légistes avoient constitué la France en monarchie absolue; les grands, qui partageoient autrefois le pouvoir du roi des Français, n'opposoient désormais plus d'obstacle à ses volontés : la nation, quoiqu'on lui eût octroyé quelques formes représentatives, ne délibéroit point, n'exprimoit point ses vœux; elle craignoit et elle obéissoit; aucune opinion publique n'associoit les gouvernés aux gouvernans; l'indifférence de tous se manifestoit par le silence des historiens : il y a peu d'époques où une grande nation ait eu moins de chroniqueurs et où ceux-ci se soient montrés plus ignorans, plus étrangers aux affaires publiques; où leurs récits soient plus laconiques, plus décolorés. Mais le silence du peuple ne dégoûtoit point les princes de l'exercice du pouvoir. La seule loi de la monarchie étoit la volonté du monarque, bientôt l'occasion se présenta de se demander quel étoit, quel devoit être le monarque. Les légistes ne donnoient point à cette question une réponse uniforme; les uns prétendoient que la loi commune des nations, réglant l'hérédité du trône comme celle du moindre patrimoine, appeloit à la royauté les femmes aussi-bien que les hommes : les autres répondoient qu'une loi particulière à la France excluoit à perpétuité de la royauté les femmes et leurs descendans. Cette question de loi sur un pouvoir supérieur aux lois ne pouvoit être décidée que par la force, et la force fut en effet invoquée des deux parts. Une période de cent trente-trois ans (1328—1461), qui formera notre cinquième partie, est remplie presque en entier par les guerres entre les Français et les Anglais, auxquelles la succession contestée de la couronne de Charles IV avoit donné naissance.

« Pour avoir considéré dans l'organisation du gouvernement les droits des rois, non ceux des nations, les Français avoient été engagés dans de longues guerres qui décidèrent quels maîtres devoient régner sur eux. Ces guerres ne furent pas plus tôt terminées, que le même principe en alluma d'autres pour savoir à quels États les rois de France avoient un droit héréditaire, sur quels peuples les Français feroient valoir la légitimité de leurs princes. Un siècle environ (1461 — 1559) est principalement rempli par ces guerres de succession étrangère. Cette période formera notre sixième partie : nous y verrons les invasions sanglantes des Français en Italie, pour faire valoir les droits héréditaires de leurs rois sur le trône de Naples et sur le duché de Milan.

« Une septième période, d'environ quatre-vingts ans (1559 — 1643), comprendra les guerres de religion, qu'on peut considérer comme résultant également de l'établissement du pouvoir absolu des monarques. Après avoir mis leur volonté à la place des lois pour toutes les choses temporelles, ils crurent avoir également le droit de soumettre à leur volonté ce qu'il y a dans l'homme de plus précieux, en même temps de plus intime et de plus indépendant, la croyance. Cette prétention, reproduite au moment où la raison avoit pris un nouvel essor et le sentiment religieux une nouvelle énergie, ne put devenir la loi de l'État qu'après avoir triomphé, dans des flots de sang, d'une résistance obstinée.

« Le pouvoir absolu s'affermit cependant toujours plus, et les consciences durent obéir à Louis XIV, comme tous les corps politiques de l'État lui obéissoient déjà. Son règne, de soixante et douze ans (1643—1715), forme à lui seul la huitième période : c'est celle du triomphe complet de la monarchie illimitée ; tandis qu'une neuvième période, à peu près d'égale longueur (1715—1789), renferme, durant les soixante et quatorze ans qui s'écoulèrent depuis la mort de Louis XIV jusqu'à la révolution, la décadence et la chute d'un système auquel les Français avoient tout sacrifié.

« C'est ainsi que nous pouvons représenter, par un petit nombre de mots, le caractère général des siècles qui s'écoulèrent depuis l'époque où s'arrêta notre précédent récit jusqu'aux révolutions dont nous avons été témoins; nous y trouvons cent deux ans de travaux des légistes pour rendre les rois absolus, cent trente ans de guerres de successions domestiques, cent ans de guerres de successions étrangères, quatre-vingt-quatre ans de guerres religieuses, soixante et douze ans de despotisme, soixante et quatorze ans de dissolution du corps social. Cette division morale de l'histoire de France a de la réalité; chaque période a eu un caractère essentiellement différent de celle qui l'a précédée, de celle qui l'a suivie; mais, en même temps, il ne faut point oublier que toute classification d'événemens qui s'enchaînent sans interruption est artificielle; que c'est toujours d'une manière arbitraire qu'on fixe le point où une période commence, où une autre finit; que s'il est vrai que chaque intérêt, chaque passion à leur tour aient exercé leur domination sur les hommes; ils ont formé le caractère principal, non le caractère unique de leur époque; qu'enfin, dans le progrès du temps, chaque jour apporte un changement, chaque jour détruit et édifie, chaque jour a donc un caractère propre, de manière qu'on ne peut jamais lui appliquer sans modification le caractère du jour qui le précède et du jour qui le suit. Il ne faut pas oublier aussi que, quoiqu'on puisse montrer un enchaînement naturel dans les événemens survenus depuis Saint-Louis jusqu'à nos jours, en sorte que nous recueillons aujourd'hui les fruits de sa politique ou de celle de ses contemporains, la plus grande partie des causes nous reste à jamais inconnue, et que cet enchaînement que nous signalons dans le passé et que nous ne savons point voir dans l'avenir, est tout aussi souvent peut-être l'œuvre de notre esprit que la découverte d'une loi de la nature. »

Cet Ouvrage, ainsi que nous l'avons observé en tête du présent Prospectus, est publié par livraisons de trois ou quatre volumes, divisés suivant les grandes époques de notre histoire nationale; les trois premières livraisons, composées des tomes 1 à 9, paroissent; les autres livraisons suivront régulièrement.

Les personnes qui voudront se procurer l'ouvrage, sont priées de se faire inscrire à la Librairie *Treuttel et Würtz*, à Paris, rue de Bourbon, n° 17; à Strasbourg, rue des Serruriers; et à Londres, 30 Soho-Square. L'on ne paie rien d'avance.

On peut aussi s'adresser à toutes les bonnes maisons de Librairie en France et dans les divers pays étrangers.

DE L'IMPRIMERIE DE CRAPELET,
rue de Vaugirard, n° 9.

Imprimé en France
FROC031516260919
22261FR00012B/248/P

9 782011 859754